# 헬스케어 브랜드 관리론

본 과제(결과물)는 교육과학기술부의 재원으로 한국연구재단의 지원을 받아 수행된 광역경제권 선도산업 인재양성사업의 연구 결과입니다.

# 헬스케어 브랜드 관리론

손영석 · 박상태

小花

## 머리말

1980년대에 접어들어 미국을 비롯한 유럽에서 기업의 인수합병이 활발해지며 산업계에서 브랜드의 가치를 재무적 내지 회계적으로 평가하는 기회가 빈번하게 발생하였다. 이에 학계에서도 브랜드에 대한 가치를 재발견하기 위한 많은 시도가 이루어지면서 브랜드의 시대가 시작되었다고 해도 과언이 아닐 것이다.

브랜드의 영역은 다양한 범위에서 적용되는데, 2000년대에 들어서는 그동안 마케팅에서 비영리조직의 대표적인 기관으로 다루어져 왔던 병원 영역에서도 브랜드가 중요한 전략적인 도구로 대두되기 시작하였다.

특히 인도와 태국을 비롯한 국가들이 의료관광이라는 새로운 영역을 도입하면서 영리조직으로서의 병원 산업이 재탄생하게 되었고 이에 브랜드의 중요성은 다시 한 번 강조되고 있다. 국내에서도 이러한 의료관광과 관련된 병원 브랜드의 중요성이 강조되는 현 시점에 본서의 발간은 시의적절하다는 생각이 든다.

하지만 기존의 브랜드 체계를 병원에 접목하려는 시도는 짧은 저술 기간으로 인해서 탈고를 하고도 미흡하다는 생각이 많이 드는 것은 사실이다. 브랜드라는 도구를 현업에 접목시켜 좀 더 나은 전략을 만들어 내는 것은 실무자들의 몫으로 남겨두면서 프레임과 생각의 방향만 제시하는 것으로 이 책의 역할을 두고자 한다.

봉의산이 바라보이는 연구실에서

## 차례

머리말 … 5

**I. 브랜드**

1. 브랜드가 왜 중요하게 다루어지는가? … 13
   1) 브랜드 관리의 중요성이 대두되는 시장 환경 … 13
   2) 소비자의 입장 … 14
   3) 기업의 입장 … 16
2. 브랜드란 무엇인가 … 18
   1) 브랜드의 기원 … 19
   2) 한국에서의 브랜드 역사 … 20
   3) 한국 병원의 역사와 병원 브랜드 … 23
3. 브랜드의 기능과 요소 … 30
   1) 브랜드의 기능 … 30
   2) 브랜드의 구성 요소(brand element) … 31
   3) 브랜드 구성 요소의 선택 기준 … 45
4. 브랜드 요소와 광고 캠페인 … 45
   1) 캠페인의 일관성 … 46
   2) 물리적인 일관성(physical continuity) … 46
   3) 심리적 일관성(psychological continuity) … 47

**II. 헬스케어 브랜드**

1. 헬스케어 브랜드의 정의와 범위 … 48
   1) 의료 산업(medical industry)과 병원 브랜드 … 49
   2) 세계적인 병원 브랜드 … 50
   3) 제약 산업과 약품 브랜드 … 58
2. 헬스케어 산업의 서비스와 제품 … 65
   1) 서비스의 정의와 의료 서비스의 특징 … 65
   2) 경제적 측면에서의 의료 서비스의 특성 … 68
   3) 의료 서비스의 품질과 측정 … 70

3. 헬스케어 산업의 특징 … 75
1) B to C 산업으로서의 특징 … 78
2) B to B 산업으로서의 세계 의료관광 시장과 지역 병원의 특징 … 85
3) 시장의 성숙에 따른 B to B 시장의 유형과 시장의 진화(product type & market evolution) … 89
4. 헬스케어 서비스 고객의 행동 분석 … 92
1) 의료 서비스 결정 … 92
2) 의료 소비자 만족 … 94
5. 제품 수명 주기와 브랜드 전략 … 97
1) PLC의 개념 및 특징 … 97
2) 제품 수명 주기 단계별 관리 … 99
3) 제품 수명 주기(PLC)와 브랜드 포지셔닝 전략 … 112
6. 선발 브랜드 이점과 후발 브랜드 이점 … 118
1) 선발 브랜드와 후발 브랜드, 무엇이 더 유리한가? … 118
2) 선발 브랜드 이점(first-mover advantage) … 119
3) 후발 브랜드 이점(first-mover advantage) … 125
4) 선발 진입 전략을 취하는 기업에 대한 마케팅 대안 … 128
5) 후발 진입 전략을 취하는 기업에 대한 마케팅 대안 … 130

**III. 브랜드 전략을 위한 STP 과정**
1. 브랜드 전략 수립을 위한 시장 세분화 … 133
1) 시장 세분화의 배경 … 133
2) 시장 세분화란 … 134
3) 제품 차별화(product differentiation)와 시장 차별화(market differentiation) … 135
4) 세분화 선택안들(segmentation options) … 135
5) 시장 세분화의 장점 … 137
6) 시장 세분화의 단점 … 139

2. 시장 세분화의 유형 … 140
1) 지리적 세분화(geographic segmentation) … 140
2) 인구 통계적 세분화(demographic segmentation) … 142
3) 사회 경제적 변수를 통한 시장 세분화 … 149
4) 심리 묘사적(psychographic) 세분화 … 151
5) 가치(value) 분석을 통한 시장 세분화 … 154
6) 행동 세분화(behavioral segmentation) … 162
7) 애호도 기준의 세분화(loyalty based segmentation) … 164
8) 사용 상황 및 시기 세분화 … 166
9) 태도적 세분화(attitudinal segmentation) … 167
10) 편익 세분화(benefit segmentation) … 169
3. 자원 집중을 위한 목표 시장 설정 … 171
1) 목표 시장 선정과 실행 … 171
2) 세분 시장 매력도 평가 … 172
3) 목표 시장 매력도 평가 지수 … 174
4) 세분 시장에서의 경쟁적 우위성(competitive advantage) 평가 … 176

IV. 헬스케어 브랜드 전략 수립 과정
1. 브랜드 아이덴티티(brand identity) … 179
1) 브랜드 아이덴티티(brand identity)의 정의 … 180
2) 디자인 혁신을 통한 제품 브랜드 아이덴티티(brand identity) 개선 … 182
3) 디자인 혁신을 통한 서비스 브랜드 아이덴티티 개선 … 184
2. 브랜드 개성(brand personality) … 186
3. 브랜드 플랫폼(brand platform) … 189
1) 브랜드 비전(brand vision) … 190
2) 브랜드 약속(brand promise) … 191
3) 브랜드 에센스(brand essence) … 193
4) 브랜드 미션 … 195

4. 브랜드 포지셔닝(brand positioning) … 196
1) 포지셔닝은 무엇인가 … 197
2) 포지셔닝의 역할 및 필요성 … 198
3) 광고에 있어 브랜드 포지셔닝의 중요성 … 198
4) 효과적인 포지셔닝을 위한 기준 … 199
5) 브랜드 포지셔닝 진술문(brand positioning statement) … 202
6) 포지셔닝 조사(positioning research) … 202
5. 브랜드 자산(brand equity) … 205
1) 브랜드 자산의 개념 … 205
2) Aaker의 브랜드 자산 구조 … 207
3) Keller의 브랜드 지식을 통한 브랜드 자산 구축 구조 … 210
4) 소비자 인식 기준의 브랜드 자산 … 213
5) 브랜드 파워(brand power) … 218
6) 브랜드 인지가 왜 중요한가 … 219
7) 브랜드 인지도가 높으면 과연 구매로 연결이 되는가 … 220
8) 브랜드 지식이 소비자의 기억 속에 어떻게 존재하는가 … 223
6. 브랜드 구조(architecture)와 포트폴리오 … 224
1) 브랜드 구조의 전략적 선택 … 226
2) 브랜드 구조와 브랜드 포트폴리오(brand portfolio) … 228
7. 기업 브랜드(corporate brand)와 브랜드 재활성화(brand revitalization) … 231
1) 브랜드 재활성화가 필요한 이유 … 231
2) 기업 브랜드 재활성화의 3가지 전략 방향 … 232
8. 브랜드 자산 측정법 … 234
1) 마케팅적인 접근법 … 234
2) 인터브랜드(Interbrand)사의 브랜드 평가 모델 … 235
3) Young & Rubicam사의 브랜드 평가 모델 … 242

V. 브랜드 포지셔닝 분석 프로그램

1. 다차원 척도법(Multi-Dimensional Scaling: MDS) … 243
   1) KYST(Kruskal, Young, Shephard, Torgerson) … 244
   2) PREFMAP(Preference map) … 250
   3) MDPREF(Multi-Dimensional analysis of PREFerence data) … 253
   4) PROFIT(PROperty FITting analysis) … 259
   5) INDSCAL(Individual Difference Scaling) … 262
   6) ALSCAL … 265
   7) 광고에서의 다차원 척도법의 이용 … 269
2. 상응 분석(Analysis of Correspondence: ANACOR) … 270
   1) 상응 분석의 배경 … 270
   2) 상응 분석을 적용할 수 있는 분야 … 270
   3) 상응 분석을 이용한 분석 사례 … 271
   4) 상응 분석의 분석 과정 … 272
   5) 행과 열의 프로파일과 거리 관계 … 273
   6) 차원의 결정 … 275
   7) 정규화(nomalization) … 275
3. 다중 상응 분석(multiple correspondence analysis) … 278
   1) 다중 상응 분석의 개념 … 278
   2) 다중 상응 분석을 이용한 분석 사례 … 279

VI. 시장 세분화 분석 프로그램

1. 군집 분석(cluster analysis) … 283
   1) 군집화시키기 위한 변수의 측정 … 284
   2) 대상 간의 거리 측정 방식 … 284
   3) 군집을 묶어 가는 방식 … 285
   4) 계층적 군집 분석 … 287
   5) 수직고드름표를 통한 군집 분석 결과 도표 … 291

6) 비계층적 군집 방식(non hierarchical cluster analysis) … 293
7) 세분화를 위한 군집분석의 마케팅 응용 … 296
2. 컨조인트 분석(conjoint analysis) … 296
1) 컨조인트 분석의 의미와 특징 … 296
2) 컨조인트 분석과 관련된 용어 … 297
3) 컨조인트 분석의 활용 … 298
4) 분석의 절차 … 299
6) 추정 방법 … 304
3. 컨조인트 프로그램의 실제 적용 … 305
1) ORTHOPLAN … 305
2) 컨조인트 분석 결과 … 311

참고문헌 … 315

# I. 브랜드

## 1. 브랜드가 왜 중요하게 다루어지는가?

### 1) 브랜드 관리의 중요성이 대두되는 시장 환경

1970년대 이후 전 세계는 하나의 경제권으로 연결되면서 이전의 경쟁과는 확연하게 다른 국면을 맞게 되었다. 1960년대에는 일본이 중심이었던 반면 1970년대 들어서는 한국을 비롯한 개발도상국들이 모두 글로벌 경쟁에 뛰어들었기 때문이다.

따라서 소비자들은 더 많은 선택안을 가지게 되었다. 한편 1990년대에 접어들면서 생산 기술의 평준화에 따른 동등한 가치를 주는 등가 제품(parity product)의 등장과 생산 기지의 다변화에 따른 기술의 확산 등으로 인해서 소비자들은 브랜드의 중요성을 각성하게 되었다.

또한 소비자들의 입장에서는 IT 기술의 발전으로 인해서 제품과 관련된 많은 정보를 얻을 수 있지만 제품 정보를 탐색할 시간이 적어졌는데 이는 대량 생산의 경제에서 대량 맞춤(mass customization)의 경제로 이동하면서 구매 선택권이 증대되었기 때문이다.

## 2) 소비자의 입장

소비자의 입장에서 브랜드가 주는 이점으로는 다음과 같은 점을 들 수 있다. 먼저 생산자를 확인할 수 있다는 점이다. 즉, 제품 출처를 확인할 수 있다는 점이다. 구매하는 제품이 어디서 생산되었는지 특히 제품에 문제가 발생 시의 책임 소재 등을 확인하기 위한 도구로서 브랜드가 활용되게 된다. 또한 제품의 생산 국가 역시 이러한 예상되는 제품의 문제점을 감소시키거나 증대시키게 된다. 두 번째로는 제품을 선택하는 과정에서 시간적 내지 금전적인 탐색 비용을 절감시켜 준다는 점이다. 잘 알려진 브랜드나 친숙한 브랜드의 경우에는 제품의 품질이나 브랜드의 기원에 대해서 더 이상의 탐색이 필요 없는 경우가 많기 때문에 상대적으로 적은 탐색 비용이 소요된다. 세 번째로는 제품 생산자와의 약속과 보증을 의미하게 된다. 즉, 품질과 서비스에 대한 보증과 사후 서비스도 포함한 보증을 의미하여 신뢰재와 같은 구매 당시에 제품의 품질을 소비자가 확인하기 어려운 제품도 보증을 통해서 장기간의 품질을 보장하게 된다.

또한 소비자들은 브랜드를 자본주의 경제에서 새로운 경제 계급을 표시하는 상징으로, 사회 계층을 나타내는 수단으로서 이용하게 된다.

미국의 스타벅스 커피는 Tall Size의 Americano가 1.5달러에 판매되고 있지만 던킨 도넛츠의 커피 판매 가격은 1.1달러이다. 원가와 제조 과정 등 다른 부분을 제외한다고 가정하더라도 스타벅스의 커피가 던킨 도넛츠에 비해 40% 가까운 가격 프리미엄이 붙어 판매되고 있는 것이다. 가격이 비싼데도 스타벅스는 세계 최대의 커피전문점으로 자리 매김을 했고 많은 사람들이 커피가 아닌 스타벅스 브랜드 자체에 열광하고 있다.

소비자들의 브랜드 인지도를 바탕으로 한 브랜드 친숙도가 높아지고 브랜드 지식이 많아지면 소비자들의 주의(attention)를 더 끌어내게 되고 학습 과정에서도 정보 처리가 용이하게 된다. 이 결과 브랜드는 브랜드 고려 집합(consideration set)에 포함될 가능성이 높아져 구매될 확률을 높이게 된다.

Hoeffer와 Keller(1993)는 다음에서와 같이 브랜드의 친숙도와 연상 강도가 소비자의 행동과 차별적 마케팅 효과를 어떻게 가져오게 되는지를 설명해 주고 있다.

〈표 I-1〉

| 브랜드 강도 → | 소비자 행동 → | 차별적 마케팅 효과 |
|---|---|---|
| 브랜드 친숙도<br>- 인지도<br><br>브랜드 지식<br>- 강력하고 호의적이며 차별적인 연상<br>- 높은 품질의 브랜드<br><br>• 브랜드 성과<br>- 시장 점유율에 있어서 리딩 브랜드<br>- 지배적인 브랜드 | • 주의와 학습<br>- 고려군<br>- 선택적 주의<br><br>• 해석과 평가<br>- 직접 효과<br>- 간접 효과<br><br>• 선 택<br>- 휴리스틱<br><br>• 구매 후 평가<br>- 확장 평가<br>- 충성도 | • 제품<br>- 보다 호의적인 속성과 편익의 지각<br>- 전반적인 선호<br><br>• 확장<br>- 보다 호의적인 소비자 평가<br>- 보다 효율적인 마케팅 프로그램<br><br>• 가격<br>- 보다 큰 프리미엄<br>- 가격 인상이나 하락에 대한 보다 호의적 반응<br><br>• 커뮤니케이션<br>- 보다 큰 주의의 획득<br>- 보다 긍정적인 반응<br>- 보다 많은 정보의 유지 |

Hoeffer Steve & Kevin, Keller(2003), The Marketing Advantages of Strong Brands, *Journal of Brand Management*, 10(6), 421-445.

버지니아슬림(Virginia Slims)은 미국에서 막 여성운동이 본격적으로 시작되는 시기인 1968년 시장에 처음 출시되었다. 필립모리스(Philip Morris)는 슬로건으로 "You've Come a Long Way Baby"라는 슬로건을 개발하고 현대적인 여성 흡연자들은 그들의 고유한 스타일과 태도를 가져야 된다고 강조하였다. 1960년대 후반에서 70년대 초반에 걸쳐서 버지니아슬림(Virginia Slims)의 이 슬로건은 여성들에게 '해방감'을 심어 주어 많은 여성들의 태도를 변화시키는 데 중요한 역할을 하였다.

1985년 담배 시장에서의 시장 점유율은 다른 여성용 담배 상표의 시장 점유율을 다 합친 것보다 두 배나 많았으며, 1990년대는 "Being Yourself"라는 점을 강조하고 있다.

### 3) 기업의 입장

기업은 브랜드를 하나의 상표명으로 사용하던 시기를 지나 기업의 역량을 표출할 수 있는 전략적 자산으로 개발 관리해야 한다. 브랜드는 단순히 기업의 자원을 소모하는 소비의 주체가 아닌 유·무형의 다양한 이점을 제공하고 있다.

즉, 브랜드는 제조원을 밝혀 주고 유통점에서 제품 취급이나 관리를 간편하게 하는 확인 수단임과 동시에 특정 기업에서 생산된 제품을 법적으로 보호하는 수단으로서 역할을 수행하게 된다.

또한 브랜드는 광고나 마케팅 활동을 통해서 소비자들의 인식 속에 자리매김해 놓은 무형적인 자산을 모아 놓은 저수지와 같은 역할을 하게 된다. 그 결과 기업에서는 브랜드가 경쟁우위의 원천이자 재무적 수익의 원천이 되는 것이다.

실례로 기업을 평가할 때 자본금, 생산 시설, 인적 자원을 중시해 왔으나 이제 브랜드는 기업의 제4의 자산으로 급부상하고 있다. 미국의 다국적 기업인 필립모리스사가 식품 회사인 크래프트(Kraft)를 장부 가격의 6배가 넘는 129억 달러에 매입했다. 필립모리스사는 크래프트의 고정자산을 13억 달러로 산정하였지만 'Kraft'라는 브랜드의 무형자산에 대해 무려 116억 달러를 추가로 지불한 것이다. 한국에서도 브랜드가 실제로 거래 대상이 된 경우를 흔치 않게 볼 수 있다.

로케트전기는 국내 상표권과 영업권 일부를 7년간 미국 듀라셀 건전지(질레트)에 임대하는 조건으로 약 815억 원을 챙겼다. 그중 660억 원이 '로케트'란 브랜드 가치. 최근 국내외를 막론하고 브랜드는 기업을 인수·합병하거나 합작 회사를 설립할 때 상대를 평가하는 중요한 기준이 되고 있다. 1990년대 미국의 크라이슬러(Chrysler)는 극심한 불황에 허덕이고 있었다. 이에 최고 경영자는 일본 미쓰비시(Mitsubishi)와 합작하여 침체된 자동차 시장을 돌파하고자 하였다. 그리하여, 양사는 신형 자동차를 개발하고, 판매는 독자적으로 하기로 하였다. 이에, 미쓰비시는 브랜드를 '이클립스(Eclips)'로 하고, 크라이슬러는 '탈론(Talon)'이라고 명명하여 각기 독자적으로 판매하기 시작했다. 결과는 미쓰비시는 한 해 동안 5백여 개의 대리점을 통해 5만여 대를 판매한 반면 크라이슬러는 3천여 개의 대리점을 통해 4만여 대를 판매하였다. 브랜드만 달랐을 뿐 사실상 완전히 동일한 차인데 이 같은 차이가 난 이유는 브랜드에 대한 소비자의 이미지 때문인 것으로 밝혀졌다. 미쓰비시는 미국 자동차에 비해 튼튼하고 경제적이라는 이미지가 깊이 박혀 있었기 때문이다.

이러한 유사한 사례는 Toyota와 GM의 합작 과정에도 있었다. 1996년 동일 차량에 'Corolla, Prizm' 두 brand를 적용하였으며, 두 brand 모두 10,300달러의 생산비가 소요된 경우였다. 하지만 판매 결과는 상이하게 나타났는데, Toyota가 대당 400달러 더 비싼 가격에 1.5배 더 많은 차량을 판매하였고, 영업 이익도 Toyota가 GM보다 1억 2,800만 달러를 더 벌어들였다. 또한 Toyota 딜러가 GM 딜러보다 1억 700만 달러의 더 높은 매출을 기록했다.

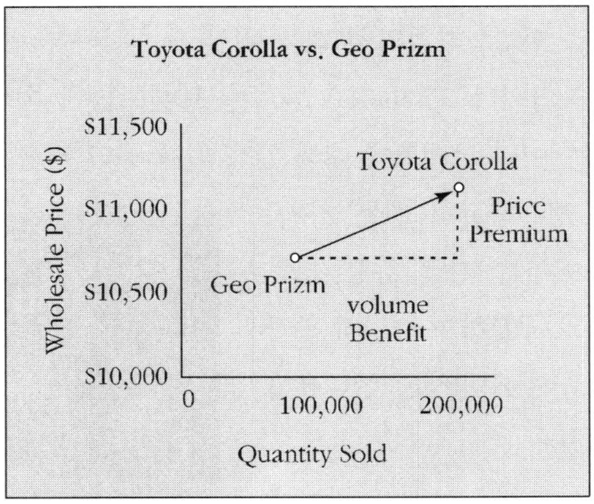


자료: *The Economist*(1996. 1)

[그림 I–1]

## 2. 브랜드란 무엇인가

AMA(American Marketing Association)의 정의에 따르면 개인이나 단체가 재화와 서비스를 특징짓고 이들을 경쟁자의 재화와 서비스로부터 차별화시킬 의도로 만들어진 이름, 용어, 사인, 심벌 내지 이들의 통합을 의미한다.

즉, 브랜드는 브랜드를 제공하는 측에서 이를 구매 소비하는 소비자에게 타 브랜드와는 차별화된 혜택을 약속해 준다는 것이다. 그래서 기업의 모든 활동은 타 브랜드와의 차별적 약속을 실천하는 데 초점이 맞추어져야 한다.

한편 브랜드의 대상으로는 커피원두와 같은 원 상품부터 Hi-Tech Product, 무형의 제품인 World Traveler와 같은 British Airline 이코노미클래스 services, 유통점 브랜드, 조직이나 국내 연예인 비, Cindy Crawford와 같은 개인적인 브랜드와 스포츠(구단, 선수 등), 예술(난타, 캐츠, 명성황후 등)뿐만 아니라 지역 명칭도 포함된다.

브랜드 자산에 대한 정의는 학자들이나 연구 기관에 따라서 다양하다.

브랜드 및 소비자 행동에 대한 연구를 많이 한 Keller(1993)는 브랜드를 '소비자가 브랜드명을 통하여 연상되는 다양한 브랜드 지식을 통하여 그 브랜드의 제반 경영 활동에 보다 호의적인 반응을 이끌어주는 차별적 효과', Aaker(1991)는 "브랜드 네임이나 심벌과 연결되어 기업 및 그 기업의 고객을 위한 제품이나 서비스에 부가된(또는 감소된) 브랜드 자산과 부채의 총합이다", Wilikie(1986)는 '브랜드명에 속한 추가적인 가치'로 본다.

Bovee와 Arens(1982)는 '어떤 브랜드에 대해 일정 기간 동안 경쟁 브랜드와 비교해서 소비자, 유통업자, 판매원 등이 생각하고 느끼는 가치', MacLachlan과 Mulhern(1990)는 '기업, 유통 경로, 소비자의 세 가지 관점으로 구분하여 기업의 관점에서는 브랜드의 사용으로 인해 파생된 현금유입의 증가분'으로 정의하였다.

한편 Srivastava와 Shocker는 브랜드 자산에 브랜드 강점과 브랜드 가치를 포함하여 설명하는데 브랜드 강점은 브랜드로 하여금 지속적이고 차별적인 경쟁 우위를 확보할 수 있도록 해 주

는 고객, 유통 구성원 그리고 기업에 의해 수행되는 연상과 행동의 집합이다. 브랜드 가치는 현재 및 미래의 현저한 이익을 제공하고 위험을 감소시키는 전술적, 전략적 행동을 통해 브랜드 강점을 레버리지하는 경영 능력의 재무적 성과를 말한다.

### 1) 브랜드의 기원

문양으로서 브랜드의 기원을 측정하는 문헌에서는 고대 인도의 하라파(Harappa)시의 문명에서 출토된 문양을 최고의 역사를 가진 브랜드 마크로 간주하기도 한다. 하라파(Harappa) 고대 도시는 기원전 3300년부터 기원전 1600년까지 존재하였고 그 시대의 세계 최대로 생각되는 4만 명의 주민이 있었다고 믿어진다. 하라파 문화는 현재 파키스탄 너머까지 뻗어나갔고 파키스탄 남부 신드 지방의 인더스 강 동쪽 연안에 있는 한 무리의 마운드로 구성된 유적, 모헨조다로(Mohenjo-daro: 죽은 자의 흙무덤)에서도 이와 유사한 문양이 발견되기도 한다.

브랜드의 어원은 노르웨이의 'brandr'에서 유래되었다고 한다. 브란드르(brandr)는 "불로 지진다"는 뜻의 고대 스칸디나비아어로서 '브랜드(brand)'란 단어의 기원으로 알려지고 있다.

이 단어의 어원은 고대 유럽에서 노예나 가축의 주인을 표시하는 데 불에 달군 쇠로 화인(火印)을 찍던 풍습에서 유래했다고 한다. 당시에는 소·말 등의 가축에 불로 달군 쇠로 낙인을 찍어 출처를 표시했다. 우리말에도 이와 유사한 것으로 '시치미'가 있다. 고려 시대 때 몽고 지배의 영향으로 왕실과 귀족 사회에서 매사냥을 즐기는 사람이 많았다. 매사냥 인구가 늘어나다 보니 길들인 사냥매를 도둑맞는 일이 잦아졌고 이 때문에 서로 자기 매에게 특별한 꼬리표를 달아 표시했는데, 그것을 '시치미'라고 했다. 그런데 누구의 소유임을 알려 주는 시치미를 떼어버리면 누구의 매인지 알 수 없게 되므로 여기에서 "시치미를 떼다"라는 말이 유래했다고 한다. 또는 16세기 초 위스키 제조업자들이 위스키에 이름을 찍어 값이 싼 타사 제품으로 둔갑하는 것을 방지하고자 한 것에서 시작되었다는 이들도 있다.

따라서 브랜드는 처음 출발이 소유물의 표시나 출처를 나타내는 표식이었다고 하면 점차 신용이나 재산 그리고 가치(value)를 표시해 주는 수단으로서의 역할을 하는 방향으로 점차 변천해 왔다.

[그림 I-2]

## 2) 한국에서의 브랜드 역사

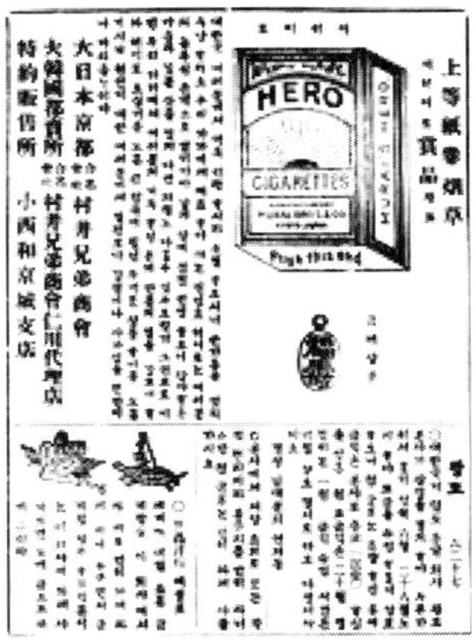


근대 한국에서의 브랜드 역사는 19세기 말에서 20세기 초에 담배나 서구적 식품을 중심으로 브랜드들이 유입되면서부터 시작되었다. 따라서 그 당시의 브랜드의 이름은 영어나 일본어가 많이 사용되었는데 예를 들면 락토겐(분유), 아지노모도(조미료) 등과 같은 제품을 볼 수 있다.

담배의 경우 1897년부터 궐련(일본)과 '칼표'(청국) 담배 등 외국 제품들이 경쟁적으로 들어오기 시작하였으며, 히로(Hero), 호니(Honey), 버진(Virgin), 하아로(Halo) 등이 이런 것들이다.

우리나라에서 처음 제조된 담배 브랜드는 1905년 일본인들이 연초 공장을 신축하여 8월 5일에 발매한 '이글(매표)' 담배이며, 영미트러스트사(British American Tobacco)는 서울, 부산 등에 특약점을 설치하고 '뽀삐'라는 브랜드를 판매하였다. 1912년에는 '동아연초'라는 담배 회사가 설립되어 '전화표', '금구', '따리아' 등의 브랜드가 등장하게 된다.

특히 이 동아연초의 대표적인 브랜드였던 '따리아'는 판매 경쟁에서 영미트러스트사의 '뽀삐'를 누르면서 결국에는 영미트러스트가 우리나라에서 담배 사업을 철수하게 만들기도 하였다.

자전거 브랜드도 많이 등장하였는데, 1910년부터 Kenet, Triumph, Rudge-Whithworth 등과 같은 영국 브랜드들이 대부분을 차지하다가 1930년대에는 일본 브랜드인 요요기상회 자전거, 후지자전거 등이 들어오기도 하였다.

1920년대를 지나면서 수입 브랜드 중심의 시장 구조에서 석탄이나 제약, 주류, 기초적인 생필품 등을 중심으로 국내 브랜드들이 등장하기 시작하였다. 이 무렵 유엔성냥이 시중에 등장하기 시작하였다. 1917년 인천부 금곡리 일대에 설립된 '조선인촌(주)'이라는 성냥 공장에서는 '우록표', '쌍원표' 등의 브랜드가 생산되어 발매되었다. 석탄도 브랜드가 붙어져 판매되었는데 '봉산탄', '백연탄', '계림탄' 등의 브랜드들이 만들어졌고, 이러한 석탄 브랜드들은 광고를 집행하기도 했다.

고무신의 브랜드도 1920년경 출시되었는데, 1922년에 '대륙고무'의 고무신이 출시되었다.

주류 제품의 브랜드는, 1924년 '진천양조상회'로 시작한 우리나라 최고의 주류 브랜드 진로라고 할 수 있다. 진로의 초창기 브랜드 로고와 상징은 원숭이였다. 원래 한반도의 서북지방에서 원숭이가 복을 상징하는 동물로 여겨졌기 때문에 초기 로고의 상징으로 사용되다가 6.25 전쟁 후 남한에서는 원숭이가 속임수에 강하고 교활한 동물이라는 등, 부정적인 이미지가 강해져 지금의 '두꺼비'로 교체하게 된다.

이어서 해방 이후 1946년에서 1959년까지는 많은 한국의 기업 브랜드가 만들어지고 성장한 시기라고 할 수 있다. 해방 이전의 시기가 외국 브랜드의 유입과 순수 우리 브랜드의 탄생기였다고 할 수 있다면, 이 이후의 1946년에서 1959년까지는 우리나라 대부분의 기업 브랜드들이 출생한 시기일 것이라 볼 수 있다. 1949년 일본상표법을 대체하여 한국상표법을 제정한 후 최초로 등록한 상표는 천일신발 브랜드였으나 10년이 지난 후 상표권 갱신을 하지 않아 자동 소멸되었다. 새로운 상표법에 의거하여 사람 이름을 브랜드로 등록한 최초의 상표는 공병우타자기였으며(왼쪽의 그림 참조) 최초로 등록된 기업 브랜드는 제일모직주식회사이다. 해태(1945), 칠성사이다(1950), OB맥주(1948), 고려은단(1946), 럭키치약(1954), 샘표간장(1954), 미원(1959) 등이 이 시기에 브랜드를 만들게 된다.

## 근대 한국에서의 최고 브랜드

1897년 궁중 무관 출신인 민병호에 의해 생약의 비방을 양약의 제조 기술과 접합하여 만들어진 활명수는 한국에서 최고로 오래된 상업화된 브랜드로서 '부채표 활명수'는 한일합방 이후 시행된 일본상표법에 따라 1910년 등록된 최초의 등록상표이다.

1910년 상표등록 이후 가내수공업 수준에 머물던 제품 생산 시설을 1931년 '주식회사 동화약방'으로 기업 브랜드를 바꾸면서 본격적인 제약 회사로서 탈바꿈하게 되고, 1937년부터는 현대적 대량 생산 체제를 갖추었다.

이 후 1962년 기업 브랜드를 다시 '동화약품공업주식회사'로 교체하면서 '활명수'라는 브랜드 역시 적극적으로 재활성화(revitalization)를 추진하고 1967년 '까스활명수'를 신규 발매하고 이어서 1991년 '까스활명수 Q'를 발매함으로써 '활명수' 브랜드의 계열화를 추진하고 있다. 한때 삼성신약의 가스명수와 시장 점유율이 역전된 적도 있지만 "부채표를 확인하세요"라는 캠페인을 통해서 점유율을 지키는 데 성공하였다.

'진로 소주'를 비롯해(1924), 안티푸라민(1933) 등도 이 시기에 출시되었다. 또한 유한양행은 1926년에 설립, 현존하는 기업 브랜드로서는 가장 오래된 역사를 자랑하고 있다

## 3) 한국 병원의 역사와 병원 브랜드

한국의 병원 설립과 운영의 역사는 크게 네 가지 단계로 구분할 수 있다. 첫째는 대한제국 말기(1885~1910)로 서양 의학이 한국에 도입되는 시기이며, 둘째는 일제강점기(1910~1945)로 일본 의학을 바탕으로 한국 의료를 주도하게 된 시기이고, 셋째는 대한민국 수립 초기(1945~1969)로 대한민국 수립 전후와 6·25전쟁 그리고 전쟁 피해로부터 회복될 때까지 병원 수요가 크게 늘어난 시기이며, 넷째는 1970년대 이후로 급격한 경제 성장을 바탕으로 사회 각 분야가 자주적인 발전과 성장을 이룩하는 시기로 구분할 수 있다.[1)]

### (1) 신라-고려-조선 시대의 국가 관장 시기(~1884)

① 혜민국(惠民局)

혜민국은 고려 시대의 서민을 위한 병원 기관으로 고려 예종 7년인 1112년에 설치하여 공양왕 3년인 1391년 혜민전약국(惠民典藥局)으로 개국하였다.

② 대비원(大悲院)

대비원은 고려 시대와 조선 시대에 걸쳐 운영되었던 국립 의료 및 구호 기관으로, 고려 시대에는 개경의 동쪽과 서쪽 두 곳에 있었다고 하여 보통 동서대비원(東西大悲院)이라고 불렸다.

조선이 건국된 다음에도 고려의 제도를 계승하여 동서소문(東西小門) 밖에 각각 대비원을 설치하고, 환자와 가난한 서민들을 위한 구휼 활동을 하였다.

태종 14년인 1414년에는 이름을 동서활인원(東西活人院)으로 고쳤고, 세조 12년 1466년에 다시 활인서(活人署)로 고쳤다. 고종 22년인 1885년에 활인서는 혜민서(惠民署)와 함께 광혜원(廣惠院=濟衆院)으로 통합 운영되었다.

③ 동서활인원

조선 시대의 서민을 위한 의료와 구휼을 담당하던 조직으로서 한양부 동부 연희방(東部燕喜坊)에 있던 동활인원(東活人院)과 용산(龍山)에 있던 서활인원을 통틀어서 이르는 말이다.

동서활인원은 고려 시대부터 존재하던 동서대비원(東西大悲院)을 계승하여 만들어진 기구로서 서민과 빈민의 의료와 의복과 식사까지의 제공도 맡아보던 관청이다. 세조 12년 1466년에 동서활인서(東西活人署)로 개명되었다. 숙종 35년인 1709년에 혜민서(惠民署)로 이관되었으며, 영조 19년 1743년에 폐쇄되었다.

---

1) 김일순(1984). 한국 병원의 역사.

### (2) 대한제국 시대(1885~1910)

근대 문물이 들어오던 이 시기의 서양 의학은 세 경로를 통하여 한국에 도입되었다. 첫째는 북미주 또는 유럽의 기독교 선교 활동의 일환으로 선교사들에 의하여 도입된 것이며, 둘째는 일본 정부의 영향력에 의하여 대한제국 정부가 공적인 정부 조직으로 도입한 것이고, 셋째는 일본인이 정부(政府) 또는 민간 차원에서 한국에 있는 일본 거류민을 진료할 목적으로 직접 도입한 것이다.

[사진: 광혜원]

① 선교사에 의해서 설립된 병원

1904년 미국 실업인 세브란스(Louis H. Severance)의 재정적인 지원을 받아 서울역 앞에 현대식 병원 건물을 지어 이전한 제중원은 각 과별로 분화되고 X-선 진단 시설, 검사실 및 수술실 등을 갖춘 종합병원으로 되었는데, 이 병원을 후에 세브란스병원이라 했으며, 한국에 설립된 현대적 개념의 첫 종합병원으로 인정된다. 세브란스 병원의 당시 병상 규모는 150병상 정도이었다. 이후 세브란스병원은 1915년에 설립된 연희전문과 합병하여 연세대학교 병원이 된다.

② 일본인에 의한 병원

광혜원이 설립되기 10년 전인 1875년 조일조약에 따라서 부산, 인천, 원산 등의 항구를 일본인에게 개항할 수밖에 없게 되었고, 이에 따라 많은 일본인들이 항구 도시에 거류하게 되었다. 일본 정부는 일본인 거류민의 진료를 위하여 1877년에 부산에 재생의원을 개설하고, 일본 해군성 군의관을 파견하여 진료를 담당하게 하였다. 그 이후 6년 동안 일본 정부는 원산에 생생병원, 인천에 일본병원, 한성에 일본관의원 등을 개설하였으며, 이들 의료 시설에서는 주로 일본인을 진료 및 치료하였다.

③ 대한제국 설립 병원

1894년 대한제국은 정부의 직제를 일본식 정부 직제 형태로 모방하여 근대화하는 갑오개혁을 단행하였다. 이에 따라 1899년 정부의 공식 직제에 의한 첫 공공 병원이 설립되었는데, 이 병원은 내부(內部, 내무부에 해당)에 속한 내부병원으로 출발하였다. 이 내부병원은 1년 2개월 후에 광제원으로 관제가 개정되었다. 당시 한국에는 서양 의학을 이수한 의사가 없어 개원 초기에는 한 사람의 일본인 의사와 다수의 한의사가 진료하였다.

④ 광혜원(廣惠院)

의료선교사로 미국에서 들어와서 활동하던 알렌(Horace Newton Allen, 1858~1932)은 1884년 9월 고종에게 근대식 병원을 설립할 것을 건의하였고, 고종이 이를 윤허하여 설립된 것이 광혜원이다.

'광혜'는 "널리 은혜를 베푼다"는 뜻으로서 일반 백성의 질병을 치료하는 일을 담당하였으며, 한국 최초의 서양식 국립의료기관으로 기록된다. 광혜원은 통리교섭통상사무아문(統理交涉通商事務衙門)에 소속되었는데 이름이 제중원(濟衆院)으로 바뀌었다.

[사진: 제중원]

제중원(濟衆院)으로 개칭되고, 의료 요원도 증원되었다. 앨런은 의학교 설립에 대해서도 의견서를 냈다. 그의 의견은 병원 내에 의학 교육부를 두고 그 비용은 정부에서 출자하는 것인데, 이것도 한국 정부에서 받아들이기로 하였다

1886년 3월 경쟁시험을 통해서 16명의 학생을 선발하였으며, 한국 최초의 의학 교육이 시작되었다. 1894년 5월 청·일 전쟁이 일어났고, 관제 개혁으로 인해서 재정 지원이 어렵게 되면서 1894년 문을 닫게 되었다. 그 뒤 제중원의 설비와 기구는 미국 북장로교회 선교부로 옮겨지고 사설의료기관으로 재조직되었는데, 이것이 세브란스 의학교의 모체이다.

한편 광제원은 1907년 관립의학교와 통합되어 대한의원(大韓醫院)이 되었다. 1909년 대한의원의 새 건물이 준공되었는데, 현재까지 남아 있는 서울대학교 부속병원의 시계탑 건물이 중심지이다.

대한의원은 처음에는 일본 정부의 건의에 의하여 원장 이하 거의 대부분의 의사 및 교수들을 일본인 군의관들로 재편성 위촉하고 일본식 현대 병원으로 개편되었다. 이것이 현대적인 종합병원 체계와 기능을 갖는 한국의 첫 공공 병원이라고 할 수 있다.

대한제국은 일단 대한의원을 중앙 병원으로 하고, 1909년과 1910년에 13개의 자혜의원을 지방에 설립하여 공공 병원망을 형성하고, 주로 저소득층의 진료를 담당하게 하였는데 이것이 현재 한국의 공공 병원망(시도립병원) 구성의 시작이다.

### (3) 일제강점기(1910~1945)

① 공공 병원

일본이 통치하게 됨에 따라 대한제국에서 설립한 대한의원(大韓醫院)과 지방의 자혜의원은 모두 일본총독부의 관장 하에 들어가게 되었으며, 병원장을 위시하여 각 과장 및 의사의 거의 대부분을 일본인이 직접 맡게 되었다. 대한의원은 총독부의원으로 그 명칭이 변경되었다. 13개의 자혜의원들은 조선총독부에서 건물을 신축하거나 대폭 확장하여 대개 50~100병상 크기의 도립병원(道立病院)으로 발전하였으며, 공공 병원들이 지방에 더 설립되었다.

1945년 일본이 패망할 때까지 도립병원 수는 42개로 증가되었다. 이들 도립병원들은 당시 위용을 갖춘 최신식 건물이었으며, 의료 시설도 비교적 잘 갖추고 일본에서 도입된 의학 수준으로 인해서 진료 수준이 나은 편이었다. 이러한 국가 주도의 도립병원망은 당시 한국 의료의 주축이었다.

② 선교 병원

일본 통치 초기에는 외국인의 선교 활동이 비교적 자유로워 비록 새로운 선교 병원의 설립은 가능하지 않았으나, 기존 선교 병원에 근무할 선교 의사도 계속 들어왔고 선교비도 조달되어 선교 병원들은 계속 유지 발전되었다. 특히 평양, 대구, 전주, 광주, 원산, 함흥, 부산 등 비교적 큰 도시에 설립된 병원들은 계속 발전되고 진료 수준도 높았다. 그러나 선교 병원이 독립운동의 중심지가 되어감에 따라 1920년대부터는 선교 활동이 제한을 받게 되었으며, 이에 따라 선교 병원들은 운영에 큰 어려움을 받기 시작하였다. 새로운 선교 의사들의 입국이 허락되지 않아 차츰 한국인 의사들을 고용하여 병원의 관리 및 진료를 담당하게 하였다. 특히 1930년대 중반에 들어와서는 모든 선교 의사들이 축출되었으며 선교 병원은 완전히 한국인에 의하여 관리되었다. 더욱이 미국 의사의 입국이 끊어지며 병원 경영상 재정적인 어려움에 봉착하게 되어 선교 병원들은 차츰 그 기능이 위축되었고 전쟁 말기에는 그 기능이 거의 마비되다시피 되었다.

③ 민간 병원

일본 통치 하에서 한국 병원은 공공 병원이 주축이 되고 선교 병원이 보완적인 역할을 담당하는 형태로 존재하였다. 민간에서의 병원 설립은 극히 미미하였으며, 한국인 의사들은 주로 의원을 설립하여 환자 진료에 임하였다. 당시 병원은 절대수가 부족하였으며 공공 병원은 문화적으로나 감정적으로 일반 국민과 거리가 멀어 국민 의료 수요의 많은 부분은 의원이 담당하였다. 대부분의 의원은 실질적으로 병상 10～20개를 구비한 소규모의 병원 형태로 운영되었다.

### (4) 대한민국 수립 초기(1945～1969)

한국 의학은 미군정(美軍政)의 실시와 미군 등의 6·25 참전으로 미국의 발달된 의학과 의료 제도 및 의학 교육 제도 등을 직접 도입하게 되어 각종 의료와 관련된 제도가 미국식으로 바뀌게 되었다. 그러나 당시 빈곤으로 인해서 의료 시설이 크게 활용되지 못하였다.

#### ① 공공 병원

1960년대를 지나면서 대부분의 시도립병원들의 모습은 의사의 부족, 시설의 노후 등으로 거의 발전하지 못하였다. 그러나 정부는 이러한 상황에서도 1950년에서 1969년에 이르는 20년 동안 서울과 지방에 13개의 소규모 시도립병원을 설립하여 저소득층 환자의 진료에 힘쓴 바 있다.

#### ② 선교 병원

기독교 선교 병원들도 이 기간에 어려움을 겪는 점에서는 공공 병원과 별 차이가 없었다. 이미 기독교 선교 병원의 대부분은 한국인 의사들에 의하여 관리 운영 및 진료되고 있었다. 비록 국민의 잠재 의료 수요는 많았어도 경제적인 이유로 유효 의료 수요(effective medical demand)가 적어 재정적으로 병원 운영이 지극히 어려웠기 때문에 미국, 캐나다 등의 선교부에서 보내오는 소액의 지원금으로 겨우 유지해 나가고 있었다. 그럼에도 불구하고 공공 병원의 쇠퇴로 선교 병원들은 오히려 우리나라 병원 의료의 중심적인 역할을 담당하게 되었다.

### (5) 대학병원을 중심으로 한 병원 설립 및 국제화기(1970～현재)

[그림 I-1]에서 보는 바와 같이 1970년에 총 병원 수가 235개였고, 그중 종합병원은 불과 12개에 불과하던 것이 1989년에는 562개, 1995년에는 693개로 증가되었다. 이는 주로 민간 병원의 급속한 증가에 의한 것임을 알 수 있다.

이와 같이 1970년대 이후 한국의 병원은 과거 공립병원과 선교 병원 중심에서 민간 병원 중심으로 이행하게 되었으며 아울러 자주적인 노력에 의한 병원 설립이 본격적으로 시작되었음을 뜻한다. 병원의 급격한 양적 증가와 동시에 병원의 전반적인 규모의 증대 현상도 일어나 1,000병상 전후의 병원이 4~5개 되었으며 이것은 국민의 대규모 병원 선호 현상에 따라 더욱 촉진되었는데 이후 대규모 병원의 건립 계획도 상당수 있는 것으로 알려졌다. 뿐만 아니라 시설 및 장비면에서도 크게 발전하여 고급 고가의 현대식 장비의 도입도 급격하게 증가하였다.

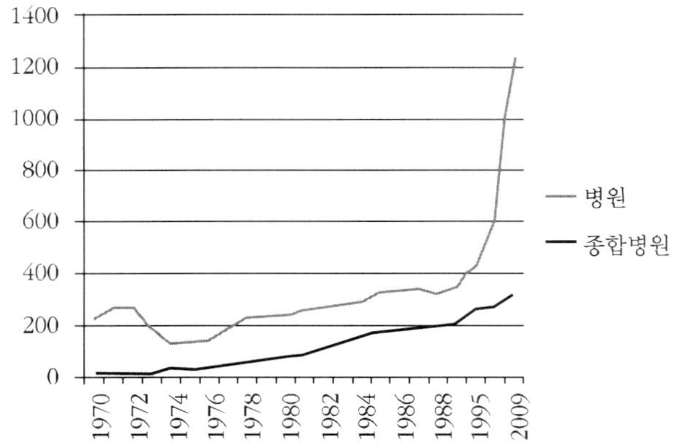


[그림 I-1] 연도별 병원 수(1970~2000)

* 자료: 보건사회 통계연보, 1970~1982
대한병원협회, 전국 회원 병원 현황, 1983~2000

1970년에 이후의 시기에는 어느 기간보다도 대학교의 부속병원들이 의료기관 발전에 큰 전기를 마련하였다. 연대기적으로 살펴보면 다음과 같다.

1971년 12월 한강성심병원을 개원하면서 비롯된 한림대학교 의료원은 1982년 한림대학교가 설립되면서 현재의 이름으로 변경되었다. 이후 1980년 강남성심병원(서울시 영등포구 대림동) 개원, 1984년 춘천성심병원(춘천시 교동) 개원, 1986년 강동성심병원(서울시 강동구 길동) 개원, 1991년 한국노인보건의료센터(서울시 영등포구 영등포동) 개원, 1999년 한림대학교성심병원(안양시 평촌 신도시) 개원, 2007년 한림대학교 임상치의학대학원 치과병원(서울시 동대문구 청량리동)을 개원하였다. 총 3,200여 병상에 6개 의료기관으로 구성되어 있다.

1982년 9월에는 계명대학교 동산의료원으로 계명대학교 부속병원이 발전적인 개명을 하였다. 건국대학교 병원은 1982년 11월, 건국대학교 부속 민중병원으로 개칭하고 종합병원으로 승격하였다. 이화여자대학교 의료원은 1987년 10월에 발족되었으며, 인제대학교 부속 백병원은 1972년 3월에 종합병원으로 개원하였다.

가천의대 길병원은 1958년 이길여 산부인과의원으로 개원하였고, 1979년 3월 인천 길병원을 개원하면서 첫 출발점을 시작하였다. 포천중문의대 차병원은 1960년 차산부인과 의원으로 개원하였으며, 2006년 6월 포천 중문의과대학교 부속병원으로 개칭하면서 발전의 새 전기를 마련하였다. 경희대학교 경희의료원은 1966년 6월 의과대학 부속 안암 한방병원을 개원하면서 시작되었으며, 1970년 6월 의과대학병원을 경희의료원으로 개칭하면서 새롭게 출발하였다. 성균관대학교 강북삼성병원은 1968년 11월에 개원한 고려병원을 모태로 하여 1997년 2월 성균관의과대학과 교육병원을 체결하였다. 순천향대학교 병원은 1974년 5월, 순천향병원 진료 개시하였고, 1978년 2월에 순천향의과대학 부속 순천향병원으로 개칭하였다. 영남대학교 의료원은 1983년 5월에 개원하였으며, 경상대학교 병원은 1987년 2월에 개원을 하였고, 동국대학교 의료원은 1988년 10에 개원하였다. 또한 단국대학교 병원은 1994년 4월, 인하대학교 병원은 1996년 5월에 개원하였고, 건양대학교 병원은 2000년 2월에 개원하였다. 민간 종합병원인 서울아산병원은 1989년 6월에 개원하였다.

## 3. 브랜드의 기능과 요소

### 1) 브랜드의 기능

브랜드의 기능은 식별/차별화 기능, 신뢰/품질 보증 기능, 의미/상징의 세 가지로 나누어 볼 수 있다.

#### (1) 식별/차별화 기능

기업의 제품이나 서비스를 식별하고 경쟁자의 제품이나 서비스와 구별되게 하는 기능을 말한다.

브랜드는 경쟁사의 브랜드명과 선명하게 구별되는 독특한 이름이 바람직하다. 예를 들면 순천향병원, 꽃마을한방병원과 같이 차별적인 이름이 결국 브랜드의 기억 용이성을 높이게 되는 것이다.

#### (2) 신뢰/품질 보증 기능

구매에 따른 소비자들의 지각된 위험을 최소화하고, 정보 취득 및 정보 처리의 효율성을 높여 주는 기능을 말한다. 즉, 브랜드를 통해 고기술(高技術)의 함축, 용도나 사용층의 범위를 나타내며 이를 통해 품질에 대한 보증과 구매를 유발시키는 역할을 하게 된다.

#### (3) 의미/상징 기능

속성, 편익, 가치, 문화, 개성, 사용자 등을 통하여 어떤 의미를 전달하는 기능을 말한다. 이 기능은 품질 보증 그 이상을 의미하며, 제품 라인이나 부문의 확장, 자기만족과 과시감 유발 등의 기능을 가지고 있다. 병원의 경우에도 병원 서비스가 고객에게 제공할 수 있는 편익을 암시할 수 있다.

이러한 브랜드를 암시적 브랜드(suggestive brand name)라고 한다. 예를 들면 한마음 효병원, 갸름한 성형외과, 사는 기쁨 정신과 등을 들 수 있다.

〈표 I-2〉 브랜드의 기능

| 브랜드 기능/역할 | 내용 | 예 |
|---|---|---|
| 본원적 기능 표현 | 다른 상표의 제품과 구별할 수 있도록 하는 기능 | 아모레, |
| 제품 정보 전달 기능 | 자사 제품 또는 특정 제품 라인의 특징을 직간접으로 알려 줌 | 쵸코칩 쿠키,<br>아이셔사탕,<br>물먹는 하마 |
| 시장 세분화 기능 | 사용자 또는 사용 시기, 장소, 상황을 알려 줌으로써 시장을 세분화하는 기능 | 하이틴잡지,<br>Cock light |
| 기업 자산으로서의 역할 | 유명하게 된 상표는 그 자체로 신뢰감을 줌으로써 이미지 형성기능. 향후 상표 확장의 기회가 되는 자신으로 기능 | 입생로랑<br>다시다 북어국 |

## 2) 브랜드의 구성 요소(brand element)

브랜드 구성 요소(brand element)란 브랜드를 상징화, 차별화하는 데 사용되는 요소들을 의미하는데 이를 통해서 법적으로 보호받을 수 있는 브랜드 관련 항목들을 의미한다. 즉, 브랜드명(brand name), 로고(logo), 상징(symbol), 슬로건(slogan), 징글(jingle), 패키지(package), 디자인(design), 캐릭터(character) 등을 들 수 있다.

브랜드 구성 요소는 제품 본연에 대한 의사 결정이나 그 제품이 어떻게 시장에서 유통 거래되는가와는 별개로 브랜드 자산을 가능한 한 더 많이 구축하기 위해 선택되고 이루어지는 것이라 설명할 수 있다. 즉, 브랜드 구성 요소는 소비자들에게 브랜드 인지를 향상시키며 해당 브랜드를 강하고 호감이 가는 독특한 브랜드 연상 체계로 형성시키고 이를 가능화하기 위한 것이다.

### (1) 브랜드 이름(name)

브랜드 네임은 브랜딩 과정에서 가장 중요한 요소라고 할 수 있다. 소비자들에게 기존의 마케팅 커뮤니케이션 활동을 했던 모든 것을 다 담을 수 있는 일종의 인식의 저수지 역할을 하기 때문이다.

따라서 브랜드 네임을 결정하는 과정에서 매우 신중한 주의를 기울여야 한다.

## 3M/에비앙(Evian)의 브랜드 명의 유래

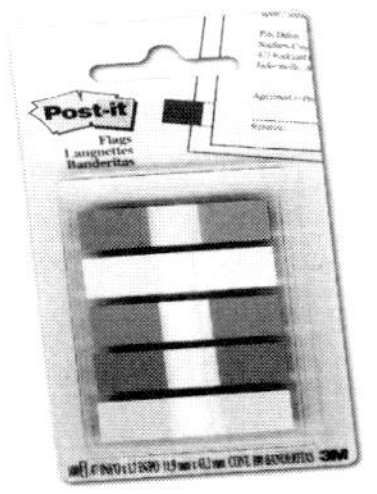


3M은 원래 1902년에 만들어진 광업회사이다. 3M이라는 이름도 미네소타 광공업사(Minnesota Mining and Manufacturing Company)의 머리글자에서 따온 것이다.

1789년 신장결석을 앓던 프랑스의 한 후작은 요양을 위해 알프스의 한 마을을 찾아 요양 중에 한 노인으로부터 이곳의 지하수가 몸에 좋으니 마셔 보라는 충고를 받았다.

병을 고치게 된 후작이 이 샘물에 대해 연구를 시작하여 상업화를 즉각적으로 진행하였다.

처음에는 에비앙의 지하수가 나오는 샘의 땅주인이 가지도 있던 판매권은 몇몇 회사로 전전하다가 1859년 현 회사의 전신인 '에비앙 광천수(Eaux Minerales d'Evian)'가 생수를 제조하기 시작했다. 1878년에는 프랑스 정부로부터 공식 판매 허가를 받아 세계 최초의 상업용 생수로 기록됐다. 에비앙이라는 이름이 켈트어로 물을 뜻하는 '에부아'로부터 나왔다.

브랜드 네임이 제품을 언급하는 정도에 따라 다음과 같이 5가지 유형으로 브랜드 네임을 구분할 수 있다.

〈표 I-3〉 브랜드 네임의 유형

| 유형 | 주요 특징 | 보기 |
|---|---|---|
| 조어 브랜드 명 (coined mark) | • 사전에 없던 단어들을 창작하여 브랜드 네임으로 사용<br>• 강한 식별력<br>• 브랜드 네임 등록 가능<br>• 제품과의 연상 작용이 없어 소비자에게 알리는 데 광고 비용이 많이 듦 | Kodak |
| 임의 선택의 브랜드 명 (arbitary mark) | • 제품과 전혀 관련이 없는 이미 존재하는 단어 등을 브랜드로 사용<br>• 강한 차별력과 식별력<br>• 브랜드 명으로 법적 등록 가능<br>• 제품과의 연상 작용이 미약하여 브랜드 연상을 강화해야 함 | Apple computer |
| 연상적 브랜드 명 (suggestive mark) | • 제품의 특징을 간접적, 상징적으로 표현한 브랜드 네임<br>• 자연스러운 연상 작용으로 소비자들이 쉽게 인식<br>• 식별력도 있어 브랜드 네임 등록 가능 | Swiss Swatch |

| | | |
|---|---|---|
| 묘사적<br>브랜드 명<br>(descriptive mark) | • 제품의 특징을 설명하거나 품질 내용을 묘사하는 브랜드<br>• 식별력이 없어 브랜드 네임 보호가 불가능<br>하지만 지속적이고 일관적으로 사용되어 소비자들이 그 회사의 브랜드로 인식한다면 브랜드 네임 등록을 허용하는 방향 | Clean & Clear |
| 본원 명칭의<br>브랜드 명<br>(generic mark) | • 사물의 보통 명칭<br>• 식별력이 없어 단독으로 브랜드 네임 등록이 불가능<br>처음에는 조어 브랜드 명이나 임의 브랜드 명으로 출발하더라도 본원 브랜드로 되는 경우가 발생함(ex. Burbury사의 버버리코트) | 자일리톨 껌<br>초코파이<br>실론티 |

### 브랜드 변경으로 목표 소비자 공략에 성공한 미스터 해머

이 제품은 회사 내에서 생산 중단이 거론될 정도로 별 볼 일 없는 제품이었으나 지금은 한 달 평균 10억 원이 판매될 정도로 큰 인기를 얻었다.

원래 이 제품의 브랜드 명은 미스터 '해머'가 아닌 '브로큰'이었다.

손가락 마디 하나 정도로 잘게 부서진 비스킷인 '브로큰'은 국내에서는 처음으로 선보이는 새로운 형태의 과자여서 개발팀이 시장에서 돌풍을 자신할 정도였다. 그러나 기대와 달리 이 제품의 판매는 월 2억~3억 원에 그쳐 퇴출 위기에 직면했다. 그러나 제품 생산을 중단할 경우 개발에 투자한 20억 원을 고스란히 날려야 할 처지여서 개발팀은 이래저래 고민에 빠졌다. 이에 제품 개발팀은 머리를 맞대고 판매 부진의 원인을 분석한 결과, 이러한 저조한 현상의 배경에는 제품의 문제라기보다는 다름 아닌 제품명 때문이라는 판단을 내렸다.

IMF 한파로 극도로 위축된 사회 분위기에서 '깨어졌다(브로큰)'라는 이름을 쓰니 소비자로부터 외면을 당해도 싸다는 극단적인 야유를 스스로에게 던졌던 것이다.

담당인 백운하 과장은 "이 같은 상황에서 역경을 능동적으로 깨쳐 나간다는 의미에서 출시 4개월 만에 제품명을 해머(망치)로 바꿨다"고 언급하였다.

이 결과 생산 중단 위기에 처해 있던 이 제품은 브랜드를 바꾸자 제품이 불티나게 팔려 이제는 월 10억 원 이상을 상회하는 주력 상품으로 부상하게 된 것이다.

**제일제당그룹 CI 사례**

'제일제당'의 영문 명칭은 'Cheil Sugar & Corporation'인데 이는 영문 발음상 'jail', 즉 감옥, 도둑 또는 강도를 연상시켜 좋지 않을 뿐만 아니라 'sugar'는 사탕수수 농장의 노예를 의미할 수도 있고, 외국에서는 회사명에 'sugar'가 들어가면 사양 산업이나 공해 산업을 의미하기도 하였기 때문에 동 기업은 영문 명칭을 'Cheil Food & Chemicals'로 바꾸었다.

**한화그룹 CI 사례**

기업의 사업 범위가 국내를 주로 하는 경우와 국제무대에 진출하는 경우 특히 회사명은 외국의 여러 바이어들에게 커다란 영향을 미친다. 예를 들어, 한국화약그룹은 회사 명칭의 영어 표기를 'Hankuk Explosive Group'으로 하였는데 이는 외국인들에게 '한국폭파집단'으로 의미를 전달하게 되어 동 그룹에서는 CI 작업을 통해 회사명을 '한화'로 개명하였다.

**샘표간장과 타임커피**

'샘표'라는 브랜드는 장류 특히 간장에 대해 잘 알려진 유명 브랜드라고 볼 수 있다.

이 회사는 커피 시장에 진출하기 위해 '타임커피'라는 브랜드를 선정하였는데, '샘표'라는 강한 브랜드 이미지를 이용하고자 하는 판단 하에 '샘표 타임커피'라고 브랜드 네이밍을 하였다. 그러나 소비자들은 '샘표' 하면 곧 간장을 떠올릴 만큼 강한 브랜드 이미지를 가지고 있기 때문에 이러한 이미지를 커피에 적용하는 것은 바람직한 전략이 되지 못하는 것이다.

### (2) 로고와 엠블럼(logo & emblem)

로고는 소비자들이나 대중들에게 브랜드를 알리기 위해서 사용하는 그래픽 마크나 엠블럼을 의미한다. 따라서 로고의 주요한 역할은 소비자의 인지 구조 상에서 브랜드의 비보조상기를 증대시키기 위한 것이며, 이를 위해서 브랜드 네임을 쉽게 기억하고 떠올리게 하는 단서를 제공하게 된다. 그러나 로고와 심벌의 이러한 시각적 이점은 때로는 소비자에게 심벌과 로고는 인지하게 하지만 구체적 제품이나 브랜드와 연결시키지 못하게 할 수도 있다.

브랜딩(branding: 브랜드 구축을 위해 기업이 수행하는 모든 행위)을 위해서 사용되는 로고의 또 다른 이점은 그 확장성 내지는 융통성에 있다. 로고는 비언어적 커뮤니케이션이 가능하기 때문에 시간을 초월하여 새로워질 수 있고 문화를 초월하여 널리 전달될 수 있다. 이러한 로고의 특성은 제품과 직접적인 관련이 없는 추상적인 이미지로 더 많은 제품군에 적용되며 브랜드 확장 시에도 활용될 수 있다. 따라서 지속적으로 그 시대에 맞는 로고로 변경시켜서 적용하는 것이 바람직하다.

아래의 Shell의 경우도 100년간 로고를 변화시켜 왔음을 알 수 있다.

(1900) (1904) (1909) (1930) (1948)

(1955) (1961) (1971) (1995) Current Logo

이러한 로고의 구성은 브랜드 기원(brand origin)으로부터 출발하거나 브랜드의 의미를 이용하여 만드는 경우가 보통이다. 자동차 브랜드의 경우에는 앰블럼을 자동차의 본네트 상단에 부착함으로써 많이 활용되고 있다.

원래 볼베어링을 만들던 회사의 출자로 만들어진 볼보(Volvo)사도 자동차 회사로 독립한 후에 볼베어링 회사와의 인연을 기억하는 의미로 동그라미 형태로 볼베어링을 형상화하고 거기에 화살표 하나 추가해서 오늘의 모습이 완성되었다.

또한 포르쉐(Porche)는 포르쉐가 탄생한 독일의 '스투트가르트' 지방의 문양을 사용하고 있으며 로고 가운데 STTUTGART로 표시되어 있다.

이러한 로고는 사업의 확장이나 아이덴티티의 변화를 주기 위해 주기적으로 교체되기도 한다.

UPS도 지난 2003년 해운 · 택배업에서 물류업 전반으로 사업 영역을 확장하면서 42년 전통의 낡은 로고를 새 것으로 교체했다. 방패 모양은 그대로 살리되 글자 색을 밝게 하고 자산을 의미하는 브라운 색을 입혔다. 하지만 소비자들의 인식 변화와 부정적인 연상으로 인해서 교체되는 로고도 있는데 생활용품 업체인 프록터앤드갬플(P&G)도 비난 여론에 부딪혀 140여 년간 이어져 온 로고를 바꿔야 했다. 긴 수염의 남자 옆모습에 미국 식민지를 상징하는 13개의 별이 새겨진 당초 로고는 별의 배열과 수염의 컬 모양이 불운의 숫자인 666을 형상화했다는 비판을 받고 1991년 수염을 잘랐다가 다시 2년 뒤 현재의 알파벳 로고로 탈바꿈했다.

## 잘 나가는 브랜드 로고의 공통점은

최근 *Businessweek*이 매년 발표한 전 세계 TOP 50개의 브랜드 로고를 분석한 결과가 흥미를 끈다. 대상 기업은 다음과 같다.

Coca-Cola, Microsoft, IBM, GE, Intel, Nokia, Walt Disney, McDonald's, Toyota, Marlboro, Mercedes-Benz, Citi, Hewlett-Packard, American Express, Gillette, BMW, Cisco, Louis Vuitton, Honda, Samsung, Dell, Ford, Pepsi, Nescafé, Merrill Lynch, Budweiser, Oracle, Sony, HSBC, Nike, Pfizer, UPS, Morgan Stanley, JPMorgan, Canon, SAP, Goldman Sachs, Google, Kellogg's, Gap, Apple, Ikea, Novartis, UBS, Siemens, Harley-Davidson, Heinz, MTV, Gucci and Nintendo.

Webson은 이 50개의 브랜드들을 뛰어난 로고의 기준에 따라서 분석해 본 결과

- 제품명을 사용하지 않음(94%)
- 로고에 라인태그는 포함되지 않음(90%)
- 글꼴 스타일을 깨끗하고 선명하게(84%)
- 하나의 색상만을 사용하였다(흑색과 백색은 색상으로 포함하지 않았음)(74%)
- 로고 디자인의 상징에 문자를 사용하였다(74%)
- 로고 디자인은 이름 또는 약자 사용하였다(72%)
- 로고 디자인 형태가 사각형이다(66 %)
- 로고 디자인을 하나의 단어만 사용하였다(62%)
- 로고의 디자인과 등록상표(trader mark)와 상징을 포함(54%)하고 이를 오른쪽 상단 배치하였다(48%)
- 브랜드 명이 여섯 글자 또는 그 이하이다(52%)
- 브랜드 이름이 대문자 또는 소문자를 사용하였다(44%)
- 로고의 배경이 색으로 채워진 형태였다(52%)
- 발음 구조는 세 개로 이루어진 음소내지 음절을 포함하였다(44%)
- 우세한 색깔은 청색이었다(40%)

### 의학과 한 마리의 뱀 로고

Asklepios는 그리스 로마신화에 등장하는 의술의 신이다. 그는 고대 그리스 로마 시대 의학의 상징적 존재이다. Chiron 밑에서 자라면서 의술을 배워 죽은 사람도 되살릴 만큼 훌륭한 의술을 가지고 있었다고 전해진다.

Asklepios는 Homer의 서사시 일리아드(Iliad)에도 이상적인 그리스의 의사로 언급되고 있을 정도이다. "나는 의술의 신 Aplon과 Asklepios, Hygeia, Pankeia 그리고 모든 남신과 여신의 이름으로 나의 능력과 판단에 따라 이 선서와 계약을 이행할 것을 맹세합니다"로 시작되는 히포크라테스의 선서 중에서 두 번째 등장하는 신이기도 하다.

신화에 따르면 Asklepios가 제우스의 번개에 맞아죽은 Glaukos를 치료하던 중 뱀 한 마리가 방안으로 들어왔는데 이에 깜짝 놀란 Asklepios가 자신의 지팡이를 휘둘러 뱀을 죽였다. 그러자 잠시 후 또 다른 뱀 한 마리가 입에 약초를 물고 들어와 죽은 뱀의 입 위에 올려두니 죽었던 뱀이 다시 살아났는데 그 잎을 Glaukos의 입에 대니 다시 살아났다. Asklepios가 뱀에 대한 존경의 의미로 자신의 지팡이를 휘감고 있는 한 마리 뱀을 자신을 상징하는 것으로 삼았다는 데서 유래한다.

한편 두 마리의 뱀이 등장하는 의사협회 로고의 유래는 Hermes와 Caduceus에서 유래한다.

Hermes는 제우스의 아들로서 아버지의 비서로서 전령 역할을 하였고, 나그네의 수호신 역할도 하였다. 그는 평소에 날개 달린 모자와 신발을 신고 두 마리의 뱀이 감고 있는 Caduceus라는 지팡이를 지니고 다녔다.

Hermes가 이러한 의학의 상징이 된 배경에는 신화에서 등장하는 Hermes의 역할의 방대함에 그 유래를 들 수 있을 것이다. Hermes는 전령뿐만 아니라 상업의 신으로서 역할도 하였으며 연금술까지도 관련이 있었다. 연금술사들은 Hermes의 아들이라고 불리었으며, 16세기 말까지 연금술학이 화학광물학·금속학뿐만 아니라 의학·약학까지 포함하고 있었기 때문이라는 유래도 있다. 또한 미 국군의무부(U.S. Army Department, USAMEDD)는 1818년이 Asklepios 지팡이를 공식 로고로 사용하고 있었으나 1902년 7월 17일 Hermes 지팡이를 공식 로고로 채택함으로써 이러한 형식이 이어져오고 있다는 유래도 있다.

(신영전, 2007, "대한의사협회 휘장의 소사: 아스클레피오스의 지팡이와 헤르메스의 지팡이," 『醫史學』 제16권 제1호 통권 제30호 2007년 6월 참조)

## (3) 브랜드 캐릭터(brand character)

브랜드 캐릭터는 해당 브랜드 특성을 고려해 캐릭터에 독특한 개성을 부여하고 이를 통해 상징적 차별화 및 차별화된 메시지의 전달, 이미지 제고를 이루고자 사용된다. 이러한 브랜드 캐릭터는 주로 ATL, BTL의 구분 없이 다양한 활용적인 측면을 가지고 있으며 광고 캠페인과 패키지 디자인에 있어서 중요한 역할을 담당하고 있다. 일반적인 브랜드 로고나 심벌과는 달리 캐릭터들은 주로 화려한 이미지와 독특한 개성을 포함하고 있기 때문에 타 브랜드 요소에 비해 주변의 시선을 집중시키는 경향이 크고 이를 통해 브랜드 이미지 제고에도 큰 영향을 미치기도 한다.

또한 제품의 장점 전달에 도움이 되는데, 예를 들어 그림에 나와 있는 미국 가전 회사인 메이택(Maytag)의 '외로운 수리공'이라는 캐릭터는 '신뢰성'이라는 중요한 제품 연상을 강화시켜 왔다. 인기 있는 캐릭터들이나 성공한 캐릭터들은 그 자체가 재산으로 인정되기도 하고 직접적인 이윤을 창출하기도 하며 이를 통해 해당 브랜드의 노출이 증대되고 결국 브랜드 자산에도 큰 영향을 미친다.

### 죽은 창업주가 브랜드를 다시 살리다

체인 업체 KFC가 '건강식' 이미지를 부각시켜 젊은 층을 더욱 파고들기 위한 다각적 전략을 모색 중이다. KFC의 변신 구상 중 가장 눈에 띄는 것은 그동안 KFC의 상징이나 다름없이 매장 입구마다 세워져 있는 '샌더스 할아버지상'부터 젊은 이미지로 확 바꾸겠다는 것. KFC 모회사인 '염 브랜드(Yum Brands)'는 1952년 '켄터키 프라이드치킨(Kentucky Fried Chicken)' 창업 이래 지금까지 변함없이 매장 입구에서 손님들을 맞아온 배불뚝이 샌더스 할아버지상(Colonel Sanders)의 살을 빼고, 더 젊게 보이도록 바꾼다는 방침 아래 소비자들의 반응을 테스트 중이다.

KFC는 기름에 튀긴 음식에 대한 소비자들의 거부감을 피하기 위해 그동안 사용하지 않았던, '프라이드(Fried)'라는 단어를 상호에 되살리는 방안도 검토 중이다.

KFC는 1991년 건강한 이미지 창출을 위해 회사 이름을 켄터키 프라이드치킨에서 KFC로 변경했다. 이와 같은 KFC의 변화를 직접 테스트하는 시범 매장으로는 켄터키주(州) 루이스 빌 체인점이다. 이 매장의 간판은 KFC에서 '켄터키 프라이드치킨'으로 복원됐고, 매장 입구에는 더 젊고 날씬해진 샌더스 할아버지상이 손님들을 맞고 있다. 새 할아버지상의 얼굴은 이전보다 작고 갸름해 보이며, 흰 셔츠 위에 붉은 앞치마를 두르고 있다. 회사 대변인은 새로 문을 연 KFC 체인점은 '미래형 식당'이며 닭고기에 으깬 감자와 쌀을 곁들인 3.95달러(약 4천 원)짜리 새 메뉴들도 선보일 계획이라고 설명했다.

그러나 KFC는 올해 49개 점포를 신설할 계획이지만 이들 가게에 변화된 샌더스 할아버지 모습의 사용과 '켄터키 프라이드치킨' 매장 이름도 원상으로 회복할지는 아직 소비자들의 반응을 더 살펴본 뒤 결정할 방침이라고 그는 말했다. 한편 KFC 점포들의 매출은 금년 1분기에 4% 올라 최근 3년 내 최고치를 기록했으며, 이는 데이비드 노박 최고경영자가 경쟁사인 맥도날드와 경쟁하기 위해 출시한 99센트짜리 새 메뉴에 대한 폭발적 반응 덕분이라고 관계자들은 풀이하고 있다

Adage 사가 선정한 세계적으로 유명한 캐릭터를 살펴보면 다음과 같다.

① Green Giant

약 100년(1903~현재) 동안 그린 자이언트는 가장 신선한 채소를 재배하여 가정에 새로운 food를 선보였다. 완두콩과 옥수수 등을 통조림에 넣어 가공 식품을 만들어 판매를 시작하여 버섯, 옥수수 가루를 이용한 마카로니 등 다양한 가공/냉동식품(canned/frozen vegetables)을 생산하고 있다.

② Pillsbury

Pillsbury사는 약 130년간 스낵, 빵, 피자 등 다양한 가공 식품을 제조해 왔다. Pillsbury Doughboy 캐릭터로 친숙하다.

③ Kellogg

켈로그 콘 프로스트는 우리나라뿐만 아니라 전 세계에서 어린이들이 가장 좋아하는 시리얼 중의 하나이다. 1952년에 처음 소개되었으며 켈로그 콘플레이크에 시럽을 특수 코팅하여 바삭바삭함과 달콤한 맛을 함께 즐길 수 있는 콘 프로스트는 어른들도 가장 많이 찾는 제품으로 알려져 있다. 특히 활동량이 많은 어린이에게 충분한 에너지를 공급해 주는 아침식사로 알려져 있는데 이는 이당류의 함량이 높아 에너지원으로 금방 사용될 수 있기 때문이다. 어린이들에게는 가장 친숙하고 사랑받는 Tony the Tiger 캐릭터이다.

④ 에버레디

에버레디(Eveready) 건전지 회사는 에너자이저를 광고하면서 분홍색 토끼 인형(Energizer Bunny)을 사용하였다. 레이벤 선글라스를 쓴 토끼 인형은 물론 에너자이저로 작동되며, 지치지도 않고 히죽히죽 웃으면서 계속 드럼을 치는 광고는 타 건전지인 듀라셀은 물론 맥주

회사에서도 풍자할 정도로 선풍적이었다. 에버레디(Eveready) 건전지 회사는 에너자이저를 광고하면서 분홍색 토끼 인형을 사용하였다. 레이벤 선글라스를 쓴 토끼 인형은 물론 에너자이저로 작동되며, 지치지도 않고 히죽히죽 웃으면서 계속 드럼을 치는 광고는 타 건전지인 듀라셀은 물론 맥주회사에서도 풍자할 정도로 선풍적이었다.

### (4) 슬로건(slogan)

'슬로건(slogan)'이란 말은 전장에서 병사가 토해내는 '함성'이 원래의 의미이다. 영어의 슬로건은 게루어(스코틀랜드 高地人, 아일랜드의 켈트인 등의 게루인이 사용하는 언어)의 slaugh ghairm이 줄어서 온 말로 오늘날에는 기업의 생각이나 주장 또는 상품의 특성 등을 일정 기간이나 장기간 반복적으로 사용하여 좋은 인상을 유지, 누적, 정착을 목적으로 하는 카피를 기업이나 상품이 추구하는 바를 나타내는 지향점이기도 하다. 이러한 슬로건은 브랜드에 대한 정보를 제공하고 경쟁 브랜드와 차별화시킴으로써 포지셔닝에 기여한다. 또한 슬로건의 특별한 형태로 징글이 있다.

예를 들면 코카콜라의 "Stop thinking. Feel it!"이라든지 현대자동차의 "Drive your way" 등을 들 수 있다. 슬로건의 장점은 일정한 방식으로 브랜드의 지향점을 표현함으로써 소비자들이 브랜드가 말하고자 하는 메시지를 쉽게 인지할 수 있도록 도움을 줄 수 있다는 것이다. 슬로건을 사용하는 것은 브랜드 포지셔닝 및 브랜드 차별성의 강화에 도움이 되며, 광고 캠페인과 연결되어 차별화를 이루는 중요한 수단이 될 수 있다.

〈표 I-4〉 대표적인 브랜드 슬로건

| Brand | Slogan |
|---|---|
| Dupont | The Miracles of Science |
| Adobe | Everywhere You Look |
| YAMAHA | Creating Kando Together |
| Ford | Have You Driven a Ford lately? |
| Dockers | If You're Not Wearing Dockers<br>You're Just Wearing Pants |
| GUINNESS | GUINNESS REFRESHES YOUR SPIRIT |

| UPS | Moving at the Speed of Business |
|---|---|
| BMW | The ULTIMATE Driving Machine! |
| Coca-Cola | Enjoy! |
| Maxwell House | Good to the last drop |
| Volvo | Volvo for life |
| GE | We Bring Good Things To Life! |
| Philips | Let's Make Things Better! |
| NOKIA | Connecting People |

### (5) 징글(jingle)

징글의 원래 사전적 의미는 듣기 좋은 딸랑거리는 소리를 의미한다. 광고에서 징글은 브랜드에 대한 음악적 메시지, 즉 확장된 음악으로 표현된 슬로건이라고 정의할 수 있는데, 음악적 특성으로 인해서 다른 브랜드 요소들만큼 직접적인 브랜드 전달 및 전이성은 낮은 편이지만 음악적인 음률을 통해서 그 브랜드만의 독특성을 전달할 수 있다.

따라서 징글만으로도 해당 메시지나 브랜드를 전달하는 데 효과적이다. 최근 한미 FTA 협정문에는 소리 상표와 심지어 냄새 상표도 인정하는 추세이므로 중요한 브랜드 요소로 자리 잡을 가능성이 높다. 광고에서 징글을 사용하는 장점은 브랜드 인지 제고 관점에서 소비자들에게 정보 처리를 하는 과정에서 시각적으로 부호화시키는 과정 이외에 다중적인 부호화의 기회를 제공한다. 즉, 다른 브랜드 요소들은 주로 시각적 부분이 강조된 반면 징글은 시각이 아닌 청각적 요소를 통해 브랜드 연상을 일으킨다는 데 있다. 대표적인 징글로서 Intel의 캠페인 징글과 피자헛의 징글을 들 수 있다.

켈로그(Kellogg)는 아침식사용 콘플레이크의 바삭바삭한 감각을 정확하고 상세하게 표현하기 위해 덴마크의 광고 음악 실험실에서는 광고에서 전통적으로 사용되는 음악과 상당한 차이가 있는 오직 켈로그만의 매우 독특한 소리를 창조했다. 여러 번에 걸친 실험 결과 바삭거리는 독특한 감각은 켈로그 상품의 상징이 되었고, 아침식사 뷔페 유리그릇에서 몇 가지 콘플레이크를 담아가는 사람들도 다른 회사의 콘플레이크를 켈로그라고 생각하게 되었다.

## 소리 상표(sound marks)

### 미국의 음향 서비스표

미국 상표법의 정의상 소리 상표를 상표의 구성 요소에 명시적으로 포함시키지는 않고 있지만 판례에 의하여 상표의 정의 규정상 'symbol, device' 개념에 포함하는 것으로 인정하여 소리 상표의 등록을 인정하고 있다. 미국의 상표심사기준(The Trademark Manual of Examining Procedure, TMEP)에서도 소리 표장은 시각적 의미보다도 오히려 청각을 통하여 서비스를 식별하거나 구별하므로 (i) 일련의 음조 또는 음악적 기록, (ii) 음악이 동반되는 단어나 단어들, (iii) 단순한 구두로만 사용되는 단어나 말 (예를 들어 라디오나 텔레비전 오락 프로그램을 식별하는 용어) 등이 소리 상표를 구성할 수 있다고 정의하고 있다.

이러한 여건 속에서 NBC가 1959년에 잘 알려진 NBC의 3조 음향(NBC three chime sounds)을 라디오 서비스를 위한 최초의 음향 서비스표로 출원하여 등록을 받았다(Registration No. 523,616). 그 후 100건 이상의 서비스 및 상품에 대한 음향 표장들이 출원되었다. 대다수의 출원은 광고나 서비스 제공에 사용되는 음향에 관한 것들이었다. 그들 대부분은 장거리 통신, 연예, 요식 업계의 서비스와 관련된 것들로 상당수가 등록되어 있다.

### 유럽공동체상표청(OHIM)의 브랜드 개념

EU공동체 상표 규정에 의하면 브랜드의 개념은 한 기업의 상품 또는 서비스를 다른 기업의 그것과 식별할 수 있는 표지로서 정의하고 상표의 구성 요소로서 특히 성명을 포함한 문자, 도형, 철자, 숫자 그리고 상품의 형상이나 포장의 형태와 같이 시각적으로 표현할 수 있는 표지라면 어떠한 표지라도 공동체 브랜드로서 등록될 수 있도록 넓게 인정함으로써 소리 브랜드라도 자타상품의 식별력이 있고 이를 사실적으로 표현할 수 있는 한 상표로서 등록 가능하도록 인정하고 있다. 소리 브랜드에 대해서는 음향인 것을 이유로 등록을 부정해야 한다는 사고방식은 없다. 미국과 달리 소리 브랜드를 소노그램(sonogram)의 형식만으로 표현한 것은 시각적 표현이 부족한 소리 브랜드에 해당된다고 보아 등록을 허용하고 있지 않는 입장이다.

**소리 상표 국가별 출원 비율**(단위 : %)

※ 유럽 상표디자인청(OHIM) 2004년 누적 출원 기준

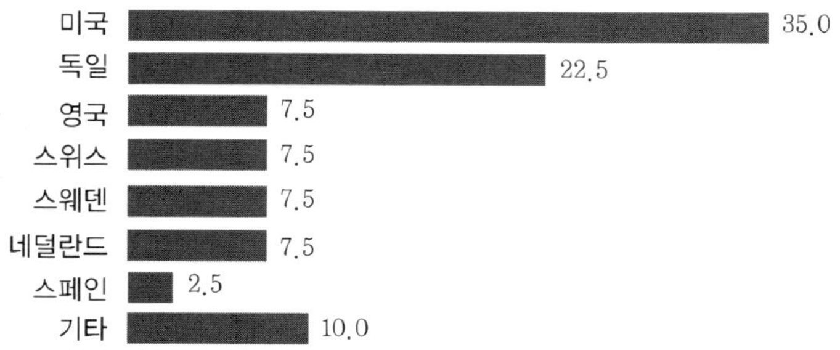


자료: 한국특허정보원

소리 브랜드의 국가적인 출원건수를 보면 35%로 미국의 경우가 압도적으로 많이 출원하고 있다. 뒤를 이어 독일이 22.5%의 누적적인 소리 브랜드 출원건수를 보이고 있다.

### (6) 포장(packaging) 및 색채

패키징(packaging)은 협의의 의미에서는 제품을 넣거나 담아둘 수 있는 포장 혹은 용기를 말하지만 광의의 의미에서는 패키지(package)를 디자인하고 만들어 소비자에게 노출이 되는 활동을 의미한다. 패키지의 주목적은 제품 운반 및 보호의 용이성, 제품과 관련된 정보의 전달, 브랜드의 노출, 제품 사용 과정 중 보관의 용이성 등으로 구분할 수 있다.

#### 색채만으로도 브랜드 등록이 되나?

Qualitex사는 시카고의 세탁 관련 용품을 생산·판매하는 회사로서 1957년부터 30여 년 동안 'SUN GLOW'라는 브랜드로 붙여 녹금색을 띤 다림질에 사용되는 패드를 제작·판매해 왔다. SUN GLOW 브랜드는 이후 1960년대 관련 분야 잡지에 여러 차례 광고하였고 1970년 이래로 컬러 광고를 통해서 다림질 판의 색깔을 중심으로 광고를 하였다.

그 결과 소비자들은 다림질 패드를 주문할 때 단지 녹금색의 색깔만을 언급하면서 구매주문을 하는 것이 관행처럼 되었다. 따라서 제조업자는 SUN GLOW라고 하는 상표명 이외에 녹금색이라는 색채만을 가지고 등록 출원을 하였고 브랜드로서 보호를 받을 수 있게 되었다.

#### 컬러 마케팅, 일반약에서 전문약으로 '확산'

**놀텍, 리덕틸, 로타텍 등 전문 의약품 컬러 마케팅 활용**

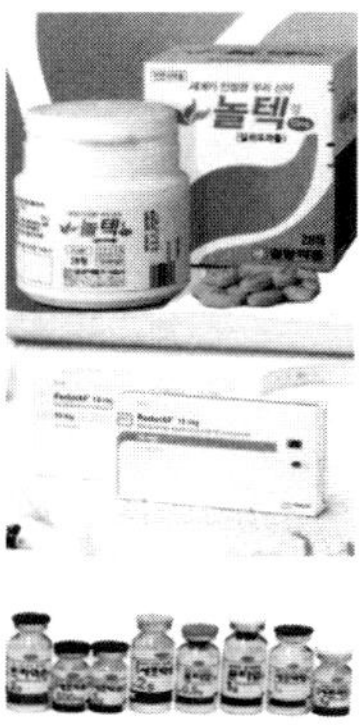

일반 의약품에만 국한됐던 컬러 마케팅이 전문 의약품까지 확산되고 있다.

과거 컬러 마케팅은 소비자들이 직접 제품 구매의 선택권이 있는 일반 의약품에 다양하게 이용됐다.

노란색을 이용한 SK케미칼 '트라스트', 경남제약 '레모나', 주황색 대웅제약 '베아제', 오렌지색 보령제약 '아스트릭스' 등이 컬러 마케팅을 활용한 대표적인 성공 사례다. 하지만 일반 의약품에서 벗어나 최근에는 의사, 약사들의 편의성을 도모하거나 제품에 대한 인지도를 높이기 위한 방편으로 컬러 마케팅이 이용되고 있다. 최근 컬러 마케팅을 제품에 적용시킨 제약사는 한국애보트, 한미약품, 일양약품, 한국MSD등이 있다.

한미약품은 현재 시판되고 있는 주사 항생제의 외부 포장, 유리병 라벨 및 캡의 색깔을 달리하는 방식을 도입했다. 이 방식이 적용된 제품은 유박탐, 아목시썰탐, 타짐, 트리악손, 세포탁심, 폰티암, 세포박탐, 세프라딘 등 8개 주사용 항생제다.

외부 포장과 유리병 라벨은 각각 다른 18개 색깔이, 유리병 캡은 품목별로만 구분해 총 8개의 색깔이 적용됐다. 한국애보트 비만 치료제 '리덕틸'의 신규 패키지는 10mg 캡슐은 노란색, 15mg 캡슐은 파란색으로 용량 별 각 캡슐의 색상과 동일한 색으로 디자인돼 색깔만으로 용량을 구분할 수 있도록 했다.

한국애보트 관계자는 "리덕틸 새 패키지를 통해 의료진과 환자들이 용량을 좀 더 쉽게 구분할 수 있어 편의성을 높였다"고 말했다. 또 일양약품, 한국MSD 등은 제품에 대한 강렬한 인식을 남기기 위해 컬러를 이용한 마케팅을 진행 중이다. 일양약품은 최근 출시된 위궤양 치료제 '놀텍'을 알리기 위해 전 직원이 놀텍의 알약과 포장지 색깔인 오렌지색 넥타이나 스카프 등을 매고 근무를 한다.

또 한국MSD는 로타바이러스 장염 백신 '로타텍'을 출시하면서 프라마케팅의 일환으로 노랑, 연두 등 5가지 캐릭터를 개발해 마케팅에 이용했다. 한국MSD 관계자는 "다섯 가지 컬러는 5가 백신인 로타텍의 5가지 색깔을 의미했다"며 "5가지 컬러 캐릭터를 이용한 프리마케팅이 제품의 인지도 상승에 일조했다"고 평가했다. 한국화이자 '비아그라'의 파란색, 한국릴리 '시알리스'의 노란색, 바이엘쉐링 '마이보라'의 보라색 등도 컬러를 이용한 마케팅의 한 사례다. 이같이 컬러를 이용한 마케팅은 환자와 의사, 약사들에게 강렬한 인상을 심어 줄 수 있다는 점에서 긍정적으로 평가되고 있어 색깔을 이용한 마케팅은 확산될 것으로 보인다.

메디파나뉴스 최봉영 기자(bychoi@medipana.com)

## 국가별로 선호하는 로고색

브랜드 로고들은 특정한 색을 사용하게 된다. 버드와이저, 맥도널드, 코카콜라 등 미국을 대표하는 브랜드들은 모두 붉은색을 사용하고 하고 있다. 미국인들이 좋아하는 붉은색을 활용해 성공한 사례들이다.

대한무역투자진흥공사의 세계 66개국을 대상으로 각 나라별 색상, 무늬 및 동물 선호도를 조사 결과에 따르면 미국인들은 적색과 황색, 청색을 좋아하고 게으름을 상징하는 갈색은 싫어한다. 캐나다에서는 재물을 상징하는 녹색이 인기다. 프랑스인들은 하늘색과 흰색을 좋아하며, 이탈리아에서는 청색과 진회색을 선호한다. 유럽국가 중에는 검정색을 기피하는 곳이 많다. 일본인이 좋아하는 색은 흰색과 청색, 초록색, 금색이며 청결과 금욕을 상징하는 흰색을 특히 좋아한다. 그러나 중국인들은 흰색이 죽음을 상징한다며 기피하고 적색과 황색을 좋아한다. 다른 화교 문화권도 비슷하다. 뉴질랜드인들은 청색과 녹색은 좋아하지만 핑크는 여성적인 이미지 때문에 인기가 없다. 남아공에서는 녹색자동차는 사고가 많이 난다는 미신 때문에 녹색을 싫어한다.

국가 간 대립 관계로 특정 색상을 기피하는 경우도 있다. 캐나다는 미국 성조기 색깔인 적색과 청색을 싫어하며 그리스는 터키 국기 색깔인 적색을 기피한다.

### 3) 브랜드 구성 요소의 선택 기준

위에서 살펴본 5가지의 브랜드 구성 요소를 적용, 사용하는 데 있어서는 다음과 같은 5가지의 선택 기준에 부합한지를 먼저 살펴보고 결정해야 한다.

먼저 기억 용이성(memorability)은 소비자들이 특정 브랜드를 쉽게 인지하는지, 브랜드가 쉽게 상기되는지를 의미한다. 예를 들면 白병원, 藝치과와 같이 짧고 브랜드가 지향점을 잘 전달하는 브랜드가 바람직하다.

의미 풍부성(meaningfulness)은 설득적인지 즐거운 분위기를 전달해 줄 수 있는지 그리고 시각적으로 풍부하고 언어적으로 상상력을 전달해 줄 수 있는지를 의미한다. 이전 가능성(transferability)은 브랜드를 확장했을 경우 해당 제품군 이외에 적용할 수 있는지 또는 특정 지역을 넘어서 적용할 수 있는지를 의미하고 적용 가능성(adaptability)은 시간이 흐름에 따라서도 브랜드가 지속적으로 환경에 적응하면서 새롭게 보일 수 있는가의 여부를 의미한다.

마지막으로 브랜드의 고유 기능인 법적 보호성(protectability)은 법적인 측면에서 브랜드 요소가 보호받을 수 있는지를 의미한다. 이러한 법적 보호는 브랜드의 등록과 등록된 브랜드의 법적 방어를 포함하는 개념이다. 예를 들어 브랜드 네임이나 패키지가 너무 쉽게 모방된다면 브랜드 고유성의 많은 부분이 사라지게 된다. 세브란스병원과 백병원을 비교하면 세브란스병원은 상표등록이 되어 있어 더 이상 다른 병의원에서 사용할 수 없다. 반면 백병원은 법적인 보호를 받기 어려운 브랜드이므로 전국에 수많은 백병원이 존재하여 다른 병원의 사고나 잘못이 인제대백병원으로 종종 오인되곤 한다.

## 4. 브랜드 요소와 광고 캠페인

광고 계획 수립(planning)은, 흔히 목표를 설정하고 전략을 수립하고 전략수행방안을 만드는 과정을 의미하며, 이 과정은 광고 캠페인을 단순한 아이디어의 모음과 차별화시키는 중요한 요소이다. 이러한 과정을 거치면서 광고 캠페인은 통일성을 갖게 되는 것이다. 통일화된 캠페인을 듣고 보면서, 소비자들은 광고물들이 이전의 것과 연결되어 하나의 캠페인으로 인식하게 된다. 효과적이며 성공적인 광고 캠페인이 되려면 본질적으로 전략을 바탕에 두고 있어야 하며 시간이 지나거나 상황이 바뀌어도 표현의 수정이 있을 뿐 원래의 일관성을 유지하여야 한다.

### 1) 캠페인의 일관성

캠페인을 단순한 광고물의 모음과 차별화시켜 주는 것은 바로 각각의 광고물들의 상호 연결성이다. 이를 위해서 광고 캠페인에서는 이전의 광고물에서 표현하였던 것을 유사한 인상(impression)을 심어 나가는 것이 중요하다. 이를 위해서 캠페인의 물리적인 일관성(physical continuity)과 심리적인 일관성(psychology continuity)을 유지하는 것이 필요하다.

### 2) 물리적인 일관성(physical continuity)

광고물을 이전의 것과 유사하게 보이고 들리는 게 하는 것은 목표 소비자에게 소구하기 위한 제작물을 만드는 데 있어서 크리에이티브 팀에게 많은 도움을 줄 수 있다.

광고 캠페인을 통해서 기업은 브랜드에 대한 무형의 자산을 형성시켜 가는 브랜드 자산(brand equity)의 측면에서도 결코 캠페인의 비일관성은 도움이 되지 않는다. 소비자들은 유사한 요소들이 표현되어 있는 광고를 더 오래 기억하기 때문에 광고 대행사들은 광고를 새로 만들 때마다 수없이 많은 새로운 콘셉트나 아이디어를 만들고, 고심하고, 테스트하고 할 필요는 없다고 Ogilvy & Mather에서 근무하였던 Roman과 Mass는 주장한다.

슬로건(slogans), 꼬리말(taglines)과 캐릭터(trade characters)는 광고의 일관성을 나타내어 줄 수 있는 도구들이다. 광고 캠페인에서의 슬로건이나 꼬리말(tagline)은 한 번 사용될 수도 있고 몇 년간 지속적으로 사용될 수도 있다. 예를 들면 United Airline은 꼬리말을 "Fly the Friendly Skies"를 1965년의 광고부터 도입하기 시작하였다. 1966년부터는 United Airline의 친밀한 서비스와 친밀한 비행 여행 경험을 강조하는 캠페인에서 지속적으로 강조되어 1994년에는 "Come Fly our Friend Skies"로 이어져 왔다. 한국에서는 그림과 같이 광동제약의 경우에는 모든 제품 광고의 끝에는 "한방을 과학화하는"이라는 꼬리말을 사용하고 있다. 이러한 것은 지속적인 기업의 이미지를 심는 데 매우 큰 역할을 하는 것으로 나타나고 있다.

슬로건이나 꼬리말과 같이 효과적인 캐릭터도 그 광고 효과를 수년간 지속시키는 역할을 하게 된다. Kellogg의 Tony the Tiger, Pillsbury의 Doughboy 등은 광고의 일관성을 유지시키는 매우 중요한 요소라고 할 수 있다.

〈표 I-5〉

| 회사명 | 캐릭터 개시 연도 | 캐릭터 |
|---|---|---|
| Pillsbury | 1965 | Pillsbury Doughboy |
| Marlboro | 1955 | Marlboro Man |
| 7UP | 1988 | Spot |
| 옥시 | 1994 | 물먹는 하마 |

광고에서 제일 먼저 시작되는 특징적인 카피 역시 일관성을 이끌 수 있다. American Express는 수년간 "Do you know me?"라는 카피로 명확한 차별화에 성공할 수 있었다. 이와 같이 성공적인 광고 개념은 다른 광고들과 차별화시키면서 일관성을 유지할 수 있도록 해준다.

차별적이며 독특한 배경 음악(Background Music: BGM)이나 로고송도 마찬가지로 광고 캠페인의 통일성을 만들어 내는 중요한 요소이다.

### 3) 심리적 일관성(psychological continuity)

시장에서 제품들은 성숙기에 접어들수록 제품의 성능이나 특징이 비슷해지므로 대부분의 광고물들은 서로 유사하게 보이거나 들리기 때문에 특정 광고 캠페인은 이전의 광고 캠페인들과 심리적인 유사성과 일관성이 없으면 광고 캠페인으로서 역할을 할 수 없다.

광고 제작자들은 일관성 있는 테마(theme)나, 이미지, 톤 혹은 표현 방식을 유지함으로써 광고를 보는 청중들의 사고를 비슷해지도록 묶으려고 노력하게 된다.

대부분의 광고에서 통일성을 기하기 위해서 사용되는 요소는 바로 테마(theme) 내지는 전반적으로 광고의 바탕을 이루는 아이디어이다.

# II. 헬스케어 브랜드

## 1. 헬스케어 브랜드의 정의와 범위

먼저 헬스케어(healthcare)의 정의에 대해서 살펴보면 헬스케어는 보건을 의미하는 단어이다. 사전적으로는 질병으로부터 안전과 건강을 보전하게 하는 활동을 의미한다. 따라서 이러한 관점에서 구분해 본다면 의료 전문 활동(service offered by medical profession)과 이러한 의료 전문 활동을 보조하는 보조 의료 활동(serivice by allied profession)으로 구분할 수 있다.

다시 구분하면 의료 행위는 의술로 병을 고치는 활동을 의미하므로 치료에 해당되는 차원이며 보조 활동은 관리 내지는 예방적 차원의 활동을 포함한다고 할 수 있다.

따라서 작게는 의료 산업(medical industry)으로부터 크게는 의료 활동을 도울 수 있는 다양한 시설과 장비를 생산하는 산업에 이르기까지 많은 산업의 영역을 포함한다고 할 수 있다.

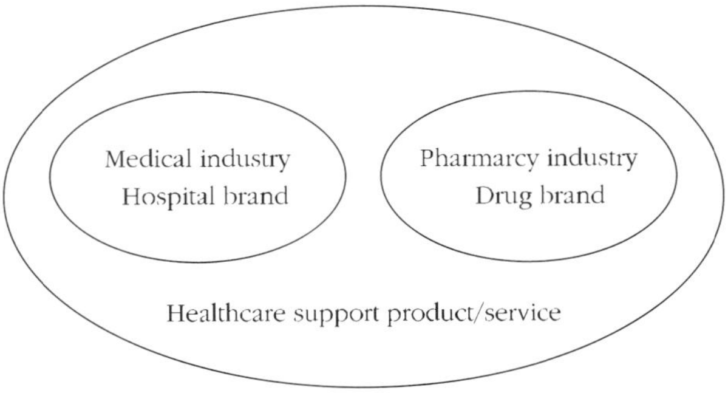


[그림 II-1] 헬스케어 산업의 범위와 구성

## 1) 의료 산업(medical industry)과 병원 브랜드

의료 산업을 구성하는 두 가지의 축은 병원과 의약 산업으로 구분할 수 있다. 병원의 정의는 사전적으로는 많은 환자를 수용하여 진단하고 치료하는 업무를 주업으로 하고 질병의 예방과 재활 서비스를 제공할 수 있는 시설을 갖춘 곳으로 정의할 수 있다. 한편 1957년 세계보건기구(WHO)에서, 병원은 주민에게 치료와 예방을 포함하는 완전한 보건 의료 서비스를 제공하는 기능을 가진 사회 조직의 하나라고 정의하였다. 한편 미국병원협회에서는 병원을 '조직화된 의료 및 전문요원, 병상을 포함한 연구 시설, 의료 서비스 그리고 지속적인 간호 서비스를 통하여 환자의 진단과 치료를 하는 시설'이라 정의하였다. 이는 의료의 기능을 위주로 한 개념의 정의라고 할 수 있다.

병원의 물리적인 조건으로서는 1. 24시간 이상 입원하는 환자용 병상(최소한 6병상), 2. 환자 진료와 안전을 보장하는 시설과 의료기기, 3. 의사(doctors of medicine), 치과 의사(doctors of dentistry)와 조직화된 의료진(organised medical staff), 4. 의무기록(evidence of regular care: records of clinical work), 5. 항시 가능한 간호 서비스와 간호사(registered nurse), 6. 최소한의 수술, 분만 시설(minimal surgical or obstetrical facilities), 7. 항시 이용 가능한 방사선 진단 서비스(diagnostic X-ray services)와 임상 검사, 서비스(clinical laboratory services) 등이 있어야 한다.

American Hospital Association

한편 우리나라 의료법 제3조 제1항에서는 의료기관을 '의료인이 공중 또는 특정 다수인을 위하여 의료 · 조산의업(의료업)을 행하는 곳'이라 폭넓게 정의한 후, 종별에 따라 ① 종합병원, ② 병원 · 치과 병원 · 한방 병원 ③ 요양 병원, ④ 의원 · 치과의원 · 한의원 ⑤ 조산원으로 분류하였는데, 진료 과목 · 수용 시설 및 입원 · 외래 기능에 따라 구분하였다. 또한 종합병원이라 함은 의사 및 치과 의사가 의료를 행하는 곳으로서, 다음과 같은 요건을 갖추고 주로 입원 환자에 대하여 의료를 행할 목적으로 신설하는 의료기관을 말한다(의료법 제3조 제3항).

## 2) 세계적인 병원 브랜드

매년 US News and World Report는 미국에서 가장 좋은 병원이 분야별로 발표한다. 그리고 이 점수를 전체적으로 합산한 성적으로 순위를 발표한다. 순위 점수는 다음과 같이 채점된다.

(1) 명성 점수(총점의 1/3)
미국의 각 분야별 의사들에게 자신이 전공하는 분야에서 가장 좋은 (또는 자신의 환자를 가장 보내고 싶은) 병원을 소개해 달라고 하여, 점수가 가장 많은 병원을 100으로 하고, 다른 병원은 100에 대한 퍼센트로 표시합니다. 최근 3년간의 점수를 합산한다.

(2) 사망률(총점의 1/3)
각 전문 분야 중 병원에서 입원 기간 동안 사망률을 말하며 낮을수록 좋다.

(3) 기타(총점의 1/3): 각 분야별로 해당되는 것만 평가한다.
① COTH 멤버: 미국의 elite Council of Teaching Hospitals(우수교육병원협의회)에 속한 병원만이 평가 대상이 된다.
② 기술 점수: PET-CT 등 첨단 장비의 보유 점수로 첨단 장비가 많을수록 점수가 높다.
③ 퇴원 환자 수: 각 분야별로 해당 병원에 입원하였다가 퇴원하는 환자 수를 말하며 많을수록 점수가 높다.
④ 병상 당 간호사 수: 24시간 동안 근무하는 간호사 평균수를 병상으로 나눈 값으로 높을수록 점수가 높다. 예를 들어 8시간 동안 근무하는 경우 간호사 1인은 1/3인이 된다.
⑤ 외상 센터(trauma center): 각 분야별로 가장 심하게 다친 환자도 바로 치료에 들어갈 수 있는 설비가 되어 있는 센터가 있는지 여부를 의미한다.
⑥ 퇴원 계획: 환자 교육이나 퇴원 후 환자 관리 프로그램이 있는지 여부를 평가한다.
⑦ 노인병 서비스: 주간 시에 노인 환자 관리 방안, 노인병 응급 처치, 노인병 센터의 존재 유무, 노인의 수송 등에 대해 평가한다.
⑧ 산부인과 서비스: 분만을 포함한 여성에 관련된 각종 서비스를 평가한다.

2009년 병원의 평가에 따르면 다음과 같은 순서로 나타난다.

1. Johns Hopkins Hospital, Baltimore
2. Mayo Clinic, Rochester, Minn.
3. Ronald Reagan UCLA Medical Center, Los Angeles
4. Cleveland Clinic
5. Massachusetts General Hospital, Boston
6. New York-Presbyterian University Hospital of Columbia and Cornell
7. University of California, San Francisco Medical Center
8. Hospital of the University of Pennsylvania, Philadelphia
9. Barnes-Jewish Hospital/Washington University, St. Louis
10. Brigham and Women's Hospital, Boston
11. Duke University Medical Center, Durham, N.C.
12. University of Washington Medical Center, Seattle
13. UPMC-University of Pittsburgh Medical Center
14. University of Michigan Hospitals and Health Centers, Ann Arbor
15. Stanford Hospital and Clinics, Stanford, Calif.
16. Vanderbilt University Medical Center, Nashville
17. NYU Medical Center, New York
18. Yale-New Haven Hospital, New Haven, Conn.
19. Mount Sinai Medical Center, New York
20. Methodist Hospital, Houston
21. Ohio State University Hospital, Columbus

### (1) Johns Hopkins Hospital, Baltimore

JOHNS HOPKINS MEDICINE

존스 홉킨스병원은 1889년 6월 7일 문을 열었다. 존스 홉킨스병원은 질병의 진단, 치료에서 세계 최고가 되기 위해 의사, 간호사, 과학자 양성에 노력하고 있다. 환자들에게 높은 질의 헬스케어 서비스를 제공하기 위해 인재 양성을 통해 노력한다. 존스 홉킨스는 지속적으로 새로운 치료법을 도입하고 더 많은 의학적 연구를 하고 있다. 존스 홉킨스는 미국의 *U.S. News & World Report*지에서 선정한 미국의 4,800개 이상의 병원 순위에서 매년 1위를 차지하고 있다. 존스 홉킨스의 미션은 세계 환자 치료의 최상의 표준이 되어 지역 사회의 건강을 개선하는 것이다. 존스 홉킨스병원은 존스 홉킨스대학의 교수와 공동으로 의료 교육 및 연구를 지원하고 혁신적으로 환자의 질병을 예방, 진단, 치료를 제공한다. 존스 홉킨스는 모든 의학적 케어에서 좋은 시설, 간호사, 스태프 등을 전문화하고 있다고 잘 알려져 있다. 존스 홉킨스의 헬스 시스템은 급성 케어 병원과 지역을 위한 프로그램, 국내와 국외 환자를 위한 활동까지 포함하고 있다. 존스 홉킨스의 헬스 시스템은 오늘날 에이즈, 심장 질환, 암, 약물 남용, 정신 장애 등의 전염병과 고령과의 문제에 직면해 존스 홉킨스의 능력을 강화시키고 있다.

### (2) Mayo Clinic, Rochester, Minn.

메이요 클리닉은 세계적인 비영리 단체로 최초, 최대 규모의 통합 단체이다. 환자의 케어를 위해 모든 의학 전문가와 의사들은 함께 일한다. 메이요 클리닉의 비전은 처음 방문하는 환자들에게 도움이 되는 것이다. 3,300명 이상의 의사, 과학자, 연구원과 스콧데일/피닉스, 잭슨빌, 미네소타, 로체스타, 플로리다 주의 46,000의 헬스 스태프와 제휴해 해마다 5,000명 이상을 치료하고 있다. 메이요 클리닉은 매일 통합 임상 실험, 교육 및 연구를 통해 환자에게 최상의 서비스를 제공한다. 온정 많고 통합 훈련을 받은 의사, 과학자 팀의 통합과 지역 사회, 국가 그리고 세계에서부터 오는 환자의 요구의 초점을 맞춘 헬스 전문가의 협력을 통해 의학적 발전을 위해 노력하고 있다. 환자와 일반 대중을 위한 신뢰할 수 있는 건강 정보를 제공하기 위해 헬스 전문과와 협력하고 의사와 과학자 교육을 한다. 메이요 클리닉은 환자케어와 사회에 도움 증진을 위해 기본적인 훈련과 임상의학 프로그램을 수행한다. 또 지속적으로 환자의 케어, 교육과 연구에 대한 모든 과정을 향상시키고 있다. 환자 케어, 교육과 연구를 통해 인류에 도움을 주고자 하며, 지역 사회 지원, 재정적으로 어려운 환자들을 위해 봉사한다.

### (3) Ronald Reagan UCLA Medical Center, Los Angeles

UCLA Ronald Reagan Medical Center

UCLA 미디어 센터는 1955년 6월 7일 문을 열었다. 2005년에는 50주년이 되었고 여러 개의 분원을 가지고 있다. UCLA는 미국 내에서 Top Three American Hospital 중 하나이다. 지난 19년간 연속으로 미국 서부에서 가장 좋은 병원에 랭크되었다. UCLA는 최첨단 기술을 사용하여 환자 중심의 환경으로 설계되었다. 훌륭한 전망과 다양한 실외 놀이 영역, 무선인터넷 접속 기능 등을 갖춘 크고, 밝은 개별 환자의 객실은 가족, 환자와 손님, 어린이에게 편안함을 주고 환자의 치유를 극대화시킨다. Ronald Reagan UCLA Medical Center, Stewart and Lynda Resnick Neuropsychiatric병원과 UCLA의 Mattel 어린이 병원이 UCLA에서 함께 업무를 수행하고 있어 환자의 상황에 따라 효율적인 치료를 제공해 준다. UCLA는 환자와 그들의 가족을 위해 환자의 개별 요구에 맞춰 헌신적으로 의사. 간호사, 기타 의료 전문가가 최상의 건강관리를 제공한다.

### (4) Cleveland Clinic

Cleveland Clinic

클리블랜드 클리닉은 연구와 임상 교육으로 클리닉과 병원 치료를 통합한 비영리 단체로 1921년에 설립되었다. 클리블랜드 클리닉은 비영리 통합 교육 의료 센터와 병원 치료 연구 및 임상 교육을 하고 있다. 클리블랜드 클리닉은 세계에서 가장 크고 붐비는 건강 센터 중 하나로 많은 질병과 신체 장애에 대한 첨단 치료를 제공하고 있다. 클리블랜드 클리닉은 의사, 과학자, 그 외 스태프 등 2,000여 명의 직원을 보유하고 있다. 2008년 클리블랜드 클리닉의 의료 시스템과 165,000개 이상의 병원 입원을 통해 총 420만 명의 방문수를 기록했다. 미국의 *U.S. News & World Report*에서 클리블랜드 클리닉은 미국의 최고 병원 중의 하나로 랭크되었다. Sydell and Arnold Miller Family 심장 · 심장혈관연구소 프로그램은 미국에서 연속 15년간 1위를 했다. 또 클리블랜드 클리닉의 비뇨기과, 류머티즘과, 위장 장애 프로그램은 미국 순위에서 2위를 차지했다. 클리블랜드 클리닉은 높은 질과 안전한 치료를 위해 노력하고 있다.

### (5) Massachusetts General Hospital, Boston

MASSACHUSETTS GENERAL HOSPITAL

매사추세츠 종합병원은 1811년에 문을 열었다. 미국에서 3번째로 오래된 종합병원이자, 뉴잉글랜드에서 가장 오래된 최대 규모의 병원이다. 매사추세츠 종합병원은 지속적으로 미국 *U.S. News & World Report*에서 선정한 전국 상위 5개 병원 중 하나로 랭크되었다. 2008년에는 미국 간호사자격센터에 의해 우수한 간호로 최고의 영광을 받았다. 매사추세츠 종합병원은 보스턴의 중심부에 위치하고 있고 900개의 병실을 가지고 있다. 모든 전문 분야와 의학 및 수술의 정교한 진단 및 치료를 제공한다. 매사추세츠 종합병원은 높은 질의 진료와 서비스를 보스턴 내 4개의 헬스 센터에서 제공한다. 또 매사추세츠 종합병원은 성인과 소아 외상 및 화상 치료에 대해 레벨 1의 검증을 받았다. 매사추세츠 종합병원은 전문가들이 협력한 최첨단 서비스의 결과로 암, 소화 장애, 심장 질환, 이식 및 혈관 내과 등 다섯 개의 종합 케어 센터에서 최고라고 세계적으로 알려져 있다. 또한 어린이 병원을 통해 1차 치료부터 복잡하고 희귀한 질환의 치료에 이르기까지 소아 의료 서비스의 전체 범위를 제공한다.

### (6) New York-Presbyterian University Hospital of Columbia and Cornell

NewYork-Presbyterian

New York-Presbyterian 대학병원은 뛰어난 서비스로 국제적인 인증을 받았다. New York-Presbyterian 대학병원의 수술, 응급 서비스는 최고 수준이다. 또한 병원의 노력으로 각 환자뿐만 아니라 이웃 공동체를 위한 특별 건강 프로그램에 특화된 서비스를 제공한다. New York-Presbyterian 대학병원은 수도권 지역에 걸쳐 환자의 의약품 및 치료가 최첨단이 될 수 있도록 임상 실험 네트워크를 설립했다.

New York-Presbyterian 대학병원은 콜롬비아 의과 대학과 외과 의사 및 연구 센터가 함께 광범위한 연구를 하고 있다. 이 캠퍼스에서 수행하는 연구는 분자 치료학, 신경 생물학, 여성의 건강, 인간 게놈, 암 유전자 그리고 알츠하이머 병 등 폭넓은 연구를 통해 환자에게 최상의 서비스를 제공하기 위해 노력하고 있다.

### (7) University of California, San Francisco Medical Center

UCSF Medical Center

San Francisco Medical Center는 혁신적인 의학, 첨단 기술과 정다운 치료로 잘 알려져 있다. 최근 San Francisco Medical Center는 암, 심장 질환, 불임, 신경 질환, 장기 이식 및 정형외과뿐만 아니라 여성과 어린이들을 위한 특별 서비스를 포함해 거의 모든 전문적인 치료를 제공한다. San Francisco Medical Center는 학술 의료 센터로서 사회의 다른 병원들과 달리 널리 사용할 수 없는 곳에서 선구적인 치료를 제공하고 있다. 또 신장 이식과 간 이식을 위해 전국 최대 규모의 센터를 갖고 있다. 그리고 국제적으로 기형을 포함한 척추, 퇴행성, 디스크 질환, 종양 및 골절 치료에 대해 인정을 받고 있다. 세계 수준의 의료 지식 이외에 San Francisco Medical Center의 의사, 간호사 및 기타 직원의 친절함은 병원 성공의 열쇠이다.

### (8) Hospital of the University of Pennsylvania, Philadelphia

Penn Medicine

펜실베이니아 대학병원은 1765년 처음으로 문을 열었다. 세계 수준의 교수진과 펜실베이니아 대학병원의 직원들은 더 건강한 미래를 위해 환자 진료, 교육 및 연구를 하고 있다. 의학계에서 그들의 기여는 전국적 · 국제적으로 인정받고 있다. 환자의 시간과 환경을 존중해 전문가의 학제적 팀 관리를 해 환자에게 맞춤 서비스를 제공한다. 의학 연구의 세계적인 선도 기업 및 임상 치료로 펜실베이니아 대학병원의 명성은 세계 각국에서 최고 품질의 의료 전문가들이 찾아올 정도로 높다. 또 펜실베이니아 대학병원은 *U.S. News & Report*에 의해 선정된 상위 10개 병원 중 하나로 2년 연속 랭크되었다. 매년 필라델피아 잡지 "Top Doctors"는 이 지역의 최고 의사 목록을 집계하는데 펜실베이니아 대학병원의 의사는 2009년에도 예외 없이 뽑혔다.

### (9) Barnes-Jewish Hospital/Washington University, St. Louis

BARNES-JEWISH Hospital BJC HealthCare

Barnes-Jewish병원은 Merger of Barnes병원과 Jewish병원의 합병으로 1996년 만들어졌다. Barnes-Jewish병원은 헬스케어로 나라에서 가장 큰 건강관리 조직이다. 뛰어난 품질과 비교할 수 없는 경험으로 *U.S. News & Report*에서 16년 연속 미국 최고의 병원으로 2008년에 인정받았다. 세계 수준의 의료를 제공하고, 환자를 존경 및 친절함으로 치료하고 의료 지식을 지속적으로 발전하는 것이 Barnes-Jewish병원의 미션이다.

Barnes-Jewish병원은 심장 보조 장치의 영구 이식 절차를 개척하였고 흉부외과의 기술과 우수한 치료, 폐암 수술, 식도암 수술로 유명하다. 유일한 종합적인 장기 이식 센터는 심장, 폐, 폐암, 신장, 간, 췌장 세포와 골수 이식을 하고 있다. 정형외과 치료에서는 스포츠 의학과 외상 공동 대체로 가장 높은 수준을 제공하고 있다. 또 Barnes-Jewish병원은 뇌신경과 대뇌 동맥류 및 기형 관리, 뇌종양 치료, 간질 치료, 다발성 경화증, 신경 근육, 치매, 뇌졸중 등 신경 질환 치료를 하고 있다.

### (10) Brigham and Women's Hospital, Boston

1832년 문을 연 Brigham and Women's 병원은 1980년 Peter Bent Brigham병원과 Robert Breck Brigham병원과 합병했다. BWH는 최고 품질의 환자 진료 및 서비스, 다음 세대의 교육, 최첨단 연구 등 끊임없이 진화해 왔다. BWH는 국제적으로 임상 실험, 랜드마크 간호사 건강 연구, 의사 보건 연구, 여성 건강 이니셔티브로 명성을 얻었다. BWH는 *U.S. News & Report*가 선정하는 미국 최고의 병원에서 11년 연속 선정되었고 전국 Top 100 병원을 뽑는 Solucient's 목록에 8년 연속 선정된 유일한 병원이다.

BWH의 입원 환자는 약 4,4000여 명, 외래 방문 환자 수는 950,000명 이상 증가했다. 응급실 환자 치료는 54,000명, 뉴잉글랜드에서 가장 큰 출산 센터로 약 9,000명의 아이들이 태어났다. 출산 센터에서는 고위험 출산 및 신생아 관리를 하고 신생아 중환자실은 1,300개 이상이 있다. BWH는 장기 이식 센터, 심장 · 폐 · 신장 이식 수술뿐만 아니라 골수 이식을 수행한다. 또 심혈관 의학, 관절염, 류머티즘 질환, 정형외과, 암 치료에서도 우수성을 인정받았다.

**의사들이 아플 때 가는 병원**

Mayo clinic은 Mayo와 그의 두 아들의 개척적인 개업에서 점차적으로 발전되었다. 장남은 1846년에 미국에 이사를 왔다.1863년에는 남북전쟁 당시 외과의사로 임명되었다. 1864년 로테서카로 가서 거기서 본부를 개원했다. 그 두 아들은 일찍부터 의료 훈련을 했다. 후에 그의 아버지를 도와 부검 등을 도왔다. 각각 1883년에 Michigan 의대를 졸업하고, 1888년 Northwestern대학교 의대를 졸업한 후 둘 다 그의 아버지의 개업에 동참했다. 1889년 27병상 병원으로 개원했다.

Mayo clinic의 특색은 팀 진료(group practice)이다. 그 그룹은 진료의 새로운 방법의 시작이다. 의학은 협동과학(cooperative science)으로 개발하는 것이 필요하다. 환자의 유익을 위해서 임상의, 전문가, 실험 기사가 함께 연합해야 한다. 의학에서 개인주의(individualism)는 이미 존재할 수 없다. 집단 진료는 Mayo 형제의 자연스러운 표현이었다. 이처럼 이 병원은 팀워크를 강조한다. 환자의 치료에만 협력하는 것이 아니라 연구와 교육과 임상도 긴밀하게 협력한다. Mayo clinic 암센터는 미네소타의 로체스타병원 중의 일부다. 그 암센터는 벽이 없는 암센터이다. Mayo clinic의 암센터는 특별한 건물이 아니기 때문에 정문으로 들어갈 수 없다. 이것은 통합된 연구, 환자의 유익을 위해서 진료하고 교육하는 것에 헌신되어 있다는 것을 의미한다. 해마다 세계 도처에서 환자들이 Mayo clinic 암센터로 오는 것은 그 환자들이 인격적인 치료(personalized care)와 의학 연구에 대한 헌신을 신뢰하고 있기 때문이다. 이 암센터에서는 암 전문가들이 다른 의사들과 상의하고 환자들이 한곳에서 질이 높은 의료 서비스를 받도록 보장하고 있다.

메이요 병원은 1973년 NCI로부터 암 센터로 지정되었고 처음으로 연구 지원을 위해 연방정부로부터 재정을 지원받았다. 이 후 암센터는 암 치료 연구 교육에 있어서 세계적인 지도적 위치를 계속 유지하고 있다.

### 3) 제약 산업과 약품 브랜드

세계 제약 의료 정보를 제공하는 IMS(International Medical Solution)가 지난해 내놓은 세계건강보고서에 따르면 지난 1999년 매출 기준으로 세계 의약품 시장 규모가 3,372억 달러에 달하고 있으며 이 중 상위 10개국이 전체 79%인 2,668억 달러에 이르고 있는 것으로 나타났다. 여기에 세계 10대 제약사들의 시장 점유율이 무려 50%에 달하고 있다. 주요한 제약회사의 연혁과 약품 브랜드를 살펴보면 다음과 같다.

#### (1) 순수를 위한 열정 Squibb

SQUIBB

1981년 '안지오텐신-전환효소'를 억제하는 메커니즘으로 작용하는 최초의 항고혈압제 캅토프릴을 발매한 회사가 미국의 Squibb Corporation이다. Squibb사는 현재 Bristol-Myers Squibb(BMS)로 되었다. Squibb사는 1858년 Edward Squibb가 창업한 기업이다. 그는 개인적 역경을 극복하며 약의 품질 확립을 위해 일생을 바친 인물이다. 11살 때 어머니와 3명의 누이를 잃었고 친척들의 도움으로 어린 시절을 보냈으며, 18세부터 5년간 필라델피아의 약사(藥師) 밑에서 일하였다. 1842년 23세의 나이에 저축한 돈으로 제퍼슨 의과대학에 입학하여 3년 후에는 의사가 될 수 있었다. 실험 강사로 있던 1848년 멕시코와의 전쟁이 터지자 해군에 보조 의사(assistant surgeon)로 들어갔다. 처음부터 시작한 함상 생활에서 그는 약 문제에 관심을 갖게 되었다. 당시 약들은 마치 식료품이나 기계처럼 구입되어 온갖 불순물이 섞여 있었다. 식물성 약들은 이미 효과가 소실되어 있었다. 외과 의사에게 마취제 에테르가 있었으나 순도가 일정하지 않아 환자에 대한 반응이 불규칙하였다. 1852년 브루클린 항구로 돌아오자 스퀴브는 해군 병원의 시체실 위에 조그만 실험실을 꾸미고 순도 문제를 해결할 약 연구를 시작하였다. 그 결과 1856년 순수한 에테르의 제조법 등의 성과가 있었으나 제한된 예산 및 연구에 만족하지 못했다. 그러던 차 해군 당국의 제안으로 직접 에테르를 생산하여 납품할 계획을 갖고 1857년 12월에 10년간의 군 생활을 사직하였다. Squibb는 1858년 여름에 연구소를 차리고 에테르 생산에 들어갔다. 이것이 바로 스퀴브의 탄생이다. 그러나 크리스마스 날 불운이 찾아왔다. 조수의 부주의로 에테르 병이 넘어져 연구실에 불이 난 것이다. 필사적으로 서류를 살리려고 하던 그는 얼굴과 손에 심한 화상을 입었다. 눈꺼풀이 전부 타 버렸고 후에 그는 왼손을 절단하여야 했다. 이러한 불운에도 불구하고 스퀴브는 다시 일어났다. 친구들은 수표를 보내며 그의 뜻에 경의를 표했다.

어째서 스퀴브는 의사로서의 직업을 팽개치고 이러한 모험을 한 것일까? 그는 의사로서의 경험으로 조악한 약의 품질을 개선하는 일이야말로 인간을 위한 가장 값진 봉사라고 본 것이다. 그는 1860년 이래 약전개정위원회의 위원으로 적극적인 활동을 하였고 1879년에는 뉴욕시의사회에 식품과 의약품의 품질 보장을 위한 법 초안을 제출하였다. 다음 해에 통과된 이 "Squibb Act"는 1906년 "연방 순수 식품 및 의약품법"의 기초가 되었다.

### (2) Merck: 342년의 역사

미국 *Fortune*지로부터 '가장 존경받는 기업' 7년 연속 1위(1987~1993), 1983년부터 1999년까지 17년간 베스트 top 10에 16차례 선정, *Working mother*지 선정 '여성이 가장 일하기 좋은 회사' 10차례 베스트 10기록, 포춘지 10대 장기 투자 전망 기업으로 추천, 2001년 비즈니스 위크지 선정 '세계에서 가장 가치 있는 브랜드' 제약 업계 1위를 차지하였다.

Merck는 현재 영업 중인 화학 및 제약 회사 중 가장 역사가 오래된 기업 중의 하나이다. 그 기원은 Friedrich Jacob Merck가 Darmstadt의 Engel-Apotheke를 인수한 1668년으로 거슬러 올라간다. 1827년 Heinrich Emanuel Merck는 고품질의 규격화된 많은 화학제품에 이어 대규모

알카로이드의 생산을 시작하였다.

1889년 Heinrich Emanuel Merck의 손자인 Georg Merck가 New York에서 회사를 인수하였고 1891년 Merck & Co.사를 설립하였다. 1900년 Merck는 10,000여 개의 제품을 공급하며 전 세계에 설립된 자회사를 통하여 세계 각국으로 수출을 하였는데 제2차 세계대전 때 독일 본사와 결별하고 완전한 미국 기업으로 변신하였다.

1943년 산학 협동 연구로 개발한 스트렙토마이신의 독점 특허권 양도로 결핵 퇴치에 공헌하였으며, 1987년 실명을 유발하는 기생충 질환 치료제인 멕티잔을 개발하여 전 세계 2천만 명에게 무상 지원하였다. 1993년 *Fortune*이 선정하는 미국에서 가장 존경받는 기업에 7년 연속 1위(1987~1993)를 차지한바 있다.

2009년 총 매출 약 400억 달러로 세계 굴지의 제약 기업으로 기록되고 있다.

Merck의 미국계 지사는 EM Pharma, EM Industries, Inc. 및 EM Science와 Canada BDH Inc.라는 이름을 사용하고 있다. 미국 Merck & Co.는 본사이며, 다른 나라에서는 Merck Sharp & Dohme(MSD)이라는 브랜드로 미국 및 캐나다 외 지역에서 제품을 판매하고 있다.

### (3) Pfizer

1840년대 사촌 형제간인 찰스 화이자(Charles Pfizer)와 찰스 에어하트(Charles Erhart)는 독일 루드빅스부르크에서 미국으로 이주하게 된다. 유복한 가정에서 성장했지만, 모험을 갈망하던 이들에게 미국은 자신들의 꿈을 실현할 수 있는 기회의 땅으로 다가왔다.

찰스 화이자는 독일에서 약제사 수련생으로 화학을 공부하고, 에어하트는 칼 프레드릭 화이자(Carl Frederick Pfizer)에게서 제빵 기술을 익혔다. 미국에 도착한 이들은 각자의 지식과 기술을 합쳐 1849년 뉴욕 브루클린에 화학 약품 회사인 찰스 화이자 앤 컴퍼니(Charles Pfizer &Company)를 설립, 사업을 시작했다.

1849년 뉴욕 브루클린에 화악 약품 회사인 찰스 화이자 앤 컴퍼니(Charles & Company)를 설립했다. 파이자사는 1940년대 초 페니실린을 대량 생산하는 데 성공하면서 명성을 얻기 시작했다. 대다수 제약 업체들이 농화학, 의료기기, 생필품 등 주변 사업을 병행하고 있는 것과는 대조적으로 화이자는 제약 부문에 사업 역량을 집중시켰다. 그 결과 화이자는 심혈관·대사 질환, 정신·신경계 질환, 호흡기·알레르기·감염성 질환, 관절염·통증 질환, 비뇨생식기 질환, 안과 질환 등 전 세계 주요 질환 시장 1위의 제품을 보유하고 있으며, 다양한 제품군을 통해

명실상부한 선두주자로서의 위치를 점하고 있다. 화이자는 지난 2004년에 파마시아와의 통합으로 제품 라인을 더욱 강화한 이후부터 2005년에는 513억 달러의 매출을 기록해 전 세계 1위를 차지하고 있으며, 동물 약품 그룹도 지속적인 성장을 이룩했다.

### (4) GlaxoSmithKline

GSK는 공식 회사명인 GlaxoSmithKline plc로 1999년 12월 6일 영국 법령 하에 법인화되었으며, 2000년 12월 27일 영국 법인 회사인 그락소웰컴 피엘씨(Glaxo Wellcome plc)와 스미스클라인 비챰 피엘씨(SmithKline Beecham plc)의 합병을 통해 공식 탄생했다. 현재 GSK는 런던증권거래소와 뉴욕증권거래소에 주식이 상장되어 있다.

GSK는 제약 및 컨슈머 헬스케어 관련 제품을 연구개발하고 제조하여 판매하는 일을 하고 있다. 본사는 영국 미들섹스 지방 브랜포드시에 있고, 미국의 노스캐롤라이나 리서치 트라이앵글파크와 필라델피아 프랭클린 플라자에 각각 그룹 영업 본부를 두고 있으며, 전 세계 114개국에 법인을 두고, 140개 이상의 국가에서 제품을 판매하고 있다. GSK는 세계 2위의 대형 제약 및 헬스케어 회사로서, 현재 전 세계 제약 시장의 약 5.9%를 점유하고 있고 있는 명실상부한 마켓 리더의 위치를 확보하고 있다.

GSK는 천식, 바이러스성 질환, 감염성 질환, 중추신경계 질환(CNC), 당뇨 및 소화기 및 대사 질환 등 여섯 개 주요 치료제군 분야의 제품을 생산하고 있으며, 호흡기, 항바이러스, 중추신경계 및 당뇨병 등 네 개 치료제 분야를 주도하고 있다. 또한 최근 점점 그 중요성이 증대하고 있는 백신 분야에서도 독보적인 위치를 점유하고 있고, 항암제 개발에도 주력하고 있다. 일반 의약품(OTC)과 칫솔, 치약 등 구강 관리 제품, 건강음료 같은 컨슈머 헬스케어 분야에서도 마켓 리더로서 그 우수성을 인정받는 제품들을 보유하고 있다.

2007년 경영 실적을 토대로 볼 때, GSK는 매출 227억 파운드(약 454억 달러, 약 44조 4천억 원)를 달성했으며, 세전 순이익은 약 78억 파운드(약 156달러, 약 15조 원)에 이른다. 제약 사업부(백신 포함)의 총 매출액은 약 192억 파운드(약 384억 달러, 약 37조 5천억 원)이며, 컨슈머 헬스케어 사업부의 총 매출액은 약 35억 파운드(약 70억 달러, 약 6조 8천억 원)이다.

### (5) Sanofi-Aventis

세계 100여 개국에 진출해 있는 사노피-아벤티스(sanofi-aventis)는 유럽 1위의 세계적인 글로벌 제약 기업이다. 세계적인 연구 개발 조직을 바탕으로 유수의 과학자들이 전 세계 R&D 센터에서 혁신적인 치료제 개발에 주력하고 있으며, 심혈관계 질환, 혈전증, 항암, 당뇨, 중추신경계, 내과 영역, 백신으로 이루어진 7개의 핵심 치료제 분야에서 선도적인 위치를 차지하고 있다. 국내에서 사노피-아벤티스는 다양한 치료 영역에서 세계적인 효능과 안전성을 입증한 우수한 품질의 의약품과 서비스를 통해 환자들의 건강에 기여하고 있다. 대표적인 제품으로는 죽상혈전증 치료제 플라빅스, 고혈압 치료제 아프로벨, 항암제 엘록사틴 및 탁소텔, 골다공증 치료제 악토넬, 기저 인슐린 란투스 등이 있다.

### (6) Roche

로슈(Roche) 그룹은 1896년 스위스 바셀에 설립된 이래, 전 세계 150여 개 국가에서 65,000명 이상의 임직원들이 인류의 건강과 과학 발전을 위해 연구, 노력하고 있는 세계적인 제약 기업이다. 특히 로슈 그룹은 늘 앞서가는 신학 연구를 통해 항악성 종양제, 감염 치료제, 면역 억제제, 항고혈압제, 골다공증 치료제 등 양질의 다양한 의약품을 개발하여 질병으로 고통받는 사람들의 치료와 삶의 질 향상을 위해 노력하고 있다.

로슈 그룹은 일본의 CHUGAI 제약과 미국의 GENENTECH 제약을 인수하여, 공동 연구 개발 및 협력을 통해 보다 우수한 첨단 신약 제품 개발의 시너지를 이루고 있다.

Fritz Hoffmann-La Roche의 창립자인 Roche는 표준화된 의약품의 산업화된 생산이 질병과의 싸움에서 중요한 진보가 될 것임을 인지하고 1896년 10월 F. Hoffmann-La Roche & Co를 설립했다. 창업 초기부터 Fritz Hoffmann은 의약품 생산자와 의사 그리고 약사와 환자 사이의 연결고리로서 의약품 정보의 중요성을 강조하였다. 창립 후 얼마 되지 않아 독일, 이탈리아, 프랑스, 미국, 영국 그리고 러시아에 지사를 열게 되었다. 그 이후로 로슈는 전 세계적으로 선도적인 헬스케어 기업 중의 하나로 성장하였고, 유럽 지역에서는 가장 중요한 기업이 되었다.

### (7) AstraZeneca

아스트라제네카(AstraZeneca)는 전문 의약품을 연구 개발, 제조, 공급하는 연구 중심의 제약사이다.

순환기계, 항암, 정신신경계, 호흡기계, 소화기계, 감염 분야에서 시장을 선도하는 제품을 공급하며 연간 매출액 319억 달러(41조 원), 연간 연구 개발비 52억 달러(7조 원)에 달하는 대표적인 연구 중심 제약사이다(2008년 기준). 본사는 영국에, 연구 센터 본부는 스웨덴에 소재하며 전 세계 20개국에서 제품을 생산하고 100여 개국에 공급한다.

1999년 6월 1일, 100년 전통의 스웨덴 아스트라사(1913년 설립)와 80년 전통의 영국 제네카사(1926년 설립) 간의 합병으로 다국적 제약사인 아스트라제네카가 설립되었다.

### (8) Johnson & Johnson

미국 제약 회사인 존슨앤드존슨은 로버트 우드 존슨(Robert Wood Johnson)이 두 형 제임스 우드(Janmes Wood), 에드워드 미드(Edward Mead)와 함께 1886년에 설립하였다. 현재 세계 54개국 200개의 독립법인을 두고 있으며 175개국에 제품을 판매 중이다.

175개국에서 소비자 제품, 의약품, 의료기기, 진단장비 등 다양한 헬스케어 제품과 서비스를 제공하고 있는 존슨앤드존슨(Johnson & Johnson)은 인류의 생명과 건강을 위한 혁신적인 헬스케어 제품을 생산하고 있다.

또한 세계 57개국에 250여 개의 독립법인을 두고 120,000여 명의 종업원이 근무하고 있다.

120년 전통에 빛나는 존슨앤드존슨은 *Fortune*이 선정한 2008년 가장 존경 받는 세계 제약 산업 부문 랭킹 1위에 올랐다. 아울러 2008년에는 637억 달러의 판매 실적과 129억 달러의 순이익을 올려 무디스 등 세계 3대 기업 신용 평가 기관으로부터 모두 AAA를 획득, 초우량 기업으로서의 명성을 확고히 했다.

### (9) NOVARTIS

노바티스(NOVARTIS)는 스위스 바젤에 본사를 둔 세계적인 제약 및 소비자건강 분야 선두 기업으로, 전 세계 140여 개국에 약 10만 여 명의 직원을 두고 있는 세계 제3위(판매 기준)의 제약 회사이다. 노바티스는 1996년 당시 사상 최대 규모 합병이었던 스위스 시바-가이기(Ciba-Geigy)사와 스위스 산도스(Sandoz)사의 합병을 통해 출범했다. 노바티스는 출범 후 의료 산업 분야 선두주자로 지난 10여 년간 제약 부문과 연구 개발의 '혁신' 지붕 전략으로 괄목할 만한 성장을 이루었으며, 노바티스의 파이프라인(개발 중인 신약)은 세계 제약 기업계에서 최고로 평가되고 있다. 또한 신약에 대한 환자들의 접근성을 높이기 위한 환자지원 프로그램을 확대하여 전 세계 환자들의 의학적 필요 충족을 위해 노력해 왔다.

노바티스 그룹은 2006년 매출이 약 38조 1천 억 원(38.1billion달러), 순이익 6조 4천 억 원(6.4billion 달러)을 기록했다. 노바티스는 2007년 한 해 동안 R & D에 약 6조 4천억 원(6.4 billion달러)을 투자, 매출 대비 R & D 투자 규모로는 가장 큰 세계 제약 회사 중 하나이다.

노바티스는 R & D 분야의 생산성과 신물질 개발에 중점을 두고 지속적으로 성장해 오고 있다. 현재 총 138개의 프로젝트가 임상 개발 단계에 있고 그중 44개는 신규 분자 물질(NMEs)로 세계 제약 업계에서 가장 뛰어난 파이프라인을 보유하고 있는 회사로 평가되고 있다. 이러한 강력한 R & D를 기반으로 노바티스는 세계 10대 제약사 중 지속적인 성장률을 기록하고 있다.

노바티스의 핵심 사업 분야는 전문 의약품이며, 일반 의약품(OTC) 등 소비자 건강 사업 부문과 제너릭 사업 부문(산도스)에서도 선두를 지키고 있다.

### (10) Eli Lilly

일라이 릴리는 1876년 일라이 릴리 대령에 의해 미국의 중서부 지역 인디애나폴리스에서 설립되었고 지금은 세계 10대 제약회사 안에 든다. 세계 전역에서 일라이 릴리는 생산적 제휴와 협력으로써 저

렴한 비용으로 혁신적인 의약품을 개발하기 위해 노력하고 있다. 일라이 릴리의 직원은 전 세계 약 40,788명이고 약 7,474명의 직원이 연구 및 개발에 종사한다. 임상 연구를 50개 이상의 국가에서 실시하고 있다. 연구 및 개발 시설을 8개국에 가지고 있고 제조 공장을 13개국에 가지고 있다. 일라이 릴리에서 생산하는 제품은 143개국에서 판매하고 있다.

## 2. 헬스케어 산업의 서비스와 제품

### 1) 서비스의 정의와 의료 서비스의 특징

서비스란 일반적으로 상대방에게 무형적이고, 소유권의 이전이 없는 행위나 효용을 제공하는 행위를 말하며 크게 공공 서비스, 생산자 서비스, 소비자 서비스로 나눌 수 있다. 그러나 전통적으로 서비스는 그 다양성으로 인해 정의하기가 매우 어렵다. 그 이유는 무엇보다 고객에게 제공하는 서비스란 것이 손에 잡을 수 없는 무형적(intangible)인 것이기 때문이다. 이를 설명하는 두 가지는 다음과 같다.

첫째, 서비스란 제공자가 상대방에게 제공하는 행위(act) 또는 성과(performance)이다. 이는 프로세스 측면에서 유형적 제품과 연결될 수는 있으나, 그 실행 자체는 근본적으로 무형적인 것이며 결과적으로 어떠한 생산 요소의 소유도 일어나지 않는다.

둘째, 서비스는 특정 장소와 시간에 고객에 대해 일정한 가치(value)를 창조하거나 편익(benefits)을 제공하는 경제적 활동이다. 서비스는 무형적 성격을 띠는 일련의 활동으로서 판매를 목적으로 제공되거나 또는 제품 판매와 관련지어 제공되는 활동, 편익, 만족 등을 의미한다. 이 정의에서는 서비스가 판매의 대상이라는 측면과 고객의 편익 및 만족을 창출할 수 있는 무형의 행위라는 측면을 강조한다. 서비스의 특징은 크게 무형성, 비분리성, 변화성, 소멸성으로 구분할 수 있다. 의료 서비스 역시 이런 관점에서 정리하면 다음과 같다.

#### (1) 무형성

첫째, 의료 서비스는 추상적이다. 비 구체적인 특징을 가지고 있다. 의료 서비스를 제공받기 위해 의료기관을 방문한 환자는 의사를 만나 진료를 시작하기 전까지 본인이 어떠한 의료 서비스를 제공받을 수 있으며, 어느 정도로 심각한지 어떻게 시술되는 것인지 전혀 알 수 없다. 의사는 단지 자신의 의학적 지식이나 경험을 바탕으로 진찰하고 처치하기 때문이다.

이러한 경우에 소비자들은 지각된 불확실성을 줄이기 위해서 품질을 확인할 수 있는 대리적 단서를 찾게 되는 경향이 높다. 즉, 눈으로 확인할 수 있는 장소, 사람, 시설 및 장비 등을 서비스 품질을 판단하는 기준으로 간주하게 된다.

둘째, 의료 서비스는 경험재 내지는 신뢰재적인 특징이 강하므로 구매 이전에 제품을 경험할 수 없을 뿐만 아니라 소비 후에도 그것을 평가할 수 없는 경우가 많다. 또한 주기적으로 구매하지 않기 때문에 개인의 지식수준이 낮을 수밖에 없으며, 치료 결과를 비교할 수 없다.

이러한 '무형성'의 특징들로 인하여 고객들은 오히려 서비스의 유형적 요소들에 보다 많은 관심을 가지게 된다(Parasuraman, 1991). 특히 의료 서비스의 경우 인적 측면, 물적 측면 양쪽에서 모두 높은 속성이 필요한 서비스이므로, 이러한 유형성 요소를 관리하는 것은 고객들이 특정 서비스와 관련된 질을 좋게 이해하는 데 도움이 된다.

Theodere Levitt은 그의 저서 *Marketing Imigination*에서 NASA에 내는 제안서는 아주 정교한 바인더로 포장하여 제품을 대신하는 시각적 표현물과 같이 유형적 대용물(tangible surrogate)로 확신을 주어야 한다고 지적하고 있다. 이와 같이 무형의 제품은 유형화하고 유형의 제품은 무형화하여 신뢰감을 심어 주는 것이 중요하다.

### (2) 이질성

의료진에 의해서 제공되는 서비스는 제품처럼 표준화되어 있지 않기 때문에 같은 의료 서비스를 제공하는 경우에도 숙련도와 전문성에 따라 차이가 있다. 또한 서비스가 요구되는 상황이 각기 다르기 때문에 서비스를 표준화하기가 어렵다. 이러한 이질성을 극복하기 위하여 진료 지침서와 같은 매뉴얼로 서비스의 표준화를 도모하여 규격화된 의료 서비스를 제공하려는 노력을 하고 있다.

그 배경에는 환자의 상태도 다양하고, 의료 서비스 제공자의 능력에 의하여 의료 서비스의 질이 좌우되기 때문에 의료 서비스의 표준화를 유지하기란 쉽지 않기 때문이다.

즉, 기술과 분위기 변화 그리고 서비스를 제공하는 개인들에 따라 성과가 다르게 나타날 수 있으며, 서비스는 소비자들의 서비스 선택 여부와 서비스가 소비자에게 어떻게 수용되느냐와 관계없이 제공되는 경향이 있기 때문이다.

### (3) 비분리성

의료 서비스는 생산과 동시에 소비된다. 즉, 의사가 환자를 진찰하고 치료함으로써 서비스가 생산되고 동시에 소비된다. 따라서 유형의 제품과 같이 재고 관리를 할 수 없으며 이에 따라 대기 시간과 같은 고객의 불만족을 유발하는 요소에 대한 적극적인 관리가 필요하다.

반면에 의료 서비스의 구매는 환자나 그의 가족들이 어떤 의료 서비스 제공자(의사 · 병원)를 선택할 것인가를 결정하는 최초의 의사 결정을 한 연후에 이루어지며, 대부분의 의료 서비스 구매에 대한 부분적인 다른 의사 결정들(X-ray, 혈액 검사, 소변 검사 등)은 의료 서비스 제공자에 의하여 결정되거나 영향을 받게 된다. 이러한 문제는 의사가 치료 일정을 계획하는 데에서 보여 주는 바와 같이 의료 서비스 전문가들에 의하여 잘 인식되고 있다.

### (4) 소멸성

소멸성이란 판매나 사용 후에 보관하거나 저장이 불가능함을 의미한다. 자동차나 전자 제품은 팔릴 때까지 창고에서 보관하거나 팔리지 않아도 재고로 남아 있지만, 의료 서비스는 환자가 제 시간에 나타나야만 가치를 지니게 되는 것이지 그렇지 않을 경우 영구히 사라지게 된다. 이러한 서비스의 속성은 계속적으로 수요가 있으면 별로 문제가 되지 않지만 수요 변동이 심한 경우에는 여러 가지 문제를 야기할 수 있다. 예를 들어 하루 종일 방문환자가 고른 시간대를 보이기보다 한꺼번에 몰리는 경우에 인력과 시설을 더 많이 보유해야 한다. 의료기관들은 이러한 수요와 공급 간 불균형을 해소하기 위해서 다양한 측면에서 마케팅 전략을 수립할 필요가 있다.

〈표 II-1〉 의료 서비스의 특성

| 특성 | 개념 | 구성 |
|---|---|---|
| 무형성 | 구매하기 전에 경험할 수 없다. | • 서비스 수준 확인 가시성 증대 필요<br>• 서비스의 편익성 증대 필요<br>• 의료기관의 브랜드 가치 증가 도모<br>• 의료 전문인의 인지도 제고 필요 |
| 비분리성 | 서비스를 제공하는 사람으로부터 분리될 수 없다. | • 서비스 제공 과정에서 고객 참여<br>• 친절한 서비스 제공 |
| 이질성 | 서비스의 질은 서비스를 제공하는 사람, 시간, 장소에 따라 좌우된다. | • 진료 지침서 매뉴얼화<br>• 유능한 의료 인력 부족 문제<br>• 환자의 불만족 관리 |
| 소멸성 | 서비스는 판매나 사용 후에 보관될 수 없다. | • 수요 집중되는 시간대에 시간제 인력 투입을 통한 병목 현상 관리<br>• 서비스 제공 과정 연계 |

## 2) 경제적 측면에서의 의료 서비스의 특성

의료 서비스는 항상 불완전한 시장 정보와 공급자의 독과점으로 인한 가격 상승 가능성, 공급 부족, 외부 효과의 존재 등이 문제점으로 지적할 수 있다. 따라서 의료 서비스의 경제적인 특성을 다음과 같이 4가지로 설명할 수 있다.

### (1) 소비자의 낮은 지식수준

의료 서비스의 재화는 일반 재화와 비교하여 전문성이 강하다. 이용자는 의료 서비스에 대한 충분한 정보를 가지고 있지 못하기 때문에 한정된 자원으로 최대한의 편익을 가져오는 서비스를 소비하게 된다. 의료 지식에 대한 정보는 공급자가 수요자보다 상대적으로 많이 보유하고 있기 때문에 정보의 비대칭이 존재한다. 이러한 의료 정보나 지식의 비대칭 때문에 의사는 이용자의 대리인 역할을 담당하게 된다. 환자들의 의학적 지식에 낮은 수준으로 인해서 의료 서비스를 받은 후에 다른 서비스에 대하여 평가할 적절한 기준이 없으므로 바꾸기가 어렵다. 따라서 보건 의료 부문에 "공급이 스스로 자신의 수요를 창출한다(supply creates it's own demand)"고 고전경제학에서의 세이의 법칙(Say's Law)이 적용되기도 한다.

### (2) 수요의 불확실성과 불규칙성

의료 서비스는 어떤 종류의 질병이 어떤 형태로 어떻게 발생하는지 수요를 알 수 없으며, 긴급성을 요하는 경우가 많다. 또한 대체할 수 있는 서비스가 거의 존재하지 않는다. 만일 대체할 서비스가 존재한다면 의료 수가가 높을 경우 대체재의 사용으로 수요와 공급을 조정할 수 있지만, 의료 서비스는 대체재가 없는 관계로 가격이 상승하더라도 수요는 줄어들지 않는 특징을 가지고 있다.

### (3) 외부 효과

의료 서비스는 정부의 개입 없이는 시장의 실패를 초래할 가능성이 높은 서비스로서 수요 예측이 어렵고 시장 진입이 자유롭지 못하다. 즉, 의료 서비스는 외부 효과(externality)를 발생시킬 가능성이 높은 서비스로서 자신이 의도하지 않은 부작용을 보일 가능성이 높다.

### (4) 공급의 독점성

일반적으로 의료 서비스를 제공할 수 있는 핵심인 병원은 거의 대부분의 국가에서 병원 설립에 대한 규정이 엄격하게 이루어져 있어 경쟁자들의 진입 장벽이 매우 높으며, 비영리법인으로 구성해야 하기 때문에 진입 장벽이 큰 편이다.

### (5) 구매자와 지불자의 상이함

의료 서비스의 또 다른 특징 중의 하나가 의료 서비스에 대한 대가를 환자 본인이 100% 부담하지 않는다는 점이다. 이러한 점에서 소위 의료 쇼핑(hospital shopping)이라는 독특한 행태의 서비스 구매 행동도 나타나게 된다. 의료비, 즉 의료 시장에 지불되는 돈은 크게 세금, 수입에 준해서 금액이 결정되는 정부 보험금, 개인 보험, 환자의 직접 부담금, 기부금 등으로 이루어진다.

환자의 직접 부담률은 OECD 국가에서는 최저 7%에서 최고 38%를 부담하게 되며 한국의 경우에는 38%를 부담하고 있다.

**전 세계의 의료 서비스 지불 체계**

전 세계의 의료 서비스 지불 체계는 크게 세 가지의 의료 체계로 이루어져 있다. 먼저 공적 보험 체제(social insurance system)로서 정부나 공공 기관이 보험을 운영하는 제도이다. 한국의 건강보험공단의 보험 체제나 미국의 메디케어(medicare) 시스템을 예로 들 수 있다. 2007년 현재 노인(65세 이상) 3,680만 명과 불구자(disabled) 720만 명을 합친 4,400만 명이 혜택 받을 수 있는 대상이다. 메디케어는 65세 이상의 노인과 더불어 65세 미만의 불구자인 신체장애자와 신장 투석 환자를 커버하는 의료보험이다.

한편 저소득층을 커버하는 메디케이드(Medicaid)는 연방정부가 일괄하는 메디케어와는 달리 주(州)와 연방정부가 공동으로 관할하는 의료 혜택 프로그램이다. 각 주마다 빈곤층의 분포가 다르기 때문에 각 주에서는 연방법에 정해진 기준 범위 내에서 독자적인 메디케이드 운영을 할 수 있도록 되어 있다. 연방정부 부담은 50~83%이어서 빈곤한 주일수록 연방정부의 부담률은 커진다. 2005년 현재 수혜자 수는 5,900만 명으로 인구의 약 20%이다. 메디케이드는 SCHIP(아동의료보험 프로그램)에 의해서 어린이를 광범위하게 커버하는 제도일 뿐만 아니라, 양로원에 입원한 많은 노인들과 신체장애자 등 메디케어 소지자들이 메디케이드의 장기개호(long term-care) 혜택을 받고 있다. 특히 주정부들은 4인 가족 기준으로 연간 가구당 2만 2,050달러 미만의 수입을 올리는 가정에 기본적인 혜택을 의무적으로 제공해야 한다.

둘째로는 보편적 의료 서비스 체제(Universal Access System)로서 서비스를 제공하는 재원을 국민에게 걷은 세금으로 운영하는 시스템이다. 영국 캐나다, 중국, 러시아 등 국가에서 운영한다. 저소득층에게 일부를 지원하는 한국의 시스템이나 미국의 메디케이드도 이에 해당된다.

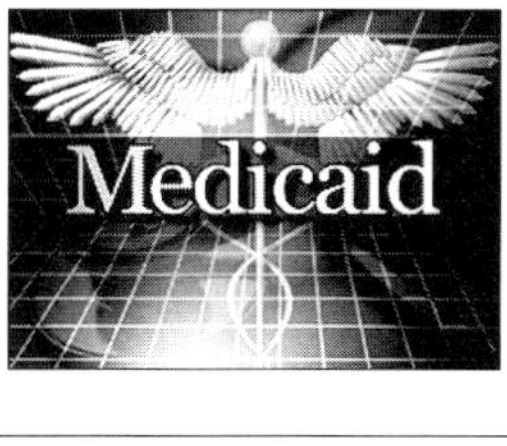


셋째로는 공공 지원 시스템(Public Assitance System)으로서 정부가 직접 병원을 운영하는 시스템이다. 미국의 경우 전역 군인 환자 병원인 재향군인병원(Veterabs Hospital)이나 한국의 보훈병원이 이에 해당된다.

### 3) 의료 서비스의 품질과 측정

의료 서비스의 품질에 대한 연구는 많은 연구자들이 수행하였다. Ware와 Synder(1975)는 내과 의사의 행동, 의료적 보살핌의 이용 가능성, 접근 체계 그리고 의료적 보살핌의 계속성과 편리성의 4개 차원이 확인되었으며, Penchansky와 Thomas(1981)는 접근이라는 차원을 중심으로 고객과 의료 체계 간의 적합 정도를 말하는 것으로 이용 가능성, 접근 가능성, 편의성, 지불 가능성, 수용성의 5가지 차원으로 구분하였다. 대표적인 서비스 차원의 구분으로는 Parasuraman(1985)의 정의를 들 수 있다.

Parasuraman은 표적 집단 면접법을 통해 최초로 서비스 품질이 10가지 존재함을 밝혔다. 그는 서비스 품질의 평가에서 소비자들이 서비스 유형에 관계없이 기본적으로 유사한 기준을 이용하고 있음을 발견하였다. 이러한 기준을 서비스 품질 구성 요인으로 규정하였으며 내용은 다음과 같다.

① **유형성**(tangibles): 서비스의 제공에 투입되는 물리적 증거를 말하며 물리적 시설, 설비 및 도구, 서류, 종업원의 복장 등이 포함된다.

② **신뢰성**(reliability): 수행 및 확실성의 일관성을 말하며 여기에는 기업이 제시한 약속의 이행, 계산 및 기록의 정확한 유지 등이 포함된다.

③ **반응성**(responsibility): 종업원의 의지, 준비성, 적시 제공을 말한다. 즉, 서비스 제공의 즉시성을 뜻하는 것으로 고객에 대한 신속한 응답 및 조치 등이 포함된다.

④ **의사소통**(communication): 고객이 이해할 수 있는 용어로 상세히 설명하는 것을 말하며 여기에는 서비스의 제공 방법, 서비스에 드는 비용, 문제점의 처리에 대한 확신감 부여, 서비스와 비용 간의 상쇄 설명 등이 포함된다.

⑤ **신용성**(credibility): 서비스 기업의 신뢰, 믿음, 정직성 등을 말하며 기업의 명성이나 평판이 포함된다.

⑥ **안전성**(security): 위험, 의심으로부터 자유를 의미하여 여기에는 육체적, 정신적, 재정적 안전과 비밀 보장이 포함된다.

⑦ **능력**(competence): 필요한 기술, 지식의 보유를 말하며 이는 대 고객 접촉 직원이나 서비스 기업이 풍부한 기술 및 지식을 지니고 있어야 한다는 것이다.

⑧ **예의성**(courtesy): 직원의 고객에 대한 예절, 친절, 존경, 호의, 외모 등을 말하는 것으로 접촉 직원의 제반 예절과 도덕심이 포함된다.

⑨ **이해성**(understanding): 고객의 욕구를 이해하려는 노력을 말하며 고객의 특별한 욕구의 이해, 개별적 관심 제공, 단골 고객의 인식 등이 포함된다.

⑩ **접근성**(accessibility): 서비스 기업의 접근 가능성과 직원과의 접촉 용이성을 말하며, 이것에는 전화로의 접근 용이성, 서비스 시설의 편리한 위치, 편리한 영업시간, 대기 시간, 혼잡성 등이 포함된다.

이어서 Parasuraman 등(1988)은 이러한 기존의 10개의 서비스의 품질 구성 요인을 5개의 서비스 차원으로 축소시켰다. 즉, 유형성, 신뢰성, 반응성, 보증성, 공감성을 SERVQUAL이라고 부르는 서비스의 질적 차원으로 축약하였으며, 그중에서 신뢰성이 가장 중요한 서비스품질의 차원으로 지적하였다.

한편 Gronroos(1984)는 서비스 품질을 '고객의 지각된 서비스와 기대한 서비스의 비교 평가 결과'로서 기술적 품질과 기능적 품질이 결합된 것이라고 정의하였다. 여기서 기술적 품질이란 고객이 최종적으로 받는 것이 무엇(what)인가 하는 전달되는 대상에 대한 품질을 의미하며, 기능적 품질은 기술적 품질이 기능적으로 고객에게 어떻게(how) 이전되는가 하는 전달 과정과 전달 방법에 대한 품질을 의미하고 있다. 즉, 서비스 품질은 고객의 기대, 기능 및 기술적 특성, 기업 이미지와 함수관계에 있다는 것이다. 그 후 Gronroos는 서비스의 속성을 핵심 서비스(core service), 촉진 서비스(facilitating service), 지원 서비스(supporting service)로 재분류하였는데 핵심 서비스는 고객에게 직접적으로 전달하는 최종적인 서비스 그 자체를 의미하며, 촉진 서비스는 핵심 서비스의 원활한 수행을 위해 매개 역할을 하는 서비스를 의미하며, 지원 서비스는 핵심 서비스와 촉진 서비스를 제외한 두 서비스를 원만하게 지원하기 위한 촉매 역할의 서비스를 의미하고 있다.

Gronroos(1984)는 기대된 서비스와 지각된 서비스 간의 비교를 통해 소비자에게 지각된 것을 전체적인 서비스 품질이라 규정하고 이를 바탕으로 [그림 II-2]와 같은 Gronroos 지각된 서비스 품질 평가 모형을 개발하였다.

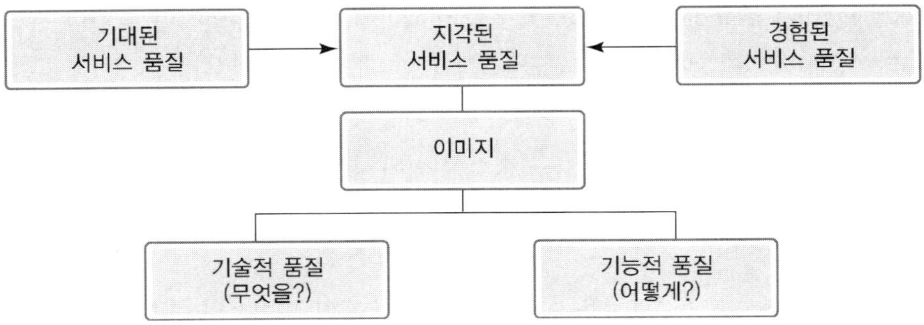


[그림 II-2] Gronroos 지각된 서비스 품질 평가 모형

〈표 II-2〉 각 연구자들의 의료 서비스 품질에 대한 차원 정의

| Parasuraman 등(1988) | Babakus, Mangold(1992) | Bowers 등(1994) | Jun 등(1998) |
|---|---|---|---|
| 유형성 | 유형성 | 유형성 | 유형성 |
| 신뢰성 | 신뢰성 | 신뢰성 | 신뢰성 |
| 반응성 | 반응성 | 반응성 | 반응성 |
| 기술, 능력 | 확신성 | 기술, 능력 | 기술, 능력 |
| 예절 | 공감성 | 예절 | 예절 |
| 의사소통 | | 의사소통 | 의사소통 |
| 신용 | | 신용 | 협조 |
| 안전성 | | 안전성 | 보살핌 |
| 접근성 | | 접근성 | 접근성 |
| 고객에 대한 이해 | | 환자에 대한 이해 | 환자에 대한 이해 |
| | | 보살핌 | 치료 결과 |
| | | 치료 결과 | |

### 의사 장기려

1940년 나고야제국대학교에서 의학박사 학위를 받았고, 평양의과대학, 김일성종합대학 교수를 지냈다. 1950년 12월 처자를 두고 차남 장가용과 함께 월남하여 1951년 부산에서 천막을 치고 무료진료소 복음병원을 세워 의료봉사로 사회에 이바지하였다.

장기려 박사는 1968년 한국 최초의 의료보험조합인 부산 청십자 의료협동조합을 설립하여 자영업자의 의료보험조합을 만들어 보급하였으며 성공적인 민간 보험의 효시가 되었다.

1975년 청십자의료원을 설립해 직접 환자들을 진료했으며, 장미회(간 질환자 치료모임) 창설, 부산 생명의 전화 설립, 장애자재활협회 부산지부 창립에도 앞장섰다. 그는 평생 병원 옥상의 관사에서 청렴하게 살았으며 평양의 가족을 생각하며 독신으로 살았다. 정부의 주선에도 불구하고 다른 사람들보다 내가 먼저 만나는 특권을 가지기 어렵다면서 1985년 북한의 가족 상봉도 사양하였다.

그는 진정한 의사의 길을 살다간 사람이다.

### (1) 의료 서비스 품질 측정을 위한 Kano 모델

Kano 모델은 1984년 Kano 교수가 발표한 서비스 품질과 만족을 측정하기 위한 모델이다. 이 방식은 이원적 인식 방법에 의한 품질 요소를 확인하는 과정을 거치게 되며 설문은 아래의 표에서와 같이 모든 문항이 긍정적인 질문과 부정적인 질문으로 이루어져 있다.

〈표 II-3〉 Kano 모델의 조사 문항 예

| 질문 | 응답 |
|---|---|
| √ 병원을 방문하였을 경우 주차 공간이 충분하다면 어떤 느낌이 들겠습니까? | 1. 마음에 든다(I like it that way).<br>2. 당연하다(It must be that way).<br>3. 상관없다(I am neutral).<br>4. 어쩔 수 없다(I can live with it that way).<br>5. 마음에 안 든다(dislike). |
| √ 병원을 방문하였을 경우 주차 공간이 충분하지 않다면 어떤 느낌이 들겠습니까? | 1. 마음에 든다(I like it that way).<br>2. 당연하다(It must be that way).<br>3. 상관없다(I am neutral).<br>4. 어쩔 수 없다(I can live with it that way).<br>5. 마음에 안 든다(dislike). |

예를 들어 "병원을 방문하였을 경우 주차 공간이 충분하다면 어떤 느낌이 들겠습니까?"라는 긍정적인 질문에서 응답자가 '2'라고 응답하였고, "병원을 방문하였을 경우 주차 공간이 충분하지 않다면 어떤 느낌이 들겠습니까?"라는 부정적인 질문에서 같은 응답자가 '5'라고 응답하였다고 가정하였을 때 Kano 모델의 품질 요소 평가는 다음의 평가 이원표를 통해서 평가할 수 있다.

〈표 II-4〉 Kano 모델의 품질 평가 표

| 불충족 \ 충족 | | 부정적 질문: 1. 마음에 든다. | 2. 당연하다. | 3. 상관없다. | 4. 어쩔 수 없다. | 5. 마음에 안 든다. |
|---|---|---|---|---|---|---|
| 긍정적 질문 | 1. 마음에 든다. | Q | A | A | A | O |
| | 2. 당연하다. | R | I | I | I | M |
| | 3. 상관없다. | R | I | I | I | M |
| | 4. 어쩔 수 없다. | R | I | I | I | M |
| | 5. 마음에 안 든다. | R | R | R | R | Q |

A: Attractive(매력적 품질 요소)
O: One-Dimension(일원적 품질 요소)
M: Must-be(당연적 품질 요소)
I: Indifferent(무관심 품질 요소)
R: Reverse(역 품질 요소)
Q: Questionable(회의적 품질 요소)

의료 서비스 품질 요소에 있어서 '주차 공간'의 품질 요소는 평가 이원표에서 긍정적 질문의 응답 '2'와 부정적 질문의 응답 '5'의 교차 지점을 찾으면 'M: 당연적 품질 요소'로 평가를 내릴 수 있다. 이와 같이 각각의 문항에 대해 분류한 고객 요구의 값은 다음의 조사 분석표 〈표 II-5〉에 의해 집계할 수 있다.

〈표 II-5〉 Kano 품질 조사 분석표

| 고객 요구 | A 매력적 | M 당연적 | O 일원적 | I 무관심 | R 역품질 | Q 회의적 | 총계 | 평가 |
|---|---|---|---|---|---|---|---|---|
| 1 | | | | | | | | |
| 2 | | | | | | | | |
| 3 | | | | | | | | |
| ⋮ | | | | | | | | |

조사 분석표에서 분류된 각각의 고객의 요구에 대한 통계적인 값이 크게 차이가 나지 않고 비슷하게 나타날 경우, 다음의 방법에 따라서 분류하게 된다.

√ 만약, (A+M+O) > (R+Q+I) = A, M, O 중에서 가장 큰 값으로 분류함.
√ 만약, (A+M+O) < (R+Q+I)=R, Q, I 중에서 가장 큰 값으로 분류함.

Kano 관점에서 개별적 품질요소의 평균을 측정하기 위하여 Timko(1993)는 두 개의 지수 즉, Better지수와 Worse지수를 제시하고 있다.

Better지수는 (A+O)/(A+O+M+I)의 공식으로 구할 수 있는데 이는 '특정 서비스 X가 고객의 욕구를 충족시킬 때, 고객 만족을 증가시킬 수 있는 잠재력 혹은 기대 수준'을 말한다. 다시 말하면 서비스 품질 요소에 있어서 중요도를 조정하는 요소라고 할 수 있다.

Worse지수는 (O+M)/(A+O+M+I)로 구할 수 있으며 '특정 서비스 X가 고객의 욕구를 충족시킬 때, 고객 불만을 감소시킬 수 있는 잠재력 혹은 기대 수준'을 의미한다.

〈표 II-6〉 Better지수와 Worse지수

| 구 분 | Better지수 | Worse지수 |
|---|---|---|
| 공식 | (A+O)/(A+O+M+I) | (O+M)/(A+O+M+I) |
| | A: 매력적 품질 요소의 수<br>O: 일원적 품질 요소의 수<br>M: 당연적 품질 요소의 수<br>I: 무관심 품질 요소의 수 | |
| 개념 | • 특정 서비스 X가 고객의 요구를 충족시킬 때, 고객 만족을 창출할 수 있는 잠재력 혹은 기대 수준<br>• 중요도 조정 요소 (importance adjustment factor) | • 특정 서비스 X가 고객의 요구를 충족시킬 때, 고객 불만을 감소시킬 수 있는 잠재력 혹은 기대 수준 |

## 3. 헬스케어 산업의 특징

헬스케어 산업은 전체적으로 매우 광범위한 산업이라고 할 수 있다. 그림에서와 같이 크게 4개의 범주에 해당되는 산업으로서 먼저 처방전 약품(Ethical Drug, 전문 의약품) 시장으로 규정되는 유형 제품을 산업재

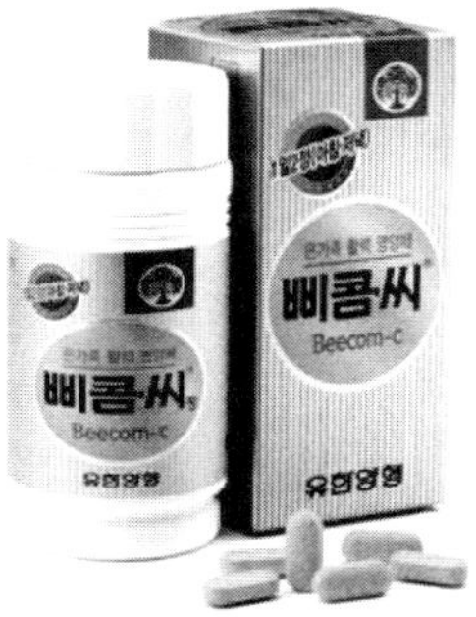


마케팅을 통해서 판매하는 범주와 OTC 의약품을 의미하며 일반 의약품이라는 개념이다. OTC품목의 약품들은 전문 의약품의 광고가 금지되어 있는 한국의 현실에서는 인쇄나 방송 광고에서 볼 수 있는 약품들을 의미한다.

보건복지부는 2만 7천 9백 62품목의 의약품 가운데 의사의 처방전이 있어야만 구매할 수 있는 전문 의약품을 1만 7천 1백 87개(61.5%), 처방전 없이 자유롭게 구입할 수 있는 일반 의약품(OTC)을 1만 7백 75개(38.5%)로 정하고 있다.

한편 진단과 치료의 의료 서비스가 제공되는 산업재 마케팅 시장의 경우에는 각 회사와 계약을 한 법인 의료 계약이나 병원과 의료관광 에이전트 간의 관계를 의미할 수 있다.

### 한국의 주요한 ETC 및 OTC 의약품 품목

2009년 자료에 따르면 국내 상위 제약사 13곳의 100대 의약품(ETC, OTC) 106개 품목의 매출이 1조 9천 억 원에 달하는 것으로 조사됐다. 동아제약은 18개 제품에서 100억 원대 이상 블록버스터 의약품(ETC, OTC 포함)을 가장 많이 가지고 있는 제약사로 나타났다.

동아는 18개로 가장 많은 100억 원대 이상 제품을 확보하고 있는 것으로 나타났다. 녹십자가 13개 제품, 대웅 12개, 한미약품, 유한양행이 각각 10개 순이다.

국내 상위 제약사 13곳의 100대 의약품 106개 품목의 2008년 매출을 조사한 결과 이들 품목의 총 매출액이 1조 8,427억 원에 이르는 것으로 집계됐다. 이는 지난해 국내 의약품 총 생산 규모 13조 7,636억 원의 7.2%에 해당하는 규모다.

동아는 지난해 모두 18개에 달하는 제품에서 100억 원 대 이상의 매출을 달성했다. 이들 제품의 총 판매액은 4,766억 원으로, 이들 18개 제품이 회사 전체 매출(7,023억 원)의 절반 이상을 차지했다. 자체 개발한 천연물 신약 '스티렌'은 지난해 747억 원의 매출 달성을 했으며 회사의 대표적인 성공 제품이 되었다. 니세틸(379억 원), 오팔몬(319억 원) 등이 300억 원 이상의 매출을, 플라빅스 제네릭 약품 브랜드인 플라비톨도 299억 원의 매출을 달성하였다.

오로디핀(231억 원), 가스터(166억 원), 타리온(153억 원), 그로트로핀(144억 원), 자이데나(142억 원), 글리멜(135억 원), 아크로펜(109억 원) 등도 100억 원 이상의 매출을 올렸다. 일반 의약품인 박카스는 1,187억 원의 매출을 기록했다.

한편 대웅제약은 100억 원대 이상 품목 12개(총 매출 1,783억 원)를 보유하고 있는 것으로 나타난다. 올메텍 시리즈(880억 원), 우루사(494억 원), 글리아티린(473억 원), 가스모틴(438억 원), 알빅스(282억 원), 포사맥스(272억 원) 등이 100억 원대 제품군을 형성하며 올메텍 시리즈는 회사 전체 매출액(5,500억 원)의 1/6을 차지하고 있다.

치열한 2위 자리를 경쟁하는 유한양행과 한미약품의 100억 원대 품목 수는 각각 10개로 같다. 하지만 매출에서 유한양행이 3,437억 원을 나타내었으며, 1,844억 원을 달성한 한미약품 매출액의 두 배에 달했다.

유한양행은 메로펜(276억 원), 안플라그(252억 원), 나조넥스(243억 원), 알마겔(197억 원), 아토르바(189억 원), 레바넥스(174억 원), 삐콤씨(150억 원), 코푸시럽(137억 원), 유크라(120억 원), 보글리코스(106억 원) 등에서 100억 원 이상의 매출을 올렸다. 한미약품은 아모디핀(576억 원), 메디락(183억 원), 슬리머(161억 원), 클래리(163억 원), 트리악손(133억 원), 가딕스(143억 원), 이트라(109억 원), 뮤코라제(109억 원), 심바스트(100억 원), 그리메피드(106억 원) 등이 100억 원 이상의 매출을 달성했다.

CJ는 베이슨(232억 원), 메바로친(186억 원), 헤르벤(151억 원), 에포카인(147억 원) 등 10개 품목이 100억 원대 이상의 매출을 올렸다.

LG생명과학의 경우에는 50여 개 품목 중 무려 9개 품목이 100억 원 대 이상의 블록버스터 제품인 것으로 나타났다. 이들 제품의 매출 총액은 2,005억 원으로 동아에 이어 2위를 기록했다. 제네릭 출시로 인해 매출이 반토막 나긴 했지만 자니딥은 지난해 257억 원의 매출을 올리며 선전했다. 유트로핀 365억 원, 유박스B 315억 원, 히루안플러스 249억 원, 부스틴 215억 원, 타렉/코타렉 173억 원, 에스포젠 153억 원, 팩티브 141억 원, 폴리트롭/폴리몬 137억 원 등이 100억 원 이상의 매출을 달성했다.

일동제약은 후루마린(292억 원), 사미온(285억 원), 큐란(266억 원), 아로나민(299억 원) 등이 보령은 시나롱(156억 원) 등 4품목이 각각 100억 원 이상의 매출을 달성했다.

종근당은 딜라트렌(590억 원), 사이폴엔(118억 원), 애니디핀(100억 원) 등 3품목이, 광동은 청심원(250억 원), 쌍화탕(260억 원) 2품목이 각각 100억 원대 제품에 이름을 올렸다. 일양은 하이트린(120억 원)이 유일한 100억 원 품목이었다(후생신보 기사 참조).

| 순 위 | 기업 브랜드명 | 100억 원 이상 제품군의 수 | 매출(단위 억 원) |
|---|---|---|---|
| 1 | 동아약품 | 18 | 4,448 |
| 2 | 유한양행 | 10 | 3,437 |
| 3 | 한미약품 | 10 | 1,844 |
| 4 | 대웅제약 | 12 | 1,783 |
| 5 | 녹십자 | 13 | NA |
| 6 | CJ | 10 | 1,473 |
| 7 | LG | 9 | 2,005 |
| 8 | 일동제약 | 5 | 1,142 |
| 9 | SK | 9 | NA |
| 10 | 보령제약 | 4 | 539 |
| 11 | 종근당 | 3 | 808 |
| 12 | 광동제약 | 2 | 510 |
| 13 | 일양약품 | 1 | 120 |
| 계 | | 106개 | 18,427 |

## 1) B to C 산업으로서의 특징

의료 산업과 제약 산업은 <표 II-7> 에서와 같이 직접적으로 환자에게 마케팅 활동을 소구할 수 있는 일종의 소비재 시장의 형태와 서비스 제공 시장을 이루고 있다. 예를 들어서 OTC 품목의 약품인 경우에는 소비자와 직접적인 마케팅 커뮤니케이션도 필요하지만 약사를 통한 판매 촉진 활동도 아울러 펼쳐야 하는 일반적인 제품과 유사한 촉진 형태를 띠고 있다. OTC(over the counter)는 처방전 없이 약국에서 구매할 수 있는 약품으로 세계적으로 유명한 Top 20 OTC Brand 및 광고비 동향에 대해서 알아보면 다음과 같다.

〈표 II-7〉 제품/서비스와 산업 유형 구분

| 구 분 | B to B | B to C |
|---|---|---|
| 유형 제품 | ETC(처방전) 의약품 | OTC 의약품 |
| 무형 서비스 | 법인의료 계약<br>의료관광 | 일반 병원<br>의료관광 |

### (1) Alli

Alli는 미국 FDA에서 최초로 승인된 다이어트 약으로 소화효소에 달라붙어 소화효소를 무기력화하여 몸이 영양분을 섭취하지 않고 그냥 보낼 수 있도록 한다. 대략 25%의 영양분 섭취량을 줄일 수 있다. 특히 지방을 몸에서 바로 흡수하지 않고 내보내기 때문에 다이어트에 도움을 준다. 몸에 해를 끼치면서 살을 빼는 것이 아니기 때문에 전문가들도 이 약의 효능에 대해서 이의를 제기하지 않는다.

### (2) Zyrtec

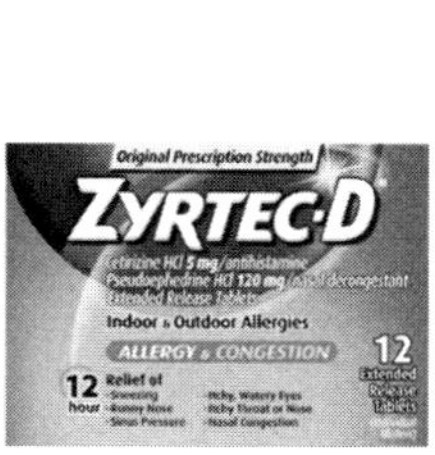


Zyrtec은 상부 호흡기 알레르기 또는 화분증으로 인해 생기는 콧물, 제체 기, 가려움, 눈물, 코와 목의 가려움, 비염 증상을 완화시켜 주는 알레르기 치료약이다. 또, 결막염, 아토피성 피부염, 천식 치료에도 효과가 있다.

Zyrtec의 종류로는 Zyrtec-D Tablets, Zyrtec Liquid Gels, Zyrtec Tablets, Zyrtec Itchy Eye Drops 등이 있다.

### (3) Tylenol Cold Multi-Symptom

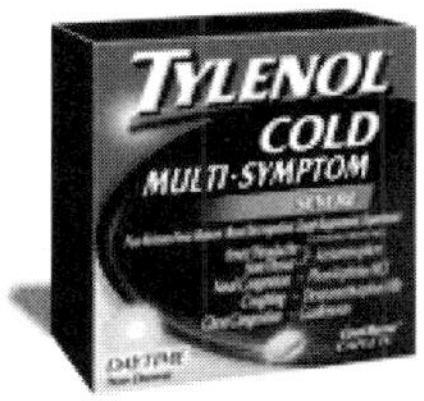


타이레놀은 1879년 로버트 맥닐(Robert McNeil) 약사가 미국 필라델피아에서 약국을 개업하면서 타이레놀® 브랜드의 역사가 시작된다. 25년 후 맥닐의 아들인 로버트 링컨 맥닐(Robert Lincoln McNeil)이 사업에 동참하게 되고, 둘은 의사, 약사, 병원을 대상으로 한 처방 의약품의 직접 마케팅에 중점을 두고 사업을 성장시켰다. 타이레놀은 안전하고 유효성이 입증된 미국 30년 역사의 종합감기약이며 타이레놀 콜드-에스 정은 콧물, 코 막힘, 기침, 발열 등의 감기 제 증상을 신속히 완화시키는 효과가 있다. 또한 미국 발매 이후 30년간 판매 1위인 제품이다.

### (4) NyQuil

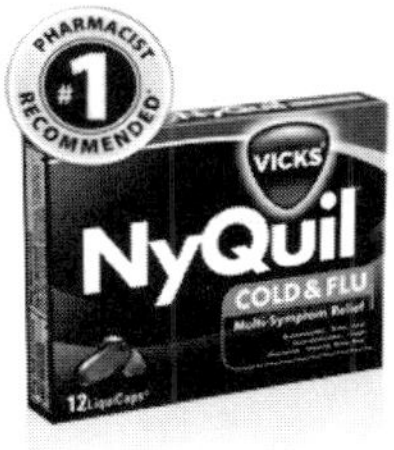


약사가 추천하는 Nighttime 성인감기약으로 종합감기 증상과 독감 증상을 완화시킨다. 두통, 인후염, 열, 콧물과 제체기 등에 효과가 있고 NyQyuil을 복용하면 밤에 편안히 잠을 취할 수 있고 다음날 좋은 몸 상태를 만들어 준다. NyQuil의 종류는 NyQuil Plus Vitamins, NyQuil Cold&flu Liquicaps, NyQuil Cold&Flu Liquid, NyQuil Cough, NyQuil D, NyQuil Sinus Liquicaps 등이 있다.

### (5) Hydroxycut

Hydroxycut은 체중 감소제로 신진대사 작용을 활발하게 만들어 에너지를 증가시켜 주고 더 많은 칼로리를 소비하게 하고 식욕을 조절해 주는 효과가 있다. 첫째, 둘째, 셋째 날은 하루 3번 8온스의 물과 함께 1정을 섭취하고 넷째 날부터는 하루 3번 8온스의 물과 함께 2정을 섭취해야 한다. 식사 30~60분 전에 섭취해야 하며 잠들기 5시간 전에는 섭취해서는 안 된다.

저칼로리의 식단과 꾸준한 운동을 하며 Hydroxycut을 섭취하면 최대의 효과를 볼 수 있다.

### (6) Advil

주 효능 효과: 감기로 인한 발열 및 동통, 요통, 월경 곤란증, 수술 후 동통, 류머티즘 관절염, 연소성 류머티즘 관절염, 골관절염(퇴행성 관절 질환) 등에 사용할 수 있다. 두통, 치통, 근육통, 신경통, 강직성 척추염, 급성 통풍, 건선성 관절염, 연조직 손상(염좌, 좌상), 비관절 류머티즘 질환(건염, 건초염, 혈액낭염)에도 사용할 수 있다.

Advil은 알약 형태와 젤 캡슐 형태 두 가지 종류가 있다.

### (7) Nicorette

니코레트는 1967년 스웨덴의 연구소 책임자였던 오베 페르노(Ove Ferno)가 스웨덴 해군의 흡연 문제를 해결하기 위한 연구를 통해 세계 최초로 니코틴 대체 용법 형태로 탄생되었다. 그 이후 금연보조제 중 판매액 1위로 전 세계 금연 보조제 시장을 선도하고 있다.

니코레트는 니코틴 대체 요법으로서 효과적으로 흡연 욕구를 진정시켜 주고 금단 증상을 완화시켜 준다. 니코레트는 금연 의지만으로 금연을 시도할 때보다 성공 가능성이 2배로 높다. 니코레트는 암과 심혈관계 질환의 주요 원인 물질인 타르와 일산화탄소로부터 보호해 준다.

### (8) Claritin

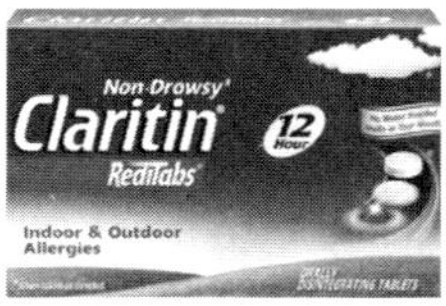


Claritin은 알레르기 치료제로 강력한 효과를 가지고 있다. 이 약을 복용했을 때 졸음은 오지 않고 알레르기를 완화시키는 효과가 12시간 동안 지속된다. 상부호흡기 알레르기와 화분증 완화에 효과가 있다. Claritin은 다른 알약들보다 3배 빠르게 용해되고 알약은 입안에 넣으면 녹는다. 6세 이상의 어린 아이와 성인이 복용할 수 있다.

### (9) Robitussin DM Max

감기로 인해 자주 발생하는 기침과 끈적끈적하고 묽은 가래를 조절·완화시켜 주고 가슴의 통증 또한 완화시켜 주는 효과가 있다.

Roubitussin DM보다 2배 더 강력한 효과를 가지고 있고 기침과 가슴 통증을 동반하는 감기에 항상 나타나는 졸음이 없다.

이 약은 12세 이상의 아이와 어른이 티스푼으로 2스푼씩 4시간마다 복용하면 된다.

### (10) Aleve

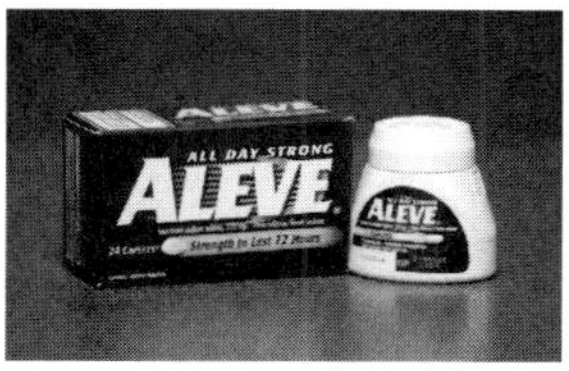


Aleve는 항염증 약물이라고 한다. Aleve는 관절염, 척추염, 건염, 활액낭염, 통풍 또는 생리경련과 같은 통증이나 염증의 원인을 치료하는 데 사용된다. Aleve는 심장이나 혈액 순환의 위협을 증가시킬 수 있다. Aleve는 또한 위장이나 창자에서 출혈하게 하거나 상처를 입힐 수 있는 위험이 있기 때문에 꼭 의사의 처방을 받아야만 한다.

### (11) SoyJoy

SoyJoy는 유전자 변형 식품이 아닌 미국에서 자란 콩으로 만든 건강 bar이다. SoyJoy Bar는 높은 섬유질과 심장 건강에 좋은 콩의 영양분을 그대로 갖고 있다. SoyJoy는 단백질, 섬유질 오메가 3, 고도불포화지방산, 항산화이소플라본, 비타민, 미네랄 등 인간의 몸에 필수적인 영양분들이 들어 있다. SoyJoy는 칼슘, 아연, 마그네슘, 철분을 함유하고 있기 때문에 뼈를 비롯한 몸의 기관을 건강하게 하는 데 도움을 준다. 또 콩은 콜레스테롤과 포화지방이 낮기 때문에 건강에 좋다. SoyJoy는 BLUBERRY, RAISIN ALMOND, MANGO COCONUT, APPLE WALNUT, BERRY, PEANUT CHOCOLATE CHIP, STRAWBERRY 등 여러 가지 종류가 있다.

### (12) Zicam

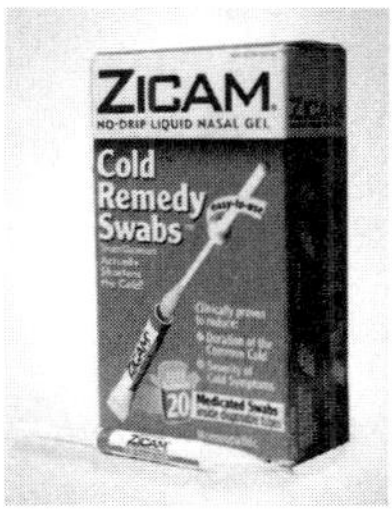


Zicam은 감기 극복에 도움을 주는 제품이나 감기약은 아니다. 목이 아프거나 코 막힘, 재체기, 기침 등 감기 증상이 나타나기 시작한 지 48시간 안에  Zicam을 4시간마다 사용한다. Zicam은 냄새가 나지 않고, 사용했을 때 졸리지 않다. Zicam을 사용하면 감기 증상이 호전된다. 그러나 감기 증상이 계속될 경우 Zicam은 감기약이 아니기 때문에 의사를 찾아가 보는 것이 좋다.

### (13) Slim Fast Optima

Slim Fast Optima는 다이어트 식품으로 공복감을 없애 주고 다이어트에 필요한 필수 영양소를 공급해 줌으로써 다이어트 시 깨질 수 있는 영양 밸런스를 지켜 준다. Slim Fast Optima는 하루에 필요한 비타민과 미네랄이 충분히 함유되어 있으며 양질의 단백질을 배합해 영양 부족을 걱정하지 않아도 된다. Slim Fast Optima는 맛 또한 좋은 다이어트 식품이다.

### (14) Mucinex DM

Mucinex DM은 감기 치료제로 일반 감기 또는 독감으로 인한 가슴 통증과 기침, 가래 제거, 인후염, 기관지염, 호흡기 질환을 완화시키는 효과가 있다. Mucinex DM은 Dextromethorphan과 guaifenesin이 결합되어 감기 치료제로 사용된다. Dextromethorphan은 천식, 또는 폐기종으로 인한 기침을 치료하는 데 좋다. Mucinex DM은 12세 미만의 어린이는 섭취할 수 없다.

### (15) Children's Tylenol

Children's Tylenol은 어린이 고열에 소아과 의사들이 가장 먼저 찾는 약으로 2세~12세의 어린 아이들이 복용하는 약이다. 아이들이 좋아하는 체리 맛, 포도맛, 복숭아 맛, 버블 껌 등 다양한 형태로 아이들이 쉽게 복용할 수 있게 한다. Children's Tylenol은 일반 감기, 독감, 두통, 인후염, 치통, 고열 등에 효과가 있다.

### (16) Delsym

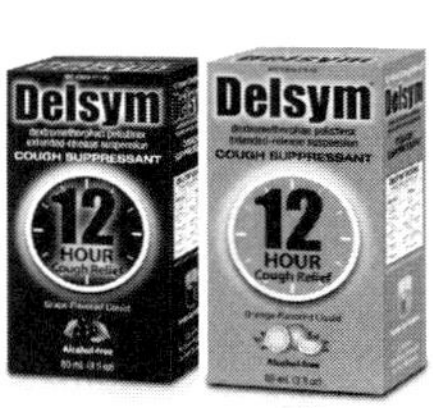


Delsym은 일반감기 또는 호흡기 질병과 함께 발생하는 인후염과 기관지염으로 인한 기침을 완화시켜 준다. 이 약은 기침으로 인한 자극을 줄여 편안한 휴식을 취할 수 있게 해 준다. 또, 단일 활성 성분이 몸의 열을 낮춰 주고 고통을 경감시켜 준다. 약의 효과는 12시간 지속된다. Delsym은 오렌지 향과 포도 향 두 가지 종류가 있다.

### (17) Mucinex

Mucinex는 가슴통증을 유발하는 가래와 콧물 같은 점액들을 없애 가슴 통증을 완화시키고 편안하게 생활할 수 있게 도와주는 감기약이다. 이 약의 효과는 12시간 지속된다. Mucinexs의 종류는 어린이용인 Mucinex CILD for kids, Mucinex COUGH for kids 와 12세 이상 섭취 가능한 Mucinex D, Mucinex DM 등이 있다.

### (18) Advil PM

Advil PM은 통증 완화를 돕는 Advil과 결합된 제품으로 통증을 줄여 평온하게 잠들 수 있게 돕는다.

Advil PM은 활발한 고통을 줄이고 고통이 사라져 사용자가 깊고 편한 잠을 잘 수 있게 해 준다. 계속되는 요통이나 관절염, 근육통 등 밤에 자주 일어나는 통증들에 효과가 있다. Advil PM은 알약 형태와 젤이 들어 있는 캡슐 형태 두 가지 종류가 있다.

### (19) Dayquil

Dayquil 은 VICKS에서 나온 감기약으로 일시적으로 일반 감기와 독감 증상을 완화시켜 준다. 기침, 인후통, 두통, 코 막힘, 고열 등의 증상을 완화시켜 주는 효과를 가지고 있다. Dayquil은 증상에 따라 7가지 종류가 있다. Dayqyil Cold & Flu Liquid는 비염, 졸림, 인후염, 기관지염, 두통, 고열 등에 효과가 있는 액체의 종합 감기약이다. Dayquil Cold & Flu Reliefs Caps는 캡슐 형태의 종합 감기약이고 Dayqyil Cold & Flu Symptom Relief Plus Vitamin C는 감기 증상 완화를 돕는 캡슐 형태의 비타민 C이다. DayQuil Cough는 인후염과 기관지염으로 인한 기침을 완화시켜 준다. Dayquil Sinus Liquicaps는 두통, 코 막힘, 부비동염에 효과가 있다. Dayquil Mucus Control Liquid 는 액체 형태로 콧물이 나오는 것을 완화시켜 주고 Dayquil Mucus Contraol DM은 콧물과 가래의 증상을 완화시키는 데 효과가 있다.

〈표 II-8〉 10대 OTC 품목의 2009년도 1/4분기 광고 집행액(단위: 달러)

| Brand | Company | Quarter 1 2009 |
|---|---|---|
| Zyrtec | McNeil Consumer Healthcare | 41,996,200 |
| Alli | Glaxo Smithkline Consumer | 27,900,800 |
| NyQuil | Procter & Gamble | 26,453,600 |
| Hydroxycut | Muscletech Research and Dev't | 25,055,100 |
| Claritin | Schering-plugh Corp. | 19,505,900 |
| Tylenol Cold Multi-Symptom | McNeil Consumer Healthcare | 13,638,500 |
| Advil | Wyeth Consumer Healthcare | 12,888,100 |
| Robitussin DM Max | Wyeth Consumer Healthcare | 12,326,100 |
| Nicorette | Glaxo Smithkline Consumer | 12,302,100 |
| Aleve | Bayer Crop. | 12,217,700 |
| SoyJoy | Pharmavite | 11,354,100 |
| Zicam | Gel Tech LLC | 10,658,200 |
| Slim Fast Optima | Unilever | 10,655,500 |
| Mucinex DM | Reckitt Benckiser | 10,400,900 |
| Children's Tylenol | McNeil Consumer Healthcare | 10,063,500 |
| Delsym | Adams Respiratory/ Reckitt Benckiser | 10,043,600 |
| Mucinex | Reckitt Benckiser | 8,982,700 |
| Nature Made | Pharmavite | 8,780,900 |
| Advil PM | Wyeth Consumer Healthcare | 8,621,100 |
| Dayquil | Procter & Gamble | 8,429,300 |
| Brand Spending Total | | 302,273,800 |

※Reported Time Period: 1/1 2008～3/31/2009.
TNS Media Intellingence

### 2) B to B 산업으로서의 세계 의료관광 시장과 지역 병원의 특징

전 세계 의료관광 시장은 지속적으로 성장하여 2012년 1천억 달러로 예상된다. 의료관광객 수도 2005년 1,900만 명에서 2010년 4,000만 명을 예상하고 있다. 이는 환자들이 자국의 높은 의료비(미국이나 일본)나 낮은 의료 수준(중국, 러시아)과 긴 진료 대기 시간(영국, 호주) 등으로 값이 싸고 우수한 의료 기술을 가진 나라들을 찾아가고 있기 때문에 발생하게 된 현상이다. 또한 의료 보험회사도 이러한 의료관광을 적극적으로 권하고 있기 때문에 이러한 현상은 더욱 확대될 것으로 보인다.

2007년도에는 75만 명의 미국인이 해외에서 진료했으며, 2012년에는 미국인 의료관광객 6백만 명이 타국에서 치료를 받을 것으로 예상된다.

비영리 건강보험 조사 업체인 카이저가족재단(Kaiser family foundation)에 따르면 미국의 4인 가족 기준 평균 건강보험료는 세계 최고 수준인 연 1만 3,375달러에 이르며, 특히 미국 의료비가 다른 나라에 비해 최고 17배나 비싸기 때문이 이러한 의료관광이 더욱 활성화될 것으로 예상된다.

세계적인 병원 · 보험사 · 관광업체 등이 회원으로 있는 의료관광협회(MTA)에 따르면 코스타리카의 임플란트 비용은 1,000달러로 미국(2,000~1만 달러)보다 훨씬 저렴하다. 주름살 제거수술은 싱가포르에서 미국(1만 5,000달러)의 25% 수준인 4,000달러에 받을 수 있다. 전문가들은 미 정부가 건강보험 개혁을 추진하고 있지만 미 의료비는 갈수록 늘어날 것으로 전망한다.

이러한 트렌드에 맞추어 전 세계적으로 많은 국가들이 의료관광 진흥책 및 해외환자 유치 확대를 위한 구체적인 프로그램을 마련해 시행중이며, 특히 태국 · 싱가포르 · 말레이시아 · 인도 등 아시아 지역을 중심으로 의료관광 허브 선점을 위한 경쟁이 치열하다.

태국은 이미 2007년에 154만 명의 해외 환자가 다녀갔으며, 싱가포르는 46만 명, 인도는 2006년 기준으로 27만 명이 찾았다. 이들 국가들이 의료관광이 활성화된 것은 의료 및 관광의 결합 상품 출시, 자국의 경쟁 우위 기반을 활용한 의료관광 서비스 개발 및 차별적 마케팅 커뮤니케이션 활동, 정부의 적극적인 정책 지원, 의료 서비스의 국제적 신뢰도 향상 등에 크게 기인하고 있다.

〈표 II-9〉 주요한 치료에 대한 국제적인 의료 수가 비교(단위: 달러)

| procedure | US cost | India | Thailand | Singapore |
|---|---|---|---|---|
| Heart Bypass | 130,000 | 10,000 | 11,000 | 18,500 |
| Heart Valve Replacement | 160,000 | 9,000 | 10,000 | 12,500 |
| Angioplasty | 57,000 | 11,000 | 13,000 | 13,000 |
| Hip Replacement | 43,000 | 9,000 | 12,000 | 12,000 |
| Hysterectomy | 20,000 | 3,000 | 4,500 | 6,000 |
| Knee Replacement | 40,000 | 8,500 | 10,000 | 13,000 |
| Spinal Fusion | 62,000 | 5,500 | 7,000 | 9,000 |

## (1) 태국의 의료관광 정책과 지역 병원

### 태국의 의료 정책

태국의 의료관광 프로젝트 3대 전략으로 마케팅과 고객 관계의 강화, 전담 운영 체계 구축, 지원·의료 서비스 및 제품 품질의 지속적 개선이 있다. 건강 관련 산업에서의 국제 협상 강화, 로드쇼 개최, 고객 수요 조사 및 분석, 고객 만족도 측정, 건강 관련 국제 정보망 구축 등을 통한 고객 관계를 지속 강화하고 전략 수립 시행 및 의료 서비스 기준을 측정 관리하는 기관을 설립하여 관련 제도 법규 등을 정비하도록 하는 한편, 외국인이 태국 의료 서비스를 손쉽게 이용할 수 있도록 지원한다. 또 R&D를 통해 의료 산업 인적 자원을 포함한 서비스 및 품질을 지속적으로 개선한다. 유관 정부 기관의 공동 협력 체제를 구축 보건 복지부, 상무부, 외무부 협업 하에 중국을 비롯한 주요국을 대상으로 의료 산업 비즈니스 채널을 온-오프라인 모두 강화하는 것이 태국의 의료관광 프로젝트의 3대 전략이다.

■ 범룽랏병원

태국은 이미 2007년에 154만 명의 해외 환자가 다녀갔을 정도로 의료관광지로서 유명하다. 1년에 85만 명이 넘는 환자를 치료하며, 그중 27만 5천여 명은 세계 150개국에서 온 환자들이다. 국제병원평가위원회(JCIA)의 인증을 받은 아시아 최초의 병원이기도 하다.

범룽랏병원은 해외 환자들이 이용하는 '의료관광 명소' 중 하나다. 특히 의료비가 비싼 미국에서 지난 2008년 한 해 동안 4만 5천 명이 방문했다. 범룽랏병원의 의료비는 미국 병원의 8분의 1 수준이다. 또 환자에 비해 의료진이 부족한 유럽 고객들도 범룽랏병원을 많이 방문한다. 범룽랏병원은 이 환자들의 편의를 위해 헬스볼트를 사용하기로 했다. 헬스볼트는 개인 건강 기록(PHR) 프로그램을 웹상에서 제공하는 서비스다. 범룽랏병원은 내년부터 해외 환자들의 진료 및 약물 투여 내역들을 헬스볼트에 기록할 예정이다. MS와 범룽랏병원은 헬스볼트 이용으로 의료관광을 더 활성화시킬 수 있을 것으로 기대하고 있다. 범룽랏병원은 최고의 서비스로 최고의 헬스케어를 제공하는 데 역점을 두되, 병원 단지 안에 여러 부문을 한데 결합해 놓고 있다. 환자와 방문객들은 일반 병원에서 맛보지 못한 최고의 서비스를 경험하게 된다.

## (2) 인도의 의료관광 정책과 지역 병원

### 인도의 의료관광 정책

현재 인도에서는 아폴로 병원과 다른 6개 민간 병원 기업들이 병상을 늘리고 새 의료 장비를 도입하는 한편 현대식 원거리 통신망을 구축하는 등 의료 시설을 대폭 확충하는 일을 벌이고 있다. 이 기업형 병원들은 환자를 유치하기 위해 런던과 두바이 같은 도시에 마케팅 사무소까지 설치하고 있다 인도 정부는 의료서비스 산업을 또 하나의 성장 산업으로 생각하고 있다. 인도의 국공립 및 사립대학들에서는 연간 2만 명의 의사와 3만 명의 간호사가 배출되고 있으며 이들 가운데 일부는 서방 국가에 취업하고 있다. 이른바 의료와 관광을 연계한 의료-관광 산업은 얼굴 주름 제거 수술에서 간이식 수술까지 주로 비싼 수술 분야에 집중돼 있다.

■ 아폴로병원

인도 첸나이 아폴로병원은 1983년 프라탑 레디(Prathap C. Reddy) 박사가 세웠다. 그룹 엔터프라이즈(Apollo Hospitals Enterprises) 체인에 속한 37개의 병원이 있다. 아폴로 병원은 현재 37개 병원에 6천 400개 이상의 병상을 갖춘 기업형 병원으로 성장했다. 아시아에서도 몇 손가락에 꼽히는 병원 체인이 됐음은 물론이다. 아폴로 병원은 IT 기반을 활용해 의료관광 패키지 조회, 비자, 공항픽업, 통역, 전용 컨설턴트 연결 등을 원스톱 서비스로 제공하고 있다. 특히 수술

대기 시간이 없고 가격이 선진국의 1/8 수준이며, 심장 혈관 우회 수술은 미국보다 성공률이 높다. 아폴로병원 사장은 '미국의 주요 건강보험사인 Wellpoint, Bluecross Blueshield사의 보험 가입자 수가 3,500만 명에 달하고 있고, 이들 보험사가 인도병원과의 새로운 사례를 보여 줌에 따라 다른 미국 건강보험사도 인도 의료에 대해 관심이 높아질 것'이라고 했다.

### (3) 싱가포르의 의료관광 정책과 지역 병원

#### 싱가포르의 의료 정책

2004년 싱가포르 방문 해외 의료관광객 27만 명에 지출 비용은 3억 달러를 전망하고 있고, 2012년까지 연간 1백만 명의 의료관광객 유치와 GDP의 1% 부가가치 창출을 목표로 하고 있다. 싱가포르 통상산업부 장관은 싱가포르를 '아시아의 헬스케어 허브'로 키우고자 한다고 밝혔다. 싱가포르 관광청과 경제개발위원회, 무역개발국 3개 기관이 공동으로 싱가포르의 선진화된 의료 체계와 서비스를 알리는 복합 에이전시인 '싱가포르 메디슨(Singapore Medicine)' 을 설립하여 의료 분야에 대한 신규 투자 촉진과 의료 산업 확대, 해외에 대한 의료 마케팅 및 채널 구축, 싱가포르 의료 관련 종사자들의 해외 활동 지원 등의 사업을 전개해 나가고 있다. 싱가포르 관광청의 경우, '건강관리(healthcare)'를 하나의 부서로 신설하여, 외국인 환자를 유치하는 병원에 대해 대폭적인 지원을 하고 있다. 또한 싱가포르의 의료 시스템과 각 여행사를 연계한 '건강 여행 패키지' 등의 상품 개발을 지원하고 있다.

■ 래플즈병원

최근 싱가포르 관광청(STB)에 의하면, 지난해 의료 혜택을 받기 위해 싱가포르를 방문한 외국인 환자 수는 40만 명에 이른다고 밝혔다. 지난 2002년 샴쌍둥이 분리 수술로 유명해진 래플즈(Raffles)병원의 경우, 작년 9월까지 누적 환자 총계에서 외국 환자 비율이 총 34%에 달해 예년 대비 꾸준히 증가하고 있다. 래플즈병원은 40개 이상의 전문 병원을 두고 고객에게 편의를 제공하고 있으며, 전문성과 서비스 수준을 높여가고 있다. 래플즈병원은 장기 환자를 위해 1인 병실을 호텔 객실과 같이 개조를 하기도 하였다.

India Apllo hospital:
medical tourism

아폴로병원은 창업자 레디 박사에게 오랜 꿈이었다. 망고와 사탕수수 농장주의 아들로 태어난 그는 인도에서 의학을 공부한 후 1960년대 미국으로 건너갔다. 레디 박사는 보스턴에서 잠깐 병원 근무를 한 후 미주리 주(州) 스프링필드에서 폐와 내과 전문의가 될 만한 충분한 임상경험을 쌓았다. 그러나 그는 고국을 잊지 못해 1970년 귀국길에 올랐다.

레디 박사가 귀국했을 때만 해도 인도 정부는 높은 관세 장벽으로 첨단 의료 장비의 수입을 막고 있었다. 따라서 인도 병원들은 중환자의 경우 국내에서 치료하지 못해 외국으로 보낼 수밖에 없는 상황이었다. 이러한 어려움을 극복하고 오늘날 아폴로병원은 인도뿐만 아니라 남아시아와 중동, 아프리카 지역의 8개 국가에 영업을 하고 있을 정도로 성장했다. 이런 성장에는 국영 병원에서 무료 치료를 받지 않아도 될 만큼 경제력이 있는 인도 중산층이 급성장한 것이 큰 요인으로 작용했다.

인도의 10억 인구 가운데 현재 약 2억 5천만 명이 중산층으로 분류된다. 이 중산층은 건강 진단 비용으로 약 90~180달러를 정기적으로 부담할 여유가 있는 사람들이다. 바로 이 사람들이 아폴로 병원의 주 고객인 것이다.

아폴로 병원에서 지난 3년간 수술을 받은 외국인 환자는 모두 6만 명이다. 1983년 작은 개인 의원으로 시작한 아폴로병원은 현재 37개 병원에 6천 400개 이상의 병상을 갖춘 기업형 병원으로 성장했다. 아시아에서도 몇 손가락에 꼽히는 병원 체인이 됐음은 물론이다.

이 병원의 자료 처리사 수백 명은 야간 근무를 하면서 미국 병원과 보험사를 위해 계산서 작성 및 발송과 보험 민원 처리 서비스를 하고 있다. 또 아폴로병원의 실험실에서는 화이자와 엘리 릴리 & 코 등 미국 유명 제약사들의 임상시험이 이뤄지고 있다.

아폴로병원은 이처럼 서구 선진국들에 비해 값싸게 다양한 의료 서비스를 제공한다는 의미에서 미국과 다른 선진국의 일자리를 위협하는 또 하나의 인도 회사라는 이미지를 부정할 수 없다. 그러나 한편으로 아폴로병원은 여러 나라의 환자들에게 상대적으로 저렴한 의료 서비스를 제공한다는 긍정적인 측면도 있다.

### 3) 시장의 성숙에 따른 B to B 시장의 유형과 시장의 진화(product type & market evolution)

시장이 성숙해질수록 동일한 제품 유형이라도 시장에서의 가치는 달라진다.

예를 들어 의약품의 경우 먼저 특화된 제품으로부터 출발하게 된다. 아스피린의 경우에는 진통제로부터 출발하였지만 추가적으로 부가 기능이 강조되는 증분 편익을 가진 제품(augmented product)으로 포지셔닝이 되며 이러한 증분 편익이 소비자들에게 일반적으로 받아들여지게 되면 일용품화가 된다. 아스피린의 경우는 여러 가지 진통제 사용 환경에 대한 편익뿐만 아니라 심장 질환 예방과 같은 편익이 강조되는 증분 편익 제품이 된다.

이러한 증분 편익이 광범위하게 소비자들에게 받아들여지게 되면 그 제품은 생활에 꼭 필요한 일용품(commodity)이 되는 것이며 또한 의약품에서 핵심 제품(core product)으로 자리 잡게 된다. 즉, 이러한 과정은 그림과 같이 진행된다.

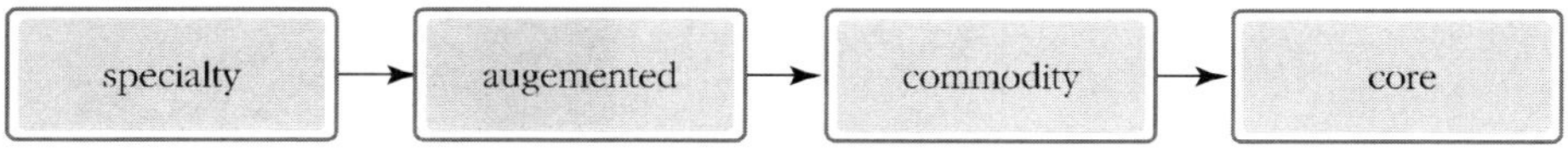


[그림 II-3] B to B 시장에서의 제품 유형 진화

이 과정에서 이루어지는 일용품화(commoditization)에서의 문제점으로는 경쟁의 증대, 모방품의 증대(me-too product), 새로운 기술과 제품의 특징의 기술적인 불확실성에 따른 구매자의 수용 기피가 지적될 수 있다. 즉, 일용품(commodity) 단계가 되면 소비자들이 인식하기에 모든 공급자들이 동질적이며 제품의 가격만이 구매에 중요한 변수로 작용하기 때문이다. 따라서 이러한 과정에서 벗어나기 위해서는 새로운 방식을 통한 경쟁이 필요하게 된다.

서비스 제품에서 소비자들의 가치는 다음과 같이 소비자들이 지각하는 편익과 소요되는 원가를 차감한 것이다. 서비스에서는 다양한 소비자의 구매 동기와 다양한 종류의 가치(value)를 통해서 구매가 이루어지게 되므로 소비자들의 가치를 좀 더 명확하게 구분할 필요성이 존재한다.

**소비자의 가치**=편익-원가(유형, 무형의 비용)

(가격, 제품의 품질, 제품의 특징, 서비스 편리성, 서비스의 신뢰성, 전문가의 조언, 서비스 유지)

한편 소비자들은 3가지의 집단으로 구분 가능하다. 첫째로 가치를 구성하는 핵심적인 성분의 특이성이나 성과(product's performance or uniqueness as the pivotal componant of value)를 내는 브랜드로서 3M, Nike를 들 수 있다.

둘째로는 개인적인 차원에서의 서비스나 조언(personalized service and advice)을 하는 브랜드로서 Airborne Express 내지는 Nordstrom사와 같이 표준적인 제품이나 가격 체계는 별 만족에 중요한 역할을 하지 못하는 경우에 개인화된 서비스를 제공함으로써 소비자들의 만족을 이끌어 내는 전략을 수행한다.

셋째로는 경쟁적인 저가에 기초한 신뢰성(total lowest cost thru combination of price and dependability)으로서 소비자들의 소비 예산은 한정적이므로 가격은 중요한 역할을 한다. 따라서 의료 서비스에서도 이러한 가격 비교 의료 쇼핑 행동이나 의료관광 행동 패턴이 나타난다.

**B to B 산업에서 누가 최종 소비자인가?**

"최종 소비자는 어떤 사람들인가" 또는 "진정한 고객이 누구인가" 하는 질문은 기업이면 반드시 물을 것 같지만 이런 절차를 무시하는 경우가 너무나 많다.

벽산의 경우도 예전에는 직접 건물에 입주하는 소비자에게는 별 관심을 갖지 않았다. 또한 화재가 나는 경우에도 가장 큰 피해를 보는 건축주에도 별 관심이 없었다. 그러면서도 설계를 하면서 창의성을 발휘하려고 하는 설계사무소의 입장도 고려하지 않았다. 직접 자신들에게 '돈'을 지급하는 시공사만 고객으로 고려하였다.

그러나 최종 소비자나 진정한 고객을 배려하지 않은 결과는 머지않아 나타나게 되어 있다. 시공사는 시공만 하면 그만이지만 소비자나 건축주들은 다음에 구매할 때 다른 자재를 찾게 되는 것이다. 혁신 이전의 벽산 사례처럼 기업들은 흔히 직접적인 구매자의 입맛에만 맞게 제품과 서비스를 만드는 경향이 있다. 하지만 제품이나 서비스를 직접 구매하는 사람은 실제로 이를 사용하는 사람이나 구매에 중대한 영향을 미치는 사람과 다를 때가 많다.

구매자 집단에 대한 고정관념을 벗어나 이전에 간과했던 고객을 살펴보면 경쟁 없는 시장을 찾을 수 있다는 것이다. 가장 영향력 있는 구매자 집단을 공략해야만 새 시장을 만들 수 있다는 얘기다.

구매자에 집중해 성공한 대표적인 케이스가 미국의 온라인 재무 정보 제공 업체인 블룸버그를 들 수 있다. 블룸버그가 사업을 시작하던 1980년대 초에는 로이터, 텔레레이트가 이미 시장을 장악하고 있었다. 이들은 재무 정보 단말기의 직접적인 구매자인 전산 담당자의 구미에 맞게 제품을 설계하였다. 즉, 전산 담당자가 관리하기 편하도록 표준화된 단말기 등을 만드는 데 중점을 뒀던 것이다. 하지만 시스템이 전산 쪽에 맞춰 설계되다 보니 실제로 이를 사용하는 펀드 매니저나 애널리스트들은 불편한 점이 많았다. 블룸버그는 여기에서 새로운 사업의 기회를 엿봤다. 이 회사는 사용자들을 위한 다양한 기능들을 내장한 새로운 재무정보 단말기를 선보였다.

모니터를 두 개로 늘려 프로그램 창을 자주 여닫지 않고도 필요한 정보를 동시에 볼 수 있게 했다. 또 버튼 하나로 온라인상에서 수익률 계산 등이 실행되게 만들었다. 시세를 역사적으로 분석하는 기능도 추가했으며 필수 재무 용어들도 키보드에 표시해 한눈에 알아보게 했다. 반응은 폭발적이었다.

증권 거래인과 분석가들은 블룸버그의 단말기를 구입하도록 전산 담당자에게 압력을 가했다. 블룸버그는 이에 힘입어 서비스를 시작한 지 10년이 채 안 돼 온라인 재무 정보 산업을 석권할 수 있었다.

# 4. 헬스케어 서비스 고객의 행동 분석

## 1) 의료 서비스 결정

의료 서비스의 소비자인 환자들은 긴급성에 따라서 의료 서비스를 결정하는 프로세스가 달라진다.

긴급하지 않은 의료 서비스의 경우에는 장기간 특정 병원이나 의사와 관계성을 유지하기도 하지만 의사(doctor shopping)를 쇼핑하거나 병원 쇼핑(hospital shopping)을 하는 경우가 발생하기도 한다. Boscarino와 Stelber(1982)는 이러한 쇼핑 행동을 설명하는 변수로서 ① 집과 가까운 편리성, ② 의사의 권고의 유용성, ③ 병원과의 과거 경험, ④ 병원의 스텝을 알거나 호감을 가질 때, ⑤ 시설의 수준 등과 같은 기준을 통해서 결정하는 것으로 나타난다.

한국에서는 정부가 2011년 1월부터 의료 급여 수급권자의 '의료 쇼핑'에 대한 제재를 강화하기 위해 세부적인 기준을 마련했다. 보건복지가족부는 9일 '의료급여기관 간 동일 성분 의약품 중복 투약 관리에 관한 기준'안을 제정해 입법예고했다.

입법예고된 기준안은 의료급여 수급권자의 '의료 쇼핑'을 막기 위해 반복적인 의약품 중복 투약 대상자에 대한 제재를 강화하는 것이 골자로 되어 있다. 즉, 의료 급여 수급권자가 의약품 중복 투약 기준을 위반해서 계도장을 받은 이후에도 규정을 지키지 않으면 3개월 동안 약제비를 전액 본인 부담해야 한다. 또한 약제비 전액을 본인 부담했던 의료 급여 수급권자가 또 다시 규정을 위반해 의약품을 중복 투약 받은 경우 6개월간 약제비를 전액 본인 부담해야 한다.

**Vimo Inc.**

2005년에 미국 캘리포니아 마운틴뷰에서 헬스케어 부문 온라인 쇼핑 사이트로 시작한 직원 50여 명의 회사이다.

VIMO는 헬스케어 부문에 대한 가격 비교와 쇼핑 사이트를 접목한 해외 사이트로 일반 환자들이 병원, 약국, 민간 의료보험마다 제각각인 가격들에 대해 상세한 정보를 통해 설명하고 있다. 특히 의사나 병원에 대한 정보를 깊이 있게 소개하여 지역별로 진료 과목별 어떤 의사가 있고, 그 의사의 의료 경력이 어떤지를 소개하고 있어 병원을 찾는 환자에게 인기가 높다. 게다가 수술비에 대한 비교 자료도 나열되어 있어 진료 전에 수술비를 확인하는 이용자들도 많고, 민간 의료보험의 경우는 환자에게 맞는 보험을 찾아 주는 서비스가 전화와 온라인상에서 진행되고 서비스 이용료가 모두 무료라는 장점을 가지고 있다.

## 1인당 외래 진료 횟수 OECD 평균의 2배

2일 오전 10시 경기도 파주의 A재활의학과 의원. 이 병원의 12개 물리치료 병상은 노인들로 꽉 차 있었고, 대기실에서도 5명의 노인들이 기다리고 있었다. 특별한 치료를 받기 위해 병원에 찾은 것은 아니다. 아침 8시 50분 병원에 도착한 신모(69 · 경기도 파주시 금촌동) 씨는 "1,500원만 내면 1시간 반 정도 뜨끈뜨끈한 핫팩으로 허리를 지지며 쉴 수 있다"며 "요즘은 매일 나오고 있다"고 말했다.

양모(71) 씨 부부도 매일 병원에 출근 도장을 찍는다. 양씨는 먼저 물리치료를 마치고 나와 녹차를 마시며 "나는 허리가 안 좋고 아내는 허리, 다리가 아파 매일 함께 온다"며 "안마 받는다, 찜질한다 생각하고 소일거리 삼아 나온다"고 말했다. 인근의 B정형외과도 물리치료 병상 대부분을 노인들이 차지하고 있었다. 이 병원 이모 원장은 "삭신이 쑤신데 마땅히 갈 곳은 없어 오는 분들이라 원하는 만큼 물리치료나 안마치료를 해 드린다"며 "다른 병원과의 경쟁에서 살아남기 위해 '서비스 차원'으로 무료로 해 드리는 경우도 있다"고 말했다. 병원이 찜질 · 안마를 받으려는 노인들로 북적이는 것은 중소도시 정형외과에서 흔히 볼 수 있는 풍경이다. 병원으로선 노인들로부터 1,500원만 받지만, 건강보험에서 1인당 8,500원 정도를 더 받기 때문에 생긴 현상이다. 그 결과 지난해 건강보험공단이 부담한 노인 진료비는 10조 7,371억 원으로, 전년보다 16.5%, 2002년보다는 3배나 증가하는 등 다른 건강보험 가입자에게 부담으로 작용하고 있다.

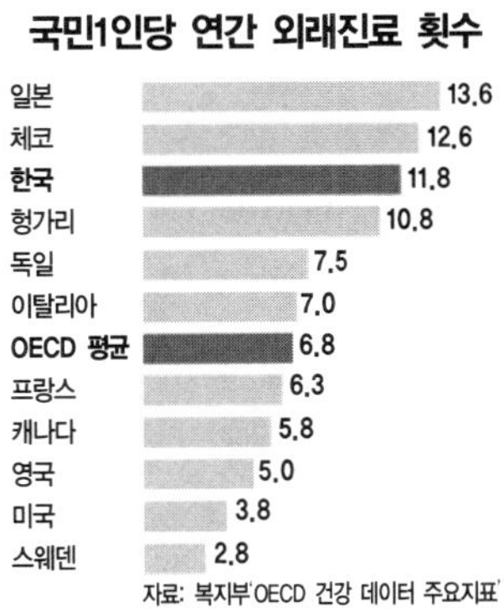

## 2) 의료 소비자 만족

**환자는 진정 무엇을 원하는가?**

실화를 바탕으로 한 영화 〈Patch Adams〉에서 1969년, 헌터 아담스(로빈 윌리엄스 분)는 불행한 가정환경에서 자라나 자살 미수로 정신병원에 감금된다. 삶의 방향을 잃고 방황하던 그는 정신 병원의 동료환자로부터 영감을 받고 "상처를 치유하다"라는 의미의 '패치(PATCH)'라는 별명을 얻으면서 '패치 아담스'로서 새 인생을 시작한다. 그의 꿈은 사람들의 정신적 상처까지 치료하는 진정한 의사의 길. 2년 후 버지니아 의과대학에 입학한 괴짜 의대생 패치는 3학년이 되어서야 환자를 만날 수 있다는 규칙을 무시하고 빛나는 아이디어와 장난기로 환자들의 마음까지 따뜻하게 치유하려고 환자들을 몰래 만난다. 이 사실을 안 학교 측이 몇 번의 경고 조치를 내리지만 그는 아랑곳하지 않고 산 위의 허름한 집을 개조하여 의대생 친구들과 함께 소외되고 가난한 이들을 위한 무료 진료소를 세운다. 그러나 의사 면허증 없이 진료 행위를 한 것이 학교 측에 발각되고 패치와 진실한 사랑을 나누던 동급생 캐린이 정신이상 환자에게 살해당하는 사건까지 생긴다. 인간에게 환멸을 느낀 패치는 모든 것을 포기하고 자포자기 심정에 빠지지만, 생명의 진리를 깨닫고 다시 의사의 길에 의욕을 불태운다. 그러나 고지식하고 권의적인 월컷 학과장은 패치에게 퇴학 처분을 내리자, 주립의학협회에 제소한다. 위원회는 학칙을 어겼지만, 그의 열정과 학업 성적을 인정, 마침내 졸업을 하게 된다.

"그 후 12년간 패치는 의료 행위를 계속했고, 1만 5천 명 이상의 환자에게 무료 치료는 물론, 어떤 의료 사고도 일으킨 적이 없다. 패치는 버지니아 서부에 316에이커의 땅을 구입, 현재 게준트하이트병원을 건설 중에 있다. 현재까지 1천여 명에 이르는 의사들이 그와 합류하기 위해 대기 중에 있다."

의료 서비스에 대한 환자의 만족은 '환자의 의사나 간호사 그리고 의학적 치료에 대한 태도'로 정의할 수 있다.

Fox와 Storms(1981)는 환자 만족도를 진료에 대한 인식과 진료 상황의 2가지 차원으로 나누어 정의하였다. 여기서 진료에 대한 인식은 병원을 이용할 때 환자들이 원하는 것과 기대하는 것을 의미하며, 진료 상황은 진료 방법이라든지, 병원의 위치, 대기 시간, 비용, 진료 결과 등 실제로 진료가 이루어진 과정을 의미한다. Fox와 Storms(1981)는 만일 진료에 대한 인식과 실제로 진료가 주어진 상황이 서로 일치하면 환자들은 만족하게 되지만 일치하지 않으면 환자들은 불만족하게 된다고 설명하면서 만족도를 측정하기 위한 일치 모형을 제안하였다.

Pascoe(1983) 역시 소비자 연구에서 사용되는 기대 이론과 불일치 이론을 이용하여 환자 만족도를 정의하였다. 환자들은 자신의 경험으로부터 서비스에 대한 기대 수준을 갖게 되고 서비스를 이용한 후 그 성과가 기대 수준에 얼마나 부합하는지를 평가하게 되는데, 대체로 기대한 수준에 비해 실제 인지된 서비스 수준이 높을 경우 환자는 만족하게 되지만 반대의 경우엔 불만족을 초래하게 된다는 것이다. Pascoe(1983)는 이러한 기대 이론에 기초하여 환자 만족도를 대조 모형과 동화 모형으로 나누어 설명하였다. 하나는 환자들이 미리 상당한 정도의 지식과 판단 능력을 가지고 기대하는 부분이고, 또 다른 부분은 환자들이 전혀 알 수 없기 때문에(예, 임상적인 경과나 치료에 대한 판단 등) 기대할 수 없는 부분이다. 예를 들어 환자가 의료진과 만날 때 환자들은 어떤 일정한 기대를 가지게 되는데, 이때 환자의 기대와 실제 경험한 것과의 차이가 만족을 결정하게 된다는 것이다. 이것을 대조 모형이라고 하며, 기대보다 더 나은 경험을 할 때 환자들은 만족을 느낀다고 설명하였다. 그러나 환자가 경험이나 지식의 부족으로 상황을 전혀 예측할 수 없을 때, 환자들은 실제의 경험이 기대 수준에 미치지 못하더라도 기대 수준을 낮추어 경험에 적응하려는 태도를 보이게 되는데 이를 동화 모형이라고 정의하였다.

Linder-Peltz(1982)는 환자 만족도를 사회 심리학적인 결정 요인들에 초점을 맞춘 기대-가치 이론으로 정의하였다. 그는 환자 만족이란 의료의 개별 차원들에 대한 개인의 긍정적인 평가로서, 의료의 개별 속성에 대한 환자의 신념과 그에 대한 환자의 평가로 구성된다고 정의하였다. 그는 연구에서 환자 만족도의 구성 차원을 접근성/편리성, 자원의 활용 가능성, 진료의 지속성, 의료의 효과 또는 결과, 재정, 인간적인 태도, 정보 수집, 정보의 제공, 주변 환경의 쾌적함, 의료의 질 또는 능력의 10가지로 제시하고 이에 대한 신념과 실제 평가를 측정함으로써 만족도를 측정하였다.

Ware 등(1988)은 의료 서비스에 대한 소비자 만족을 측정하는 데 있어서, 기존의 고객 만족 연구에 대한 내용 분석을 통하여 상호간 예절, 기술적인 질, 접근성/편리성, 경제성, 효능/결과, 지속성, 물리적인 환경, 유용성의 8가지를 고객 만족 구성 요인으로 파악하고, 5점 리커트로 구성한 '동의-동의하지 않음'의 응답 범주를 갖는 척도보다 '나쁨, 중간, 좋음, 매우 좋음, 훌륭함'의 5점 척도가 같거나 더 나은 결과를 준다고 증명하였다.

Linn 등(1984)은 '동의-동의하지 않음' 방식과 '만족-만족하지 않음' 방식을 비교하여 의료 서비스에 대한 소비자 만족을 특정 행위의 평가를 위해 측정한다면 '동의-동의하지 않음' 방식이 더 적합하며, 소비자의 기존 가치와 기대까지를 포함하는 의료 서비스에 대한 전반적인 평가의 지시자로서 사용하기 위해 측정한다면 '만족-만족하지 않음' 방식이 더 적합하다고 주장하였다.

환자 만족은 다차원적인 구조로서 이론화되어 왔다(Linder-Pelz, 1982; Kane 등, 1997). 다차원성이란 소비자가 제공받은 의료 서비스를 하나의 전체로서 평가하기보다는 여러 측면들에 대해 각기 다른 수준의 만족을 표현할 수 있다는 것을 의미한다. 각 차원의 중요성에 대해 소비자와 공급자는 다른 인식을 가진다. 공급자는 기술적 측면을 중요시한다(Elbeck, 1987; Sixma 등, 1998). 그러나 의료 서비스는 고위험, 고비용의 서비스이므로, 의료 서비스를 구성하는 차원들 중에서 중요하지 않은 차원을 찾기가 어렵다. 즉, 의료 서비스에 대한 소비자 만족은 소비자 의사 결정의 모델들 중에서 모든 차원들이 모두 최소 표준에 달해야 한다는 비보상 모델로 잘 설명될 수 있다. 의료 서비스의 모든 차원이 중요하다면 다른 차원들이 모두 높게 평가되더라도 어느 한 차원이 낮게 평가된다면, 나쁜 평가가 상쇄되지 않는다(Ross 등, 1993). 따라서 소비자들에게 그 병원이 선택되지 않을 수 있다.

환자 만족을 측정하는 데 가장 일반적으로 사용되고 있는 방법은 만족도 구성 요인에 대한 환자들의 평가 수준을 점수화하는 방법이다. 이것은 만족도를 구성하는 개별 항목에 대하여 '매우 불만족'에서 '매우 만족'까지 리커트 척도로 측정하거나 이를 100점 만점의 점수로 환산하여 절대적 수준을 비교하는 방법을 사용하여 왔다. 그러나 이 방법은 측정이 용이하다는 장점은 있으나 Oliver(1980)의 불일치 이론에 입각하여 볼 때 환자들의 기대 수준을 반영하지 못한다는 제한점이 제기되고 있다.

Shore와 Frank(1986)는 의료 소비자 만족은 어떤 특정한 의학적 치료 상황에 있어서 지각된 의료 서비스의 품질에 대한 개인의 평가라고 하였다.

Ross 등(1987)은 의료 소비자 만족의 개념을 자신이 받은 의료 서비스의 품질에 대한 지각으로 제한하는 것은 본질적으로 한계가 있으며, 따라서 순수한 의료 서비스의 품질에 대한 지각뿐만 아니라 다른 평가적 측면(예, 대기 시간, 비용 등)도 포함되어야 한다고 정의하고 있다.

## 5. 제품 수명 주기와 브랜드 전략

### 1) PLC의 개념 및 특징

마케팅 개념 혹은 이론 중 그 어느 것보다 다른 분야에서 많이 인용되고 있는 것이 바로 Product Life Cycle(제품 수명 주기, 이하 PLC)이라 할 수 있다. 그런데 여러 관련 문헌을 살펴보면 PLC는 생물학(biology)의 개념을 응용해 왔다는 내용이 나온다. 즉, 동물이나 식물처럼 시장에 있는 모든 것이 영원불멸하지 않고 언젠가는 죽을 것이며 대개는 1) 시장에 도입(탄생)되어, 2) 성장하고, 3) 성숙되고, 4) 최후엔 퇴화 혹은 사라진다는 life cycle(생명 주기)을 갖는다는 간단한 개념이다.

〈표 II-10〉 PLC의 특징 및 전략

| Stage | 특 징 | 전 략 |
|---|---|---|
| 도입기 | • 적은 매출액, 낮은 성장률<br>• 새로운 제품을 판매하는 기업이 몇 개 없음 → 경쟁의 강도 약함<br>• 가격은 높은 것이 보통(연구 개발비, 경험 효과 반영 미흡, 고객은 가격에 비탄력적)<br>• 매출액 대비 Communication 비용이 가장 높은 시기, 선택적 유통 | 인지 확산 및 혁신층, 조기 수용층의 Trial 유도 |
| 성장기 | • 도입기를 거치고 나면 매출액이 급격히 증가(혁신적인 확산)<br>• 새로운 경쟁자들이 Market에 진입<br>→ 차별화된 제품이 출시되기 시작<br>• 제품의 인지도 상승 → 중간상의 자발적 제품 취급 → 유통 확산<br>• 가격은 아주 서서히 하락함 | 대량 시장에 침투, 신규 고객 획득을 통한 M/S 확대 |
| 성숙기 | • 성장 성숙기: 전체 매출액이 천천히 지속 성장<br>• 안정 성숙기: 매출액이 일정 수준을 유지 대체수요가 대부분, 신규수요 적음<br>• 쇠퇴 성숙기: 전체 수요 감소, 사용량 감소<br>• 경쟁 치열, 촉진 활동 활발, 가격 경쟁 심화, 제품의 기능 통합화 시기 | 점유율 방어, 경쟁 유입 방지 |
| 쇠퇴기 | • 대체제의 출현으로 매출액이 줄어듦(흑백 vs 칼라TV, 철도 vs 자동차 등)<br>• 제품의 여러 가지 다양한 기능이 줄어들기 시작<br>• 제품을 취급하지 않는 소매상 등장 → 유통 축소 | 비용 절감, 철수 준비 |

그 기본 아이디어/개념은 유사하지만 학자에 따라서 PLC의 단계를 5단계 혹은 6단계로 더 세부적으로 나누는 사람도 있다. George(1971)의 경우는 PLC의 맨 마지막 단계인 쇠퇴(decline) 단계를 세부적으로 나눠 쇠퇴기 바로 뒤에 매출액 감소의 속도가 느리고 이익 마진의 발생 기회가 있는 화석화 단계(petrifaction stage)를 추가하고 이에 대한 실제 비즈니스 사례(Ipana 치약과 Steel 날 면도기)를 함께 제시했다. 또한 일부 학자는 기존 PLC 단계의 맨 앞에 발달(development) 단계를 붙이고 맨 마지막 단계에 취소 단계(cancellation)라는 제품의 퇴출 단계를 붙인(6단계) 것도 있다. Rink와 그 동료들은(1999) 5 stage PLC라고 해서 기존의 4단계 맨 앞에 제품을 개발하고 test market하는 단계인 pioneering stage를 추가하기도 했다. 이처럼 구체적인 PLC 단계는 학자에 따라서 다르며 전체의 단계를 기본 4단계에서 5단계 혹은 6단계로 보는 사람도 있다.

또한 PLC 곡선의 기본 패턴(모양) 또한 가장 일반적인 도입(intro), 성장(growth), 성숙(mature), 쇠퇴(decline)의 4단계를 밟는 전형적인 S자 형태 혹은 종(bell) 형태뿐 아니라, PLC 곡선이 반복되는 cycle-recycle 형태, growth-slump-maturity와 growth-decline-plateau의 3단계 형태, stable maturity 유형 등 여러 형태가 존재한다. 예를 들어 Cox(1967)는 258개 ethical-drug(의사의 처방으로만 팔 수 있는 약) 브랜드 대상의 연구에서, 6개의 PLC 패턴(유형)을 파악했고 이 여섯 개 유형의 발생 빈도를 분석한 결과 약 50% 정도가 cycle-recycle 유형임을 확인했다.

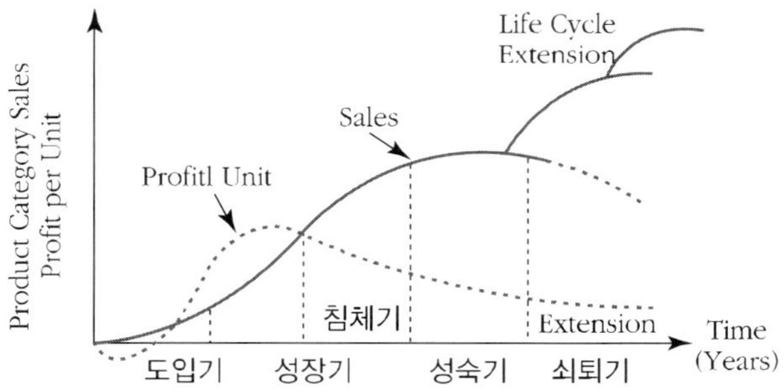


| 상품수명주기 단계 | 도입기 | 성장기 | 성숙기 | 쇠퇴기 |
|---|---|---|---|---|
| 시장 규모 | 소 | 중 | 대 | 중 → 소 |
| 시장 성장률 | 저 | 고 | 저 | 마이너스 |
| 시장 매력도 | 저 | 고 | 중 | 저 |

[그림 II-4] PLC별 사장 규모, 성장률, 매력도, 이익, 매출

## 2) 제품 수명 주기 단계별 관리

### (1) 도입기

제품이 출시되면서 도입기가 시작된다. 소비자들의 신제품에 대한 인지도는 당연히 낮으며 기존 제품의 구매로부터 형성된 소비 습관의 저항에 의해 완만한 매출 증가를 보인다. 이 시기의 목표 시장은 주로 고소득층이나 의견 선도층, 혁신층이다. 또한 소비자들이 제품의 특성에 대해 알지 못하므로 기본형 제품 판매가 이루어진다. 판매량이 미미하여 대량 생산에 따른 규모의 경제가 발생하지 못하는 시기이므로 전략적인 침투가격 설정을 하지 않은 이상, 높은 신제품 개발 비용 회수를 위해 가격을 비싸게 책정하는 경우가 많다. 이 시기는 브랜드 인지도를 높이고 사용 구매를 유도키 위해 높은 광고비와 판매 촉진비가 투입되는 시기라 할 수 있다.

### (2) 성장기

신제품이 목표 시장 내 고객들을 만족시키면 판매가 급속하게 증가하는 성장기로 들어간다. 이 시기에는 혁신층과 조기 수용자층의 호의적인 구전이 시장 확대에 매우 중요한 역할을 한다. 성장기에는 시장 점유율 확대가 상대적으로 용이하고, 가격 경쟁이 상대적으로 덜 치열하며, 성장기에 확대된 시장 점유율과 높은 수익성이 성숙기에도 그대로 유지될 가능성이 높고, 마지막으로 성장 시장에 진출함으로써 관련 기술력을 확보하고 유지하는 데 큰 도움을 받을 수 있기 때문에 새로운 경쟁 기업들이 적극적으로 시장에 진입하게 되어 시장의 규모는 급속도로 확대된다.

이 시기의 제품 전략은 제품의 질 향상, 새로운 속성을 부가해 경쟁 제품 진입에 대응하는 것, 또한 경쟁자가 아직 발견하지 못한 새로운 표적 시장을 개발함으로써 고객층의 범위를 확대하는 것이 중요하다고 여겨지며, 본격적으로 시장 경쟁이 치열해지면서 제품 차별화 전략을 통해 경쟁 제품에 대처하여 고객의 선택적 수요를 자극하는 것이 또한 중요하다.

가격 전략의 경우, 초고속 인터넷 망이나 핸드폰 시장과 같이 고객 선점이 차후 높은 이익률로 연결되어 초기 마진은 적더라도 고객 확보가 중요한 제품 카테고리의 경우에는 시장 점유율을 높이기 위해 저가격 정책을 사용하며, 고객의 수가 한정되어 있거나 특허, 법적 보호 등의 강한 진입 장벽이 구축되어 있는 경우 도입기 시장에 높은 가격을 유지함으로써 높은 이익을 실현하기도 한다. 그러나

코닥의 시장 진입을 특허소송으로 막음으로써 시장을 지키려고 했던 폴라로이드가 결국 시장 확대에 실패한 사례나 사조 로하이 참치가 참치 캔 시장에 진입함으로써 오히려 수익이 더욱 커진 사례처럼 경쟁의 이점을 충분히 이해하고 경쟁 전략을 선택하여야 할 것이다.

이 시기의 광고 및 판매 촉진 전략은 도입기에 인지도와 친숙도 증가를 위해 실시하던 정보제공 형태에서 제품의 선호도를 증가시키기 위한 형태로 전환하여야 한다. 일반적으로 소비자 인지를 확보하고 나면 구체적인 이미지를 심어 줌으로써 타깃 고객들의 자사 브랜드에 대한 브랜드 선호로 이어질 수 있도록 노력하는 포지셔닝 전략이 필요하다. 또한 단기적인 효과가 주가 되는 판매 촉진비 비중은 상대적으로 낮추게 된다.

마지막으로 유통 경로 전략은 시장이 급성장하므로 가능한 점포 수 늘리기 위한 경로 커버리지 확대 전략이 중요하다.

도입 단계에서 가장 먼저 시장에 진출한 브랜드를 선발 브랜드라 부르며 그 이후에 진입한 브랜드를 후발 브랜드라 부른다(이에 관련된 자세한 개념, 전략 등은 본 책에서 별도로 다루고 있으므로 참고). 성장 시장에서 다수의 경쟁 브랜드가 시장에 진입하게 되었을 경우 선발 브랜드는 다양한 마케팅 전략을 통해 시장 점유율을 방어하면서 시장의 성장에 따른 결과물을 향유하기를 바란다. 그러나 다수의 시장 선발 브랜드가 이 과정에서 오히려 후발 브랜드에 시장 선도적 위치를 내어 주기도 하는데, 이를 막기 위해 선발 브랜드는 다음의 5개 전략 대안—중 하나 또는 이들의 조합을 활용할 수 있다. 기존 포지션 방어 전략, 측면(방어) 전략, 정면(방어) 전략, 이동(방어) 전략, 전략적 철수 전략—선발 브랜드가 성장 시장에서 점유율을 유지하기 위한 이러한 다섯 가지 유형의 전략들 각각이 추구해야 할 주요 목표를 정리하면 아래와 같다.

〈표 II-11〉 성장 시장에서 점유율 유지를 위한 다섯 가지 전략 유형별 마케팅 목표

| | | |
|---|---|---|
| 점유율 유지 전략 | 기존 포지션 방어 전략 | • 현 강점의 강화를 통해 기존 고객들의 만족도, 애호도, 반복 구매의 증대, 조기 수용자들에게 제공되었던 것과 동일한 제품 속성과 편익을 사용하여 후기 수용자층에 소구함 |
| | 측면(방어) 전략 | • 초기 제품의 약점을 보완한 신제품의 개발을 통해 기존 고객들 가운데 특정 세분 시장이 경쟁 제품에 의해 위협받을 가능성에 대비함.<br>• 조기 수용자 집단과 욕구 및 구매 기준에서 서로 다른 신규 고객층을 유인할 수 있는 능력의 향상 |

| 점유율 유지 전략 | 정면 방어 전략 | • 경쟁사와 동일한 제품의 출시를 통해 기존 고객의 상표 전환을 방지<br>• 경쟁사 제품을 구매할 가능성이 있는 신규 고객층을 확보할 능력의 배양 |
|---|---|---|
| | 시장 확장 (이동 방어) 전략 | • 다양한 사용 용도와 새로운 세분 시장에 맞추어 신제품이나 라인 확장의 개발을 통해 신규 고객층을 유인할 수 있는 능력의 향상<br>• 시장의 분산화에 따라 기존 고객층을 유지할 수 있는 능력의 배양 |
| | 전략적 철수 전략 | • 고성장 세분 시장에 제품과 자원을 집중시킴으로써 이 시장 내의 신규 고객층을 유인할 능력을 향상시킴<br>• 소규모 혹은 저성장 세분 시장으로부터의 철수를 통해 자원을 비축시킴 |

## (3) 성숙기

제품의 매출 성장률이 지속적으로 둔화되기 시작하는 시점이 성숙기 시장의 특성이라 할 수 있다. 매출 성장률은 성장기와 같이 폭발적으로 증가하지는 않지만 판매량의 절대적 크기는 계속 증가하면서 가장 높은 매출을 실현하게 된다. 다소 포화된 시장의 개발을 위해 새로운 소비자군을 찾거나 기존 소비자들의 사용 빈도를 증가시키고 새로운 사용처를 찾는 등 새로운 성장 동력을 찾기 위한 PLC 연장 전략을 실시하게 된다. 즉, 제품의 품질, 특성 등의 수정을 통해 신규 고객을 유인하거나 기존 고객의 사용 빈도를 높임으로써 새로운 시장의 성장을 유도하고자 노력해야 한다는 것이다. 물론 시장 성장기에 착실하게 R & D를 통해 소비자 점유율 확보에 성공한 기업은 이 시기에 소위 BCG 매트릭스에서 언급하고 있는 전략적 사업 단위의 캐시카우(cash cow)화를 통해 그간의 노력에 대한 과실을 즐길 수도 있다. 그러나 현재의 우월적 시장 지위를 활용한 제품 수명 주기 연장 전략을 통해 바이엘사의 아스피린과 같은 장수 브랜드를 브랜드 포트폴리오 상에 확보하게 된다면 그 기업의 이익은 더욱더 커질 수 있다.

이 시기에는 시장이 점차 제로섬 게임으로 변화하면서 기업이 시장 점유율을 증가시키기 위해서는 불가피하게 경쟁 기업의 시장 점유율을 가져올 수밖에 없는 상황이 연출된다. 따라서 마케팅믹스의 수정이 불가피한데, 고객 유인을 위해 가격 할인 정책을 사용하거나 경품이나 콘테스트 같은 공격적 판촉 활동을 강화하기도 하고 비교 광고를 시행하기도 한다.

### (4) 쇠퇴기

성숙기를 지나 절대적 판매량이 감소하는 시기를 쇠퇴기라고 하며, 쇠퇴기의 원인에는 시장수요의 포화, 신기술의 출현, 사회적 가치의 변화 등이 있다. 판매량과 이익이 감소함에 따라 많은 기업들이 시장에서 철수하게 되고 남은 기업들은 경쟁력 약한 제품을 제거하는 등 제품의 수를 축소시키는 전략을 선택한다. 이 시기에 기업은 시장 규모가 작은 세분 시장과 성과가 저조한 중간상들을 제거하고 촉진 예산을 충성 고객들만 유지하는 수준으로 줄이고 가격도 계속 인하하는 경우가 많다. 그러나 쇠퇴기라고 하여 무조건적으로 시장 철수나 수확 전략을 실시하는 것은 아니며, 간혹 이 시장을 유지함으로써 다시 찾아올 수 있는 시장 기회에 대비하는 기업도 존재한다.

〈표 II-12〉는 각각 PLC 단계별 마케팅 관리에 대한 요약표이다. 그러나 이 표는 변화가 빠른 시장에서는 매우 유용하지만 변화가 거의 없는 시장에서는 별로 유용하지 못할 수 있다. 예를 들어 IT 제품의 경우에는 기술의 변화가 급속도로 진행되고 이에 따라 시장의 변화가 매우 빠르기 때문에 아래의 표가 활용될 가능성이 높으나 맥주나 샴푸 시장의 경우에는 몇 년 전이나 지금이나 또 그리고 몇 년 후에도 같은 단계에 머물러 있을 가능성이 높으므로 수명 주기의 변화를 고려할 필요가 없을지 모른다.

〈표 II-12〉 PLC 각각의 단계별 마케팅 관리

| 특징 | 도입기 | 성장기 | 성숙기 | 쇠퇴기 |
|---|---|---|---|---|
| 판매량 | 낮음 | 급속 성장 | 판매의 극대점 도달 | 감소 |
| 상품 원가 | 높음 | 점차 하락 | 낮아짐 | 낮음 |
| 이익 | 적자 또는 낮은 이익 | 점차 증가 | 높은 이익 | 감소 |
| 고객층 | 혁신층 | 조기 수용자 | 중간 다수층 | 후기 수용층(보수층) |
| 고객 당 비용 | 높음 | 평균 | 낮음 | 낮음 |
| 경쟁자 | 없거나 소수 | 증가 | 많음 | 감소 |
| 마케팅 목표 | 상품 인지도 형성, 시용 창출 | 시장 점유율 확대 | 이익 극대화를 위한 시장 점유율 유지 | 비용 절감, 투자 회수 |
| 브랜드 전략 | 브랜드 구축 전략 | 브랜드 강화 전략 | 브랜드 리뉴얼 전략 | |

| 상품 | 기본 형태의 상품 | 상품 확대,<br>서비스 향상,<br>품질 보증의 도입 | 브랜드, 모델의<br>다양화 | 경쟁력 없는<br>취약 상품의 철수 |
|---|---|---|---|---|
| 가격 | 고가 전략<br>(또는 저가 전략) | 시장 침투 가격 | 경쟁사 대응 가격 | 저가 전략 |
| 광고 | 조기 수용층과<br>중간상에 대한<br>상품 인지 형성 | 일반 소비자층의<br>인지도, 상품<br>관심의 향상 | 브랜드 차이와<br>상품 편익 차이 강조 | 핵심, 고정 고객<br>유지만을 위한<br>최소한의 광고 |
| 판매 촉진 | 시용 구매를<br>유도하기 위하여<br>강력한 중간상,<br>소비자 촉진 수행 | 수요 성장에 다른<br>매출액 대비 판촉<br>비율의 감소 | 자사 브랜드로의<br>전환을 유도하기<br>위한 판촉비 증대 | 최저 수준으로 감소 |
| 유통 | 선택적 유통-좁은<br>경로 커버리지 | 집약적 유통–경로<br>커버리지 확대 | 집약적 유통–경로<br>커버리지 최대화 | 선택적<br>유통–수익성 적은<br>유통 경로 폐쇄 |

### (5) 브랜드 재활성화를 통한 제품 수명 주기 연장
### (product life cycle extension through brand revitalization)

제품 수명 주기는 그러나 숙명적인 것이 아니라 노력에 따라 바뀔 수 있는 성격이 강하다는 점을 잊어서는 안 될 것이다. 다시 말해 PLC는 독립변수가 아니라 종속변수라는 것이다. 즉, 인간의 경우 대부분 태어나서 유년기, 소년기, 청년기, 장년기, 노년기를 거쳐 종국에는 사망에 이르게 되는 누구도 거역할 수 없는 운명적 존재라면, 제품은 기업의 노력 여하에 따라 지속적인 성장이 가능하기도 하고, 또 쇠퇴기에 돌입한 제품의 수명을 연장할 수도 있다는 것이다. 이를 브랜드 재활성화(brand revitalization)를 통한 제품 수명 주기 연장이라고 부른다. 이러한 브랜드 재활성화를 위해서 몇 가지 방법이 사용된다.

#### ① 사용 빈도의 촉진

기존 고객들이 더 많은 제품을 소비하도록 하기 위해 제품의 종류를 다양화하는 경우나 제품의 사용이 편리하도록 수정하는 전략이 여기에 속한다. 예를 들어 게토레이의 경우 소비자의 다양성 추구 성향에 의한 타 경쟁 제품으로의 브랜드 전환을 막으면서 또한 전반적인 제품의 사용 빈도를 촉진하기 위해 다양한 맛의 제품을 출시하였다. 또한 3M은 스카치테이프의 용기를 손쉽게 사용할 수 있도록 여러 형태로 개발함으로써 기존 고객들의 수요를 증대시키는 데 성공하였다.

② 사용도의 다양화

해당 제품의 사용 용도가 소수에 한정되어 있을 때, 다양한 사용 용도를 개발하고 소비자에게 알려 줌으로써 성공적인 제품 수명 주기 확장이 가능해진다. 예를 들어 앞서 제시된 나일론의 사용도 다양화로 인한 제품의 지속적 제품 수명 주기 확장이나, 암엔해머(Arm & Hammer)의 다양한 제품 확장이 그 예가 될 수 있다. 암엔해머의 베이킹 파우더는 말 그대로 효모 대신에 빵을 구울 때 사용되는 제품이다. 그러나 기존의 용도로 사용이 점차 줄어들면서 이익 역시 줄어들게 되었다. 이때 우연히 베이킹파우더가 냉장고 탈취제로 사용되고 있음을 알게 되고 이러한 탈취, 제균 효과를 활용한 다양한 제품군으로 브랜드 확장을 할 수 있었다. 제약 브랜드 역시 원래의 목적이 아닌 부작용을 오히려 새로운 사용 용도로 개발한 제품이 있다. 예를 들어 탈모 치료제로 사용되고 있는 프로페시아는 전립선 치료제인 프로스캇에서 그 핵심 성분의 용량을 줄여 만들어진 제품이며 역시 발기부전 치료제인 비아그라 역시 원래는 협심증 치료제로 개발된 것이었으나 임상실험 과정에서 남성 발기에 탁월한 효과가 있는 것으로 밝혀져, 발기부전 치료제로 쓰이게 된 것이었다. 비아그라가 발기를 돕는 원리는 비아그라의 원료인 실데나필이 남성이 성적으로 흥분할 때 생성되는 '사이클릭 GMP'라는 화학물질의 분비를 돕는 동시에 발기저해 물질인 'PDE 5(포스포디에스테라아제)'를 분해하기 때문이라고 하는데, 이렇게 제약 제품의 경우 사용 용도의 다양화를 통한 확장 및 제품 수명 주기 연장도 가능할 것이다.

[제빵 시 사용되던 베이킹파우더의 탈취, 제균 효과를 활용해 다양한 제품군으로 브랜드 확장한 예]

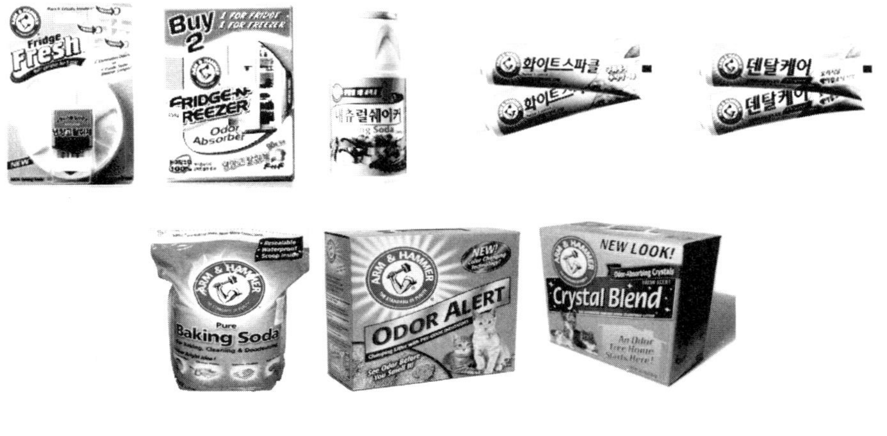

## 해열 소염제에서 뇌졸중, 심근경색 예방약으로 사용도의 다양화를 통해 PLC 연장에 성공한 아스피린

버드나무 껍질에 함유된 살리실산이라는 물질에서 비롯된 아스피린은 기원전(BC) 1500년쯤 고대 이집트에서 작성된 파피루스에서 언급된다. BC 400년쯤에는 '의학의 아버지'로 불리는 히포크라테스가 사용했다는 기록이 있다. 그 후로도 살리실산은 해열과 소염에서 탁월한 효능을 보이며 사람들의 사랑을 받았다. 그러나 살리실산은 의학적인 효과는 좋았으나 위벽을 자극하며 설사를 일으키고, 많이 먹을 경우 죽는 경우도 있었다. 1897년 독일 프리드리히 바이엘사의 연구원 펠릭스 호프만은 살리실산의 히드록시기를 아세틸기와 에스테르화 반응을 시켜 아스피린을 만들었는데 이러한 합성 과정을 통해 살리실산의 부작용을 크게 줄일 수 있었다. 아스피린이라는 명칭은 1820년대 조팝나무(spirea)과의 식물 버드나무에서 처음으로 살리실산을 얻었으므로 아세틸의 머리글자인 '아'에 조팝나무의 '스피리아'를 합쳐 만들어졌다.

또한 이는 최초의 합성 의약품으로 평가받고 있다.

이렇게 기존에는 감기로 인한 해열과 소염 진통제로 사용되었으나 다양한 대체 의약품이 나오면서 오래된 약, 효능이 덜 뛰어난 약으로 그 활용도가 서서히 떨어지고 있었다. 그러나 1975년에 들어서 저용량의 아스피린은 뇌졸중이나 심근경색을 예방하고 이로 인한 장애 유발 및 사망률을 약 25%에서 최대 50%까지 낮출 수 있다는 과학적 증명이 이루어지면서 다시 주목받아 최근에는 한 해 1억 알 이상 생산되고 있다.

뇌졸중 심장병 폐색전증 심부정맥혈전증 등의 주범은 혈전. 혈액 속의 섬유소원과 백혈구, 적혈구, 혈소판 등이 비정상적으로 얽힐 때 생긴다. 혈전은 과량 출혈을 막는 중요한 방어 수단이지만 지나칠 경우 혈관을 막아 인접 조직을 손상 또는 괴사시키는데 아스피린은 대표적인 혈소판 응집 억제제로 동맥에 혈전이 생기는 것을 막는다. 즉, 동맥은 응급 출혈 시에 혈전이 빨리 생겨 출혈을 저지하는데 각종 질환으로 혈액이 끈끈해진 상태에서 뇌와 심장의 동맥에 출혈 염증 상처가 나타나면 혈전이 급속히 커져 혈관을 좁히므로 이로부터 산소와 영양분을 공급받는 뇌와 심장 조직이 괴사하게 된다. 따라서 미리 피를 묽게 하는 저용량 아스피린을 먹어두면 이런 위험을 피할 수 있다는 것이다.

이뿐만 아니라 아스피린은 트롬복산($TXA_2$) 생성을 억제, 임신부 자간전증(혈압 상승, 복압 상승, 복시 현상, 조산 등이 발생)을 완화시키고 당뇨병 후기 합병증인 혈전색전증의 발병률을 낮출 수 있다. 또 결장암, 전립선암, 식도암, 췌장암, 유방암 등의 예방에도 효과적이다. 미국 하버드 의대가 1995년에 발표한 자료에 따르면 10년 이상 장기간 아스피린을 복용한 그룹은 결장암 사망률이 44% 감소했다. 백내장 예방에도 아스피린이 유익하다는 연구 결과가 발표된바 있다. 이런 아스피린의 기전이 과학계에 의해 규명되면서 일반인 사이에선 '장수를 부르는 약'으로 떠올라 '아스피린 프로텍트'와 같은 이름으로 상시 복용 제품으로도 활용되고 있다. 이는 사용도의 다양화를 통한 성공적인 제품 수명 주기 연장 사례로 볼 수 있다.

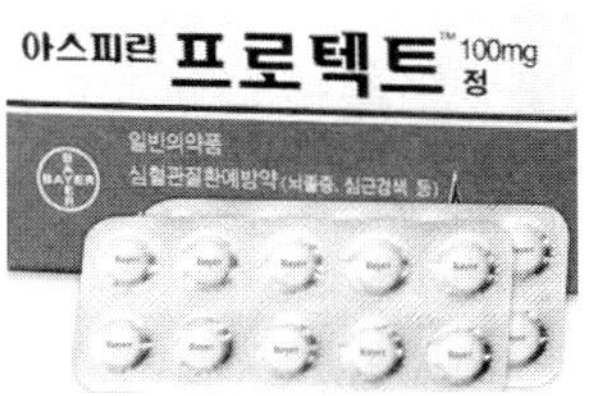

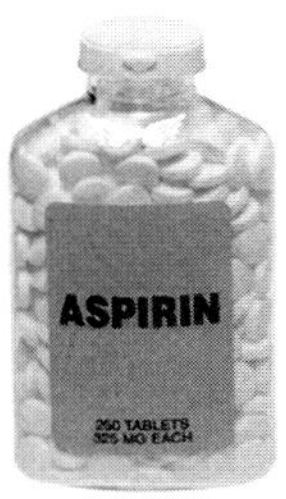

③ 브랜드 리뉴얼(renewal)/리포지셔닝(repositioning)

브랜드도 나이를 먹는다. 즉, 브랜드의 주된 목표 고객들 역시 세월의 흐름에 따라 연령이 증가하게 되고, 별도의 노력을 하지 않으면 나이가 드는 고객들에 따라 브랜드도 나이를 먹게 되는 것이다. 예를 들어보자. 동아제약의 주력 상품인 박카스는 1990년대 초반까지만 해도 노년층을 위한 음료라는 인식이 강하게 형성돼 있었다. 그러나 '젊은 날의 선택' 광고 시리즈를 필두로 최근에는 "당신의 박카스는 누구입니까" 시리즈까지 참신한 광고를 통해 한층 젊어진 이미지를 지닐 수 있게 되었다. 이렇듯 동아제약은 차별화된 광고 전략으로 신선한 브랜드 이미지를 확고히 구축했다. 또 소비자에게 흥미를 제공했고 젊은 세대로 소비 계층을 확대하는 동시에 휴머니즘 광고를 통해서 40~50대 기존 고객을 충성 고객으로 계속 유지할 수 있었다. 이렇게 박카스는 새롭게 시장을 재정의하고 타깃 고객층을 리포지셔닝해 매출액을 증가시키고, 브랜드 이미지를 젊고 활기차게 변신시키는 데 성공했다.

단기간의 히트 상품에 그치지 않고, 장수하기 위해서는 지속적으로 시장과 타깃 고객층을 재확인하면서 끊임없이 브랜드 리뉴얼/리포지셔닝 전략을 펼쳐야 하는 것이다.

[박카스의 제품 리뉴얼]

④ 동일 시장 내에서의 새로운 고객의 창조

제품 라인의 확장을 통해 기존 고객층에 포함되지 않는 새로운 고객을 대상으로 마케팅을 펼칠 수도 있다. 예를 들어 미국 제너럴푸드사는 젤로라는 푸딩 브랜드를 디저트용이나 샐러드용으로 판매해 왔는데, 이러한 용도로 사용하지 않는 새로운 고객층을 확보하기 위해 체중조절 식품의 이미지를 강하게 어필하는 광고를 하여 새로운 고객층을 유입시킬 수 있었다. 다만 이러한 경우 기존의 포지셔닝이 흔들리지 않도록 주의하면서 시장을 확장해야 한다. 자칫 잘못하면 브랜드 이미지 희석 효과가 발생할 수도 있고 오히려 기존의 애호 고객이 브랜드를 저버릴 수도 있기 때문이다.

⑤ 해외 시장 개척을 통한 시장 판로 확대

2000년에 Ho-Fuk Lau와 동료들에 의한 연구 "Filling the gap: Extending international product life cycle to emerging economies"에서는 글로벌 마케팅의 일환으로 다국적 기업들이 해외

시장 주로 신흥 국가/경제(emerging economies)에 진출해서 PLC를 늘릴 수 있다는 연구가 있었다. 이 연구는 1966년 Raymond Vernon이 *Quarterly Journal of Economics*에 실은 "International Investment and International Trade in the Product Cycle"과도 유사한 내용인데, Raymond는 많은 제품이 PLC를 경험하며 이들 제품은 초기에는 개발 국가(The North)에서 생산, 발견되며 이후에는 개도국(The South)으로 이동한다고 말하고 있다. 실제로 한국에서는 1999년 정점을 찍고 빠른 인기만큼이나 빠르게 인기가 식어가던 게임기 펌프 잇 업(Pump it up)이 2001년부터 멕시코 전국에 보급되기 시작해 2005년에는 전국에 1만 대 이상이 보급돼 30만 명 이상의 마니아들을 낳았을 정도로 인기를 끌었던 사례도 존재한다.

## 위기 속에서 빛나는 장수 브랜드

### 장수 브랜드가 활용할 수 있는 브랜드 강화 전략

변덕스러운 소비자, 하루가 다르게 변해 가는 시장, 소위 터뷸런트하게 변화하고 있는 경영환경 속에서 하루에도 수백 가지의 새로운 브랜드가 출시되고 사라진다. 몇몇 브랜드들은 소비자들이 그 브랜드가 있었는지조차 모른 채 사라지기도 하지만, 어떤 브랜드들은 소비자의 기억 속에 자리 잡아 오랫동안 사랑을 받으며 장수 브랜드로 살아남는다. 물론 장수 브랜드들 역시 위기 상황이 없었던 것은 아니었다. 하지만, 이러한 브랜드들은 그들이 직면한 시장 위기를 슬기롭게 해결해 왔으며, 오히려 이러한 과정을 통해 소비자의 신뢰를 얻는 전화위복의 기회로 삼았던 경우도 적지 않다. 이와 같은 장수 브랜드들의 "위기 극복기"는 브랜드의 신뢰도를 유지하고, 구축하고자 하는 브랜드 매니저들에게 많은 시사점을 안겨준다.

장수 브랜드를 키우기 위해 기업이 어떤 전략을 취할 수 있을지 알아보기로 한다. 세계 제1의 브랜드 '122살의 젊은이' 코카콜라. 그에게도 많은 시련은 있었다.

[사례 1] '뉴 코크' 런칭 실패 사례를 통해 본 브랜드 자산

1984년 코카콜라의 간부들은 우려하는 기색이 가득했다. 회사는 가파른 벼랑 끝에 서 있는 것처럼 보였다. 역사상 처음으로 콜라시장에서 1위라는 자타가 공인하는 절대적 위상이 위협받고 있었다. 반

면에 펩시는 빠른 속도로 성장하고 있었다. 코카콜라의 시장 점유율은 하락했으며, 후발 주자인 펩시와 비교할 때 불과 5% 미만으로 추격당하고 있었다. 코카콜라는 광고비를 늘였지만 그다지 효과가 없었다.

펩시는 콜라 시장에서 2위 자리에 걸맞게 '펩시 챌린지(Pepsi challenge)'라는 광고를 내보내고 있었다. 펩시의 시장 점유율은 곧 8%나 증가했다. 문제는 펩시의 도전이 단지 일시적 착상이 아니라는 것이었다. 펩시는 진짜 콜라를 구분하는 '펩시 챌린지(Pepsi challenge)이벤트'를 진행했는데, 실험에 참가한 대부분의 사람들은 달콤한 펩시 맛에 손을 들어주었다. 다급해진 코카콜라는 달콤한 맛을 새로 보강한 뉴 코크(New Coke)를 출시했다. 그리고 며칠 뒤인, 1985년 4월 23일 에 99년간 고수해 온 전통 콜라 생산을 중단하기로 결정했다. 그러나 시장의 반응은 아주 냉담했다. 맛을 보강한 뉴 코크에 대한 반응은 시들했고, 오히려 소비자들은 기존의 코카콜라를 더 이상 구할 수 없다는 사실에 분노를 했다. 무려 78일 동안 40만 통의 전화와 편지를 통해 항의하는 소동이 벌어졌고, 결국 1985년 7월 11일 원조 코카콜라를 코카콜라 클래식(Classic)이라는 이름으로 재발매하게 되었다.

"제 생각에는 그들은 악몽의 끝에서 그들 자신이 누구인지를 알게 된 것 같습니다. 그들은 관리인입니다. 그들은 그들의 대표 브랜드의 맛도, 제품의 이미지도 바꿀 수 없습니다. 그들이 할 수 있는 유일한 것은, 1985년에 거의 포기할 뻔했던 그들의 소중한 유산을 보호하는 것뿐입니다."

– 펩시 최고 경영자 로저 엔리코(Roger enrico)의 저서 『누군가 엿보고 있었다*the other guy blinked*』에서 인용

소비자 맛 테스트에서는 단연 뉴 코크가 압승이었지만, 코카콜라사가 제품의 속성을 넘어선, '클래식 코크'에 대한 소비자의 감성, 즉 브랜드에 대해 그들이 가지는 변치 않는 깊은 애착(Attachment)을 간과함으로써 엄청난 재앙을 스스로 불러온 것이었다.

즉, 사람들이 느끼는 맛은 사실상 미각 세포에 의해 두뇌에 입력되는 '생물학적 맛'이 아닌 소비자가 브랜드와 함께 어떤 일을 겪었는지가 누적되어 만들어진 지극히 주관적인 '경험적 맛'이었던 것이다. 코카콜라는 소비자들에게 10살 때 있었던 잊지 못할 생일파티의 경험을 떠올리게 만드는, 풋사랑의 어리숙함과 첫 키스의 짜릿함을 동시에 떠올리게 만드는 강력한 인출 단서(retrieval clue)로서의 역할을 한 것이다.

[사례 2] '농심 새우깡 생쥐머리 발견 사건'

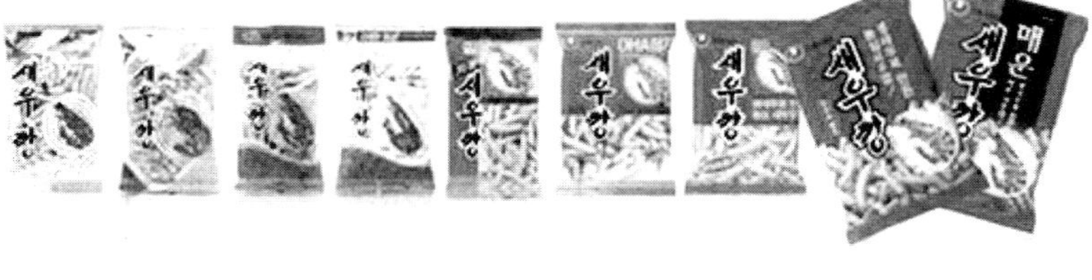

2008년 3월 농심 새우깡에서 생쥐 머리로 여겨지는 물질이 나와 뉴스와 인터넷에서 크게 이슈화되었다. 농심은 노래방 새우깡 판매 중단에 이어, 생산 중단까지 이르렀다.

농심은 3, 4월 광고 비용을 1/10으로 줄여 집행했고, 2008년 4월부터 '고객 안심 프로젝트'라는 타이틀 하에 PR성 커뮤니케이션을 시행했다. 그러나 실제로 농심의 새우깡 회수율이 7%에 그쳤다는 기사가 연이어 언론에 보도되면서 소비자들의 실망이 더욱 커지는 상황이 벌어졌다. 이는 시간 속에서 그저 소비자의 망각에만 의존한 농심의 계속적인 소극적 커뮤니케이션 방법으로 인한 결과이다. 이 사건으로 인해, 농심 외에 다른 제과 및 음료 업체에까지 불똥이 떨어지게 되었다. 또한 설상가상으로 연이어 발생한 중국산 멜라민 분유 파동은 제과 업계 전반에 걸쳐 소비자의 신뢰도에 대한 심각한 타격을 입는 계기가 되었다.

이 글에서는 뉴 코크와 새우깡 사례를 통해 현재 식품 업계가 겪고 있는 위기 극복 해법을 찾아보고자 한다.

## 첫째, 위기에는 부정적인 연상을 단절하고, 긍정적인 연상을 강화하라

기업에 위기에 직면했을 때는 일종의 연상 유추 전략(associative inference)을 활용하는 것이 좋다. 연구에 다르면 장기 기억은 서로 관련된 매듭(node)으로 얽힌 하나의 거대한 네트워크 형태를 가지고 있다고 한다. 개별 아이디어를 하나의 노드라고 하면, 이들 노드는 서로 밀접한 관계에 있는 것끼리는 가깝게 연결되어 있다. 그리고 느슨한 관계를 갖는 것은 몇 단계에 걸쳐 연결되어 있다. 이를 연상 네트워크 모델(associative network model)이라 하며 이 모델에 의하면 장기기억 내에는 담겨 있는 정보들은 서로 관련된 정도에 따라 네트워크 형태로 연결되어 있다. 실제 사례를 보자. 과거 맥도날드 햄버거 속에 들어가는 페티가 벌레를 뭉쳐서 만드는 것이라는 악성 루머가 떠돈 적이 있다. 매출이 30% 급락하자, 맥도날드는 루머에 대해서 부정 전략을 취했다. "100%의 순수 고기를 사용한다.

왜냐하면 생산 단가상, 고기는 1$, 벌레는 5~8$가 소요되기 때문에 벌레를 모아서 만드는 것이 지금 방식보다 더 많은 비용이 든다"는 커뮤니케이션을 전개했다. 하지만 이러한 반박 전략은 효과가 없었다. 이성적으로는 이해가 될지라도, 오히려 매출은 계속 급감하고, 문의전화는 계속되었다.

이때 소비자가 맥도날드를 보며 '벌레'를 떠올리지 않도록, 맥도날드의 다른 긍정적인 노드를 더욱 활성화하는 전략을 사용했다면 문제 해결이 더 쉬웠을 것이다. 이러한 맥도날드의 사례에서 볼 수 있듯이, 반박 전략으로 부정적 연상에 대한 노드를 더욱 강하게 만드는 것보다는 부정적 연상을 단절하고, 긍정적인 연상들을 강하게 하는 긍정적 이미지 강화 전략이 더 효과적이다.

## 둘째, 향수를 자극하라.
## 오래된 브랜드일수록 소비자와의 밀월 기간이 더 길다

최근 '새우깡 생쥐머리 발견 사건'은 "의도하지 않은" 그리고 "내부의 고의적이지 않은" 작업 현장의 기술적인 실수라는 부분에서 사고(accident)에 해당된다. 이러한 사고의 경우에는 결함을 솔직하게 시인하여 고객의 신뢰를 빨리 신속하게 확보하는 것 역시 최우선 전략이다. 하지만 농심이 선택한 위기관리 정책은 아쉽게도 '소비자의 망각'에 의존하는 소극적인 커뮤니케이션 방법이었다. 물론 시간이 흐르면, 소비자는 많은 정보의 홍수 속에서 새우깡과 관련된 사건을 잊게 되겠지만, 그 위기를 적극적이고, 자발적으로 극복하고자 노력했다면 존슨앤존슨의 타이레놀 사태와 같이 장기적 관점에서는 오히려 전화위복의 긍정적 효과가 발생했을 것이라 생각된다.

그러나 장수 브랜드의 경우, 신생 브랜드에 비해 위기 극복에 더 유리하다. '클래식 코크'의 사례를 '새우깡'에 적용해 본다면, 농심 새우깡 역시 30년 넘게 소비자의 사랑을 받아온 한국의 장수 브랜드 중 하나이다. 장수 브랜드인 만큼, 새우깡에서 느끼는 소비자의 정서 역시 매우 남다를 것으로 판단된다. 즉, 브랜드에 대한 사용 경험이 많을 것이고, 이는 브랜드와 관련된 소비자의 추억이 더 많다는 것을 의미한다. 따라서 장수 브랜드의 경우 소비자의 애착(attachment)이 더 클 가능성이 높다고 볼 수 있을 것이다.

사람들은 종종 과거의 기억을 통해, 최근에 본 것을 묻어버리게 되는 경우가 있다. 이처럼, 장기 기억 속에 묻혀 있는 정보를 끄집어내어 단기 기억에 띄우는 전략을 활성화 정책(proactive associate inference)이라고 한다. 오래된 브랜드일수록 소비자와의 밀월 기간이 더 길다. 향수 마케팅을 통해 브랜드의 애착도(attachment)를 자극하는, 즉 '향수 마케팅'을 통한 적극적 커뮤니케이션을 하는 것이 좋은 선택이라고 생각된다. 브랜드에 대한 추억이 많다는 것은, 전쟁터에서 공격과 방어할 수 있는 총탄이 많다는 것과 같다. 소비자가 '새우깡'과 함께했던 "언제, 어디서나. 먹어도 먹어도 질리지 않는" 시절에 대한 향수를 자극하는 향수 마케팅은 소비자들이 지금까지 지녀 왔던 새우깡에 대한 긍정의 연상력을 자극하고, 강화할 수 있을 것으로 기대된다.

### 셋째, 일관성의 원칙을 지켜라. 소비자들이 가치를 갖는 것들을 보호해라

소비자들은 다양한 정보의 합을 통해 브랜드를 맛본다. 경영학에서는 다양한 아이덴티티들이 모여 브랜드를 구성하는 것이라고도 말한다. 브랜드를 상징화하고, 차별화하는 구성 요소로는 브랜드 네임, 로고, 심벌, 슬로건, 징글, 패키지, 디자인, 캐릭터 등이 있다. 코카콜라의 '빨간 컬러와 로고', 음식점에서만 맛볼 수 있는 '클래식 코크'의 유려한 병, 칠성사이다의 '깨끗함', 롯데 삼강 '빠삐코'의 박수동 화백의 만화 '고인돌' 캐릭터 등은 오랜 세월 동안 변하지 않고, 소비자 곁을 묵묵히 지켰다.

오랫동안 소비자들이 브랜드를 사랑할 수밖에 없게 만드는 것들. 이 모든 것들은 브랜드 인지를 향상시키고, 강한 인상을 주면서도 호감이 가는 차별적인 브랜드 연상 형성을 도와주는 기억의 장치들인 셈이다. 따라서 오랫동안 이러한 차별적인 기억의 장치들을 일관성 있게 유지해야 하는 이유는 소비자들이 과거부터 현재까지 지속적으로 가치를 갖는 것들을 보호하는 이유이기도 하다.

### 넷째, 생활 속의 개인 미디어를 통해 소비자와 가치를 공유하자

그런데 장수 브랜드들의 경우, 쇠퇴기로 진행되는 것을 막기 위한 다양한 마케팅 활동이 필수적이다. 이러한 활동은 브랜드 인지도를 높이거나, 인지된 품질을 향상시키는 방법과 브랜드 이미지 개선을 위한 브랜드 구성 요소에 변화를 주거나, 새롭게 브랜드를 리포지셔닝하는 방법이 있다. 브랜드 리포지셔닝 전략은 성공확률이 낮고, 과대한 마케팅이 든다는 한계가 있다. 또한, 기존의 콘셉트보다 확실한 차별적 우위가 있어야만 가능하다.

최근에는 적은 비용으로 브랜드 이미지를 개선하고, 소비자 스스로가 수요와 미디어를 재생산할 수 있는 방법으로 UCC를 활용하는 사례가 많아졌다. 다양한 형태의 소비자를 확보하고, 진부해진 브랜드와 관계성을 강조하기 위해서는 인터넷 등의 뉴미디어를 전통적 방식의 광고와 연계하는 것이 효과적인 방안으로 떠오르고 있다.

"미래에는 기술보다는 오히려 관련성, 단순성 그리고 인간성이 브랜드를 차별화시킬 것이다"
– Scott Bedbury, Stephene Fenichell, 2002, *A new brand world*, New York: Viking Press, 2002,

지난 2008년 7월 22일 인터넷 사이트인 디시인사이드에 한 네티즌이 영화 '좋은 놈, 나쁜 놈, 이상한 놈'의 배경 음악인 스페인그룹 산타 에스메랄다의 '돈 렛 미 비 미스언더스투드(Don't Let Me Be Misunderstood)'와 88년 시작된 롯데삼강 빙과류 〈빠삐코〉 TV CM송을 합성한 '빠삐놈'을 올리자 삽시간에 누리꾼들에게 퍼졌다. 이 UCC가 인기를 끌면서 자연스레 빠삐코 매출도 증가했으며, 주 고객도 20~30대로 확산되었다. '빠삐놈'의 독특한 노래와 '고인돌' 캐릭터는 소비자들이 십 수 년 전에도 먹었던 브랜드를 새롭게 하기에는 충분하다. 오히려, 추억에 얽힌 빠삐코를 연상하고, 브랜드 로열티를 증대시키는 역할을 하고 있다.

지난 10월 14일 세계지식포럼에서 세계적 경영대학원인 인시아드(INSIAD) 나라얀 판트 최고경영자 과정 학장은 '나쁜 습관'에 대해 이렇게 언급했다.

"자본 조달이 어렵지 않았던 시기에는 다양한 아이디어를 개발해 전 세계 시장에 진출했다. 하지만 이러한 시도는 이제는 '나쁜 습관'이다. 지금은 이 나쁜 습관을 다 잊어야 하며, 기업이 자사 포트폴리오를 간추려 진짜 돈 되는 사업에 선택과 집중을 할 때이다."

미국발 신용 경색으로 시작된 글로벌 경기 침체로 인해, 최근, 유동성 문제가 다시 불거지고 있다. 요즘 같은 시절에는 소비자의 주목을 끌기 위한 새로운 브랜드 창출 전략보다는 시장에서 신뢰와 지지를 얻고 있는 브랜드를 장수 브랜드로 키우는 방법이 아마도 나라얀 파트가 말하는 선택과 집중이 아닐까 생각한다.

위기의 순간에 소비자의 신뢰를 얻기 위해 어떤 노력을 취할 것인가? 그리고 브랜드 노화를 방지하고, 고객의 입맛에 맞는 제품과 서비스를 만들어내기 위해서는 어떻게 해야 할까? 무한의 소비자 도전에 맞서 싸워 이기는 브랜드 혁신이야말로, 브랜드가 과거나 현재 그리고 수십 년이 지나서도 사랑받는 비결일 것이다.

자료: 최숙희(2008), "위기 속에서 빛나는 장수 브랜드," 대홍기획사보 199, pp.58-61.

### 3) 제품 수명 주기(PLC)와 브랜드 포지셔닝 전략

도입기에는 기존 제품의 구매로부터 형성된 소비 습관의 저항에 의해 그 기간이 오랫동안 지속될 가능성이 있으며, 이 기간에 소비자의 관심을 받지 못하면 바로 시장에서 사라질 경우가 발생할 수 있는데, 이런 위기를 극복하고, 도입기에서 성장기로 빠르게 이동하여 시장에서 경쟁력을 확보할 수 있도록 하는 방법 중 하나로 잠행 포지셔닝 전략(stealth positioning strategy)이 있다. 성숙기에 처한 제품은 판매량의 절대적인 크기는 증가하지만 증가율은 감소하며, 경쟁기업들과 대응하기 위해 공격적인 마케팅 활동을 전개함으로써 자사 제품의 이익은 줄어들 수 있다. 또한 PLC 틀에 따르면, 성숙기 후에는 쇠퇴기로 접어들어 시장에서 사라지고 말거나, 아니면 성숙기의 기간만 증가하고 매출 증가율은 더 이상 일어나지 않는 결과를 보일 수 있다. 성숙기에서의 이런 문제를 극복하여 다시 성장기로 되돌려 놓음으로써 자사 제품의 매출 증대 및 부활을 꾀할 수 있는 방법 중 하나로 탈 범주 포지셔닝 전략(breakaway positioning strategy)과 역 포지셔닝 전략(reverse positioning strategy)이 있다.

#### (1) 잠행 포지셔닝 전략(stealth positioning strategy)

이 전략은 신제품 출시 시 소비자들이 생소하게 생각하거나 소비자들의 저항이 예상되는 경우, 예를 들면 사용하기 어렵거나 본질적으로 단점이 있다고 생각되는 제품의 경우나 혹은 시장에 갓 출시되었음에도 소비자들의 관심을 받지 못하여 시장에서 사라지고 말 운명에 처해 있는 제품에 효과적인 전략 중 하나이다. 이는 실제 제품의 본질을 은폐하여 소비자들이 받아들일 만한 새로운 제품 범주로 전환, 혹은 새로운 속성을 내세움으로써 제품이 지니고 있는 문제점을 감싸고 소비자들이 더 좋아할 만한 제품으로 인식하게 하는 전략이다.

이 전략은 소비자들에게 새로운 가치를 전달하기 때문에 제품 속성이 지닌 선입견을 희석시킬 수 있는 합법적인 방법이며, 제품의 단점을 자산으로 전환시킬 수 있다.

잠행 포지셔닝 전략(stealth positioning strategy)을 통해, 우리는 도입기에 있는 제품을 재빠르게 성장기 시장으로 끌어올림으로써 이익을 도모할 수 있으며, 시장에 도입되어 바로 쇠퇴기로 넘어가 시장에서 사라질 수 있는 위기에 처한 제품을 보호할 수 있게 된다.

잠행 포지셔닝 전략을 통해서 성공한 Sony의 AIBO 사례를 살펴보면, 미숙한 로봇이 될 수 있는 단점을 애완동물로 은밀히 포장시킴으로써 출시 후 빠르게 성장기로 진입할 수 있었다.

1999년에 자동차 도장용 로봇을 만들어 로봇 분야에서 손꼽히는 회사가 도산을 했다. 그런데, 같은 해 등장한 AIBO는 아무런 하는 일 없이 (도산한 회사 입장에서는) 그저 노는 로봇일 뿐인데 단숨에 수천 대를 팔아 치우면서 도산한 회사보다도 많은 수익을 올렸다.

소니는 세계 최초의 가정용 도우미 로봇을 개발하는 데 주력하였음에도 불구하고, 이 작업이 만만치 않은 작업임을 알게 되었다. 아주 간단한 집안일 하나도 제대로 수행하지 못하는 사람 모양새의 AIBO를 판매했다가는 망신당할 것을 알고, 잠행 포지셔닝 전략을 채택하였다. AIBO를 업무를 제대로 수행하지 못하는 가정용 로봇으로 소비자를 실망시키는 대신에 소니는 이 제품을 그다지 쓸모 있지는 않지만 사랑스러운 애완동물로 포지셔닝 시킴으로써 소비자들의 사랑을 받았다. AIBO는 행복, 슬픔, 공포, 놀라움, 싫어함, 화남 등의 감정을 느낄 수 있으며, 사람의 말을 이해하고 반응하면서 성격을 형성해 가도록 만들어졌다. 또한 몇몇 활동을 반복적으로 시킬 시에 그 능력이 향상되도록 하는 등 로봇이 아닌 살아 있는 애완동물로 여겨지게 함으로써 소비자들과 감정의 교류를 느낄 수 있도록 하였다. 한편 Sony는 기계적인 느낌이 나고 완벽하지 않은 AIBO의 단점을 소비자의 외로움을 달래 주고, 서로 감정을 교류할 수 있는 사랑스러운 친구 같은 애완동물로 은밀히 포지셔닝함으로써 출시 당시(1999년) 25만 엔이라는 고가에도 불구하고 20여 분 만에 매진되는 기록을 낳았다.

### (2) 탈 범주 포지셔닝 전략(breakaway positioning strategy)

이 전략은 제품을 다른 제품 범주의 특성과 연결시키는 것으로, 제품 범주의 단서 (디자인, 유통 채널, 촉진, 가격 등) 등을 변경시킴으로써 소비자들의 제품에 대해 가지고 있는 고정관념을 변경시키는 전략이다. 이는 다른 제품 범주와 연결됨으로써 본래의 제품 범주를 벗어나기 때문에 경쟁 상대도 바뀔 수가 있다. 습관적으로 구입하게 되는 성숙기 시장의 제품에 대해 소비자들은 새로운 옵션을 기대하는 경향이 있는데, 탈 범주 포지셔닝 전략을 통해 브랜드에 대한 새로움과 신념, 열정적인 구매욕을 일으킬 수 있다. 또한 이 전략은 타 브랜드의 모방화를 유도함으로써 제품 범주를 확장시킬 수 있는 장점도 지닌다.

이러한 포지셔닝의 사례로 Swatch를 들 수 있다. Swatch는 시계라는 제품 범주를 패션 액세서리 제품 범주로 변화시켜 활성화시켰다. 전통적인 기술력으로 절대 고장이 나지 않는 시계라는 신뢰를 지켜 온 스위스 시계 산업은 1970년대에 들어서면서 일본 등 아시아 국가의 기술력 신장으로 가격 경쟁력을 확보하지 못하고 최저 시장 점유율을 기록하며 급락하고 있었다. 이에 Swatch는 아시아 시계를 능가하는 또 다른 기능의 첨가가 아니라 시계에 현대적인 예술과 문화, 라이프스타일의 디자인을 반영하는 'playful fashion accessories'로 재정의함으로써 시계를 바라보는 시각을 '패션' 제품으로 변화시켰다

이를 위해서 Swatch는 끊임없는 디자인 개발을 하였다. 빠르게는 3개월에서 늦어도 6개월마다 당시의 이슈와 감성, 문화를 반영한 새로운 디자인 개발로 소비자들에게 혁신적이고 신선한 이미지를 전달하고 있으며, 한 번 출시된 디자인의 모델은 그 시즌에만 생산, 단종된 후 다시 생산되지 않기 때문에서 각각의 모델에 대해 희소성이 높아져 소장 가치를 부추김으로써 Swatch시계에 대한 가치를 높여 나갔다.

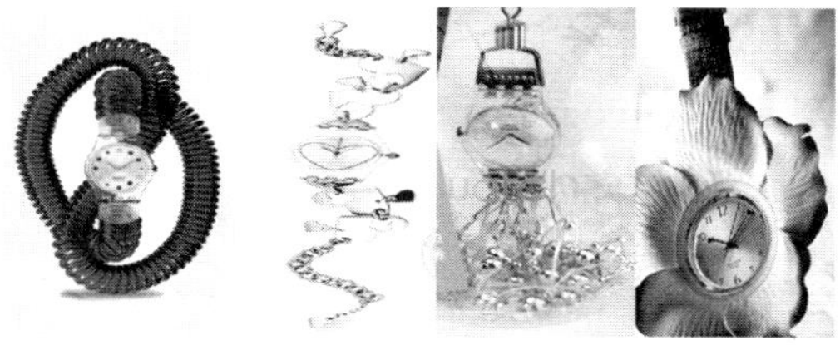

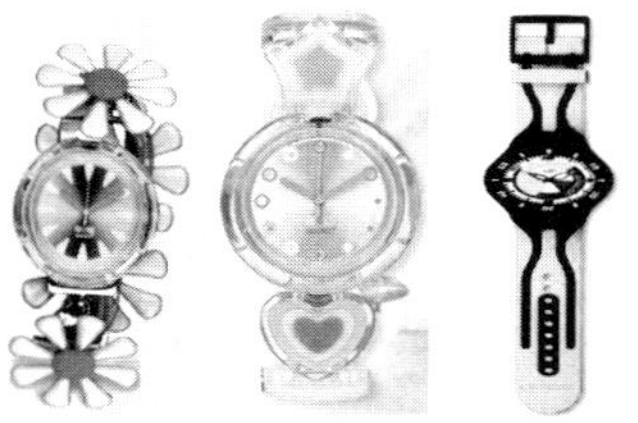

또한 Swatch만의 차별적인 모델명을 도입하여 브랜드의 신선감을 유지하였다. 즉, 식상한 모델 넘버가 아닌 Candy heart, Red fruit Jam, Roses in the mist, Elasticity, Dolphin whistle, Send me a star, Moon illusion, Sparkling night와 같이 각 시계에 걸맞은 차별적인 모델명을 붙임으로써 새로움을 추구해 나갔던 것이다.

한편 소비자들의 사용 상황과 관련된 TPO(Time, Place, Opportuny) 관점에서도 이를 확장시켜 나갔다. 즉, 계절, 특별한 날을 위한 시계, 액세서리로 사용 등, 언제 어디에서든, 누구든 Swatch시계를 착용할 수 있도록 소비자들의 취향, 라이프스타일에 맞춘 시계로 만들어 나갔던 것이다. 예를 들면 스킨 스쿠버용 시계, 아웃도어 스포츠와 어울리는 시계, 크루즈 여행 시 착용할 시계 등) 및 밸런타인데이나 크리스마스, 어버이날 등과 같은 특정한 날(예: Swatch Valentine's special: shake your heart / Mother's day special)을 위한 시계, 액세서리를 출시함으로써 소비자와의 친밀감을 강화시켜 나갔다.

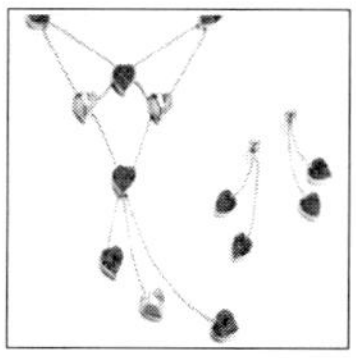

한편 목걸이, 귀걸이와 같은 패션 액세서리를 출시하여 Swatch는 시계에서 패션 액세서리 제품 콘셉트에 걸맞게 Swatch Bijoux라는 패션 브랜드로의 입지를 강화하였다.

프로모션의 수단으로서 Swatch는 제품의 젊은 감각을

유지하기 위해 문화 행사, 스포츠 등 후원 및 독특한 프로모션을 후원하였다. 즉, 젊은이들만의 스포츠를 프로모션하고, 그들을 위한 특별한 제품을 개발하는 등 끊임없이 변화하였다.

프랑크푸르트 도심 한복판에 무게 13톤, 높이 162미터의 SWATCH시계를 전시하는 등의 독특한 프로모션을 진행함으로써 혁신적인 이미지 전달하는 데 성공하였던 것이다.

이러한 결과 Swatch는 시계를 단순히 시간을 알려주는 기계가 아닌, 패션과 자기를 표현할 수 있는 한 방법으로 바꾸어 놓았으며, 기존 소비자들로 하여금 일생 동안 오직 하나의 시계를 구입하여 유지하는 행동을 변화시켜 시계의 반복 구매를 불러일으켰다. 시계를 옷 색깔에 따라 이 시계 저 시계로 바꿔 차는 패션 상품으로 혹은 개인의 정체성을 과시하는 문화 상품으로 인식시키는 등 소비자들의 라이프스타일에 맞춰 시계를 바꿔 차도록 함으로써 Swatch의 연간 매출은 3조 5,000억 원, 전 세계 시계 시장의 25%라는 점유율을 차지하는 결과를 가져왔다.

또한 Swatch의 탈 범주 포지셔닝 전략(breakaway positioning strategy)은 패션 액세서리 하위 제품 범주를 만듦으로써 Timex, Citizen뿐만 아니라 Calvin Klein, Coach 등도 패션 액세서리 시계 라인을 만들게 하는 부가적인 파장도 이끌어 왔다.

또 다른 사례로 하인즈(HEINZ)의 EZ Squirt Ketchup을 들 수 있다. 하인즈는 케첩이라는 단순한 식품을 예술 제품과 연결시켜 활성화시킨 예로서 "케첩은 무엇인가"를 재정의함으로써 소비자에게 재미 및 친밀감을 제공하였다.

이 배경에는 케첩의 NO.1 소비자는 아이들이며, 미국 내에서 아이들이 전체 케첩의 반 이상을 소비하며 연간 50억 온스를 소비하는 것을 알고 아이들을 위한 케첩을 만들기로 하였다.

이를 위해서 하인즈는 케첩은 붉은색이라야 한다는 케첩의 고정관념을 탈피하여 녹색, 오렌지, 자주색, 보라색 등의 케첩을 만들어 신선함을 제공하고, 또한 주둥이가 있는 눌러 짜는 주머니 형태로 개발하여 편히 이용할 수 있게 하였다.

이를 통해서 아이들에게 녹색, 붉은색, 보라색 등의 다양한 케첩으로 핫도그나 햄버거에 이름을 쓰거나 그림을 그리게 함으로써 아이들의 창의적인 활동을 돕고, 즐거움을 제공, EZ Squirt Ketchup을 음식 이상의 먹을 수 있는 예술 제품으로 인식하게 하였다.

이러한 결과, 한 번에 한 병을 사고, 거의 한 달에 걸쳐 케첩을 소비하던 가계가 한 번에 색색별로 여러 병의 케첩을 사서 며칠 만에 소비해 버리기 시작함으로써 순식간에 시장 점유율이 10% 이상 증가하였다. 또한 타 경쟁 회사들이 모방 전략을 펼쳤지만 실패하였는데, 이는 하인즈가 EZ Squirt Ketchup을 아이들이 식품 범주에서 예술과 공예 제품 범주로 인식하도록 변화시켰다는 것을 깨닫지 못했기 때문이다. 하인즈는 이를 통해 이미 성숙할 대로 성숙해서 정체기에 머물러 있던 케첩을 다시 성장기로 돌려놓았다.

### (3) 역 포지셔닝 전략(reverse positioning strategy)

이 전략은 제품에 새로운 것을 추가시켜 소비자들이 제품이 속한 제품 범주에 대해 가지고 있는 고정적인 속성, 당연히 기대하고 있는 속성을 날려버림으로써 제품 범주에 대한 인식을 새로이 하고, 경쟁사와 차별을 꾀하는 전략으로, PLC 상의 성숙기에서 성장기 시장으로 되돌려 놓을 수 있다. 역 포지셔닝 전략(reverse positioning strategy)은 주로 서비스 업종에서 활용될 수 있는데, 무형의 서비스는 경쟁사와의 차별점을 구분하기도 힘들고, 지나치게 많은 서비스 옵션들은 소비자들에게 기쁨보다는 혼란을 가중시킬 수 있다. 오히려 불필요한 요소를 제외시키고, 핵심적이고 단순화된 서비스, 획기적인 몇 개의 서비스만을 제공함으로써 소비자들을 기쁘게 할 수 있다.

역 포지셔닝 전략(reverse positioning strategy)의 장점은 ① 소비자들이 얻을 수 있는 편익이 무엇인지 명백히 알 수 있게 한다. 제품 범주에 대한 고정적인 속성에 대해 제한된 혜택을 받을지라도, 그 제한된 편익 대신 소비자들이 어떤 서비스를 차별적으로 받을 수 있는지 명백히 알 수 있게 한다. ② 단순하고, 획기적인 즐거움을 통해 이를 경험한 소비자들의 구전 효과가 활성화될 수 있다. ③ 기존의 제품에 대한 고정적 속성/관념을 파괴시킴으로써 강력한 브랜드 아이덴티티(brand identity)의 구축이 가능하다.

IKEA의 사례를 살펴보면 가구라는 속성을 벗어나 새로운 쇼핑 공간으로의 포지셔닝을 통해 활성화시킨 사례라고 할 수 있다. 대부분의 성숙기에 접어든 가구점들은 거대하고 다양한 제품들로 경쟁하며, 새로운 가구를 배달해 준 후 헌 가구를 처분해 준다거나, 가구가 싫증이 나지 않도록 디자인되었다는 것을 끊임없이 주입시킨다.

반면, 경쟁사보다 30~50% 정도 저렴하게 가구를 판매하고 있는 IKEA는 가구라는 제품 범주의 고정적인 속성을 벗어나 경쟁사들이 취하고 있지 않은 차별적인 매장 서비스를 제공함으로써 소비자들의 관심을 끌고 있다.

IKEA는 단순히 가구를 파는 곳이 아닌 소비자들의 라이프스타일을 파는 장소로 포지셔닝함으로써, 소비자들에게 꾸준히 사랑받고 있다.

소비자들이 가구를 구매할 때 전시 공간을 적극 활용하여 진열해 놓음으로써 소비자들에게 대리적인 체험(vicarious experience)이 가능하도록 해 주었다는 점이다. 즉, IKEA는 가구만 나열한 것이 아니라 침실 가구로 가면, 침대, 베개는 물론 커튼, 거울 등 침실에 필요한 것은 모두 갖추어져 있어 소비자들은 이렇게 방으로 세팅되어 있는 IKEA 매장을 보고, 개인 집의 가구나 조명, 인테리어 등에 대한 아이디어 팁을 얻게 된다.

또한 IKEA 매장은 소비자들에게 즐거움을 제공하는 쇼핑 공간인 만큼 자녀를 데리고 온 부모들이 편리하게 쇼핑을 할 수 있도록 자녀들이 안전하고 즐거운 시간을 보낼 수 있는 예쁘게 꾸며진 day care center를 운영하며 가구 이외의 제품도 판매함으로써 전반적인 'life style shopping mall'로 변경시켰다.

IKEA가 중국 시장에 진출하면서 전형적인 광고 대신 아파트 엘리베이터를 이용한 포로모션을 선보였다. 저소득층 아파트 엘리베이터의 내부를 IKEA 가구를 홍보하는 커다란 광고 포스터로 꾸몄는데, 엘리베이터 안에 작은 캐비닛, 커피 주전자, 컵과 의자까지 갖춰 놓고 주민들에게 IKEA의 카탈로그를 나누어 주는 기발한 방식을 사용하였는데 이것은 IKEA 가구는 저렴한 비용으로 낡고 비좁은 아파트를 쾌적한 현대식 아파트로 탈바꿈해 준다는 광고 메시지를 중국의 저소득층 주민들에게 효과적으로 전달하기 위한 프로모션이었다.

IKEA는 이런 차별적인 reverse positioning strategy를 통해 미국에서 7번째로 큰 가구 회사가 되었으며, 지난 8년간 M/S는 2배 정도, 매출은 3배 정도 증가하였다. 학생에서부터 젊은 도시 전문가까지 새로운 고객을 확보할 수 있었던 것이다.

〈표 II-13〉 IKEA의 매출액 추이(1995~2005)

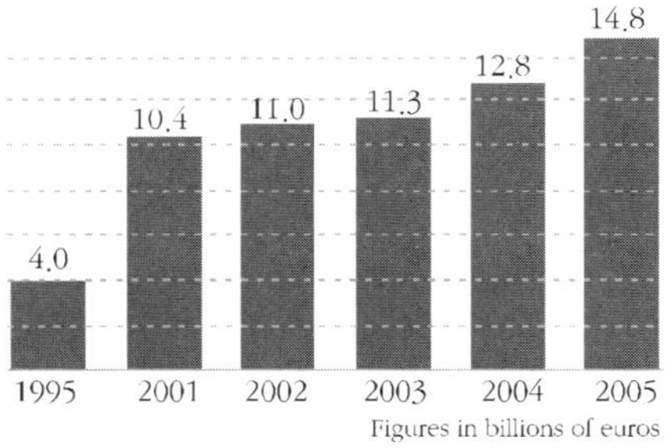


# 6. 선발 브랜드 이점과 후발 브랜드 이점

## 1) 선발 브랜드와 후발 브랜드, 무엇이 더 유리한가?

일반적으로 선발 브랜드(first entrants)는 후발 브랜드에 비해 시장 점유율에 있어서 장기적인 이점을 가지며 특히 이러한 선발 이점은 소비재 시장이나 성숙기에 돌입한 시장에서 주로 관찰된다.

하지만 최초로 시장에 진입한 기업만이 성공하는 것인가? 만약 그렇다면 수많은 후발 브랜드들은 영원히 그 차이를 극복하지 못한다는 암울한 운명을 지니고 태어난 불행한 브랜드란 결론에 이를 것이다. 그러나 선발 브랜드만이 늘 시장의 리더가 되는 것은 아니라는 것 또한 많은 사례를 통해 입증된 바 있다. 뿐만 아니라 오히려 선발 브랜드보다 후발 브랜드가 오히려 유리하다는 관점도 존재한다. 실제로 미국의 450개 기업들에 소속되어 있는 3,000개 SBU(전략적 사업단위: Strategic Business Unit)에서 수집된 정보로부터 분석된 PIMS 데이터베이스를 활용한 연구에 따르면 선발 브랜드(first entrants)의 평균 시장 점유율은 29%, 조기 후발 브랜드(early followers)는 21%, 지연 후발 브랜드(late followers)는 15%였다(Aaker, 1998). 이 연구는 선발 이점이 분명히 존재함을 말해 주고 있지만, Golder와 Tellis(1996)는 후속 연구를 통하여 후발 브랜드가 시장 리더가 될 확률이 선발 브랜드에 비해 거의 3배에 이른다고 주장하며 후발 브랜드의 이점을 지적하고 있다.

따라서 이번 섹션에서는 선발 브랜드의 이점에 대한 선행 연구들을 통해 선발 브랜드의 전략에 대해 살펴보고, 이에 대응하는 후발 브랜드의 이점으로는 어떤 것이 있는지를 동시에 정리함으로써 독자들이 시장 진입 전략에 대한 통합적인 시각을 가지게 하는 것을 목적으로 쓰였다.

〈표 II-14〉 비내구소비재 시장에서의 진입 순서에 따른 예상 시장 점유율

| 기업의 진입 순서 / 시장내경쟁상표수 | 첫 번째 | 두 번째 | 세 번째 | 네 번째 | 다섯 번째 | 여섯 번째 |
|---|---|---|---|---|---|---|
| 1 | 100% | | | | | |
| 2 | 59% | 41% | | | | |
| 3 | 44% | 31% | 25% | | | |
| 4 | 36% | 25% | 21% | 18% | | |
| 5 | 31% | 22% | 18% | 16% | 14% | |
| 6 | 28% | 19% | 16% | 14% | 12% | 11% |

※ 자료: Urban, G. L., R. Carter, S. Gaskin and Z. Mucha(1986).

## 2) 선발 브랜드 이점(first-mover advantage)

### 선두 주자의 이점을 상실해 나가는 보톡스

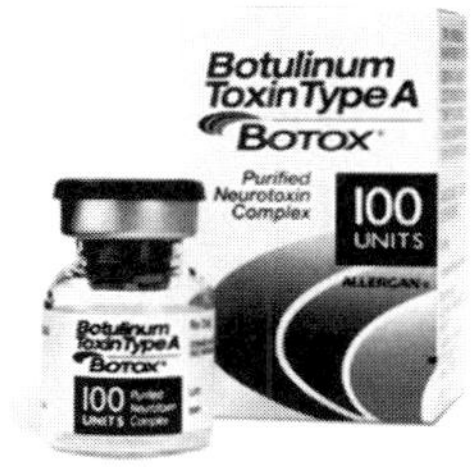


한때 주름 개선제의 대명사처럼 군림했던 '보톡스' 시장의 매출이 급감하고 있다.

이 대신 메디톡스사의 '메디톡신'이 급부상했다. 이러한 약품들은 주성분이 보툴리눔 톡신(botulinum a toxin)인 의료 시장에서는 '보툴리눔 톡신 A 타입'이라고 부른다.

2008년 기준 '보톡스' 매출은 전체 주름 관련 주사제 중에서 40%인 180억~190억 원을 기록했다. 하지만 2009년도에는 1/4분기(1~3월) 현재 시장 점유율이 27%로 떨어졌다. 반면 2008년 140억~150억 원의 매출을 기록했던 '메디톡스'는 2008년 1분기 시장 점유율이 38%까지 올라섰다.

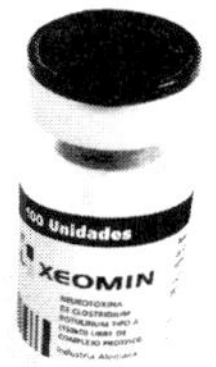


이 배경에는 가격이 저렴한 데다 성분과 효과까지 우열을 가릴 수 없어 성형외과 원장들이 소비자 부담을 무릅쓰며 보톡스를 처방해야 할 이유가 없어졌기 때문이다. 한편 독일 메르쯔(MERZ)사의 '제오민주' 제품도 2008년 시장에 출시되었다. 제오민의 특징은 여러 번 주사를 맞긴 하지만 효과가 상대적으로 적게 떨어진다는 점이 특징이다.

### (1) 소비자 기반 이점(consumer-based advantages)

① 진입 순서 효과

제품 정보에 대한 순차적인 노출은 선발 브랜드에게 유리한 학습 이점(learning advantage)을 어떻게 창출해 내는가를 살펴보자. 신제품 범주에서 선발 브랜드에 대한 정보는 색다르고 흥미롭게 인식되는 경향이 있다. 또한 여태까지 들어보지 못한 색다른 정보(novel information)는 소비자들의 주의를 끌기 때문에, 그러한 정보의 대부분은 장기 기억(long-term memory)에 저장될 가능성이 높다. 그리고 최초 입력된 정보를 반복하여 장기 기억으로 저장시키는 메커니즘인 맨탈 리허설(mental rehearsal)과 정보에 대한 반복 노출은 선발 브랜드에 대한 정보의 양을 증가시키고 소비자의 학습을 활성화시킨다. 따라서 후발 브랜드가 시장에 등장하기 전에 선발 브랜드에 대한 많은 양의 정보가 소비자의 인식 속에 자리 잡게 된다.

그런데 선발 브랜드와 후발 브랜드는 같은 제품 범주 내에 위치하기 때문에 서로 많은 특징과 속성을 공유하게 되어 결과적으로 후발 브랜드에 대한 많은 정보가 선발 브랜드에 대한 정보와 중복되는 것으로 인식되게 된다. 이렇게 중복된 정보는 소비자의 주의를 끌지 못하고, 판단에 크게 기여하지 못한다. 게다가 중복된 정보에 대한 노출은 정보 검색 과정을 단절시키는 경향이 있다. 정보 수집 과정의 이러한 단절은 후발 브랜드에 대해 학습되는 정보의 양을 감소시킨다. 더군다나 중복된 정보의 양은 시장에 더 많은 진입자가 생길수록 증가하기 때문에, 시장 혼잡(market clutter)이 커질수록 후발 브랜드에 대한 주의는 감소하는 경향이 나타난다.

[비타민 음료의 선발 브랜드인 광동제약 비타500과 이후 출시된 후발 브랜드 제품들]

### ② 전환 비용과 불확실성 하에서의 소비자 선택

■ 전환 비용

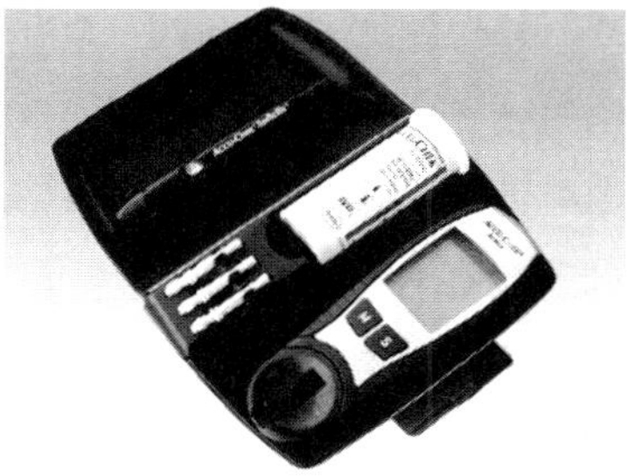

선발 브랜드의 이점은 소비자의 전환 비용으로 인해서도 발생된다. 후발 브랜드가 이미 선발 브랜드를 이용하고 있는 소비자들을 끌어들이기 위해서는 브랜드 전환(brand switching) 과정에서 발생되는 전환 비용(switching cost)을 상쇄할 만한 추가적인 가치를 제공해야만 한다. 이러한 전환 비용에는 여러 유형이 존재하는데, 첫 번째 유형의 전환 비용은 초기 거래 비용 또는 판매자의 제품에 적응하기 위한 소비자가 치러야만 하는 다양한 비용으로부터 발생된다. 새로운 공급자를 검증하는 데 드는 시간과 비용, 예를 들어 새로운 혈당 측정기의 사용을 위한 혈당 스트립과 같은 부속물의 비용, 고용인을 훈련시키는 데 드는 재정적 부담 등을 포함한다. 두 번째 유형의 전환 비용은 구매자에 의한 '공급자 특유 학습(supplier-specific learning)'에 기인한다. 시간이 경과함에 따라 소비자는 제품과 그 공급자의 특징에 적응하게 되고, 따라서 다른 브랜드로 전환하는 데 다양한 비용이 드는 것을 알게 되기 때문이다. 예를 들어 간호사들은 기존 업체의 정맥주사액 배달 시스템에 익숙해지면, 다른 제품과 바꾸기를 꺼리게 된다. 세 번째 유형의 전환 비용은 판매자가 의도적으로 만들어 낸 계약상의 전환 비용이다. 항공사의 마일리지 프로그램이 이에 속한다.

이와 같은 전환 비용은 새로운 시장의 진화에 있어 초기에 얻어진 시장 점유율의 가치를 촉진시킨다. 따라서 더 많은 시장 점유율을 추구해야 한다는 논리성을 제공한다. 그러나 무조건 높은 시장 점유율을 가진 선발 브랜드가 반드시 높은 이윤을 창출하는 것은 아니며 초기의 지나친 시장 점유율 경쟁은 오히려 기업의 이윤을 사라지게 할 수도 있다.

■ 불확실성 하에서의 소비자 선택

헬스케어 브랜드 특성상, 소비자 경험에서 타 브랜드군과 다른 부분은 제품 품질에 관한 불완전한 정보라고 할 수 있다. 물론 인터넷이나 다양한 채널을 통한 정보가 거의 구전에 의존하던 과거에 비해서는 풍부해졌다고 하나, 현실적인 법적, 사회적 제약으로 인해 헬스케어 브랜드에 관련된 정보는 상당히 제약적으로 접할 수 있다. 이렇게 소비자가 제품 품질에 대한 불완전한 정보를 가지게 되면, 소비자들은 그들이 만난 첫 번째 브랜드에 이성적, 감성적으로 집착하게 된다. 또한 이러한 초기 접촉 브랜드에 대한 이성적, 감성적 몰입은 해당 브랜드에 대한 충성도(brand loyalty)로 전이된다. 초기 진입자들은 이러한 이점을 활용하여, 우산 브랜드(umbrella branding)나 보증 브랜드(endorser brand)를 활용한 전략을 통해 다른 제품/서비스에도 전이될 수 있는 품질에 대한 평판을 구축할 수 있다.

또한 선발 브랜드는 소비자의 마음속에 선택적인 주의(selective attention)를 받을 수 있는데 비해 후발 브랜드들은 소비자들의 주목을 받기 위해서 기존 진입자들에 비해 확실히 더 뛰어난 제품을 만들어 내든지, 더 창의적인 광고를 집행해야 한다. 실제로 소비재를 사용한 실험실 연구에서, Carpenter와 Nakamoto(1986)는 진입 순서(order-of-entry)가 소비자 선호 형성에 영향을 미친다는 것을 알아냈다. 이처럼 코카콜라나 클리넥스와 같은 선발 브랜드들은 소비자의 기억에 독특한 지위를 차지하고 있는 전형적 모델(prototype)이 되었다. 그들의 막대한 시장 점유율은 한 번 형성되면 잘 변하지 않는 지각과 선호의 특성 때문에 세월의 흐름에도 큰 변화 없이 유지되고 있는 것이다.

### (2) **생산자 기반 이점**(producer-based advantages)

생산자 기반 이점이란 제품 공급 측면으로부터 비롯된 이점을 말하며, 진입 장벽의 개념에 기초하고 있다. Robinson과 Fornell(1985)은 선발 이점의 주요 원인을 다음과 같이 말하고 있다. 첫째, 규모의 경제와 학습곡선이 선발자에게 더 낮은 비용의 이점을 준다. 둘째, 기술적 선도와 자산의 선점을 할 수 있다. 그렇게 본다면 생산자 기반 선발 진입 이점으로 크게 다음의 두 가지 주요 원인(기술상의 우위, 자산의 선점)으로 구분할 수 있다.

#### ① 기술상의 우위

선발 진입 이점은 기술상의 지속적인 우위를 통해 발생할 수 있다. 이러한 기술상의 우위는 두 가지의 이점에서 파생된 것이라고 하겠는데, 첫 번째는 학습곡선 또는 경험곡선으로부터의 이점, 두 번째는 특허경쟁 또는 R & D 경쟁에서의 성공이라 할 수 있다.

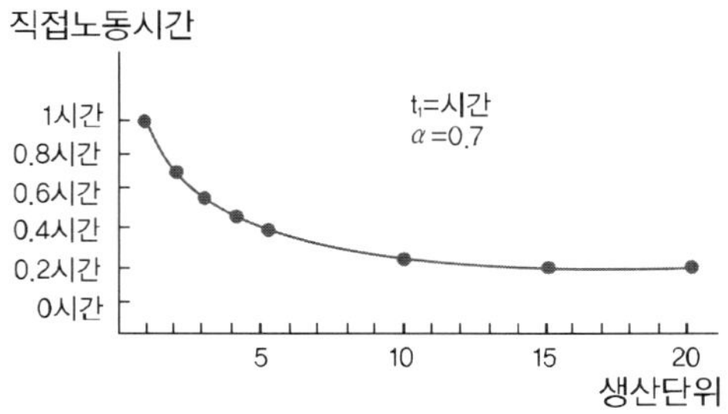


[그림 II-5] 학습곡선

■ 학습곡선

학습곡선 모형에서 단위 생산 비용은 산출량이 누적됨에 따라 하락하게 된다. 학습이 독점적으로 유지되고 기업이 시장 점유율에서 선두를 유지할 수 있다면, 학습곡선은 지속적인 비용 우위를 창출한다. 이 이론은 1970년대 보스턴 컨설팅 그룹에 의해 알려졌고, 그 후 전략 관리 분야에 많은 영향을 미쳤다. Spence(1981)는 학습이 독점적으로 유지될 수 있을 때, 학습곡선은 상당한 진입 장벽을 만들어 낼 수 있다고 주장했다. 그러나 기업 간 기술 확산이 발생하게 되면 학습곡선으로부터 비롯된 선발 이점이 감소될 수밖에 없다. 그런데 오늘날 대부분의 산업에서 확산이 빠르게 일어나고 있어 일반적인 믿음과는 달리 학습 기반 이점은 상당 부분 사라지고 있다. 이러한 기술 확산은 노동력의 이동성, 비공식적 기술 커뮤니케이션, 연구물 출판, 공장 견학, 혹은 산업 스파이를 동원한 기술 빼내기를 망라하는 다양한 방법과 채널을 통해 이뤄지고 있다. 예를 들어 10개 산업의 기업들을 표본으로 한 Mansfield(1985)의 연구에서 공정 기술(process technology)은 제품 기술(product technology)보다 더 천천히 유출되긴 하지만, 개발 후 1년 내에 제품이든 공정이든 자세한 정보를 입수할 수 있다고 밝히고 있다.

■ R&D와 특허

기술적 우위가 거의 연구 개발비에 의해 결정될 때, 기술이 특허를 받을 수 있거나 비밀을 유지할 수 있다면 선발 브랜드들은 이익을 취할 수 있다. 즉, 선발 브랜드는 특허경쟁에 돌입함으로써 후발 브랜드의 진입을 억제할 수 있다는 것이다. 예를 들어 제록스는 기본 건식 인쇄술 공정에서의 핵심 특허뿐만 아니라 대체 기술에 대한 작은 특허까지 선점하여, 도전자가 정부에 강제적인 진입 허가를 요구하는 반트러스트법(anti-trust action)을 사용할 때까지 신규 진입을 억제하였다. GE의 전기 램프 산업에서의 장기간에 걸친 지배는 초기에 획득한 기본적인 에디슨 특허의 통제로부터 기인하였고, 이 후에는 램프와 관련 설비에 대한 수백 개의 작은 특허권을 축적함으로써 유지될 수 있었다는 주장이 존재한다. 그런데 R & D와 혁신(innovation)은 반드시 물리적인 하드웨어에 국한한 이야기는 아니다. 기업이 관리 시스템을 향상시키고 새로운 조직 형태를 만들어낼 때 이 역시도 같은 선점 우위 효과를 가져다 줄 수 있다. 오히려 조직 혁신은 기술 혁신에 비해 느리게 확산되고, 따라서 제품이나 공정 혁신에 비해 더 지속적인 선발 이점을 가져다 줄 수도 있다.

② 자산의 선점

■ 투입 요소의 선점

선발 브랜드가 후발 브랜드에 비해 더 가치 있고 풍부한 정보를 선점할 수 있다면, 선발 브랜드는 시장에서 비교적 낮은 비용으로 자산을 구매할 수 있다. 이런 초기 획득 자산들에는 천연자원과 주요 소매자 또는 제조 위치 등까지 포함된다. 여기서 선발 브랜드가 획득하는 이익은 소위 경제학에서 이야기하는 순수 경제 지대(pure economic rents)다. 즉, 우월한 정보를 가진 선발 브랜드는 원칙적으로 매장 자원과 부동산과 같은 부동자산을 통해 벌어들인 지대(수익)를 모두 획득할 수 있다는 것이다. 그뿐 아니라 선점 브랜드는 종업원, 공급자, 유통업자와 같은 잠재적 유동자산에서 비롯된 수익도 어느 정도 독점적으로 소유할 수 있다.

■ 지리적 위치와 제품 특징 공간의 선점

선발 브랜드는 공간 선점 전략을 통해 진입을 억제할 수도 있다. 많은 시장에서 한정된 수의 기업만이 이윤을 낼 여지가 있다고 한다면 선발 브랜드는 보통 가장 매력적인 세분 시장을 선택할 수 있고, 후발 브랜드가 활용할 수 있는 공간의 대안을 제한시키는 전략적 행동을 취할 수 있다. 여기서 선점 가능한 공간이란 반드시 지리적인 공간만을 의미하는 것이 아니라 '제품 특징 공간(제품 차별화를 위한 틈새)'을 포함하는 광의의 의미로 이해하여야 한다.

공간 선점에 대한 이론에 의하면, 선발 브랜드는 지리적 또는 제품적 공간에서 우월적 지위를 미리 확립하기 때문에 후발 브랜드가 특정 세분 시장에 진출한다 해도 수익을 낼 수 없다는 것을 알게 함으로써 신규 진입자의 시장 진입을 봉쇄하는 진입 장벽의 역할을 한다. 따라서 시장의 성장으로 발생되는 새로운 세분 시장은 후발 브랜드가 진출하여 수익을 내기 전에 기존 브랜드에 의해서 선점되게 된다. 특히 후발 브랜드의 진입은 선점 브랜드의 가격 전쟁 위협을 통해 봉쇄되는 경우가 많다.

■ 공장과 설비의 선제 투자

선발 브랜드가 다른 기업의 진입을 막는 방법으로 공장이나 설비에 대해 선제 투자를 하는 방법도 있다. 기존의 생산량을 늘림으로써 제품 한 단위당 원가를 낮춤으로써 가격 할인 등을 통해 후발 브랜드의 진입을 억제할 수 있는 것이다.

## 3) 후발 브랜드 이점(first-mover advantage)

### (1) 무임승차 효과(free-rider effects)

후발 브랜드는 R & D, 구매자 교육, 하부 구조(infrastructure) 개발과 관련된 많은 영역에서 선발 브랜드의 투자에 무임승차할 수 있다. 복제 약품의 경우와 마찬가지로 대부분의 산업에서 모방 비용(imitation cost)은 혁신 비용(innovation cost)에 비해 더 작게 든다. 그러나 혁신 기업은 모방 기업이 할 수 없는 초기의 독점적 지위를 누릴 수는 있다. 후발 브랜드의 무임승차는 선발 브랜드의 이윤 규모와 지속성을 약화시키고, 따라서 초기 투자를 하는 인센티브를 감소시키게 된다.

또한 HR 부분에서도 후발 브랜드들의 무임승차 효과는 존재한다. 선발 브랜드들은 고용자 훈련(employee training)에 투자해야 하지만, 후발 브랜드들은 이미 훈련된 사람들을 고용할 수 있는 이익을 누린다는 것이다.

Teece(1986)는 무임승차 효과의 크기가 기존에 기업이 보유하고 있으면서도 후발 브랜드로서의 약점을 보완해 줄 수 있는 보완 자산의 크기에 의존한다고 주장했다. 예를 들어 EMI는 최초로 CT 스캐너(scanner)를 개발했지만, 의학 분야에서 기술 하부 조직(technology infrastructure)과 마케팅 기반을 가지지 못했기 때문에 선발 브랜드임에도 시장 기회를 놓치고 말았다. 반면에 Pilkington은 유리 산업(glass industry)에 그들만의 자산과 경험이 있었기에 최초의 '부유 유리(float glass)' 개발을 통해 상당한 이윤을 거둘 수 있었다. 다른 예(퍼스널 컴퓨터의 IBM, VCR의 마쓰시타)에서도 후발 브랜드들은 마케팅, 유통, 소비자 평판과 같은 부분에서 기존의 자산을 활용하여 큰 성공을 거둘 수 있었다(Schnaars, 1986).

### (2) 불확실성의 위험 해소

후발 브랜드들은 시장이나 기술의 불확실성을 해소함으로써 이점을 가질 수 있다. 불확실한 시장에의 진입은 분명히 높은 위험의 정도를 내포한다. 물론 기업이 불확실성을 해소시킬 영향력이 있을 때는 초기 진입이 여전히 더 매력적일 수 있다. 예를 들어 선발 브랜드는 산업 표준(industry standards)을 정할 수 있기 때문이다. 또한 기업 규모 역시 불확실성이 높은 초기 진입 시 중요한 요소라고 할 수 있다. 대기업은 불확실성이 해소될 때까지 기다릴 수 있도록, 또한 더 유연한 투자 포트폴리오를 유지함으로써

손해를 방지할 수 있도록 더 잘 정비되어 있기 때문이다. 많은 신제품 시장에서 불확실성은 '지배적 디자인(dominant design)'의 출현을 통해 해소된다. 포드의 'model T'와 DC-3는 자동차 산업과 항공기 산업에서 지배적 디자인의 예다. 그 디자인의 출현 이후, 저비용 제조기술을 소유한 기업들이 엄청난 이익을 창출하였다.

### (3) 기술 또는 소비자의 욕구 변화

슘페터(Schumpeter)는 기존 제품이 새로운 기업의 혁신에 의해 대체되는 '창조적 파괴(creative destruction)'의 과정으로서 기술 진보를 표현하였다. 새로운 진입자는 기존의 것을 대체하기 위하여 기술의 불연속성(technological discontinuity)을 활용할 수 있다. 대체 기술(replacement technology)은 기존 기술이 여전히 발전하고 있는 동안에 나타나는 경우가 많기 때문에, 기존 사업자들이 적당한 방지책을 갖기가 어렵다. 예를 들면 삼성의 김치냉장고가 위니아의 딤채를 추월한 사례는 이러한 기술의 불연속성을 이용하여 2위 기업이 1위 기업으로 올라간 경우라 할 수 있다. 기존의 김치냉장고 시장에서 주류를 차지하고 있었던 형태는 뚜껑식 김치냉장고로, 위니아는 해당 분야에서 무수히 많은 특허와 소비자의 mind share를 통해 1위를 유지하고 있었다. 그러나 김치냉장고에 김치만 보관하는 것이 아니라 곡류, 야채, 과일, 육류 등 보관품목의 확장과 소비자의 사용 편리성, 공간 활용도, 세련된 디자인 등에 대한 니즈로 스탠드형 김치냉장고가 주류를 차지하게 되었다. 여기에 마침 찾아온 대규모 교체 구매 시기와 맞물리고(김치냉장고가 폭발적으로 판매된 시기는 2001~2002년/대체 구매 주기는 7~8년), 그동안 경기 침체로 구매를 미뤘던 대기 수요가 가세하면서 2008년을 기점으로 명확한 김치냉장고의 세대교체가 이뤄진 것이다. 이러한 시장의 트렌드를 미리 읽고 스탠드형 김치냉장고 시장을 준비해 온 삼성은 마침내 2008년 김치냉장고 시장에서 시장 점유율 1위를 달성했으며 2009년에도 이를 유지할 수 있게 되었다(소비자 시장조사업체 GfK코리아 발표 오프라인 판매 자료 기준: 삼성전자 지펠 아삭 김치냉장고 2009년 매출기준 36.7%, 수량 기준 36.9%).

소비자의 욕구(customer needs) 또한 동적이어서 선발 브랜드가 이에 민첩하게 대응하지 않는다면 이러한 소비자의 욕구 변화는 후발 브랜드들에게 기회로 활용될 수 있다. 예를 들어 코닥의 경우, 전통적인 필름 카메라 시장에 대한 소비자의 관심이 디지털 카메라로 명백히 옮겨가는 시기에 기존 필름 카메라를 발전시킨 '코닥 어드밴틱스(Kodak Advantix)'이라는 고급 카메라에 투자를 집중했다. 이 새로운 카메라는 세 가지 크기의 인화가 가능하게 만들어질 정도로 다양한 편익을 소비자에게 제공했지만, 여기에 1996년에서 1998년 사이 2억 달러라는 막대한 투자가 이루어졌다. 코닥이 결정적인 변혁기에 어드밴틱스에 집착한 결과 아주 짧은 기간 동안은 성과를 거두었으나 결국 디지털을 지향하는 소비자들의 이동은 막을 수 없었다. 오히려 기존 시스템에 대한 막대한 투자는 코닥을 '필름 카메라'라는 카테고리에 더욱 강하게 묶어놓게 되었고, 결국 디지털 카메라의 범용화로 인해 촉발된 필름 수요의 격감은 코닥의 생존 자체에 큰 위협이 될 수밖에 없었다.

### 기술 변화로 인한 선발 브랜드의 시장 지위 상실

클레이튼 크리스텐슨(Clayton Christensen) 하버드 경영대학원 교수는 저서 *The Innvator's Diemma: When new Technologies Cause Great Firms to Fail*에서 혁신에는 '존속적 혁신(sustaining innovation)'과 '파괴적 혁신(disruptive innovation)'이 있음을 역설하였다. 존속적 혁신은 기존 제품을 지속적으로 개선해 보다 높은 가격에 제공하는 전략을 말하고 파괴적 혁신은 현재 시장 제품의 성능에 미치지 못하는 제품을 도입해 기존 시장을 파괴하고 새로운 시장을 창출하는 것을 말한다.

크리스텐슨 교수는 다음과 같은 말로 한국 경제에 대한 조언을 하였다.

"일본 기업들은 앞선 많은 미국 기업들을 파괴적 혁신을 통해서 추월했습니다. 도요타와 소니는 소형차와 트랜지스터라디오처럼 아주 단순하고도 값싼 솔루션을 가지고 밑바닥에서 한 발자국씩 시장을 점령해 나갔고 1990년대에서 최고의 제품을 만들어 내고 있었지요. 그러나 이런 하이엔드(high-end) 시장을 점령한 기업들은 정점에 오르면 더 이상 성장을 유지하기 어렵다는 것입니다. 일본 경제가 성장을 멈추기 시작하자마자 한국·대만·싱가포르 기업들이 과거 일본 기업들이 했던 똑같은 방법으로 일본 경제를 공략했고 이번엔 많은 일본 기업들이 시장에서 쫓겨나는 운명이 됐죠. 한국의 재벌들이 명심해야 할 것은 시장 아래쪽인 로엔드(low-end)에서 치고 올라오는 위협을 절대 간과해서는 안 된다는 것이며 현재 중국 기업들, 특히 하이얼 같은 기업들은 꾸준히 저가 시장을 공략하고 있습니다. 이것이 바로 아래쪽에서 오는 위협이지요."

즉, 그는 시장 선발 브랜드가 후발 브랜드에게 추월당하는 이유 중 하나가 이러한 파괴적 혁신에 의한 후발 브랜드의 전략일 수 있다는 점을 강조하고, 선발 브랜드는 하이엔드 전략에만 몰입하여 언제 나타날지 모르는 로우엔드 파괴적 혁신에 대비해야만 시장의 주도권을 계속 유지할 수 있다는 점을 강조한 것이다.

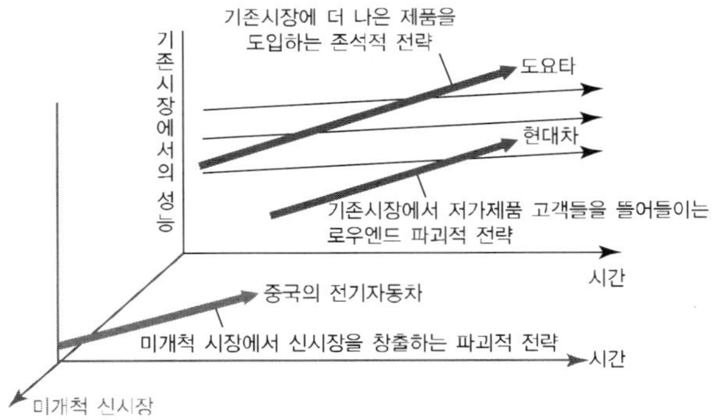


자료: 『조선일보』(2010. 1. 23), "파괴적 혁신 전도사 크리스텐슨 하버드대 교수, 한국경제를 말하다."

### (4) 기존 기업의 비활성화

선발 브랜드의 취약점은 종종 '기존 기업의 비활성화'로 인해 촉발된다. 이런 비활성화는 여러 가지 근본 원인을 가질 수 있다. 첫째, 기업이 고정된 자산의 특정 집합에 묶일 수 있다. 둘째, 기업이 기존 제품 라인의 자기 잠식을 꺼린다. 셋째, 기업이 조직적으로 유연하지 않게 된다. 이러한 요인들은 환경적 변화 또는 경쟁적 위협에 기업이 반응하는 능력을 억제한다. 공룡처럼 거대해진 기업들이 종종 이러한 기존 자산에 집착하고 전략적 자기자본 잠식을 회피하면서 새로운 기회를 놓치게 되는 사례가 빈번하게 발견된다.

## 4) 선발 진입 전략을 취하는 기업에 대한 마케팅 대안

기업이 선발 브랜드가 되기 위해서는 실현 가능한 기회가 존재해야만 한다. 그런 기회의 발생은 기업 자신의 선견지명, 기술, 운 그리고 경쟁자에 의해 결정된다. 그런데 이런 요소들은 상호 의존적(interdependent)이다. 따라서 기업이 선발 브랜드가 될 수 있는 기회는 내부 경영에 의해서 촉진되기는 하지만, 그 기회는 기업이 독자적으로 통제할 수 있는 것은 아니다. 다만 기업은 선발 브랜드가 되기 위한 기회를 찾기 위해 자원을 투자해야 할 것인가에 대해 의사 결정을 해야만 한다. 또 특정한 기회가 찾아왔을 때, 경영자들은 그것을 활용할 것인지, 그것을 어떻게 이용할 것인지에 대해 결정해야 한다. 예를 들어 소니(SONY)는 신제품 혁신으로부터 선발 브랜드 이점을 공격적으로 추구하는 반면 소니의 경쟁자인 마쓰시타(Matsushita)는 소니의 신제품 시장에 뒤따라 들어가 제조력과 마케팅력으로 경쟁하는 전략을 취한다. 마쓰시타는 증명되지 않은 신제품 시장에 먼저 진입하지 않고, 다만 빠른 성장을 보이는 유망한 시장에 후발 주자로 진입하기 위한 준비로서 R & D에 투자한다. 이러한 두 가지 진입 방식 사이에서의 선택은 기업의 특징과 기술에 의해 결정된다. 기업가적인 비전과 신제품 기술 개발력이 뛰어난 기업은 매력적인 선발 진입성을 가짐에 반해, 상대적으로 제조력과 마케팅력에 기반을 둔 기업은 그렇지 못하다.

선발 진입을 강조하는 경영자는 다음과 같은 문제들을 고려해야 한다. 첫째, 어떻게 후발 주자의 모방을 막고 후발 주자의 무임승차 효과를 억제할 것인가? 특허는 이것을 획득하기 위한 좋은 방법이다. 선발 브랜드는 핵심 자원과 가장 바람직한 소매점의 위치와 유통 네트워크를 선점할 수 있다. 소비자 전환 비용이 중요한 제품이라면, 후발 브랜드가 그렇게 하기 전에 잠재 소비자의 대부분에게 시용(trial)을 권할 수도 있다.

둘째, 자칫 잘못하면 선발 진입 기업은 자기만족, 자만심, 또는 기술이나 소비자 욕구의 변화에 대한 부주의로 인한 기득권자의 해이(incumbent inertia)에 의해 후발 브랜드에 자리를 내어 줄 수 있다는 점을 지속적으로 자각해야 한다. 환경의 변화는 잠재적 경쟁자들에게 기회의 창을 내어 준다. 선발 브랜드들은 끊임없이 혁신하고 소비자의 목소리에 귀를 기울여 기술 선도성을 유지 확장하고 소비자와의 관계를 돈독히 하여 경쟁자의 진입 기회를 봉쇄하여야 한다.

셋째, 선발 브랜드들은 초기의 성공이 영속적인 경쟁 우위를 보장해 주지 않음을 지각해야만 한다. 따라서 선발 이점은 지속적인 관리를 통해 뒷받침되어야만 한다. 그렇지 않으면 오랜 시간 리더십을 가졌던 선발 브랜드들조차도 그들의 이점을 잃어버릴 수 있다. 예를 들어 1970년대 말 그 산업의 표준을 만들었던 크리넥스 티슈는 상당한 시장 점유율을 잃어버렸다. 그 이후의 연구는 소비자의 선호가 더 부드럽다고 지각되는 경쟁 브랜드로 이동되었다는 것을 보여 준다. 이러한 소비자의 선호 이동은 제품에서 재활용 나무 펄프의 수준을 증가시킨 크리넥스의 선택이 가져온 결과다. 이러한 시행착오를 거쳐 다시 제품의 부드러움을 회복하고 커뮤니케이션 했을 때 시장 점유율은 다시 회복할 수 있었으나 상당 부분 손실을 감수해야 했다. 즉, 선발 브랜드들은 자신들의 선발 이점들을 지키기 위해 기민하게 제품 혁신 단계를 밟아 나가야 한다는 것이다. 특히 고성장 산업에서 선발 브랜드들은 공격적인 후발 브랜드들에게 추월당하는 것을 피하기 위해서 충분한 역량을 증가시킬 필요가 있다. 1950년대 말 일본 모터사이클 산업의 선두 기업인 'Tohatsu'는 그렇게 하지 못했고, 결국 혼다(Honda)에 추월당

했다. 계속적인 제품 혁신은 경쟁 이점을 유지하는 또 다른 핵심이다. 1970년대 초에 제품 라인 상 하급에 속하는 모델의 리엔지니어링을 간과한 1위 브랜드 'Caterpillar'는 'Jone Deere'에게 혁신적인 전동 장치(transmission)를 사용하는 100마력 이상의 불도저 시장에 진입할 기회를 줬다.

마지막으로, 제품 라인의 질과 폭 역시 선발 이점을 유지하는 데 이용될 수 있다는 점을 잊지 말아야 한다. Robinson(1988)은 품질에 대한 선발자의 이점은 시간이 지남에 따라 감소하지만, 제품 폭(breadth)의 이점은 보다 더 지속적임을 발견했다. 예를 들어 인텔은 제품 라인의 폭이 매우 넓어질 수 있도록 다양한 칩셋을 출시함으로써 경쟁자의 추격이 어렵도록 만들었다.

### 5) 후발 진입 전략을 취하는 기업에 대한 마케팅 대안

후발 진입 전략을 취하는 기업에 있어 주요 관건은 선발 브랜드를 직접적으로 공격할 것인가, 아니면 덜 직접적이고 차별적인 위치를 찾을 것인가에 관련되어 있다. 선발 브랜드가 소규모이고 자원이 부족하며, 아직 시장에서의 확실한 인지나 침투를 하지 못했다면, 후발 브랜드에 의해 공격받기가 쉽다. Urban과 그의 동료들(1986)은 광고에서 선발 브랜드를 압도함으로써 소비재에서의 후발 브랜드들이 선발자의 시장 점유율 이점을 극복했음을 보여 준다. 이를 발 빠른 2등 전략(fast second Strategy)이라고 부르기도 한다. 반면에 많은 연구들에서 'me-too' 전략은 그리 성공적이지 못함을 보여 준다. 가격 할인 전략 역시 시장 점유율 획득에 효과적이지 못하다. 일반적으로 'me-too' 전략은 선발 브랜드가 마케팅을 적절히 하지 못하거나 충분한 마케팅을 하지 않을 때만 효과적인 방법이다.

적어도 초기에는 후발 브랜드들이 강한 선발 브랜드와 직접적인 대결을 피하는 것을 선호하는 경향이 있다. 'Golden Wonder'는 영국의 포테이토칩 시장에서 완전히 새로운 시장 세분화와 유통 경로를 개발함으로써, 기존의 지배적 사업자와 완전히 차별화를 하였다. Urban과 그의 동료들(1986)은 소비자 욕구와 관련된 후발 브랜드의 우월적인 지위가 선발 브랜드에 대한 후발자 점유율의 가장 중요한 지표임을 발견했다. Foster(1986)는 기술적 불연속성을 이용해 성공적으로 자신들을 차별화할 수 있었던 수많은 후발 브랜드들의 예를 인용했다. 후발 브랜드들은 일단 강한 거점을 가지고 나서야 선발 브랜드에 대한 직접적인 도전을 할 수 있다.

요컨대 후발 브랜드가 선발 브랜드를 앞지르기 위해서는 다음의 방법들을 고려해 볼 수 있다는 것이다. 첫째, 시장에서 간과되어 왔지만 선발 브랜드보다 우월한 제품 포지션을 발견하라. 둘째, 저가 전략에 의해 선발 브랜드를 압도하라. 셋째, 광고나 유통 면에서 선발 브랜드보다 더 많은 예산을 투입함으로써 후발 브랜드가 선발 브랜드를 매출 면에서 앞질러라. 넷째, 후발 브랜드가 혁신을 통해 선발 브랜드를 앞지르기 위해서는 제품이나 전략상의 혁신에 의해 제품 범주를 재정의하라.

〈표 II-15〉 성공한 선발 브랜드, 조기 진입 후발 브랜드(fast followers) 및 후발 브랜드(late entrants)의 마케팅 전략

| 시장 진입 시기에 따른 기업의 유형 | 마케팅 전략의 특징 |
|---|---|
| 성공적인 선발 브랜드 | • 대규모의 자원 투입<br>• 폭넓은 제품 계열<br>• 높은 제품 품질<br>• 집중적인 촉진(promotion) 비용 |
| 성공적인 조기 진입 후발 브랜드 | • 선발 브랜드보다 더 많은 자원의 투입<br>• 보다 우수한 기술, 제품 품질, 고객 서비스를 통한 추월(도약) 전략(leapfrogging) |
| 성공적인 후발 브랜드 | • 적소 시장의 집중 공략 |

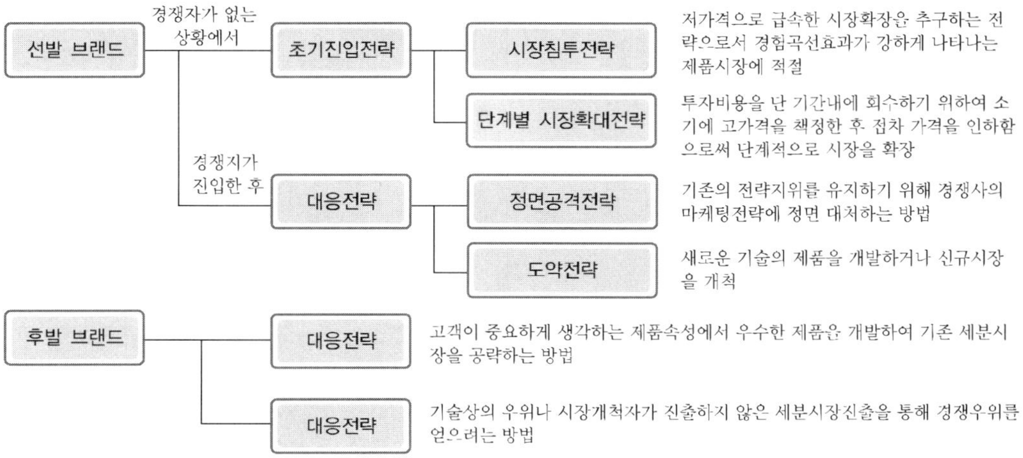


[그림 II-6] 선발 브랜드와 후발 브랜드의 시장 공략 전략

## 스프라이트와 스프린트 사례

'스프라이트'는 코카콜라사의 브랜드이고, '스프린트'는 롯데칠성(주)의 브랜드이다.

1992년경 코카콜라사는 롯데칠성의 '칠성사이다' 시장을 공략하기 위해서 레모네이드 향을 함유한 사이다를 '스프라이트'라는 브랜드로 시판하기 시작하였다. 이에 맞서, 롯데칠성사는 같은 종류의 제품에 '스프린트'라는 브랜드로 시판하였다. 코카콜라사는 '스프라이트'가 1985년도에 특허청에 등록한 자사 등록상표임에 근거하여 롯데칠성사를 상대로 상표법 및 부정경쟁방지법 위반을 이유로 가처분 신청을 하였다. 이에 대해, 롯데칠성사는 상표 검색을 통하여 자사 상표 '스프린트'와 유사한 '스프린터'라는 브랜드를 제일제당이 선등록하여 상표권을 보유하고 있음을 확인하고, 제일제당에 상표권 양도를 요청하였다.

제일제당 측은 롯데칠성사가 자사의 설탕을 구매하는 가장 큰 고객이라는 사실 때문에 무척 고민하였다. 결과적으로, 롯데 측에 2년간의 사용권을 허락하는 것으로 결정을 내렸다.

따라서 롯데칠성사는 제일제당의 '스프린터' 브랜드로 시판을 계속하였고, 코카콜라사는 재차 가처분신청을 내었는바, 법원에서는 코카콜라사의 가처분신청을 기각하여 코카콜라사의 참패로 끝났다.

# III. 브랜드 전략을 위한 STP 과정

## 1. 브랜드 전략 수립을 위한 시장 세분화

### 1) 시장 세분화의 배경

**주유소에서 배우는 고객 세분화**

Mobil은 수년 동안 소비자들이 주유소를 찾는 주요한 이유가 가격에 의해서 결정된다고 믿어 왔다. 이러한 마케팅 신념은 Mobil의 마케팅 전략을 20년간이나 지배해 왔던 것이다.

그러나 주유소에서 소비자들이 무엇을 원하는가를 조사한 결과 단지 20%만이 가격에 따라서 주유소를 결정하는 것으로 나타났으며, 소비자들은 표와 같이 5개의 뚜렷한 집단으로 구분할 수 있었다.

위에서 3개의 집단은 제품의 품질과 서비스 그리고 주유소에서 커피, 드링크, 샌드위치 등과 같은 다른 제품을 구입할 수 있는지에 민감한 소비자들로 이루어져 있었다. 또한 이 RoadWarriors, Generation F3 , True Blues라고 불리는 세 유형의 소비자들은 구입의 편리성을 중시하는 Home Bodies와 가격 중심으로 구매하는 PriceShopper보다 수익면에서도 높은 것으로 나타났다.

따라서 이 세 가지 소비자 집단이 Mobil의 새로운 마케팅의 목표 집단으로 등장하게 되었던 것이다. 이 집단들은 전체 소비자들의 59%를 차지하는데 이들은 다른 소비자들에 비해서 더 많은 휘발유를 구입하며, 더 품질 좋은 휘발유를 선호하고, 음료나 음식류에 대한 구입이 많았다. 따라서 이들 고객 당 평균 마진은 더 높은 것으로 나타났다. Mobil은 이들 집단에 대해서 일련의 마케팅 전략을 실행하기로 결정하였으며 이들의 욕구에 더욱 부합하는 마케팅을 전개하기로 하였다.

시장 세분화는 Wendell R. Smith가 1950년대 중반에 소개하였으며, 이후 마케팅에서 많은 각광을 받은 개념으로 자리 잡았다. 시장 세분화가 가장 쉽게 적용된 부분이 바로 경제학적인 관점에서 소비자들의 수요 탄력성에 따른 가격을 중심으로 한 것이다.

이러한 단순한 수요에 따른 시장 세분화 이외에 한국의 경우 1970년대의 대량 생산과 대량 소비라는 대중 마케팅(mass marketing) 시대를 지나서, 시장에서 점차 경쟁자들이 많아지고 한편 소비자들의 제품에 대한 지식이 점차 증대되기 시작하였다.

이 결과 소비자들은 다양한 제품에 대한 욕구를 가지게 되어 기업 측면에서는 이러한 소비자들의 욕구를 몇몇 집단으로 묶어서 이들 소비자들에게 다른 집단의 소비자들과 차별적인 제품이나 서비스를 제공하게 되었다.

## 2) 시장 세분화란

시장 세분화(market segmentation)는 '동질적인 욕구나 특성을 가진 소비자들이 나타낼 수 있는 유사한 구매 관련 행동을 집단화시킴으로써 시장을 분할해 나가는 과정'이라고 할 수 있다. 즉, 기업은 서로 상이한 욕구를 가지고 있는 소비자들을 모두 만족시킬 수 있는 제품을 만들 수 없기 때문에 특정 제품이나 상표에 대해서 서로 유사한 욕구나 편익, 또는 태도나 구매 행동을 나타내는 소비자들을 서로 다른 성향을 가지고 있는 소비자들과 분리시키는 과정을 시장 세분화라고 한다.

시장 지향적인 기업일수록 소비자들의 욕구를 잘 파악하여 이들의 욕구를 충족시켜 줄 수 있는 제품이나 서비스를 개발하는 데 마케팅 노력을 집중하게 된다. 또한 시장 지향적인 기업은 경쟁 기업이 충족시켜 주지 않고 있는 미충족 욕구(unmet needs)에 대한 조사를 통하여 시장에서의 기회를 포착하려는 노력을 시도하게 된다. 소비자들의 욕구는 단지 제품이나 가격에 대한 욕구 차원 이외에 목표 소비자 집단의 미묘한 개인 차원의 욕구까지도 반영할 수 있어야 한다.

### 3) 제품 차별화(product differentiation)와 시장 차별화(market differentiation)

제품 차별화는 제품의 유형(type) 내지는 종류의 차별화를 의미한다. 즉, 제품 차별화는 상표, 크기, 색상, 냄새, 포장 단위 등에서 차별화를 시도하게 된다. 그러나 시장의 경쟁 구조는 기업에서 제시하는 제품의 형태에 의해서도 결정되지만, 소비자들에 의해서 결정되는 경우가 많기 때문에 제품 차별화는 주로 기업의 입장에서의 시장 구분이라고 할 수 있다.

한편 시장 차별화(market differentiation)는 기업의 마케팅 기능적인 측면과 관련이 깊다. 즉, 시장 차별화는 시장 세분화에 바탕을 둔 제품 차별화뿐만 아니라 가격, 판촉 그리고 유통전략의 차별화까지도 포함하는 개념이다.

시장 세분화의 장점으로는 첫째, 시장에서의 소비자들의 욕구에 따른 제품을 출시할 수 있다. 둘째로는 소비자들을 집단화함으로써 마케팅 촉진을 효율적으로 또한 효과적으로 할 수 있다는 것이다.

■ 전략적으로 선택할 수 있는 세분화 선택안들
　차별화(differentiation), 집중화(concentration), 핵심화(atomization)

### 4) 세분화 선택안들(segmentation options)

#### (1) 차별화

기업이 다양한 고객의 필요에 근거하여 시장을 두개 이상 세분하여 제품과 서비스를 가지고 시장에서 활동할 때 이용한다

〈표 III-1〉 시장 차별화와 제품 차별화

| 시장 차별화(세분화 전략) | 제품 차별화(세분화 전략이 아니다.) |
|---|---|
| • 시장 수요에 의존, 고객 지향적.<br>• 특정한 시장 세분을 위해 독특한 촉진, 가격, 유통 전략을 정하는 것에 상품 차별을 더한다.<br>Snapple과 같은 소프트드링크는 인공 향료, 색상, 요소를 넣지 않고 맛있는 건강 상품을 제공하여 높은 경쟁 속의 소프트드링크 시장에서 틈새를 개척해 성공하였다. | 비누와 같은 일용품 형태에서 요구되는 방식이다. 비누의 브랜드는 소비자에게 기본적으로 단일 목적(세척)에 이용되는 제품처럼 보이기 때문에 상품 변화 창조는 중요하다.<br>브랜딩, 사이즈, 색상, 향기, 포장과 같은 제품의 차이는 마케터를 다른 경쟁자의 상품과 구별되게 도와준다. 따라서 물리적 특성이 기본이 되고 지정된 상품 종류의 범위에서 선택은 동등하게 지각되지 않는다. |

치과 진료의 경우에 미백 환자들을 위한 전문적인 서비스를 제공하는 것은 시장 세분화를 통한 접근법이며 또한 서비스를 차별화하여 이러한 환자들에게 제공할 수 있다.

### (2) 집중화

기업이 여러 세분된 잠재 시장에서 다른 한 시장을 결정하는 것이다.

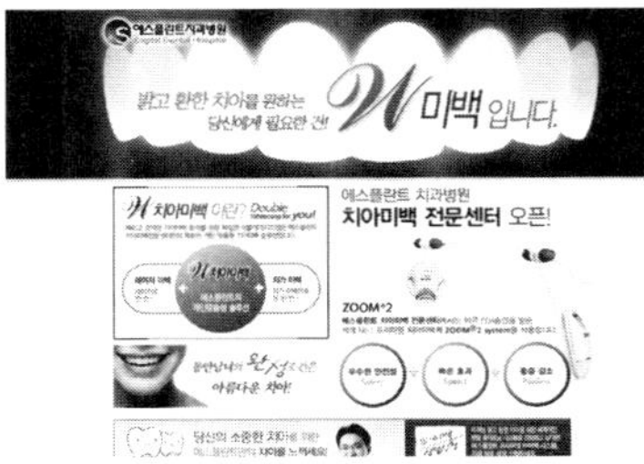


집중 마케팅은 차별 마케팅보다 덜 비싸고, 제한된 자원으로 새로운 비즈니스를 할 때나 기업이 중심 비즈니스의 시장 바깥으로 넓힐 경우 적절한 선택이다.

**치아 미백 시장의 집중화 전략**

일본 교토에 있는 리쓰메이칸 대학원 학생인 사토 이즈미 씨(33세)는 요즘 일본에서 한창 유행하는 한국 의료관광에 대해 설명하며 이렇게 말했다. 일본에서는 3~4년 전 한 차례 치아 미백 붐이 일었다. 상대적으로 저렴한 자가 미백 제품을 이용하는 사람들도 꽤 있다. 사토 씨는 '집에서 혼자 하는 치아 미백의 문제는 시간이 몇 주일씩 걸리고 귀찮다는 점'이라며 "한국은 전반적으로 가격이 싸니까 방문한 김에 치아 미백을 같이 하면 좋다"고 말했다.

중국의 김양양 씨(29세)는 얼마 전 한국을 방문해 압구정동의 한 치과에서 일주일간 미백 치료를 받았다. 중국은 아직 치아 미백 시장이 초기 단계다. 국내나 일본에서는 마트 등에서 쉽게 구할 수 있는 자가 미백 제품도 흔치 않다. 김 씨는 병원 방문 후기에서 "치아 미백을 하고 싶었는데 한국에 와서 할 수 있어 좋았다"며 "한국은 정말 번화한 곳으로 병원 시설도 훌륭했다"고 밝혔다. 치아 미백이 한국을 찾는 외국인들의 의료관광 필수 코스로 떠오르고 있다. 국내 미백 치과를 찾는 관광객은 주로 일본 여성들이다. 휴가를 낸 직장 여성이나 시간적으로 여유가 있는 40~50대 주부가 많다. 김준헌 화이트스타일치과 원장은 "2~3일에 한 차례씩은 일본 환자가 온다"며 "혼자 오기보다 함께 여행을 온 사람 여럿이 몰려오는 경우가 많다"고 말했다.

김 원장은 일본 사람이 한국에 와서 치아 미백을 하는 이유로 싸고 간편하다는 점을 꼽았다. 예를 들어 광선 미백은 하루 정도면 효과를 본다. 미백제를 쓰는 병원은 시술 기간을 일주일 정도 잡는다. 2~3일 간격으로 서너 번 방문하면 되는데 이를 뽑거나 성형 수술처럼 얼굴에 칼을 대는 일이 아니기 때문에 환자가 느끼는 부담이 훨씬 적다. 국내 치아 미백 시술 가격은 50~60만 원선으로 일본의 절반 수준이다. 이런 이유로 일본의 한국 관광 전문사이트인 뷰티나비에는 "일본에서 치아 미백 받는 치료비만 있으면 한국 치료비와 한국 여행비를 모두 충당하고도 거스름돈이 남는다"는 여행사의 광고 글을 심심찮게 볼 수 있다.[2)]

---

2) 『머니 투데이』, 2009년 4월 16일.

### (3) 핵심화

시장을 미세한 부분(개인 고객 차원)으로 분해하는 것이다.

이 전략은 고가격과 특별한 장비를 판매하는 제조업자에게 적합할 수 있는 방식이다. 또한 정부와 같은 특화된 시장이나 사교계의 명사에게 부동산을 파는 마케팅 프로그램 설계도 해당될 수 있는 프로그램이다. 의료관광에서는 고가 치료를 원하는 핵심적인 고객을 대상으로 맞춤형 서비스를 제공할 수도 있을 것이다.

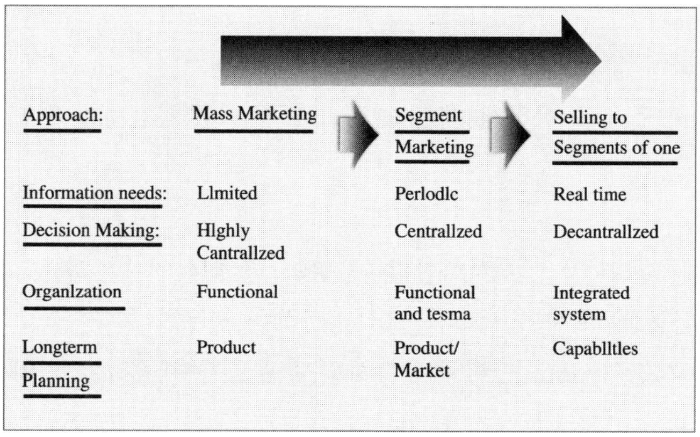


[그림 III-1] 단일 세분 전략

고객 가치 극대화를 위한 세그먼트 오브 원(segment of one) 전략이다. 세그먼트 오브 원이란 개인을 하나의 세그먼트화하여 개개인의 욕구를 최대한 충족시키는 제품 및 서비스를 제공하는 전략이다. 과거 고객의 개별 요구를 충족시키기 위해서는 기하급수적으로 늘어나는 비용 부담을 감당해야 했지만, 이제는 IT 기술 진보로 인해 이런 비용이 상당 부분 감소하였다.

## 5) 시장 세분화의 장점

첫째로 시장의 필요에 부합하는 제품이나 서비스 설계가 가능하다는 점이다. 즉, 기업은 소비자들의 욕구나 필요를 만족시키기 위해 소비자와 고객 중심의 제품이나 서비스 믹스를 세밀하게 계획할 수 있다. 둘째로 효과적인 촉진 전략 결정이 가능하다는 점이다. 즉, 목표시장에 적합한 광고 캠페인을 통해서 매체 효과를 극대화시킬 수 있다. 이러한 마케팅 투자는 PR과 판촉에 의해 보완된 촉진 프로그램을 추진할 수 있다. 셋째는 시장 경쟁(특히 기업의 시장에서의 포지셔닝)을 평가하게 된다. 즉, 시장에서의 브랜드 포지셔닝이란 경쟁 브랜드와 관련하여 자사 브랜드가 고객들과 잠재 고객에게 어떻게 인식되는가 하는 것이다. 따라서 세분화 조사는 산업 기준과 비교하여 어떻게 회사가 잘 평가될 수 있는가에 대한 지능적 메커니즘을 제공해 주며 덧붙여 변화하는 변덕스러운 시장의 흐름을 찾아내는 데 유리하다.

네 번째로는 마케팅 전략에 통찰력을 제공한다는 점이다. 즉, 이를 통하여 새로운 기회에 집중하고 잠재적 위협을 극복하기 위해 현재 마케팅 전략의 재평가는 중요하다. 따라서 마케팅 세분화 조사를 통해서 새로운 시장에 대한 탐색을 할 수 있다.

■ 세분화 전략을 수행하는지에 대한 진단 리스트

다음의 몇 가지 질문을 통해서 세분화 전략을 잘 수행했는지에 대한 진단을 할 수 있을 것이다.

1. 당신의 회사는 시장을 세분화합니까? 만약 안 한다면 안 하는 이유는?
2. 차별화, 집중화, 핵심화 전략 중 어느 전략을 사용합니까?
3. 세분화된 시장의 고객을 위해서 귀사의 브랜드가 제공하는 편익은?
4. 얼마나 성공적으로 그 목적을 이루었습니까?
5. 귀사 브랜드의 전통적 고객 프로파일은 무엇입니까?
6. 목표 시장 정의는 조사에 기본 하였습니까?
7. 어떤 차원(방법)이 시장을 세분화하는 데 쓰입니까?
8. 마지막 세분화 분석을 실행한 게 언제입니까?
9. 얼마나 자주 업데이트를 합니까?
10. 세분화 분석을 위한 예산은 얼마입니까?
11. 제품 의사 결정은 세분화 조사에 기초하였습니까?
12. 촉진 의사 결정은 세분화 조사에 기초하였습니까?
13. 가격과 유통 의사 결정은 세분화 조사에 기초하였습니까?
14. 세분화 분석에 시장의 경쟁, 경향, 변화를 이용합니까?
15. 세분화 분석은 당신의 현재 마케팅 성과를 평가해 이용합니까?

### 6) 시장 세분화의 단점

시장 세분화의 단점은 다음과 같다. 첫째로는 비용 증가적인 측면이다. 즉, 세분화를 시행하게 되면 세분화된 시장에 대해서 차별화된 광고 캠페인이 필요해질 수 있으며, 최소한 두 유형 이상의 촉진 캠페인과 가능한 신제품을 세분 시장에 투입하게 된다. 이 경우에 유통의 부담과 팽창에 따른 자원이 필요하게 된다. 둘째로는 기업 경영진의 몰입이 필요하다. 즉, 마케팅 지향적이 되려면 기업 경영진의 강한 몰입(commitment)을 필요로 한다. 즉, 마케팅 컨설턴트를 고용하는 것에 대한 인적, 자원의 지지가 되어야 하며, 경영에 따른 시간 투자, 지시된 권고를 기꺼이 따르는 조직의 자세가 필요하다. 즉, 세분화 관련 정보는 명령이나 지시처럼 정기적으로 평가되고 수정되어야 하며, 제품, 촉진, 가격, 유통 전략에 의해서 뒷받침되어야 성공할 수 있다.

셋째는 고객 개인적 프로파일이 아니라 집단적인 프로파일이 있어야 한다는 점이다. 즉, 세분화 조사 결과가 의미 있는 마케팅 정보를 제공할지라도 그것은 개인이 아니라 넓게 나뉜 집단의 구매 행동을 설명하게 된다. 따라서 고객들은 인구통계학적, 심리 묘사적 분석 그리고 사용자 행동 프로파일에 근거하여 서로 유사한 고객들을 집단화시키는 것이 바람직하다. 마케터들은 인구통계학적 분석만을 사용하는 데서 발생하는 문제점들을 심리 묘사적 방법을 통해서 발견할 수 있어 시장 상황에 대한 좀 더 충분한 그림을 얻을 수 있다.

한편 실무자가 가지는 시장 세분화에 대한 잘못된 생각은 다음과 같다. 먼저 시장 세분화는 소비자들을 나누어 집단화시키는 과정이라고 생각하는 점이다. 흔히 시장 세분화를 시장을 나누는 과정에 모든 논의의 초점을 두고 설명하는 것을 흔히 볼 수 있다. 그러나 기업이 전략적으로 소비자들에게 접근한다는 측면에서 본다면 시장 세분화는 오히려 유사한 욕구나 특징을 가진 소비자들을 묶어서 집단화해 나가는 과정이라고 할 수 있다. 즉, 기업이 전략적으로 관리 가능한 집단으로 소비자들을 묶어 나가는 것이다.

둘째로는 시장 세분화를 통해서 모든 소비자들을 구분할 수 있다고 생각한다는 점이다. 시장의 소비자들을 모두 집단으로 구분할 수 있으면, 마케팅 전략 수립에 도움이 되겠지만 실무적으로는 모든 소비자들을 구분하기가 쉽지 않다. 따라서 어떤 세분화든지 구분하기 어려운 소비자들을 위한 하나의 집단을 마련할 수밖에 없는 경우가 더러 있다.

셋째로는 시장 세분화는 시장을 알기 위해서 한 번 해 보는 과정일 뿐이다. 즉, 시장 세분화분석은 조사를 바탕으로 이루어지지만 이 결과는 마케팅 전략에 반영할 수 있어야 한다. 흔히 LOV(List of Value)나 라이프스타일 분석에서 분석을 위한 분석으로 그치는 경우를 볼 수 있다. 이 결과 많은 시장 세분화 분석이 마케팅 전략과 연결되지 않아 실무자들로부터 외면당하는 경우가 많다. 따라서 시장 세분화 분석은 마케팅 전략 하에서 마케팅 가설을 검증하는 방향으로 이루어져야 한다.

## 2. 시장 세분화의 유형

시장 세분화의 유형으로 사용되는 변수로는 지리적 정보에 따른 지역 세분화, 성별, 연령과 같은 인구통계적 변수를 이용한 인구통계적 세분화가 있다. 인구통계적 세분화, 사회 경제적 변수를 통한 시장 세분화를 크게 구분할 수 있다.

### 1) 지리적 세분화(geographic segmentation)

지리적 시장 세분화는 소비자들의 지리적인 위치를 중심으로 분석하는 방법이다. 이 방법은 지리적인 위치뿐만 아니라 지리적 인구통계 변수(geo-demographic) 내지는 인구의 물리적인 속성을 중심으로 구분하는 것을 의미한다. 지리적 인구통계적인 변수(geo-demographic)는 단어에서 의미하는 것과 같이 인구통계적인 특성을 그 지역에 한정하여 분석하는 것을 의미한다. 이것은 주로 그 지역에 어떤 연령 분포를 가진 소비자들이 누가 거주하는가와 관련된 내용이다.

인구의 물리적인 속성(physical attribute)은 소비자들의 장소와 관련된 행동을 중심으로 분석하는 시장 세분화를 의미한다. 즉, 그들은 어디서 살며, 일하는 장소는 어디며, 주말이나 휴일에 어디서 주로 여가를 보내는가 하는 것 등이 포함된다.

지리적 세분화와 사회 경제적 세분화와 결합된 방식으로 대표적인 기법으로는 조사 회사인 Claritas사의 PRIZM을 들 수 있다. PRIZM에서는 도시의 거주 지역을 중심으로 인구통계적인 변수를 고려한 시장 세분화 방식이며 이 결과를 15개 큰 집단으로 묶고, 62개의 세분 집단으로 구분하여 이를 설명할 수 있는 집단 명을 설정하였다.

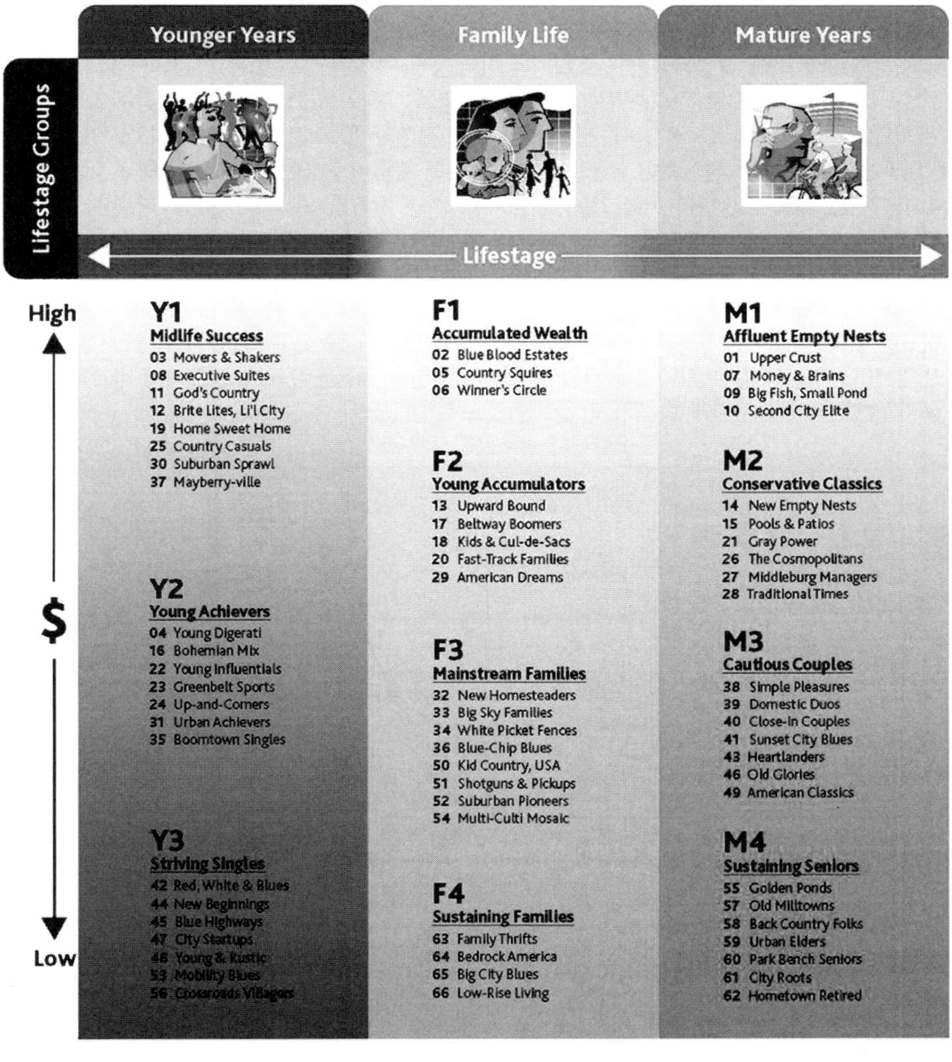


[그림 III-2] PRIZM의 구조

서울 강남권에 살면서 20대 이하일수록 A형 간염에 면역력을 갖는 항체가 없다는 조사 결과가 나와 주목된다. 성균관대 의대 삼성서울병원 소화기내과 유병철·백승운 교수팀은 건강의학센터를 방문한 검진자(20~69세)를 대상으로 연령층별로 50명씩 250명을 무작위로 뽑아 A형 간염 항체 보유율(양성률)을 조사한 결과 ▲20대 2% ▲30대 72% ▲40대 이상 92~100%로 나타났다고 13일 밝혔다. A형 간염 바이러스에 대한 항체 양성률이 낮을수록 A형 간염에 걸릴 위험도는 더 높다. 주목할 대목은 20~30대의 A형 간염 항체 양성률이 서울 25%, 지방 55%로 큰 차이를 보였다는 것. 특히 서울 내에서도 강남 지역(강남·송파·서초구)에 사는 20~30대의 항체 양성률이 약 20%로 비강남권 20~30대의 양성률 42%에 크게 미치지 못했다. 연구팀은 이처럼 서울과 지방, 강남과 비강남권 거주자들 사이에 A형 간염 항체 양성률이 차이를 보이는 것은 서울이면서 강남 지역 거주자들일수록 어릴 때부터 상대적으로 깨끗한 위생 환경에서 자라나 A형 간염에 덜 노출돼 항체가 생성되지 않았기 때문인 것으로 분석했다. 반면 40대 이상의 경우 지역에 상관없이 A형 간염 항체 양성률이 95%로 조사돼 비교적 위생 상태가 좋지 않았던 어린 시절에 항체가 만들어진 것으로 연구팀은 추정했다[3]

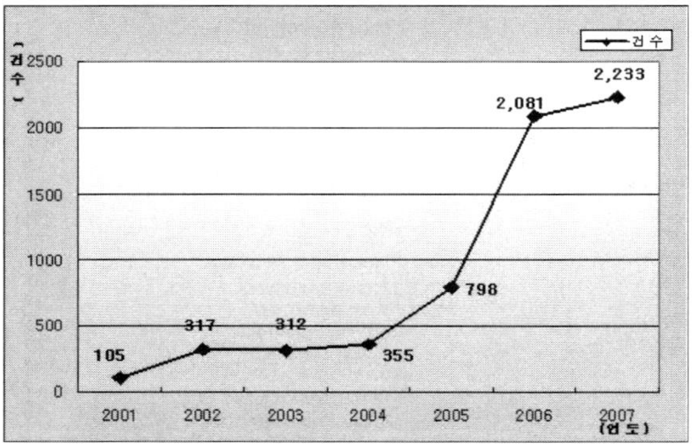


## 2) 인구 통계적 세분화(demographic segmentation)

흔히 시장 세분화라고 할 때 가장 흔하게 사용되는 변수가 바로 인구통계적 변수와 사회 경제적인 변수이다. 인구통계적인 변수는 소비자 집단의 특징을 묘사하는 경우에 이용되는데, 일반적으로 인구통계적 변수라고 하면 사회 경제적인 변수와 지리적 인구통계 변수(geodemographic) 까지도 포함하여 광범위하게 사용된다. 다른 세분화 변수도 마찬가지겠지만 특히 인구통계학적 변수는 이들 변수를 구성하는 요소들만으로 세분화 시장을 구분해 나가는 것이 아니라, 이 외의 여러 변수들의 결합으로 세분화된 시장을 찾아 나가는 데 바탕이 된다. 인구통계적인 변수의 구성 요소는 1) 성별, 2) 인구, 3) 집안 식구/가족 수, 4) 각 가정 당 집안 식구의

3) 2010년 2월 23일 『문화일보』 기사 참조.

평균 크기, 5) 연령 분포, 6) 가족 수명 주기(family life cycle), 7) 결혼 상태/결혼 단계, 8) 종교 등이 포함된다.

의료 서비스는 이러한 인구통계적인 세분화가 중요한 변수로 작동하게 된다. 즉, 한국 사람의 경우에는 연령대별 대표적인 질병으로서는 천식 · 비염(10대 이전), 결막염 · 근시(10대), 위염 · 비뇨기 장애(20~30대), 고혈압 · 당뇨(40, 50대), 노년성 백내장(70대 이상)을 차례로 겪는 것으로 나타난다. 2007년 10세 이하 어린이 102만 명이 천식으로 외래 진찰을 받았고 2만 5,000명이 입원하였으며, 비염은 89만 명이 진료를 받아 2위에 올랐다.

본격적으로 공부를 하기 시작해 눈을 많이 쓰게 되는 10대에는 근시(굴절 · 조절 장애), 결막염 등 안과 질환이 많았다. 75만 5,000명이 결막염으로, 72만 8,000명이 근시로 진료를 받았다. 활동이 많은 20, 30대에는 남성의 경우 위염과 무좀으로 병원을 찾는 경우가 가장 많았고 여성은 자궁근종 및 질 · 외음부 염증이 많았다. 고혈압, 당뇨 등 만성 성인병은 40대부터 본격적으로 나타났다. 남성은 40대부터, 여성은 50대부터 고혈압으로 진료를 받는 환자가 크게 많았다. 당뇨는 남성 50대, 여성 60대부터 급격히 증가했다.

50대 남성은 협심증과 허리병, 여성은 요실금이 가장 큰 질병 원인으로 나타난다. 60~70대에는 노년성 백내장과 뇌경색증이 건강을 위협하는 가장 큰 질환이었다.[4)]

**베이비붐 노인들을 위한 실버 마케팅**

뉴욕 브루클린에 있는 프랫 인스티튜트의 브루스 해너 교수는 '베이비붐 세대는 역사상 가장 돈 많은 집단'이라고 말했다. 뉴욕 타임스는 "이전 세대와는 달리, 나이 먹은 뒤에도 젊게 살겠다는 의지가 강하다"고 했다. 80,90년대 미 경제 붐을 주도했던 세대라 돈도 많다. 현재 나이 35~53세. 일생 중 최고의 수입을 올리는 시기다. 벌써 1~2년 뒤 은퇴하기 시작하는 45~64년생 베이비붐 세대(7,900만 명)를 겨냥한 제품들이 선을 보이고 있다.

앞으로 나타날 '베이비붐 노인들'의 특징으로 전문가들은 "자기가 늙었다는 사실을 절대 인정하지 않는다"는 것을 꼽고 있다. '쓰기 쉽고, 안전하고, 편안한 물건'을 선호하면서도 '노인용'이라고 딱지가 붙으면 거부 반응을 보인다.

그래서 나온 아이디어가 '보편적 디자인(universal design)'. 주 고객은 노화 현상을 겪고 있는 베이비붐 세대들이지만, 말로는 "어린이부터 노인까지, 일반인부터 장애인까지 어떤 신체 조건, 어떤 연령층 사람도 똑같이 쓸 수 있도록 디자인했다"고 선전한다. 의자가 딸린 샤워 부스를 선보여 인기를 끈 월풀사는 '노약자용' 대신 '스마트 샤워'라고 선전했다. 가정용품 전문 업체 '콜러'사 는 마케팅 과정에서 절대 연령을 나타내는 낱말을 쓰지 않는다.

---

4) 2008년 6월 28일자 『동아일보』 참조.

쓰기 쉬운 대신, 겉모양은 화려해야 한다. 자동차의 경우 베이비붐 세대는 청춘 시절인 60년대 유행하던 스타일에 열광하는 경향이 강하다. BMW에서 복고풍 디자인을 살려 내놓은 BMW Z3는 40~50대 고객들에게 너무 잘 팔려 '위기의 중년들이 타는 자동차(mid-life crisis car)'라는 별명까지 생겼다.

단 운전석, 트렁크, 운전 기기 등 내부 설계는 나이 먹어 힘이 떨어지는 중년~노년 고객들도 쉽게 타고 내리고, 작동할 수 있게 하는 데 중점을 둬야 한다. 요양원에 살거나 전문 가정관리사의 도움을 받는 노인들을 위해 차의 턱을 낮추고 운전석을 개량한 특수 미니밴이 인기를 끌 것이라는 분석도 있다.

### (1) 성별(gender)

인구통계적인 변수에서 대표적인 요소는 성별 구분이다. 남성과 여성으로 대별된다. Wolff[5]는 여성만이 가지는 분만, 성적인 특성, 평균적인 키와 근육의 차이, 남성보다 민감한 감각들을 배경으로 다음과 같은 정신적인 특징과 근본적인 여성의 태도가 성적인 차별을 만드는 것으로 지적하고 있다. 1) 내성적인 경향이 있다. 2) 현실과 다른 상상의 세계를 창조하는 데 창의력을 발휘한다. 3) 그들을 둘러싼 주위의 다른 세계를 잘 파악한다. 4) 세상을 바라보는 개인적인 시각이 뛰어나다. 5) 직관력의 수준이 높다.

이러한 특성을 바탕으로 여성들은 어떤 대상에 애호도와 열정을 가지는 경향이 높으며, 사물보다는 사람들에게 더 관심이 높으며, 다른 사람이 그들을 어떻게 평가하는지에 대해서 많은 관심을 가진다. 또한 추상적인 것보다는 구체적인 것을 좋아하고, 매우 개인적이며, 아주 섬세한 작은 것들에 대해서 관심을 가지며, 유머 감각이 남성보다는 뛰어나고, 다소간 비합리적인 바탕에서 사물에 대한 믿음을 가지는 경향이 있는 것으로 지적하고 있다.

성에 의한 세분화성에 의하여 많이 좌우되는 상품은 의류, 화장품, 잡지 등이다. 미국의 1, 2위 기업은 장남감 회사인 '매텔사'와 '해즈브로사'이다. 80년대 한때 해즈브로사가 1위를 차지했으나, 90년대 1위를 매텔에 내주었다. 텔레토비 인형의 폭발적인 인기를 얻고 있는 매텔사의 주요 제품은 배추 인형, 바비 인형으로 여자아이들이 좋아하는 인형인 반면, 해즈브로사는 '지 아이 조(G I Joe), 트랜스포머, 퍼비 인형' 등 남자아이들을 위한 인형이 있다.

질병의 경우에도 성별의 차이에 따라서 같은 유형의 질병도 다른 반응을 보이므로 성별에 따른 세분화도 고려할 수 있을 것이다.

---

5) Wolff, J., 1958, *What makes Woman Buy?* New York: McGraw-Hill.

성별에 따라 증상 차이가 뚜렷한 질환이 있다. 같은 병이라도 증상을 느끼는 민감도에서 차이가 있기 때문으로 추정되는데, 대표적인 질환 중 하나가 역류성 식도염이다.

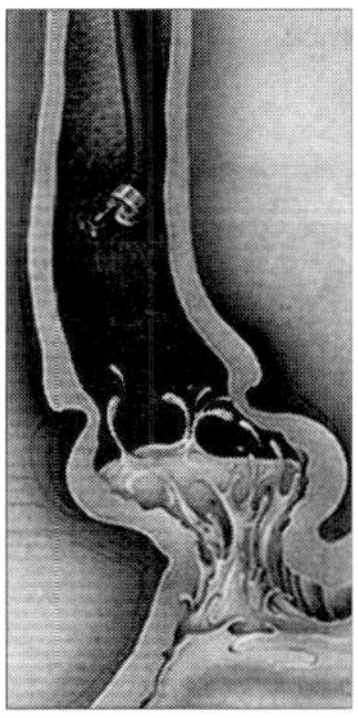

남성은 역류성 식도염의 전형적인 증상을 경험하고 나서야 병원을 찾는 데 반해 여성은 비전형적인 증상에도 예민하게 반응해 병원을 찾는 것으로 나타났다. 한림대학교 춘천성심병원 백광호 교수팀은 2005년 7월 1일부터 2006년 6월 30일까지 건강 검진을 받은 1,011명(남 528명, 여 482명)을 대상으로 내시경 검사를 시행하여 역류성 식도염 유병률 등의 결과를 발표했다.

이에 따르면 역류성 식도염 유병률은 9.7%(98명)였으며 이 중 남자는 7.1%(72명), 여자는 2.6%(26명)였다. 남자가 여자에 비해 역류성 식도염이 2.8배나 많이 나타나는 것은 역류성 식도염이 술이나 담배, 스트레스 등을 원인으로 하기 때문이다. 특히 역류성 식도염은 증상에 따라 남녀의 증상 차이가 분명했다. 남성의 경우에는 가슴이 타는 것 같은 흉부 작열감, 위산 역류 등 역류성 식도염의 전형적인 증상을 호소했다. 이에 반해 여성은 소화 불량, 속 쓰림, 인후 이물감 등 비전형적인 증상을 주로 보였다.

역류성 식도염은 위·식도 역류가 지속되면서 연약한 식도 곳곳이 헐고 염증을 일으키는 질환이다. 이때 나타날 수 있는 가장 전형적인 증상은 가슴과 명치 부근의 타는 듯한 통증과 신물이 올라오는 것으로 느껴지는 산 역류. 그 외 소화 불량, 속 쓰림, 음식물을 삼킬 때 느껴지는 통증 또는 불편감 등이 동시에 또는 하나씩 나타날 수 있다. 껌을 씹어서 타액을 많이 분비시켜 역류된 산을 중화시키는 것도 한 가지 방편이 될 수 있다. 비만한 경우에는 몸무게를 줄여 식도가 받는 압력을 줄여 주는 노력도 도움이 된다. 또 몸에 꽉 끼는 옷은 되도록 입지 말아야 한다.[6]

### (2) 가족생활 주기(family life cycle): 가정의(家庭醫)를 위한 시장 세분화 변수

가족생활 주기는 시간의 흐름에 따른 가족 구성의 변화를 기술하는 사회학적 개념이다. 이러한 주기가 마케팅에서 중요한 배경에는 각 단계별로 소비 패턴이 변화하기 때문이다. 이러한 가족생활 주기는 일반적으로 인구통계학적 특성, 특히 결혼의 유무, 연령, 자녀의 존재와 나이, 주부의 연령 등을 이용하여 복합적인 차원에서 정의할 수 있다.

가족생활 주기에 대한 연구는 1960년대로 거슬러 올라갈 수 있는데, Crockett과 Friend(1960)는 전반적인 식품 소비와 가장 많이 관여되는 인구통계학적 특성의 하나가 가정의 크기라는 것을 발견하였다. 또한 Maisel과 Winnick(1960)은 가정 크기와 가장의 나이(수입과 함께)는 가족이 집을 구매할 것인지 아닌지 예측하는 가장 중요한 변수라는 것을 발견했다. 이와 유사하게 Ferber(1960)는 가정에서 가장의 나이와 가족 크기는 모든 형태의 서비스 지출에 영향을 미치는 주요한 인구통계학 변수라는 것을 밝혔다.

6) 2009년 2월 13일 『매일경제』 기사 참조.

한편 소비자들의 충동구매에 대한 연구에서 Kollatter와 Willett(1964)에서 결혼한 지 10년이 되지 않는 부부인 경우에 충동구매할 확률이 낮은 것으로 나타났으며, 충동구매 비율은 결혼 생활이 길수록 증가하는 것으로 나타났다.

또한 Carman(1965b)의 소비 지출 단위의 생활 주기 단계는 수입 중 가정 가구 지출 비율의 가장 중요한 예측 변수라는 것을 발견했다. Lansing과 Morgan(1955)은 수입, 내구재 구매 지출, 자산과 부채와 재정적 위치에 대한 주관적인 느낌은 생활 주기에 따라 다르다는 것을 발견했으며, 생활 주기의 전반적 효과는 1965년에 National Industrial Conference Board(NIGB) 연구에서 밝혀졌다. 이 자료에서는 미국 가정의 경우, 전기세탁기, 냉장고, 진공 소기는 모두 생활 주기의 초기 단계(자녀가 6세 이하인 젊은 가족)에서 최고 소비에 도달하는 내구재이다. 가정 아이스크림 제조기와 전기다리미와 많은 비 내구재 제품들은 6세 이하나 6세 이상의 아이를 가진 가정 중에서 그들의 소비가 최고점에 다다른다. 자전거, 피아노나 오르간, 공기 청정기, 정원용 도구는 모든 자녀가 6~11세인 생활 주기 단계에서 지출이 절정에 다다른다. 보트나 트레일러는 자녀가 모두 12세 이상일 때인 생활 주기에서 지출이 최고점에 이르는 것으로 나타났다.

Social Research사는 Kroehler 제조 회사의 비품 연구에서 가구 구매의 관심은 결혼 초기와 자녀가 청년 또는 그들 자신의 가족을 만들어 집을 떠날 때에 가장 높다는 것을 발견했다. 그러나 이 두 단계에서는 수요는 많이 있지만 가구를 구매하는 행태에는 차이가 있다. 예를 들면 젊은 가정은 상대적으로 감각과 실용성을 크게 강조하는 반면, 생활 주기의 후기 단계에서 더 강조되는 것은 제품 자체의 매력성이다. National Industrial Conference Board 연구(1965)는 생활 주기의 초기 단계에서 비 내구재 소비가 일생에서의 최대 소비 수준에 도달한다는 것을 발견했다.

Barton(1955)은 생활 주기에서 가족의 단계와 비 내구재 구매 사이의 관련을 더욱더 증명하였다. 예를 들어 젊은 주부는 두드러지게 광고된 제품, 작은 크기의 포장 제품, 신제품을 구매하는 경향에 비하여, 나이든 주부는 좀 더 큰 포장 제품과 복합 기능 제품을 구매하는 경향이 높으며, 광고에 덜 민감하고 신제품에 덜 관심이 있는 것으로 나타났다.

다른 연구와 함께 이 연구물은 생활 주기와 구매 행동 사이의 관계에 대해 Wells와 Gubar(1966)의 연구 결과는 아래 표에 나타나 있다.

가족생활 주기(family life cycle) 요소는 가족 구성원들이 어떤 단계에 있는가 하는 것이다. 가족 수명 주기의 대표적인 구분은 미혼 단계/신혼부부/젊은 부부/중년부부/장년부부/노년부부/독신기 등 7개의 단계로 구분할 수 있으며, 경우에 따라서는 이보다 훨씬 자세한 구분도 가능하다.

〈표 III-2〉 생활 주기 단계에 따른 구매 내지 행동 패턴

| 생활 주기 단계 | 구매 또는 행동 패턴 |
|---|---|
| 1. 독신기: 젊고, 집에서 살지 않는 독신 | 낮은 재정 부담, 패션 의견 선도자, 여가 지향적, 기본 주방 용품, 기본 가구, 자동차, mating game 용품, 구매, 휴가(방학). |
| 2. 신혼부부: 젊고, 자녀가 없다 | 가까운 미래보다 재정상으로 더 나음. 내구재에 대한 높은 구매율과 높은 평균 구매, 자동차, 냉장고, 난로, 기능적이고 내구적인 가구, 휴가. |
| 3. Full nest I: 6세 이하의 어린 자녀 | 집 구매, 낮은 유동 자산, 재정적 상태와 저축 양에 불만족, 신상품에 관심, 세척기, 드라이어, TV, 아기 음식, Chest rub와 기침약, 비타민, 인형, 지갑, 썰매, 스케이트 구매. |
| 4. Full nest II: 6세 이상 어린 자녀 | 재정 상태 나아짐. 어떤 주부는 일함. 광고에 의해 덜 영향, 좀 더 큰 크기의 포장, 복합적인 구성, 구매, 많은 음식, 세척 재료, 자전거, 음악레슨, 피아노 구매. |
| 5. Full nest III: 독립한 자녀를 가진 오래된 부부 | 재정 상태가 더 나아짐, 더 많은 주부가 일함. 어떤 자녀는 직장을 가짐. 광고에 영향 받기가 힘듦. 내구재의 높은 평균 구매. 새롭고, 좀 더 세련된 가구, 자동차 여행, 불필요한 기구, 보트, 치과 서비스, 잡지 구매. |
| 6. Empty nest I: 자녀가 그들과 같이 살지 않은 오래된 부부 | 집 소유권이 최고점, 재정적 상태와 저축에 대체로 만족, 여행, 여가, 자기 계발에 관심, 증정과 기부, 신상품에 관심이 없음, 휴가 용품, 사치품, 집 개조 구매. |
| 7. Empty nest II: 결혼한 지 오래되고 자녀와 같이 살지 않는 부부, 가장 퇴직 | 수입이 급격하게 줆, 집을 지킴, 의료 기구, 건강, 수면, 소화를 돕는 의료 보호 상품 구매. |
| 8. Solitary Survivor, in labor force | 수입이 여전히 좋음, 그러나 집을 팔 수도 있음. |
| 9. Solitary Survivor retired | 수입이 급격하게 감소, 주의, 애정, 안전이 특별히 필요. |

여기서 신혼부부는 첫아이 출생 전까지의 단계를 의미하며, 젊은 부부는 막내가 초등학교에 입학하기 전까지의 단계이며, 중년부부는 모든 자녀가 학교를 다니는 부부, 장년부부는 첫아이가 학교를 졸업하고 직장을 다니는 시기부터 막내가 결혼하기 전까지의 단계, 노년부부는 모든 자녀가 결혼하고 독립한 상태이다. 독신기는 배우자가 사별하거나 황혼 이혼을 한 단계이다. 셋째로 소비자 집단의 성별 구분이다. 남성용 제품의 경우 특히 결혼한 남성의 경우에는 표에서와 같이 점차 나이가 들수록 배우자가 구매하는 것을 그대로 사용하는 경우가 많다. 따라서 이와 같이 여성이 남성용 제품을 구매한다면 남성 용품이라고 하더라도 광고나 판촉의 경우 여성에게 많이 노출되는 매체를 사용하는 것이 오히려 효과적일 수도 있다.

〈표 III-3〉 생활 주기별 각 품목에 대한 소득, 교육별 차이점

| Items | N | Education[a)] | | Income[b)] | | FLC[c)] | |
|---|---|---|---|---|---|---|---|
| | | Sig. of $x^2$ | Gamma value | Sig. of $x^2$ | Gamma value | Sig. of $x^2$ | Gamma value |
| Women's outerwear | 3,880 | 0.009 | −0.133 | 0.400 | 0.085 | <.001 | 0.248*) |
| Baby wear | 3,464 | 0.078 | −0.164 | 0.049 | 0.143 | <.001 | 0.322*) |
| Household products | 3,843 | 0.093 | −0.007 | 0.382 | 0.033 | <.001 | 0.171 |
| Emergency drug | 3,889 | 0.750 | 0.016 | 0.049 | 0.055 | <.001 | 0.003 |
| Toys | 2,892 | 0.000 | 0.119 | 0.000 | 0.199 | <.001 | 0.039*) |
| Furniture/beds | 3,729 | 0.059 | 0.013 | 0.019 | 0.055 | <.001 | 0.110 |
| Refrigerators | 3,891 | 0.032 | 0.041 | 0.007 | 0.069 | <.001 | 0.114 |
| Audio equipment | 3,666 | 0.893 | 0.001 | 0.003 | 0.032 | <.001 | −0.013 |
| Cameras | 3,746 | 0.359 | 0.020 | 0.026 | −0.011 | <.001 | −0.055 |
| TVs | 3,766 | 0.442 | 0.011 | 0.002 | 0.005 | <.001 | −0.008 |
| Insurance/bank assounts | 3,932 | 0.406 | −0.032 | 0.086 | −0.013 | <.001 | 0.054 |
| Men's casual wear | 3,917 | 0.099 | −0.044 | 0.256 | 0.023 | 0.001 | −0.007 |
| Men's formal wear | 3,932 | 0.050 | −0.038 | 0.015 | 0.009 | <.001 | −0.018 |
| Wine/liquor | 3,908 | 0.039 | 0.039 | 0.053 | 0.075 | 0.001 | −0.039 |
| Leisure/sports | 3,669 | 0.142 | −0.009 | 0.683 | −0.003 | <.001 | −0.069 |
| Automobiles | 3,732 | 0.058 | 0.045 | 0.019 | −0.049 | <.001 | −0.071 |
| Computers | 2,814 | 0.016 | −0.106 | 0.055 | −0.048 | <.001 | 0.042 |
| Buy/rent hoem | 3,742 | 0.059 | 0.091 | 0.503 | 0.030 | <.001 | 0.019 |
| Children's shoes | 2,289 | 0.019 | −0.030 | 0.186 | 0.079 | <.001 | 0.239*) |
| Children's jeans | 2,309 | 0.122 | −0.091 | 0.224 | 0.154 | <.001 | 0.358*) |
| Children's casual wear | 2,847 | 0.008 | −0.127 | 0.001 | 0.216* | <.001 | 0.344*) |
| Holiday/travel | 3,121 | 0.004 | 0.054 | 0.044 | −0.056 | <.001 | −0.023 |
| Eating out | 2,419 | 0.000 | 0.122 | 0.615 | −0.045 | <.001 | −0.072 |

a) Education levels: (1) Less than middle school, (2) less than tertiary, and (3) tertiary.
b) Income (monthly): (1) < $2,440, (2) < $2,440, (3) < $3,660, (4) < $4,880, (5) < $6,100, (6) > $6,101
c) FLC stages: (1) Empty nest, (2) preschool child, (3) young children, (4) children at middle school, (5) children at high school, (6) first child graduated, (7) last child graduated, (8) last child married
*) Indieates, for the convenience of the reader, a high gamma value.

생활 수명 주기의 단점으로서는 첫째, 유사한 사회-경제적 계층이며 유사한 생활 주기에 있다고 하더라도 상이하게 행동하는 경우가 있으며(Engel, Kollatt & Blackwell, 1968, p297),

이러한 구분 자체가 객관적인 기준에 대한 공통적인 결론을 도출하고 있지 못하다는 점이다. 연구자들이 공통적으로 동의하는 기준으로서는 가구 가장의 나이, 배우자의 유무, 자녀는 정의 안에 포함되어야 한다는 것이다. 그러나 아직 자녀를 포함시키는 가장 적절한 방법이 무엇인가에 대해 학자들마다 의견이 다르다. 오직 그들의 가장 큰 아이의 나이를 포함해야 하는지, 가장 어린 자녀와 가장 큰 자녀의 모든 나이를 포함해야 하는가, 아니면 다양한 발달의 단계(유아, 취학 전 아동, 학동, 청년, 젊은 어른)에서 자녀의 수를 포함해야 하는지 등에 대한 타당성 있는 결론이 아직 취약하다는 점이다. 일반적으로는 막내의 나이가 가족 전체의 주기를 결정한다는 관점이 있다.

### 3) 사회 경제적 변수를 통한 시장 세분화

사회 경제적 변수는 주로 소비자들의 사회적인 지위와 관련된 내용으로서, 1) 교육, 2) 직업, 3) 수입, 4) 주택 소유 여부(전세, 자가, 주거 형태, 거주 안정/불안정), 5) 사회 계층(social class) 등이 포함된다. 사회 경제적인 변수는 교육 수준과 수입, 직업의 유형, 주택 소유 등이 상호 상당한 상관관계를 보인다는 특징이 있다. 예를 들어 특정 제품을 이전에는 회사원들이 많이 사용하다가 자영업자들이 많이 사용한다든지 하는 직업적인 특징을 중심으로 한 분석이 가능하며, 광고를 비롯한 촉진(promotion) 도구를 실행하는 과정에서 목표 집단 설정 시 직업군을 설정하는 데 용이하다. 은행의 경우 주택 소유 여부 자체가 주택 구입 대출 자금의 시장을 확인할 수 있다. 한국에서는 주택 구입을 선호하기 때문에 이를 위해서 전세 거주자는 가처분소득 중의 상당액을 저축하게 된다. 이 결과 전세가 많은 아파트 단지 지역의 소비는 수입에 비해 다른 지역보다는 적게 이루어질 가능성이 매우 높다. 주거 형태는 아파트, 단독주택 등으로 구분할 수 있으며 필요에 따라 더 자세하게 구분할 수도 있다.

사회 경제학적 변수는 단일 변수를 사용한 분류와 이들 변수와 다른 변수를 결합시킨 복합적인 지표를 이용한 분석을 시도해 볼 수 있다.

#### (1) 단일 지표로서의 소득 수준

소득 또는 소득이라고 불리는 경제적인 지표는 세분화에 가장 기본적인 요소로 사용된다. 고객의 욕구는 소비의 능력과 의지의 함수로 볼 수 있다. 그러나 한편으로 소비하려는 의지

(willingness)는 소득 수준과는 반드시 일치하는 것은 아니다. 또한 소득은 소비 행위의 모든 변수를 설명할 수 없지만 세분화의 중요한 한 요소이다.

시장 세분화에서 소득을 기준으로 사용하기 위해서는 다음과 같은 네 가지 요인들에 대한 명확한 규정이 필요하다.

첫째, 분석에 관련된 단위의 결정을 하여야 한다. 즉, 소득의 가장 적절한 단위는 무엇인가? 전체 가족 전체 수에 따라서 결정하는 것인지, 아니면 현재 거주하는 사람만을 포함하는 것인지 아니면 실제로 소비를 하는 사람만을 포함하는 것인지를 명확하게 하여야 한다. 즉, 어디까지의 소득을 포함시킬 것인가 하는 것이다.

둘째로 소득에 어떤 유형까지를 포함시킬 것인가를 결정하여야 한다. 즉, 일반적으로는 봉급, 주식의 이익 배당금, 이자까지를 포함시키지만, 돈이 아닌 소득은 어떻게 할 것인지 예를 들면 과수원의 과일과 같이 현금화할 수 있는 것은 어디에 포함시킬 것인지, 세금 차감 전의 소득인지, 임시적으로 발생한 소득까지 포함하는지, 영구적인 소득만을 포함하여야 하는지를 규정하여야 한다.

셋째로 소득과 부, 신용으로 제품을 구입할 수 있는 능력 간의 관계를 명확하게 하는 것이 중요하다. 즉, 당장 현금은 없지만 주식과 같이 현금화할 수 있는 능력까지도 세분화 과정에서 기준으로 사용할 것인지를 결정하여야 한다.

넷째로는 소득 수준의 정도가 지역에 따라서 상대적일 수 있다는 것을 고려할 필요가 있다. 작은 농촌과 대도시 간의 돈의 가치를 어떻게 측정할 것인지를 고려하여야 한다.

소득 수준이 소비자의 구매 행동에 미치는 영향으로 대표적인 연구는 Engel의 법칙을 들 수 있다. 즉, 가정에서 소득이 증가함에 따라 음식의 소비 부분은 줄어들게 된다는 법칙이다.

소득이 소비자 행동에 미치는 기존의 연구 결과를 살펴보면, 소득 수준이 낮은 가정에서는 음식, 주택, 의료, 담배 등과 같은 필수재만을 구매하게 되지만, 수익이 증가함에 따라 이런 필수품의 소비 부분은 감소하게 되며, 수준 높은 제품을 소비하게 되고 노동력을 절감하는 데 많은 소비를 하게 된다. 예를 들어 소득 수준이 증가함에 따라, 가족의 소비는 가구, 옷, 액세서리, 레크리에이션, 독서, 교육과 같은 부분이 큰 지출로 차지하게 된다.[7)]

저소득자들은 커피나 세제를 사기 위해 체인점 형식의 마트보다는 독립된 상점을 가는 경향[8)]이 있으며, 높은 소득의 가족들은 좀 더 활동적이고 더 많은 상점을 들르는 경향을 보였다.[9)]

---

7) Linden(1967).

8) Bonks(1961).

9) Bucklin(1969).

한편 슈퍼마켓 이용 행동에서도 저소득 가정은 고소득 가정에 비해 가격에 좀 더 민감한 경향이 있는 반면에 중간 정도 소득의 가정은 가격의 인식과 가격에 대한 품질의 인식까지 두 개 모두를 고려했으며 고소득 가정은 중요하게 품질을 고려 대상으로 삼았다.[10]

**고소득의 선진국 고객을 겨냥한 의료관광**

의료 아웃소싱은 지구가 빠른 속도로 글로벌화되면서 다른 사업 부문에서 벌어진 경쟁이 의료 부문으로 확산된 결과다. 그러나 무엇보다 가장 큰 이유는 엄청나게 비싼 의료보험료 때문이다. 고용주가 일부를 부담하는 기업 의료보험료는 지난 6년간 87%나 상승하면서 회사와 종업원 모두에게 엄청난 부담을 안겨줬다. 가족 전원을 커버하는 의료보험의 경우 연평균 보험료가 1인당 1만 1,500달러에 달하는데, 이 중 기업주 부담이 8,500달러에 달한다. 근로자의 입장에서도 연간 3,000달러의 비용은 적은 돈이 아니다. 그래서 미국인 중 의료보험에 가입하지 않은 사람이 4,500만 명에 달한다고 보험업계는 추정하고 있다. 의료비 부담이 급증하면서 현재 미국 의료비는 GDP(국내총생산)의 16%에 달한다. 반면 인도·태국·싱가포르 등의 의료비는 미국에 비해 3분의 1에서 10분의 1 정도로 매우 저렴하다. 심장관상동맥수술과 간이식·성형수술 비용의 격차는 훨씬 커진다. 구체적으로 살펴보면 미국에서 5만 달러가 소요되는 혈관 형성 수술의 경우 인도 모할리 병원에 가면 6,000달러면 충분하다. 그래서 지난해 개인적으로 해외 의료관광을 떠난 사람이 약 50만 명에 이른다(미국의료보험연합). 심지어 일부 미국 병원들은 엑스레이 판독과 검사 결과 분석을 인도 병원에 의뢰하고 있다.

## 4) 심리 묘사적(psychographic) 세분화

심리 묘사적 세분화는 소비자들의 구매 행동과 관련된 이면적인 심리적 상황을 분석하는 것에 초점을 두는 세분화 방식이다. 이 세분화 과정에서 사용되는 변수로서는 소비자들의 개성(personality), 라이프스타일(lifestyle), 가치(value) 등이 있다.

이러한 세분화 기준을 도입하는 배경은 일반적으로 사용되는 세분화 변수인 인구 통계학적, 사회 경제학적 변수는 그 변수에서 정해진 사실만을 바탕으로 평가해야 한다는 단점이 있기 때문에 이를 극복할 수 있는 방식으로서 심리 묘사적인 변수를 도입하여, 집단별 특성을 추론된 본질(inferred nature)을 바탕으로 세분화할 수 있다는 장점이 있기 때문이다. 즉, 동일한 제품에 대해서 소비자들의 지각적 차이를 설명하고 이를 바탕으로 세분화할 수 있다. 1996년 *CONSUMER REPORT*지가 처음으로 맥주의 미각 평가를 실시하였다. 이 과정에서 17명의 전문적인 패널이 4개월간에 걸쳐 전 미국 각지로부터 수집된 70여 종의 맥주를 5번씩

10) Thompson(1967).

시음한 것을 토대로 심사하였다. 이 결과 light 맥주는 Anheuser-Busch사 브랜드인 Michelob Light, Bud Light, Natural Light가 객관적인 시음에서는 최고 수준(excellent), 매우 좋음(very good), 좋음(good), 그저 그럼(fair), 매우 안 좋음(poor)의 5단계로 매우 좋음(very good)으로 나타났다. 가격은 각각 0.67달러, 0.67달러, 0.48달러로 오히려 매출적 측면에서 유리하게 나타났지만, 시장에서 큰 반응을 얻지 못하였다.

이같이 객관적인 품질 평가에서 우수하거나 유사한 맥주들인 이 세 맥주 중에서 Bud light가 큰 히트를 한 반면, Natural Light는 별다른 호응을 얻지 못한 것을 심리 묘사적인 측면에서 설명할 수 있을 것이다.

### (1) 심리 묘사적(psychographics) 방식

흔히 시장 조사에서 심리 묘사 내지는 심리 분석적 방식이라고 하는 이 방식은 대략 30년 전, 마케팅 조사자였던 Emanuel Demby에 의해 만들어진 이래로 지금까지 사용되어 오고 있다. Demby는 심리학, 사회학, 인류학, 자아, 라이프스타일을 이용하여 시장에서의 소비자 그룹의 성향에 따라서 시장을 세분화시키려는 시도를 하였다.

최근 이러한 심리 묘사적 방식은 소비자들의 개성 측정을 위한 도구들(personality inventory)을 활용하고, 질적인 동기 리서치 연구들을 많이 도입하려는 시도를 하고 있다.

그러나 한편으로는 심리 묘사적으로 접근하려는 많은 연구자들은 사람들의 성격, 가치, 트렌드의 실체를 확인할 수 있지만, 이것을 라이프스타일이나 AIO와 같은 범주로 제한하여 분석하는 것이 보편적이다. 이는 다양한 방식으로 분석하게 되면 보다 자세한 분석은 가능하겠지만 결과의 적용이 문제가 될 수 있기 때문에 이 같은 범주로 제한하여 분석하는 것이 보통이다.

[그림 III-3]

### (2) 심리 묘사적 방식의 장점과 단점

심리 묘사적 방식은 다른 변수로서는 판별하기 어려운 목표 시장에 대한 자세한 분석이 가능하며, 이를 통해서 소비자 행동을 심층적으로 파악할 수 있다는 점이다. 또한 이를 바탕으로 마케팅 전략의 수립이 가능하다.

심리 묘사적 방식의 장점으로는 먼저 목표 시장의 구성원들의 구매 동기 검증이 가능하게 된다는 것이다.

소비자 차이는 인구통계학적 변수를 먼저 적용한 다음에 그 하부 단계로서 심리 분석적 방식을 사용하게 된다. 조사자는 전체 '시장 퍼즐'을 함께 맞추어 완성하기 위해 개개인의 마음 상태(그들의 AIOs)를 이해해야 한다. 즉, 소비자들의 라이프스타일 특성과 시장 크기와 범위의 양적 요인은 새로운 방식으로 접근할 수 있다.

심리 묘사적 묘사 기법을 기준점으로 하여 자전거 구매 시장을 살펴보면, 소비자들의 구매 이유는 단지 인구 통계적으로만 설명하기에는 부족함을 알 수 있다. 소비자들은 다양한 심리적인 이유로 자전거를 구매하기 때문이다. 예를 들면 자전거와 관련된 성인 운동 세분 집단은 다음과 같이 피트니스 운동광(fitness buffs), 조깅과 사이클을 즐기는 집단(joggers and cyclist), 조깅 혐오자(antijoggers), 레크리에이션으로 자전거를 즐기는 집단(recreational riders), 자연 탐구자(nature loves)로 나누어 볼 수 있을 것이다.

또한 일반적인 양적 자료를 통해서는 누가 그 제품의 다량 사용자(heavy user)인지는 파악할 수 있지만, 왜 구입하는지는 알 수 없다. 그러나 심리 묘사적 방식을 통해서는 핵심 애호 고객, 애호 고객의 심리적 창문을 열 수 있기 때문이다. 이런 정보를 이용하여 마케터는 잠재 고객에게 효과적인 편익을 제공할 수 있으며, 촉진을 위한 프로그램을 설계하는 데 이용될 수 있다.

예를 들어 어떤 소매점의 단골 소비자는 심리 묘사적 방식을 통해서, 지리적 시장 범위로서는 설명이 안 되는 일관성 있는 6개의 쇼핑 행태가 있다는 것을 발견하였다. 즉, 소비자 자체가 적극적인 정보 탐색을 싫어하는 비활동적 소비자(inactive), 소매점의 서비스 중심 구매자, 가족이 지속적으로 구매해 왔기 때문에, 구매 시 부가적인 편익, 가격, 그 쇼핑몰을 들러야만 하는 경유 고객(transitional shoppers)으로 구성되어 있음을 발견하였다.

또한 심리 묘사적 방식을 통한 부가적 마케팅 정보는 회사를 위한 성공적인 마케팅 계획을 수립하는 데 이용될 수 있다. 이러한 방식은 자동차와 같이 제품의 가격이 비싸거나, 캠코더와 같이 구매 후 다양한 목적에서 사용할 수 있는 제품, 구매 동기를 쉽게 파악하기 어려운 청량음료나 맥주와 같은 제품을 판매하는 회사에 더 유용하다. 이러한 심리 묘사적 방식을 통해 수집한 전략 정보는 회사의 모든 마케팅 부분에서 활용할 수 있다.

- 신상품의 포지셔닝/기존 상품의 리포지셔닝
- 상품이나 서비스를 세분 니즈에 더 만날 수 있게 향상
- 주어진 시장 안의 가격 요소의 중요성 인식
- 촉진 전략, 적당한 미디어 수단의 선택, 판매 소구
- 새 유통 방법 탐색, 기존 유통 채널 향상

### 5) 가치(value) 분석을 통한 시장 세분화

소비자들의 행동은 선호하는 가치에 적합한 결과를 얻기 위한 또는 가치에 반하는 결과를 피하기 위한 도구로서 역할을 한다. 이와 마찬가지로 소비자의 구매 행동이나 특정 브랜드의 구매 행동 역시 이러한 소비자의 가치에 영향을 받게 된다. 따라서 소비자의 가치 구조를 이해하고 특정 소비 행동과 가치 간의 연결 경로를 파악하는 것은 소비자의 동기를 이해하고 촉진하기 위한 기초가 된다.

Settle과 Alreck(1986)은 좋거나(good), 바람직한(desirable) 것에 대해서 지속적이고 안정적인 확신이라고 정의하고 있다. 이러한 가치는 일생 동안 유지되며, 목표에 도달하고 중요한 욕구를 충족시키는 과정에서 개인적인 정책과 전략을 제시해 주기도 한다.

소비자들의 가치는 단독으로 한 가지씩 존재하는 것이 아니라 여러 가치들이 연합해서 하나의 가치를 형성하기 때문에 가치 체계(value system) 내지는 가치 구조(value structure)를 이루게 된다. Settle과 Alreck(1986)은 가치 체계에 따른 소비자 집단을 경제 지향적 소비자(economically oriented consumer), 지식 지향적 소비자(intellectually oriented consumer), 사회적 지향적(socially oriented) 소비자, 미 지향적(asethetically oriented) 소비자, 정치 지향적(politically oriented) 소비자, 영적 지향적(spiritually oriented) 소비자로 구분하였다.

가치(value) 개념은 소비자의 의사 결정 과정에 내재하는 드러나지 않는 변수들을 확인하기 위한 목적으로 적용되어 왔다. 마케팅 분야에서 가치가 중요한 변수로 주목받기 시작한

것은 Rokeach(1973)의 연구에서부터라고 볼 수 있다. Rokeach는 가치를 특정 행동 양식 또는 존재의 궁극적 상태가 반대의 행동 양식이나 상태보다 개인적 · 사회적으로 더 바람직하다는 지속적인 믿음으로 정의하고, 각각 18가지 도구적 가치와 궁극적 가치 간의 연결 관계인 개인의 가치 체계에 주목하였다.

Rokeach(1968; 1969)에 의하면, 가치는 "행동의 특별한 방법의 인내 신념 혹은, 존재의 특별한 마지막의 상태인 인내 신념은 행동의 방식이나 존재의 마지막 상태에서 사회적, 개인적으로 바람직한 선택을 하는 것이다." 그래서 정의된 가치는 "우리가 가져야 할 태도는 무엇인지 그리고 원하는 것은 무엇인지 혹은 어떻게 행동해야 하는지에 대해서 우리에게 말해 주는 기준 또는 규범이다." 그리고 "우리가 정당하게 행동하도록 하고, 도덕적으로 판단하게 하고 다른 사람들과 우리를 비교하게 하는 규범이다." 그리고 '다른 사람들의 가치, 태도, 활동이 가치가 있는지 없는지를 말해 주는 기준'이라고 한다.

이러한 정의를 따라서 Rokeach는 궁극적으로 소비자들이 추구하는 가치인 종국적 가치(terminal value)를 18개 항목으로 설정하고, 이를 달성하는 과정에 해당되는 도구적인 역할을 하는 수단적 가치(instrumental value) 18개를 도출하여 가치 조사(value survey)를 개발하였다.

〈표 III-4〉 18가지의 종국적 가치와 수단적 가치

| 종국적 가치 | r | 수단적 가치 | r |
|---|---|---|---|
| a comfortable life<br>(a prosperous life) | .70 | ambitious<br>(hard-working, aspiring) | .70 |
| an exciting life<br>(a stimulating, active life) | .73 | broadminded<br>(open-minded) | .57 |
| a sense of accomplishment<br>(lasting contribution) | .51 | capable<br>(competent, effective) | .51 |
| a world at peace<br>(free of war and conflict) | .67 | cheerful<br>(lighthearted, joyful) | .65 |
| a world of beauty<br>(beauty of nature and the arts) | .66 | clean<br>(neat, tidy) | .66 |
| equality(brotherhood,<br>equal opportunity for all) | .71 | courageous<br>(standing up for your beliefs) | .52 |
| family security<br>(taking care of loved ones) | .64 | forgiving<br>(willing to pardon others) | .62 |

| | | | |
|---|---|---|---|
| freedom (independence, free choice) | .61 | helpful(working for the welfare of others) | .66 |
| happiness (contentedness) | .62 | honest (sincere, truthful) | .62 |
| inner harmony (freedom from inner conflict) | .65 | imaginative (daring, creative) | .69 |
| mature love (sexual and spiritual intimacy) | .68 | independent (self-reliant, self-sufficient) | .60 |
| national security (protection from attack) | .67 | intellectual (intelligent, reflective) | .67 |
| pleasure (an enjoyable, leisurely life) | .57 | logical (consistent, rational) | .57 |
| salvation (saved, eternal life) | .88 | loving (affectionate, tender) | .65 |
| self-respect (self-esteem) | .58 | obedient (dutiful, respectful) | .53 |
| social recognition (respect, admiration) | .65 | polite (courteous, well-mannered) | .53 |
| true friendship (close companionship) | .59 | responsible (dependable, reliable) | .45 |
| wisdom(a mature understanding of life) | .60 | self-controlled (restrained, self-disciplined) | .52 |

Roman(1970)은 마케팅에 적용하여 다양한 그룹에서 가치의 정도가 상당히 차이가 있음을 밝혀내었다. 예를 들어 높게 건강을 지각하는 여성이 행복(happiness)이라는 종국적 가치와 이를 달성하기 위한 수단적 가치인 책임(responsibility)이라는 측면에서 그렇지 않은 여성에 비해 컸고, 미(beauty)와 지혜(wisdom)라는 종국적 가치와 상상(imagination)과 용서(forgiveness)라는 수단적 가치의 비율이 더 높았다. 유사하게, 다양한 생산물 개념에 대한 다른 선호도에 따라 그룹의 종국적 가치(terminal value)와 수단적 가치(instrumental value)가 다르다는 것을 찾았다.

Rokeach의 접근과 유사한 방향의 연구로서 Kahle(1983)의 연구로 대표되는 LOV(List of Values)와 SRI(Stanford Research Institute)의 VALS(Value and Life Style) 등이 있다.

이러한 거시적인 가치 연구들이 시장 내 표적 집단의 전반적인 가치 성향에 관심을 기울인 데 비해 심리학적 이론들에서 파생된 미시적인 접근법들이 있다. 미시적 가치 연구의 대표적 이론이 수단-목적 사슬 이론(Means-End Chain Theory: MEC)으로, 이 모델은 제품의 특정 속성들(수단)과 그 속성에 의해 제공되는 결과(소비자 편익) 그리고 그 결과에 의해 강화되는 소비자 가치(목적) 간의 연결 관계에 초점을 둔다(Gutman, 1982). MEC 이론은 다음의 세 가지 수준 간의 연결로 요약할 수 있다.

제품 속성(attributes) → 결과(consequences) → 가치(values)

소비자들의 제품/상표 선택 행동과 그들이 만족시키고자 하는 가치들 간에는 밀접한 관계가 존재하며, 위의 세 가지 수준의 연결 경로를 추적함으로써 소비자 행동에 대한 이해와 통찰을 얻을 수 있다는 것이 MEC 이론의 핵심이다. MEC 이론은 가치에 주목함으로써 피상적으로 지나치기 쉬운 소비자의 심층 동기의 중요성을 확인시켜 주었으며, 또한 특정 제품 속성과 연결된 가치를 주장함으로써 소비자 구매 프로세스를 추적할 수 있는 보다 구체적인 접근법의 이론적 근거를 마련해 주었다.

MEC 이론을 실제 마케팅 문제에 적용하기 위해서는 소비자가 중요하다고 생각하는 제품 속성을 확인하고, 그 속성이 제공하는 물리적 · 심리적 결과(편익)와 그러한 결과가 만족시키는 궁극적인 가치를 알아낼 수 있는 탐색적인 조사 방법이 필요하다. 이러한 탐색적 방법론으로 고안된 것이 레더링(laddering)이다. 원래 laddering은 임상심리학 분야에서 환자들이 보이는 이상행동의 의미를 추적하기 위해 개발된 면접 기법을 지칭하는 의미였지만(Dibley & Baker, 2001), MEC 이론 체계 내에서 독특한 분석 기법과 연결된 조사 방법으로 재정리되었다.

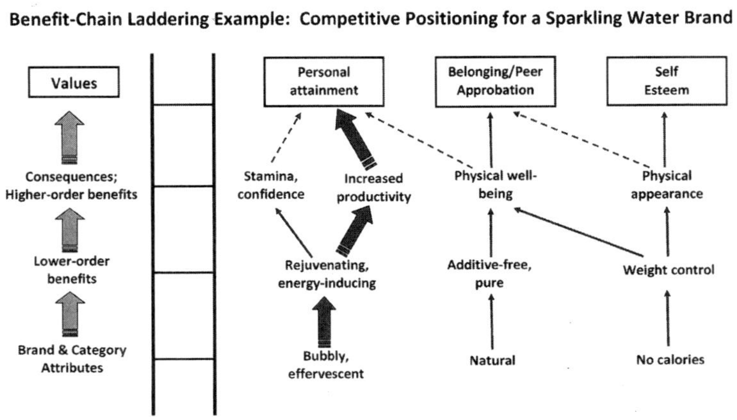


[그림 III-4] 수단가치 사슬 모델

### (1) VALS(Values and Lifestyles)

1978년 Stanford Research Institute에서 시작된 VALS는 라이프스타일의 특징을 중심으로 소비자 행동을 세분화시키는 방식이다. 1989년 VALS 2 측정 분석 방법이 새롭게 개발되어 광고와 마케팅 등에 실무적으로 적용되고 있으며, 심리 묘사적으로 가장 뛰어난 방법 중의 하나로 알려져 있다. 1억 5천만 달러의 투자와 2년의 개편 기간을 통해 VALS 2는 원래 형태보다 상당히 자세한 분석이 가능하게 되었다.

첫 번째와 두 번째의 중요한 차이는 새 시스템은 가치를 덜 강조하고 심리적이고, 경제적, 교육적 resources를 좀 더 강조한다는 것이다. 즉, VALS가 소비자 집단을 외부 지향적(outer directed), 내부 지향적(inner directed) 그리고 욕구 지향적(need driven)으로 구분한 데 비해서 VALS 2는 사람 지향적(people oriented), 지위 지향적(status-oriented), 행동 지향적(action-oriented)으로 구분하였다는 점이다. VALS 정보는 신제품을 개발하는 데, 제품 포지셔닝 전략을 수립할 때, 새 시장을 목표 시장으로 설정할 때, 광고 캠페인을 디자인할 때 사용할 수 있는 점이다. 또한 이 기업의 지역적 세분화 방식은 CACI사, Claritas사, Donnelley사, National Decision system사와 Simmons, Mediamark와 같은 제품의 사용/미디어 정보 분석 회사와 이러한 정보를 공유하여 분석할 수 있도록 한 점이 큰 발전으로 볼 수 있다. 이 중에서 특히 그동안 세분화 기법으로 많은 각광을 받았던 Claritas사의 PRIZM과 VALS가 연결되어 분석이 가능해져서 세분화의 많은 진전을 가져왔다.

### (2) VALS의 집단 구분

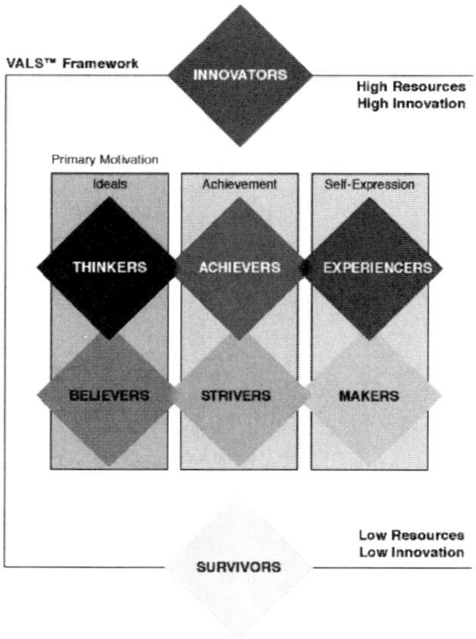


외부 지향적인 집단은 제품을 구매하는 경우에 다른 사람이 어떻게 생각하는지를 중시하는 집단이다. 따라서 이 집단은 사회적인 규범을 중시하며 전통적인 가치에 따르려는 경향이 강하다. 전체 소비자들 중에서 약 68%의 소비자가 여기에 해당된다. 내부 지향적인 집단은 자신의 내적인 욕구를 충족시키기 위해서 노력하는 집단이며 자신의 자아(self)를 반영하는 제품을 구입하려는 성향이 매우 강하다. 욕구 지향적 집단은 기본적인 욕구를 충족하는 데 대부분의 소비를 하는 집단을 의미한다. 한편 이러한 집단의 분류가 소비자들의 세분화에 미흡한 점이 발견되어, VALS 2

가 개발되었다.

VALS 2에서의 사람 지향적(people oriented)인 소비자 집단은 세상은 어떠해야 한다는 자신의 견해에 따라서 행동하는 사람들을 의미한다. 지위 지향적(status-oriented)인 집단은 타인의 행동이나 의견에 의해서 많은 영향을 받는 소비자들을 의미하며, 행동 지향적(action-oriented)인 집단은 다양한 경험이나 행동을 해 보고 싶어 하는 소비자들로 구성되어 있다.

이 방식을 통해서 확인할 수 있는 주요한 내용은 먼저 목표 소비자 집단이 누구인지에 대한 확인이 가능하며, 둘째로는 목표 소비자 집단의 구매 행동과 사용을 알 수 있으며 셋째로는 목표 집단이 집중적으로 거주하는 지역을 중심으로 파악이 가능하고 넷째로는 이들 목표 집단에 대해서 가장 효과적인 커뮤니케이션 수단이 무엇인지를 확인할 수 있다. 다섯째로는 왜 목표 집단 소비자들이 특정한 행동을 하는지에 대해서 통찰력을 얻을 수 있다.

한편 VALS는 일본 지역에서의 조사와 인터넷을 통한 네티즌의 가치와 라이프스타일에 대한 연구도 진행하고 있다[11)]

■ 혁신자(innovator; 이전의 Actualizer)

혁신자는 높은 자부심에 성공적이고 세련된 사람들이다. 이들은 풍부한 자원이 있기 때문에, 3개 차원에서 다양한 1차적인 동기를 가지고 있다.

이들은 변화의 선도자 집단이고, 새로운 아이디어 및 기술을 잘 받아들인다. 혁신자는 아주 활동적인 소비자이고, 이들의 소비 활동은 주로 상류층의 교양 있는 문화적인 취향을 반영하게 된다.

이미지는 혁신자들에게 중요하며, 이를 통해서 지위나 힘을 상징하기보다는 이들의 취향이나 개성, 다른 사람과의 차별성 등을 나타내는 것이다.

혁신자는 기업이나 정부 조직에서 이미 자리를 잡고 있는 경우나 막 이제 등장하는 소속원 중에서 찾아볼 수 있다. 이들은 지속적으로 도전하는 것을 즐긴다. 이러한 면을 반영하듯이 이들의 생활은 다양한 특성을 가지고 있으며, 소유물들은 그들의 문화를 반영하는 교양 있는 취향을 나타낸다.

■ 사상가(thinker; 이전의 fulfillers)

사상가는 이상(ideal)적인 것에 의해서 동기 부여가 이루어지는 유형이다. 이들은 성숙되었으며, 만족하고 있고 안락한 상황을 유지한다. 이들은 순서 체계, 지식, 책임감 등에 대해 가

11) VALS에 대한 자세한 내용은 http: future.sri.com/vals/vals2desc.html를 참조.

치를 두는 집단이다. 이들은 또한 교육 수준이 높으며, 의사 결정 과정에서 정보를 적극적으로 획득하고자 하는 활발한 집단이다. 이들은 세상 돌아가는 일들과 국제적인 사건들에 대해서 많은 정보를 가지고 있으며, 지식을 넓히는 기회를 잘 활용하여 지식수준을 높여 나간다.

사상가들은 권위 있는 기관에 소속되고 또한 사회적으로 지켜야 할 예의 내지 몸가짐으로 인해서 어느 정도 적당한 수준의 존경을 받고 있다.

이들은 그러나 늘 새로운 아이디어에 대해서 개방적이다. 상대적으로 높은 소득으로 인해서 소비 생활은 윤택한 편이지만, 보수적이며 실리를 따지는 소비자들이다.

즉, 제품 구매 시 내구성 있는 제품을 선택하는 경향이 있으며, 기능성 그리고 제품의 가치를 따지는 편이다.

■ 성취 추구자(achievers)

이들은 성취에 의해서 동기 부여를 받게 된다. 성취 추구자는 목표 지향적(goal oriented)인 라이프스타일을 가지기 때문에 일과 가족에게 몰입하는 정도가 높은 편이다. 이들의 사회적인 생활은 이러한 목표를 달성하는 데 적합하도록 구조화되어 있다. 이들 집단은 전통적인 생활을 하며 정치적으로도 보수적이고, 사회적으로 존경을 받는다. 또한 이들은 변화보다는 현상을 유지하는 데 관심이 있다. 이들은 많은 사람들의 의견 일치를 이끌어 내는 데 가치를 두며, 예측 가능성, 안정성, 친근감, 자신에 대한 발견에 가치를 둔다.

이들은 많은 욕구(needs)와 요구(wants)를 가지고 있기 때문에 시장에서 적극적인 구매자로서의 역할을 한다. 이미지는 이들 성취 추구자에게 중요한 요인이다. 즉, 이들은 기존에 잘 알려진 품격 있는 제품이나 서비스를 선호하며, 이를 통해서 동료 집단에게 과시하려고 한다.

또한 이들은 일상생활이 바쁘기 때문에 시간을 절약할 수 있는 다양한 제품에 대해서 관심이 많다.

■ 경험자(experiencers)

경험자(experiencers)는 자아과시(self expression)에 의해서 동기 부여가 된다. 젊고, 열정적이고 충동적인 소비자들이기 때문에 이들은 새로운 기회에 대해서 열정적인 반응을 나타내지만 한편으로는 곧 식어 버리는 경우도 많다. 이들은 다양한 것과 흥미를 추구하며, 위험을 즐기고, 새로운 것과 일상적인 것이 아닌 것에 대해서 흥미를 가진다.

흔히 이들은 운동, 스포츠, 레크리에이션 활동, 사회 활동을 통해서 에너지 분출의 출구를 선택한다.

경험자들은 소비에 큰 관심을 가지고 있는 집단이다. 이들은 소득 대비 지출이 큰 편이며, 패션, 오락, 사회적인 활동에 많은 비용을 지출한다.

이들이 구매한 제품들은 이들의 입지를 강화시켜 줄 수 있는 디자인이 좋은 제품이나 새로운 혁신 제품들이다.

■ 신뢰자(believer)

사상가 집단과 마찬가지로 신뢰자는 이상(ideal)에 의해 동기 부여가 이루어진다.

이들은 종교, 지역 사회, 국가에 대한 전통적이고 구체적인 신념을 가진 보수적이고 전통적인 사람들이다.

많은 신뢰자들은 이들의 깊고, 고지식하게 해석하는 도덕적 코드를 다른 사람들에게 드러내 보인다. 이들은 가족, 지역 사회, 종교적 조직 등 광범위한 조직들에 속해서 이들 집단의 코드를 따른다.

소비자의 관점에서 이들 신뢰자 집단은 일관성이 높은 집단이다. 즉, 이들은 친숙한 제품만을 선택하고 잘 알려진 브랜드만 선택한다. 이들은 자국산 제품을 선호하며, 보통 특정 브랜드 애호자들이다.

■ 분투가(strivers)

분투가는 최신 유행을 추종하는 집단들이며 사랑을 즐기는 집단이다.

이들은 성취감에 의해서 동기 부여가 이루어지지만 대중의 의견과 다른 사람들의 인정(approval)에 대해서 민감한 집단들이다. 이들에게 돈은 성공의 척도를 의미하지만 늘 부족한 편이기 때문에 돈을 추구하는 편이다.

이들은, 많은 재력을 가진 사람들이 자신의 물질적 부를 드러내주기 위해 택하는 디자인이 뛰어난 제품을 선호한다. 이들에게 직업은 경력의 차원이 아니라 돈을 버는 수단으로 인식되며, 전문성이 부족하기 때문에 늘 보다 나은 직장으로 옮기는 데 한계점이 있다.

분투가들에게 쇼핑은 사회적 활동의 일부분이며, 동료 집단에게 제품 구매력을 과시할 수 있는 수단으로 생각하기 때문에 매우 중요하게 받아들여진다. 소비자로서 이들은 금전적으로 뒷받침되는 한 충동적인 구매자들이다.

■ 제작자(maker)

경험자와 같이 제작자는 자아 표현 동기에 의해서 영향을 많이 받게 된다.

이들은 자기 자신과 자신들의 경험을 집을 짓는다거나 아이들을 양육하는 과정에서 또 차를 고치거나 장기간 보존할 수 있는 음식(예를 들면 집에서 포도잼을 만드는 것)을 만드는데 충분한 기술과 열정을 가지고 있기 때문에 성공적으로 이런 일들을 하는 과정에서 자기 자신과 자신들의 경험을 드러내 보이는 행동을 하게 된다.

제작자들은 이렇게 제작하는 기술을 가지고 있고 이를 통해서 자기 자신이 충분히 스스로 일을 다 해낼 수 있다고 하는 자아 충분성(self sufficiency)에 가치를 두는 집단이다.

이들은 전통적인 가족 구조에서 생활하고, 실질적인 일을 하며, 육체적인 레크리에이션을 즐기지만 외부 환경에서 벌어지는 일들에 대해서는 거의 관심이 없는 편이다.

제작자는 새로운 아이디어와 대기업들과 같은 큰 기관에 대해서 부정적인 인식을 가지고 있다. 이들은 정부의 권위나 조직화된 인적 능력에 대해서는 존경하는 태도를 가지고 있지만 정부가 개개인의 권리에 대해 간섭하는 데는 분개하는 태도를 가진다.

이들은 기능적이거나 실질적인 기능을 가진 제품을 제외하고 다른 사람이 가지고 있는 물질적인 소유물에 대해서는 영향을 받지 않는다.

■ 생존자(이전에 strugglers)

생존자는 삶의 초점을 매우 좁게 정의하고 사는 사람들이다. 이들은 가지고 있는 자원이 매우 작기 때문에 세상이 너무 빨리 변한다고 생각하는 사람들이다. 이들은 친숙한 것에 대해서 매우 안락함을 느끼며, 안전과 보호에 대해서 큰 관심을 가지고 있는 집단이다. 이들은 욕망을 충족시킨다는 것보다는 당면한 욕구를 채우는 데 초점을 가지고 있기 때문에 이들에게 동기를 부여할 만한 것은 없는 편이다

### 6) 행동 세분화(behavioral segmentation)

소비자들의 구체적인 행동을 바탕으로 세분화를 시도하는 행동적 세분화(behavioral segmentation)는 다른 세분화 변수들에 비해서 비교적 측정이 객관적이며 구체적이라는 장점이 있다. 또한 소비자들의 복잡한 의사 결정 과정을 거쳐서 도출된 행동을 바탕으로 분류하기에 세분화 도구로서 적용이 쉽다는 측면도 행동적 세분화를 선호하게 되는 또 다른 장점이다.

행동적 세분화를 위해서 사용되는 대표적인 변수로서는 1) 소비자들의 사용량, 2) 구매 및 사용 패턴, 3) 사용 상황, 4) 추구하는 편익을 들 수 있다.

### (1) 제품 사용량(usage rate or frequency) 중심의 세분화

소비자들의 습관적(habitual), 반복적 구매는 특정의 제품에 대해서 집중적으로 사용하게 만들며, 이 결과 전체 제품의 사용량 중에서 소수의 소비자들이 대부분의 소비량을 사용하고 있음을 볼 수 있다. 화장지, 맥주 등과 같은 대량 소비 제품을 사용량에 따라서 소비자들을 비 사용자, 소량 사용자, 다량 사용자로 구분하여 이들 집단이 전체 제품군의 소비에서 차지하는 비율을 파악해 보면, 대략 소비자들의 20%가 전체 소비량의 80%를 사용한다는 사실을 알 수 있다.

물론 제품에 따라서 전체 소비자들 중 30%가 70%의 제품을 사용하는 경우도 발생한다. 이 같은 소비 패턴을 8 : 2의 원리, 다량 사용자 이론(Heavy User Theory)이라고 한다.

이러한 내용은 Twedt[12]이 약 40개 품목에 대하여, 소비자들을 비 사용자, 소량 사용자, 다량 사용자로 구분하여 이들의 사용량을 비교해 본 결과 밝혀지게 되었다. 이렇게 작성된 표를 'Heavy Half Table'이라고 부르고, 이 표는 주로 소비자들의 사용량에 따른 목표 소비자들을 찾아내는 경우에 사용된다. 이러한 결과표를 이용하여 사용 소비자들의 사용량 정보와 인구통계학적인 변수를 결합시켜 목표 소비자들의 프로파일을 구성해 낼 수 있는 것이다.

마케팅 전략적 관점에서 다량 사용자 이론은 단순하게 소비자들의 프로파일 분석 차원을 넘어서 한 제품은 물론 동류 제품들 간에 사용자 비율을 비교 평가해 봄으로써 시장 확산력을 평가할 수 있다.

또한 전체 매출액과의 결합을 통해서 사용자 1인당 평균 사용량을 비교함으로써 동류 제품군 내에서 소비자들이 어떤 제품을 더 많이 소비하는지에 대한 상대적인 지표를 얻을 수 있다.

이를 다량 사용자 이론이라고 부르며, 8 : 2의 원리라고 부르기도 한다. 이는 전체 소비자들 중에서 20%의 소비자들이 전체 소비량의 80%를 차지한다는 것을 의미하는데, 실제로 제품에 따라서는 30%의 소비자들이 전체 소비량의 70%를 차지하는 것으로 나타나거나, 40%의 소비자들이 전체 소비량의 60%를 차지하는 형태로 나타나기도 한다.

12) Dik Warren Twedt(1964), "How Important to Marketing Strategy is the 'Heavy User'?" *Journal of Marketing* 28 (January), 71-72.

### 7) 애호도 기준의 세분화(loyalty based segmentation)

세분화를 위한 기반으로서 제품, 브랜드에 적용하려는 시도는 Brown(1952~53)과 Cunningham(1955, 1956)에 의한 브랜드 애호도 관련 연구에서 시작되었다. 이 연구에서 소비자들은 주어진 제품 범주 안에서 한정된 브랜드들을 집중해서 구매하는 경향을 나타내었던 것이다. 또한 브랜드 애호도의 정도가 제품의 범주와 가구에 따라서 다양한 차이가 존재하였다. 여기서 만일 애호도가 높은 소비자들과 애호도가 낮은 소비자들이 마케팅 변수에 대하여 반응하는 점에서 차이가 있다면, 소비자들의 애호도(loyalty)는 세분화의 유익한 기반으로 역할을 할 수 있다.

즉, 애호 고객과 비애호 고객이 각각 차이 있는 사회 경제적, 인구 통계학적 또는 성격 특성(personality trait)이나 다른 미디어 선택 내지 쇼핑 습관을 가지고 있다면, 기업은 마케팅 프로그램을 각각 다른 애호도 세분 시장(loyalty segment)에 맞추어 좀 더 특별하게 마케팅 프로그램을 설계해야 할 것이다.

소비자들의 브랜드에 대한 세 가지 주요한 요인인 인지(awareness), 태도(attitude), 애호도(loyalty)의 조합을 바탕으로 다섯 가지 집단으로 나눌 수 있다.

■ 신규 제품군 사용자(New Category Users: NCUs)

우리 브랜드 제품을 구매함으로써 상품 범주에 진입하는 구매자를 의미한다. 그러나 NCUs는 이 제품군에 포함한 어떤 브랜드라도 사용할 수 있지만 브랜드에 대한 인지도와 밀접한 관계가 있다. 따라서 이들을 자사 브랜드 사용자로 전환시키기 위해서는 브랜드 인지율을 높이는 작업을 진행하여야 한다. 아직은 뚜렷한 브랜드 태도는 형성되지 못한 단계라고 할 수 있다.

■ 애호 소비자(Brand Loyals: BLs)

이들 집단은 자사 브랜드를 규칙적으로 구매하는 소비자들을 의미한다. 이들은 이미 자사 브랜드에 대해 매우 잘 알고 있으며, 강한 우호적인 태도를 가지고 있다. 지금 판매되는 상당 부분의 매출은 이들에 의해서 이루어지며, 또한 향후에도 안정적인 매출 부분은 이들에 의해서 발생하게 된다. 하지만 현재 그들이 구매하는 비율 이상으로는 늘어나지 않게 된다.

■ 우호적 브랜드 전환자(Favorable Brand Switchers: FBSs)

이들은 가끔 자사 브랜드를 구매하지만 기회가 되면 다른 브랜드도 구매하는 구매자를 의미한다. 자사 브랜드에 대한 이들의 태도는 중립 수준이며, 자사 브랜드 인지도가 낮은 수준으로 떨어지게 되면 당분간 구매가 발생하지 않게 된다. 따라서 마케터는 이들의 행동을 잘 파악해서 이들이 판촉에 민감하게 반응하는 집단(deal proneness)으로 바뀌는지 아니면 순차적으로 브랜드 간에 구매를 하게 되는 순차적 브랜드 구매자(rotator)인지를 파악하여야 한다.

■ 타 브랜드 전환자(Other-Brand Switchers: OBSs)

이 집단은 자사 브랜드만을 제외한 다른 브랜드만을 구매하는 소비자들을 의미하며, 다른 브랜드에서 다른 브랜드로 구매를 전환하게 된다. 따라서 자사 브랜드는 이들의 구매 고려 집단(evoked set)에서 제외된 상태라고 할 수 있다. 또한 이러한 배경에는 자사의 브랜드에 대한 인지도는 높지만 태도가 부정적이거나, 우호적이긴 하지만 가격이나 유통과 같은 다른 마케팅 믹스 요인으로 인해서 구매에 장애를 느껴 이 같은 행동 패턴을 보일 수 있다.

따라서 마케터는 이러한 집단의 소비자들이 자사 브랜들를 구매하지 않는 원인에 대해서 면밀한 검토를 하여야 한다.

■ 타 브랜드 애호자(Other-Brand Loyals: OBLs)

이들 소비자들은 자사 브랜드보다 다른 브랜드를 지속적이며 규칙적으로 구매하는 소비자들이다. 이들은 다른 브랜드에 만족하고 있기 때문에 우리 브랜드의 입장에서는 판매 가능성이 가장 낮은 집단이다.

이 집단의 소비자들이 이러한 행동 패턴을 나타내는 배경에는 먼저 이들 소비자들이 자사 브랜드를 모르거나 인지율이 극히 낮아서 회상 브랜드군(evoked set)이나 구매 고려 브랜드 집합군(consideration set)에 포함되지 않을 수 있기 때문이다.

이들은 제품군에 대해서 잘 알고 있다는 점에서는 NCUs 집단보다 판매 가능성이 높지만 자사 브랜드에 대해서 부정적 내지는 중립적인 태도를 가지고 있기 때문에 가장 판매하기 어려운 집단이다.

이러한 소비자들의 인지, 태도, 애호도 조합(AAL)을 통한 시장 자극에 대한 소비자들의 반응(consumer response)은 묘사 요인(descriptor factor)에 의해 더욱 자세하게 분석할 수 있다. 예를 들어서 지역적(geographic), 인구통계적(demographic) 또는 심리 묘사적(psychographic) 변수를 통해서 더 자세하게 설명할 수 있다. 즉, 5개의 집단 가운데 특정한 집단을 묘사 요인으로써 더 자세히 구분하거나 이를 바탕으로 광고 캠페인을 수정할 수 있다.

예를 들면 Michelob맥주의 경우에 "밤은 미켈롭으로부터 시작됩니다(Night belongs to Michelob)"라는 캠페인을 통해서 21~26세의 젊은 음주자를 목표 소비자들로 설정하였다. 그러나 이 캠페인에서는 목표 집단이 너무 한정된다는 약점이 있었기 때문에 이를 극복하기 위해서 "20대 시절이 다른 시절보다 마냥 좋았던 기억만 있습니까?(Some days are better than other?)"라는 캠페인을 통해서 목표 소비자 집단을 27세 이상의 중년 남성층으로 설정하였다. 그러나 이 캠페인의 문제점으로 맥주를 마시지 않는 50%의 소비자들까지를 잠재적인 구매 대상자인 NCUs로 설정하였다는 것이다. 결국 이 캠페인 결과, Michelob맥주는 시장 점유율이 1.4%나 낮아졌다. Michelob의 성공적인 캠페인을 위해서는 소수의 브랜드 애호자들을 유지하는 동시에 가끔씩 Michelob맥주를 구매하던 나이든 우호적 브랜드 전환자들을 목표 소비자들로 캠페인 런칭하는 것이 바람직하다.

이와 같이 연령대를 통해서 목표 집단을 나눌 수 있지만 연령만으로 나누는 것은 불충분하며, 시장 자극에 대한 소비자 반응은 인지, 태도, 애호도(AAL) 접근 방식으로 항상 먼저 조사하고 분석되어야 하며, 이를 묘사 요인인 인구통계학적 변수로 좀 더 세분화하는 것이 바람직하다. 인지, 태도, 애호도(AAL) 접근 방식에 의한 다섯 가지 유형의 구매자 집단은 포장 소비재나 빈번 구매 제품(fast-moving consumer goods)에 사용될 뿐 아니라 산업재나 내구재와 같이 구매 기간이 길고, 자주 구매하지 않는 제품이나 서비스에도 이용된다.

## 8) 사용 상황 및 시기 세분화

소비자들이 제품을 사용하는 상황이나 때를 중심으로 소비자들을 분류할 수 있다. 이러한 방식은 결국 포지셔닝의 바탕이 될 수 있고, 커뮤니케이션 전략으로도 연결되어 사용된다.

예를 들어서 감기에 의한 기침인 경우, 동의보감(東醫寶鑑)에서는 "밤중에 기침이 심한 경우에 쓰는 처방을 낮에 심한 사람에게 쓰면 치료되지 않는다"고 한다. 특히 기침은 밤중이나 새벽에 심하기 때문에 동일한 기침이라고 하더라도 언제 감기약을 사용하는지에 따라서 세분화가 가능하다.

Vicks사는 그림과 같이 한밤에 감기가 심한 소비자들을 위해서 Nyquil을, 그리고 낮에 감기약을 먹으면 졸리는 현상을 없애는 Dayquil 브랜드를 개발하였다.

이와 같이 동일한 제품 범주라고 하더라도 소비자들의 사용 상황이나 시간대에 따라서 시장을 세분화시킬 수 있다.

## 9) 태도적 세분화(attitudinal segmentation)

Yankelovich(1964)가 세분화를 위한 기반으로서 구매, 태도, 동기, 가치, 변화에 대한 민감도를 시장 세분화 도구로 제안한 이후 지속적으로 학계와 실무계에서 세분화에 대한 연구가 지속되었다. 지난 20년 동안 연구되어 온 행동과학 관련 연구자들의 연구를 보면 소비자들의 구매는 감정(emotion)을 포함한 개인의 긍정, 부정적인 태도에 의해서 결정된다는 것이 밝혀지고 있다.

그러나 시장 세분화를 위한 기초로서 소비자의 태도를 이용하려면 적절한 태도에 관한 콘셉트 선택과 측정이 필요하다. 즉, 태도 속성에 대해서 조작적 정의에 의해 측정을 하여야 하며, 주어진 자극에 대한 반응에서 개인적 차이의 확인을 가능하게 할 수 있어야 한다. 또한 후속적으로 촉진이나 가격 변수 등 마케팅 변수를 통해서 태도로 구분된 집단의 차이를 설명할 수 있어야 한다.

또한 태도를 시장 세분화의 반응 요인(responser)으로 구분하면, 이를 설명할 수 있는 인구통계학과 사회 경제적 요인, 성격, 라이프스타일, 매체 이용 습관과 같은 설명 요인(descriptor)을 결합시켜서 설명하는 것이 바람직하다.

이 경우 미디어를 통해 태도에 관한 세분 도달을 용이하게 할 수 있으며, 세분 시장을 더욱 잘 묘사함에 따라서 세분 시장의 성격을 더 잘 이해할 수 있고, 그 결과 해당 소비자들에게 적합한 촉진적 메시지를 더 잘 설계할 수 있다.

태도는 일관되게 호의적이거나 비호의적인 방식으로 대상에 대해서 반응하는 선유 경향(predisposition)을 의미하며(Allport, 1935), 인지적(cognitive), 감성적(affective) 그리고 행동적(conative)인 요소로 구성된다(Sherif & Cantril, 1945).

태도에서 인지적 요소는 대체로 보통 사람이 대상을 어떻게 지각하고 평가하는지를 의미하며, 정서적인 구성 요소는 대상과 관련된 선호 또는 비선호의 감정과 느낌을 의미한다. 한편 행동적(conative) 요소는 그 사람의 행동 경향(action tendency)을 의미한다. 이러한 세 가지 요소를 결합한 세분화는 실무적으로 많이 사용되어 왔다.

Heller(1968)는 자동차 시장의 태도 세분화 과정에서 요인 분석(factor-analytic) 접근을 통해서 여행, 안전 지향, 차의 보호, 스타일 지향 , 힘과 스피드 등의 네 가지 다른 태도로 세분화시켰다.

이를 통해서 제품 콘셉트 테스트, 광고 테스트, 매체 선택, 제품 라인 확장을 위한 가이드라인에 확인되고 제공된다.

Achendaum(1966)은 담배, 구강 제품, 탈취제, 가솔린을 포함한 25개의 다양한 제품군에 대한 조사를 통해서 태도와 제품 사용 행동 간의 직접적 관련이 있음을 밝혔다. 즉, 호의적인 태도를 보일수록 이용을 더 많이 하게 되며, 부정적인 태도를 보이는 경우에는 사용 빈도가 덜하게 된다는 것이다. 이와 유사하게 Assael과 Day(1968)는 방취제, 진통제, 커피에 관한 시계열 자료를 이용하여 태도는 행동 변화와 관련되어 있음을 보여 주었으며, 시장 점유율의 차이를 설명해 주는 중요한 변수로 간주되었다.

태도 세분화의 특별한 사례는 Haley(1968)의 편익 세분화(benefit segmentation)이다. 이 접근법은 소비자가 제품을 소비하면서 얻고자 추구하는 편익은 미래의 구매 행동에 인과적으로 연결되어 있다는 가정을 하고 있으며, 따라서 시장 세분화의 가장 기본적인 요인이라고 할 수 있다. 따라서 소비자가 획득하고자 하는 편익과 이들 중요성의 결합은 편익을 통한 시장 세분화의 기초가 된다.

## 10) 편익 세분화(benefit segmentation)

편익 세분화는 시장을 소비자들이 제품의 사용을 통해서 얻고자 하는 특정한 편익을 바탕으로 시장을 세분화해 나가는 것을 의미한다. 예를 들면 자동차 구매자들 중에서 자동차에 기대하는 편익이 안전인 소비자들이 있는가 하면, 스피드나 안락한 승차감을 더 중요하게 간주하는 소비자들이 있다. 따라서 이와 같이 편익은 동일한 부분품으로 이루어진 제품이라고 하더라도 소비자들에 따라서 달리 해석되기 때문에 세분화에서 중요한 역할을 하게 된다.

Timex사는 대부분의 시계가 고가의 보석을 판매하는 귀금속점을 중심으로 판매되는 상황 하에서 소비자들이 시계에 대해서 기대하는 편익을 파악하기 위해서 양켈로비치(Yankelovich)사에 의뢰하여 조사하였다. 조사 결과 소비자들의 46%는 시계를 상징성을 의미하는 제품으로 판단하여 결혼과 졸업 등과 같은 이벤트를 기억하기 위해 구매하는 것으로 나타났다. 한편 32%는 회사에서 승진을 하거나 사회적으로 신분 상승이 있는 경우에 이에 맞는 액세서리로 시계를 구매하는 것으로 나타났다. 마지막으로 23%의 소비자들은 시계는 값싸고, 정확한 시간을 알기 위한 편익을 기대하는 것으로 나타났다. 즉, 그동안 시계 업계는 23%의 시장에 대해서 적절한 제품을 제공하지 못한 것으로 판단하고 저가의 시계를 보급하기로 결정하였다. 이러한 편익 중심의 세분화 전략을 수행한 Timex는 그 결과 현재 전 미국 대통령이던 클린턴부터 알카에다의 빈 라덴까지 사용하는 35%의 미국 시계 시장 점유율을 보이고 있다.

편익을 세분화 도구로 이용하려고 시도한 연구에서 Wilkie(1970)는 '편익 세분'을 발전시켜 Columbia University Buyer Behavior 패널을 이용하여 수행하였다. 이 연구에서 '서로 관련된 행동으로서의 유용성'에 대한 세분 집단화 과정을 실험하였는데, 패널상의 브랜드 구매에 관해 뚜렷한 차이가 있는 세분 집단으로 구분이 가능하였으며, 브랜드 구매와 관련된 만족, 태도, 목적 등의 차이를 볼 수가 있었다. 즉, 편익 세분이 인구통계적, 사회 경제적, 심리적 특성과 관련해 차이가 있음을 발견하였다.

### (1) 이성적 편익(rational benefit)

이성적 편익은 소비자들이 인지적 정보 처리 과정에서 소비를 통해 얻을 수 있다고 판단되는 편익을 의미한다. 이러한 이성적인 편익으로는 제품에 대한 기능적 편익(functional benefit)과 감각적 편익(sensory benefit)을 들 수 있다. 기능적 편익은 제품의 구체적인 속성

(concrete attribute)을 사용함으로써 획득되는 편익으로 소비자들이 제품 사용을 통하여 그들이 느끼는 문제를 해결(problem solving)하기 위해서 사용할 때 해당된다.

이러한 기능적 편익은 먼저 소비자들이 결핍 욕구(deficit need) 내지 동기(motivation)와 관련되어 이러한 결핍 욕구를 해결하려는 탐색을 하게 되고, 제품을 통해서 문제 해결 도구를 제공하는 과정을 거치게 된다. 또한 잠재적으로 느끼지만 뚜렷하게 표현하지 못했던 잠재적 결핍 욕구도 제품을 통해서 해결 방안을 제시함으로써 소비자들의 긍정적인 반응을 얻게 되는 것이다.

예를 들면 샴푸의 경우에는 안전(safety)이나 일관성(consistency) 욕구 등을 바탕으로 기능적 편익을 획득하려고 하지만 비듬 제거 샴푸의 경우에는 이러한 욕구 이외에도 제휴(affiliation)라는 욕구가 더해질 때 찾게 되는 편익을 제공하고 있다. 즉, 깨끗함이라는 기능적 편익 이외에도 비듬을 제거함으로써 사회적으로 인정받고, 커뮤니티에 낄 수 있는 편익을 추가로 제공해 주기 때문이다.

한편 감각적 편익(sensory benefit)은 소비자들이 정보 처리 과정에서 오감(five sense)을 통해 받아들인 정보에 의하여 편익을 획득하는 것을 의미한다. 예를 들면 소비자들의 기본적인 욕구인 갈증 해소, 편안함, 옷 소재의 부드러움 등은 이성적인 정보 처리 과정을 통한 감각적인 편익이라고 할 수 있다.

### (2) 감성적 편익(emotional benefit)

감성적 편익은 제품이나 서비스의 소비를 통해서 획득되는 편익 중에서 비속성 관련 편익을 의미한다. 이러한 감성적 편익은 상징적 편익(symbolic benefit)과 경험적 편익(experiential benefit)으로 구분될 수 있다. 상징적 편익은 주로 제품의 사용과 관련된 속성 소비라기보다는 사용함으로써 이차적으로 얻을 수 있는 편익을 의미한다.

따라서 이러한 상징적 편익은 주로 제품 소비(product consuming)보다는 브랜드 소비(brand consuming)를 통해서 획득된다. 이러한 상징적 편익은 제품 사용 계층 내지는 제품 사용자의 이미지와 일치성을 느끼면서 얻어지게 된다.

따라서 이러한 상징적 편익은 소비자들이 사회적으로 그 제품 소비를 보여 주는 일종의 배지 제품(badge product)으로 통하게 된다. 즉, 이들 소비자들은 해당 브랜드를 사용함으로써 브랜드 커뮤니티에 포함되게 되는 것이다.

이러한 상징적 편익은 준거 집단에 의해서 많은 영향을 받게 되며, 소비되는 상황이 사적(private)보다는 공개적(public)으로 이루어질수록, 필수재(necessity goods)보다는 사치재

(luxury goods)인 경우에 더욱 상징적 편익을 추구하게 된다.[13] 즉, 사용 상황과 제품 자체의 특성을 고려할 때 현저성(conspicuousness)이 뛰어날수록 상징적 편익을 추구하게 될 가능성이 높다

### (3) 경험적 편익(experiential benefit)

경험적 편익은 그 제품이나 서비스를 사용하면서 제품 관련 속성뿐만 아니라 사용 이미지까지를 포함하며 또한 총체적인 경험에서 얻을 수 있는 편익을 의미한다. 즉, 이러한 편익에는 앞서 언급한 기능적, 감각적 편익을 포함한 상징적 편익까지도 포함할 수 있다.

스타벅스의 경우에는 커피를 비롯하여 매장의 분위기, 손님 등 커피 한 잔의 낭만을 판매하기 때문에 소비자들은 이러한 각 요소에 의한 총체적인 편익을 획득하게 되는 것이다. 즉, 경쟁 제품이 원두 재배 방식을 강조한 반면에 스타벅스는 다양한 카페라떼나 프라푸치노, 드립커피 등 20여 종류의 커피와 티(Tea), 케이크 등 70여 메뉴로 소비자들이 커피를 마시는 행위를 즐기도록 하는 새로운 경험을 만들었다. 경험 요소는 감각(Sense), 느낌(Feel), 이성(Think), 행동(Act), 관계(Relate)로 구성되며 이들 요인들의 적절한 믹스를 통해서 경험적 포지션을 확보할 수 있다.

## 3. 자원 집중을 위한 목표 시장 설정

시장 세분화가 이루어지게 되면 마케팅 담당자들은 이러한 세분 시장 중에서 어떤 세분 시장(segment market)을 목표로 설정하여 집중적으로 공략할 것인가에 대한 의사 결정이 필요하게 된다. 따라서 목표 시장 선정은 바로 이러한 과정과 관련된 내용들이다.

### 1) 목표 시장 선정과 실행

목표 시장 선정을 위해서는 (1) 기업 미션을 바탕으로 한 타당성을 검토하여야 한다. 즉, 세분 시장을 위한 마케팅 활동들이 기존의 조직 목표(goal)와 이미지(image)와 양립할 수 있어야 한다. (2) 조직의 자원(resources)이 목표로 고려하고 있는 세분 시장에서의 마케팅 활

13) 손영석, "인터넷 환경에서 유통업체 고유 브랜드 제품 태도에 대한 탐색적 연구," 『광고학연구』 14-4, 171-195.

동을 충분히 뒷받침할 수 있는지 검토하여야 한다. 즉, 현재 기업에서의 핵심 역량(core competence)이 새로운 사업의 기회를 커버할 수 있을지를 면밀하게 검토하여야 한다. 이러한 핵심 역량은 신제품의 개발(new product development)이나 기존 제품의 수정(modification of product) 등 제품의 적용성(variability)이 어느 정도로 가능한지를 검토하고 이러한 새로운 세분 시장에서의 제품 전략을 확정하여야 한다. 또한 이를 촉진시킬 수 있는 촉진 전략과 이를 실행할 수 있는 하부 전략도 수립하여야 한다. (3) 새로 고려중인 세분 시장에서의 마케팅 활동이 과연 향후에 수익을 가져다 줄 수 있을 것인지를 검토하여야 한다. (4) 경쟁사의 마케팅 전략을 고려하여야 한다. 자사의 경우에는 새로운 세분 시장이지만 경쟁사의 경우에는 이미 그 시장에서 마케팅 활동을 하고 있거나 진출을 준비하고 있는 경우가 있다. 따라서 이러한 경쟁 상황을 자세히 파악하는 것이 중요하다.

### 2) 세분 시장 매력도 평가

세분 시장의 매력도를 평가하기 위한 요인으로서는 표에서와 같이 시장 기회(market opportunity), 경쟁적 환경(competitive environment), 도달 가능성(reachable), 수익성 등을 들 수 있다.

〈표 III-5〉 세분 시장 매력도 평가를 위한 기준

| 기 준 | 고려 요인들 |
|---|---|
| 1. 크기와 성장률 크기<br>성장률 | • 시장의 잠재성(market potential), 현재 시장의 침투 정도<br>• 기술 변화에 따른 과거 성장 예측에 대한 결과 비교 |
| 2. 경쟁적 환경<br>경쟁<br>포화점<br>방어 가능성 위험 | • 경쟁 장벽, 경쟁적 포지션, 보복 정도<br>• 시장에서의 수요 충족 정도<br>• 제품의 특허권 여부, 제조 관련 진입 장벽<br>• 경제적, 정치적 및 기술적 변화 |
| 3. 도달 가능성<br>적합성(fitness)<br><br>관계성(relationship) | • 기업의 핵심 역량과 일치성<br>• 기업의 다른 공략 시장과 생산과 마케팅 측면에서의 시너지 효과 여부<br>• 진입 비용, 마진 수준, 투자 수익률(ROI) |
| 4. 수익성(profitability)<br>주기성, 계절성 | • 사업부의 예상 수익<br>• 계절성(seasonality), 주기성(cyclicity) |

### (1) 시장 기회 평가(market opportunity)

시장 수익성은 시장에서 이익을 창출할 수 있는 기회를 평가하는 과정이다. 수익성은 첫째, 현재 시장의 크기(market size)에 의해서 평가된다. 시장의 크기는 구매하는 빈도와 구매 단위에 의해서 결정되며, 현재의 시장 크기와 미래의 시장 크기로 구분될 수 있다. 둘째, 이러한 현재와 미래의 시장 크기에서 시장 성장률을 평가할 수 있다. 미래의 t+2, t+3기 이상의 시장 크기에 대한 예측은 매우 불확실하므로 과거의 성장률을 바탕으로 추정할 수밖에 없다. 셋째로는 미래 시장의 크기로서 잠재적인 시장(market potential)의 크기를 들 수 있다. 네 번째 요인으로서는 구매자들의 잠재 구매력 산출을 통해서 시장 수익성을 평가할 수 있다. 잠재 구매력을 산출하기 위한 대표적인 지수로서 BPI(Buying Power Index)를 들 수 있다.

### (2) 경쟁적 환경 평가

경쟁적 환경 평가는 목표 시장으로 고려하고 있는 세분 시장 내에 양적인 면과 질적인 면에서 얼마나 많은 경쟁자가 존재하는가에 대한 평가 과정이다. 이를 위해서 먼저 세분 시장 내의 현재와 단기적 미래의 경쟁자 수를 측정하여야 한다.

둘째로 목표 세분 시장 내의 시장 장벽(market barrier)이 존재하는지를 파악하여야 한다. 만일 자사가 그 세분 시장을 매력적으로 판단했으면 다른 경쟁사도 그와 같은 전략적 고려를 했을 가능성이 높기 때문이다. 따라서 시장 진입 과정에서 발생하는 진입 장벽(entry barrier)이나 퇴출 장벽(exit barrier)이 없는지를 파악하여야 한다.

셋째로 기존 경쟁사 브랜드와의 차별성(differentiation)이 있는지를 평가하여야 한다. 만일 경쟁사 대비 차별성이 없는 제품이라면 세분 시장에서 이 외의 광고를 중심으로 한 촉진을 통해서 포지셔닝을 개발하여 적극적으로 소구하여야 하기 때문이다.

네 번째로서는 이러한 시장에서 대체재(substitute)의 존재 여부이다. 만일 대체재가 존재한다면 경쟁이 매우 치열한 환경을 의미하기 때문이다.

### (3) 도달 가능성

도달 가능성은 크게 기업의 적합성 및 목표 청중 소비자에게 자사의 제품을 전달할 수 있는지와 관련된 유통 차원으로 구분된다. 목표 시장으로 고려하고 있는 세분 시장과의 기업 적합성을 높일 수 있는지의 여부이다. 매력적인 시장이라면 당연히 기존의 경쟁자가 존재할 가능성이 높으며, 이를 극복할 수 있는 마케팅 파워(marketing power)를 갖추었는지를 검토하여야 한다. 즉, 제품, 유통, 촉진 등 마케팅 믹스 전략 수립과 실행에서 경쟁자들을 능가하는 마케팅 파워가 있는지를 점검하여야 한다. 또한 기업의 다른 공략 시장과 생산과 마케팅 측면에서의 시너지 효과 여부가 있는지 관계성을 점검하여야 한다.

#### (4) 수익성(profitability)

수익성은 해당 세분 시장에서의 잠재적인 수익에 대한 가능성 평가를 의미한다. 이러한 수익성에 영향을 미치는 요인으로는 계절성(seasonality)과 주기성(cyclicity)을 들 수 있는데, 계절성이 있는 것은 계절적 변화 요인이 매출이나 시장의 크기에 영향을 미치는 것을 의미하며, 이를 통해서 수익성의 악화를 예상할 수 있다. 주기성은 계절성과 유사한 개념으로서 판매가 일정한 주기에 따라서 변동하는 것을 의미하는데 이러한 주기성도 안정적인 수익을 확보하는 데 장애가 된다.

> 미국의 렌터카 시장은 160억 달러로 Hertz, Avis, National, Budget, Alamo, Dollar, Enterprise, Thrifty가 경쟁 브랜드들이다. 렌터카 시장은 비즈니스용, 관광용, 차 수리 시 대여용 그리고 트럭 등으로 구분된다. 여기서 비즈니스용, 관광용 시장은 전체의 66%를 차지한다.
>
> Hertz, Avis, National 등 시장 선도 브랜드들은 고급 시장을 목표로 고가의 우수한 서비스를 제공하고 있다. Hertz는 Jaguar, Land Rover, Lincoln, Volvo 등 고급 자동차들을 렌터카로 준비하고 있으며, Avis는 여성 고객을 주요한 목표 고객으로 설정하고 있다. Budget, Dollar, Thrifty, Alamo 등은 브랜드에서 암시하는 저가의 경제적인 시장을 목표로 하고 있다.
>
> 이들 브랜드 중에서 Budget, Dollar는 중급 고객들을 목표 고객으로 설정하고 있으며, Alamo는 비즈니스 시장이 주요 목표 시장이다.
>
> Enterprise는 34%의 차 수리용 시장을 주요한 목표 시장으로 설정하고 여행객 시장을 위해서는 주요 공항에만 영업 사원을 두고 운영하고 있다.

### 3) 목표 시장 매력도 평가 지수

이러한 요인으로 분석된 세분 시장은 다음과 같은 방식으로 세분 시장을 평가해 볼 수 있다. 즉, 앞의 세 요인을 7점 척도로 측정하고 이를 각 회사의 상대적인 요인으로 평가하여 점수화시킨다. 이 단계에서 시장 매력도 점수가 산정되면, 시장 기회(market opportunity), 경쟁적 환경(competitive environment), 도달 가능성(reachable), 잠재적인 이익(potential profit)에 대해서 회사별 상대적인 중요도 점수를 부여할 수 있을 것이다. 이러한 점수는 앞서 산정된 세부 요인 점수의 합계에 가중치를 곱하여 비중지표(weighted index)를 산출하게 된다.

〈표 III-6〉 경쟁 시장의 매력도 측정 요인

| 경쟁 시장 | |
|---|---|
| 세분 시장 매력도 요소<br>(segment attractiveness factors) | 가중치(weight) |
| 1. 시장 기회 | 30 |
| 2. 경쟁적 환경 | 25 |
| 3. 도달 가능성 | 25 |
| 4. 수익성 | 20 |
| 100 | |

표에서와 같이 시장 기회, 경쟁적 환경, 도달 가능성, 수익성 등의 네 요인을 중심으로 목표 평가표에서 각각의 변수들의 값들을 평가하여 평균화된 점수로서, 산출된 네 가지 수치를 바탕으로 세분 시장을 평가하게 된다.

〈표 III-7〉 경쟁 시장의 매력도 평가표

| 치약 경쟁 시장 | | | | | |
|---|---|---|---|---|---|
| | | 세분 시장 1 | | 세분 시장 2 | |
| 매력도<br>(attractiveness) | 가중치<br>(weight) | 점수 | 전체 | 점수 | 전체 |
| 1. 시장 기회 | 30% | 3 | 0.9 | 7 | 2.1 |
| 2. 경쟁적 환경 | 25% | 8 | 2 | 5 | 1.3 |
| 3. 도달 가능성 | 25% | 6 | 1.5 | 6 | 1.5 |
| 4. 수익성 | 20% | 2 | 0.4 | 2 | 0.4 |
| 전 체 | 100% | | 4.8 | | 5.3 |

이러한 가중치를 바탕으로 각각의 세분 시장별로 점수를 평가한다. 즉, 10점 만점으로 각 요인에 대해서 수치로 전문가들이 평가하게 된다.

### 4) 세분 시장에서의 경쟁적 우위성(competitive advantage) 평가

기업의 시장 지향성(market driven)이 높을수록 기업의 경쟁 우위성이 높아지게 된다. 따라서 세분 시장에서도 경쟁적 우위를 가지기 위해서는 기업이 세분 시장에서 얼마나 시장 지향성을 가지는지에 따라서 다르게 된다.

시장 지향성(market orientation)이란 '기업의 장기적인 이익을 극대화한다는 기본 목적을 위하여 다른 기능들과 융합하여 모든 마케팅 기능을 통합 협력하고자 하는 기업의 태도를 의미하며,[14] 고객 지향과 이익 지향에 대한 필요성을 전사적으로 받아들이고, 시장의 욕구를 모든 회사의 주요 부서들에게 전달시켜 주는 데 작용하는 마케팅의 중요한 역할을 인식하는 것에 근거한 기업 관리의 철학'[15]을 의미한다.

이러한 시장 지향성을 통해서 기업은 다양한 수단으로 부가적인 편익(benefit)을 창출해 나갈 수 있으며, 거래 상대방의 구매 비용도 낮추기 때문에 지속적인 경쟁 우위(sustainable competitive advantage)를 확보할 수 있는 다양한 자원을 갖추게 된다.[16]

시장 지향성(market orientation)의 한 유형으로서 조직에서 고객 지향성과 경쟁자 지향성 간의 상대적인 비중을 어디에 더 많이 두는가에 따라서 〈표 III-7〉과 같이 자기중심적(self centered), 고객 중심적(customer centered)과 경쟁자 중심적(competitor centered), 시장 돌입적(market driven)으로 구분한 Day와 Wensley(1988)의 연구를 바탕으로 한 Day(1994)의 분류를 들 수 있다.

여기서 고객 지향성(customer orientation) 내지 고객 중심적(customer centered) 유형은 목표 고객에 대한 충분한 이해를 통해서 지속적으로 탁월한 가치(superior value)를 창출하는 것을 의미한다. 따라서 고객 지향성을 달성하기 위해서 판매자는 고객의 가치 사슬 전체의 이해가 중요한 역할을 한다. 예를 들어 판매자가 가치를 창출하기 위해서는 구매자의 편익을 증대시키거나 구매자의 구매 관련 비용을 줄임으로써 가능하게 되는 것이다. 따라서 판매자는 구매자의 구매와 관련된 비용과 혜택에 대해서 이해하여야 할 뿐 아니라, 구매자의 구매 비용과 혜택의 동적 관계도 파악하고 있어야 한다. 즉, 이 관점은 고객의 편익, 최종 사용자, 세분 시장 내부의 상대적 만족도 그리고 새로운 우위를 확보하는 데 필요한 행동을 탐색하기 위해서 고객으로부터 기업에 이르는 과정에 대한 조사 등과 같은 구체적인 분석에 의존하게 된다.

---

14) Felton(1959).

15) McNamara(1972).

16) Aaker(1988), Porter(1980).

고객 지향성에 비중을 두는 기업은 세분화된 서비스 산업에서 많이 나타나는데, 그 배경에는 세분화된 산업일수록 많은 경쟁자가 있으며, 각각 경쟁자들은 특징적인 포지션을 확보하려는 노력을 하게 된다. 특히 서비스 집약적인 산업은 새로운 서비스를 쉽게 모방할 수 있고 모든 경쟁자들이 동일한 자본을 보유하고 참여하는 것도 수월하기 때문에 이 경우의 전략적 강조점은 바로 고객 관계의 질이 중요하게 간주되며, 고객 만족과 고객의 애호도가 시장 점유율보다 더 큰 의미를 가지게 된다.

한편 경쟁 지향성(competitor orientation) 내지는 경쟁자 중심적(competitor centered) 유형은 현재의 경쟁자나 잠재적인 경쟁자 대비 장기적으로 능력이나 전략을 갖추는 것을 의미한다. 이 전략 유형은 목표가 되는 몇몇 경쟁자와 직접적으로 경영을 비교하는 데 기초를 두고 있다. 이러한 사고방식은 경쟁적으로 치열한 자본 집약적인 산업에서 볼 수 있다. 이러한 산업들은 저성장과 기술적인 성숙으로 경쟁이 점차 치열해져 기업 이익을 감소시켜 결국 제로섬게임(zero-sum game)의 교착 상태에 빠져 있는 것이 보통이다. 이러한 상황에서 경쟁자들은 지속적으로 강점을 추구하게 되고 따라서 경쟁에서 이기는 것을 전략에서 강조하게 된다. 이들 기업은 자사의 상대적인 비용 상의 포지션이 서로 유사하기 때문에 상대방에 대해서 적극적으로 파악하고, 경쟁자의 마케팅 전술에 대해서 신속하게 대응해야 한다. 또한 고정 비용이 많기 때문에 시설 가동을 고정적으로 운용하여야 한다. 따라서 시장 점유율과 판매량을 방어하기 위해서 항상 상대적 설비 규모 특히 유통과 판매망의 범위, 공장의 시설 능력에 대해서 민감한 특징을 가지게 된다.

한편 시장 돌입적 전략 유형은 경쟁자 중심적인 전략과 고객 중심적인 전략의 유형을 동시에 강조하는 전략을 의미하게 된다.

〈표 III-8〉 경쟁 우위(competitive advantage)의 관점

<table>
<tr><th colspan="2" rowspan="2">경쟁 중심 / 고객 중심</th><th colspan="2">경쟁 비교를 강조하는 관점</th></tr>
<tr><th>최소화</th><th>최대화</th></tr>
<tr><td rowspan="2">고객을<br>강조하는 관점</td><td>최소화</td><td>자기중심적<br>(self centered)</td><td>경쟁 중심적<br>(competitor centered)</td></tr>
<tr><td>최대화</td><td>고객 중심적<br>(customer centered)</td><td>시장 돌입적<br>(market driven)</td></tr>
</table>

자료: George S. Day(1990)

마지막으로 시장 돌입적인 기업의 전략 유형은 경쟁자들과의 비교를 통해서 경쟁 우위를 점하려고 하며 또한 고객의 가치를 강조하여 이 부문에서도 최대화를 노력하는 유형을 의미한다. 세분 시장 전략에서도 이러한 시장 돌입적인 수준에 따라서 각각의 세분 시장에서 경쟁적 우위를 확보할 수 있을 것이다.

그러면 이러한 경쟁적 우위를 확보할 수 있는 경쟁 우위 요소는 먼저 우위를 확보할 수 있는 원천(source of advantage)을 들 수 있다. 이러한 우위 원천으로는 경쟁사 대비 뛰어난 기술, 뛰어난 자원, 뛰어난 관리를 들 수 있다.

〈표 III-9〉 경쟁적 우위성(competitive advantage) 원천 및 변수

| 우위 원천 | 기 술 | 자 원 | 관 리 |
|---|---|---|---|
| 변수 | • 유통의 도달 능력 및 범위<br>• 지역별 판매 직원의 수<br>• 제조 설비<br>• 광고 판촉 예산 운영 능력 | • 기존 브랜드의 파워<br>• 세분 시장 전략 전문성<br>• 기존 고객의 활용 가능성<br>• 제품 개발 지원 가능성 | • 고객 만족도 모니터링<br>• 재고 관리 시스템<br>• 품질 검사 능력 |

이러한 변수들은 7점 척도를 통해서 공통적으로 평가하여 전체적인 경쟁적 우위성을 수치화할 수 있다.

〈표 III-10〉 경쟁적 우위성(competitive advantage) 평가 변수

| 우위 원천 | 기 술 | 평 가 | 자 원 | 평 가 | 관 리 | 평 가 |
|---|---|---|---|---|---|---|
| 변수 | 유통의 도달 능력 및 범위 | 7 | 기존 브랜드의 파워 | 5 | 고객 만족도 모니터링 | 5 |
| | 지역별 판매 직원의 수 | 9 | 세분 시장 전략 전문성 | 4 | 재고 관리 시스템 | 7 |
| | 제조 설비 광고 판촉 | 5 | 기존 고객의 활용 가능성 | 9 | 품질 검사 능력 | 4 |
| | 예산 운영 능력 | 6 | 제품 개발 지원 가능성 | 6 | | |
| 평균/6.3 | | 27 | | 24 | | 16 |

# IV. 헬스케어 브랜드 전략 수립 과정

## 1. 브랜드 아이덴티티(brand identity)

브랜드 아이덴티티는 시각적이고, 청각적이며, 기타 감각 기능의 구성 요소들이 총체적인 조합으로 이루어진 브랜드 상징물을 말한다. 브랜드 아이덴티티는 브랜드에 대한 고객들의 1차적인 인식을 만들어 내며, 브랜드 약속을 표시하고, 다른 브랜드와의 차이점을 표현하며, 커뮤니케이션에 있어 시너지 효과를 만드는 것으로, 브랜드가 독점적으로 가지고 있는 것이다. 한편 브랜드 아이덴티티를 좀 더 광범위하게 정의하게 되면 브랜드의 에센스, 약속, 개성 및 포지셔닝 등을 포함시켜 브랜드 아이덴티티를 광범위하게 정의하기도 한다(그러나 여기서는 상징물의 조합으로만 구성되는 협의의 브랜드 아이덴티티를 의미한다).

흔히 아이덴티티는 고객이 브랜드를 인식하기 위한 심리적 마크 역할을 하는 비주얼적인 표식이 아이덴티티로서의 역할을 하는 경우가 많다. 즉, 마크를 통해서 시각적 커뮤니케이션을 하는 것이다.

즉, 세븐 일레븐(Seven Eleven)은 이름 그 자체가 영업시간이 길다는 가치를 보여 주고 있으며, BMW의 마크로부터 BMW의 역사와 기술력의 원천을 느낄 수 있는 것이다. 여기서 중요한 것은 브랜드 아이덴티티는 단순히 '소비자의 시선 유인', '차별화'라는 목적을 위해서만 존재하는 것이 아니라 고객이 그것에 접촉함으로써 브랜드에 관한 여러 가지 연상이나 감정을 불러일으키도록 설계하는 것이 중요하다는 점이다.

그리고 브랜드 아이덴티티는 브랜드의 형식, 색상, 기호, 태도 및 개성, 음성 및 시각적인 형태, 음향 및 다른 기호 장치, 특정 인물 및 기타 대변자들, 제품 디자인, 포장 디자인 등 많은 표현 요소를 가지고 있는데, 중요한 것은 로고/마크/컬러 등의 기본적인 브랜드 아이덴티티를 바탕으로 다양한 구성 요소들을 체계화해야만이 강력하고 확고한 브랜드 아이덴티티 체계를 만들 수 있다는 점이다.

## 1) 브랜드 아이덴티티(brand identity)의 정의

브랜드 아이덴티티란 브랜드 관리자에 의해 창조되고 관리되어야 하는 특정 브랜드만의 독특한 연상 이미지의 집합이라 할 수 있다. 즉, 브랜드 이미지가 이제까지의 마케팅 프로그램에 의해서 형성된 과거 활동들의 결과라고 하면 아이덴티티는 미래에 만들어 가야 할 대상을 의미한다.

브랜드 아이덴티티(brand identity) 연상들은 브랜드가 상징하는 바를 표현하며, 해당 조직 구성원들의 고객에 대한 약속까지를 포함하게 된다. 또한 브랜드 아이덴티티는 기능적, 감정적, 자아 표현적 편익 등을 포함하는 가치 제안을 통해, 고객과 브랜드 사이의 관계를 수립할 있도록 도움을 준다. 브랜드 아이덴티티는 크게 보아 네 가지의 관점에서 조명해 볼 수 있다.

### (1) 제품 측면의 브랜드 아이덴티티

제품의 범위, 제품의 속성, 품질/가치, 사용 상황, 사용자, 원산지 등의 요소를 포함한다.

### (2) 조직 측면의 브랜드 아이덴티티

조직 측면의 속성들, 지역화 혹은 세계화 문제 등의 요소를 포함한다. 조직 측면의 아이덴티티는 주로 기업의 구성, 관리 방향과 관련된 내용들로 이루어진다.

대표적으로 더바디샵(The Bodyshop)을 들 수 있다. 더바디샵은 원주민들과 소규모 직거래를 원칙으로 하고, 여성들이 생산한 재료를 우선 구매한다는 원칙을 세워 이를 실천함으로써 이들이 만든 '정직한' 화장품은 폭발적인 인기를 끌었으며 조직적으로도 확고한 브랜드 아이덴티티를 창출하였다.

**조직으로서 더 각광받는 더바디샵**

더바디샵의 설립자인 Anita Roddick은 남미 원주민들이 자연에서 얻은 풀과 열매로 상처를 치료하고 피부를 가꾸는 것에 힌트를 얻어 천연 성분의 화장품 바디샵을 구상했다. 그 후 여행에서 돌아와 집에서 제품을 만들어 가까운 이웃에게 선물했다. 천연 성분 원료의 화장품이 주는 효과가 소문나면서 많은 사람들이 아니타 로딕의 화장품을 원했다. 1976년 영국 남부의 해변 도시 브라이튼에서 조그만 홈메이드 화장품 가게를 열고 지구를 받치는 손을 형상화해 직접 로고를 만든 것이 지금 세계 각국에 1,900여 개의 점포를 두고 있는 더바디샵의 시작이다. 더바디샵의 2천여 개 매장은 전 세계적으로 7억 파운드(1조 3천억 원)의 매출을 올렸다.

불과 4~5년 전까지 더바디샵에는 마케팅 조직이 아예 없었고, 광고비 지출은 한푼도 없었다. 더바디샵 본사에는 직원의 1/3에 육박하는 거대한 홍보 조직이 있다. 이 부서의 주 임무는 각종 정치적·사회적 사안들에 대한 포스터를 만들고 집회 등 캠페인을 조직하는 것이다. 아니타 로딕은 "나는 광고보다 정치·사회적 실천에 대한 우리의 홍보 방식이 효과적이라고 생각한다"고 말했다. 더바디샵은 소비자를 오도하는 '뷰티'라는 단어는 아예 쓰지 않는다. 이런 노력들은 소비자들에게 '더바디샵의 물건을 사는 것은 윤리적인 선택'이라는 이미지를 굳히는 데 성공했다.

### (3) 사람 측면의 브랜드 아이덴티티

브랜드 개성(personality), 브랜드와 고객 간의 관계 등의 요소를 포함한다.

### (4) 상징 측면의 브랜드 아이덴티티

시각적 이미지 및 비유, 브랜드 유산 등의 요소를 포함한다.

모양은 브랜드를 시각적으로 알려준다. 테오도르 토블러(Thedore Tobler)가 디자인한 초콜릿 바의 삼각형 모양은 맛보다 더 눈에 띄었다. 그는 초콜릿 바의 모양을 알프스 산맥의 고

봉인 마터호른(Matterhorn)산 모양으로 만들어 국민적인 감정을 끌어들이려고 했다. 그리고 경쟁사가 그것을 모방하지 못하도록 제조 과정에 대한 특허를 신청했다. 당연히 토블론(Toblerone)은 세계에서 처음으로 특허를 낸 초콜릿 브랜드가 되었다. 테오도르 토블러(Thedore Tobler)가 초콜릿 바의 산을 상징하는 모양에 대해 특허를 받은 지 17년 뒤에 허시(Hershy)도 허시 키세스(Hershey's Kisses)를 등록했고, 깃털 모양으로 싸여진 초콜릿이 문화적인 아이콘이 되었다.

## 2) 디자인 혁신을 통한 제품 브랜드 아이덴티티(brand identity) 개선

인간이 받아들이는 정보의 83%가 시각 정보이므로 디자인을 통한 시각적 커뮤니케이션은 브랜드 이미지 형성에 가장 크게 기여한다. 예를 들면 애플, 볼보, BMW 등과 같은 통일된 브랜드 아이덴티티를 통해서 소비자들은 쉽게 브랜드를 인식할 수 있다. 즉, 디자인 정체성이 확립되어 있으면 소비자들은 언제 어디서나 디자인만으로도 쉽게 해당 브랜드를 식별할 수 있기 때문이다. 이를 위해서 기업들은 BI(brand identity)와 CI(corporate identity) 작업을 진행하게 된다.

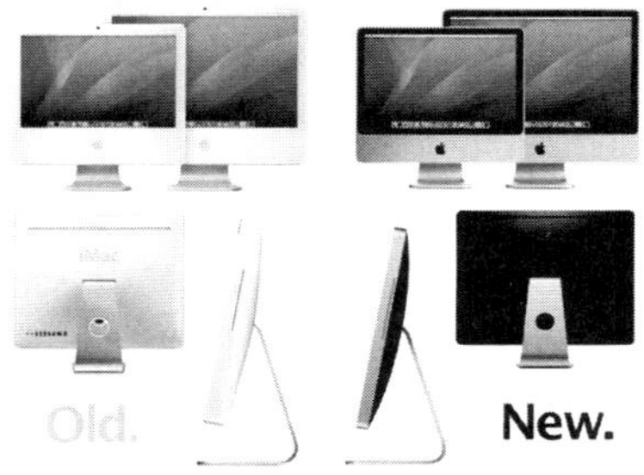


이를 위해서 먼저 디자인을 관리 감독할 수 있는 기구를 설치하는 것은 매우 중요하며 이를 통해서 디자인의 조사와 디자인 원형 개발 등을 진행하게 된다.

IBM은 90년대부터 'Corporate Identity & Design' 부서를 설치하여 제품, 포장, 카탈로그, 매뉴얼, 건물 디자인에 이르기까지 아이덴티티를 관리하고 있으며 브랜드 관리까지도 관장한다.

마쓰시타(Matsushita)는 조직 재설계 및 디자인 원형 개발을 통합하기 위해서 사업부 단위의 디자인 조직을 만들고 별도의 조직(파나소닉 디자인사)을 사내 분사 조직으로 운영하여 디자인의 통일성을 시도하였다.

일례로 일본 기업들의 디자인을 통한 브랜드 아이덴티티 강화를 살펴보면, 닛산(NIissan)은 디자이너의 업무는 단순히 자동차 디자인에만 그치지 않고 주주총회에서 CEO가 입을 복장이나 임원 좌석 배치 등 세세한 것까지 모두 디자인 부문의 손을 거치도록 만들었다.

한편 마쓰시타의 경우 사업부제 실시로 인해 각 제품별로 분산되었던 디자인 부서가 2002년 다시 하나로 묶여 '파나소닉 디자인'으로 분사되는 등 디자인을 중심으로 조직과 프로세스가 재편한 후 30도 기울어진 드럼세탁기, 매끄러운 곡선이 특징인 스팀다리미와 같은 소비자의 니즈를 제대로 읽은 히트 상품들이 속출하고 있다. 그리고 디자인 표준 제정을 통하여 '내셔널'과 '파나소닉' 브랜드를 통합화시켰다.

한편 완구 제조업체로 유명한 다카라(Takara)가 2003년 디자인 브랜드 '±0'를 런칭하였다. 다카라는 "장난감 이외로 분야를 넓혀 더욱 강력한 브랜드를 만든다"는 방침에 따라 만들어진 이 브랜드는 도자기처럼 광택이 나는 가습기와 브라운관 TV 모양을 차용한 8인치 액정 TV 같은 가전을 비롯해, 우산에서부터 테이블, 심지어 양념통까지 총 20여 개의 상품을 인터넷 및 전문 매장을 통해 판매하고 있다.

또한 타카라는 단순 장난감에서 오디오 플레이어로 사업을 확장하여, 메모리 스틱 Duo를 채용한 쵸로 Q형 오디오 플레이어 'M쵸로 Q(뮤직 쵸로 Q)'를 개발하였다.

디자인 잡화를 취급하는 무인양품(無印良品, MUJI)은 "멋진 디자인은 비싸다"는 편견을 깨고 거품 없는 가격에 우수한 디자인만으로 승부하는 회사로서, "상표가 없다"는 회사명이 무색하게도 그 자체가 유명 브랜드화되고 있다. 심지어 뉴욕현대미술관 기념품 매장에 코너가 따로 설치될 정도로 해외에서의 인기도 좋다. 무인양품은 다나카, 후카사와 등 세계 일류급 디자이너들이 익명으로 디자인에 참가해 상품 본래의 기능만을 추구한 간결하고 모던한 디자인을 전 제품에 일관되게 적용하면서도, 필요 없는 기능이나 장식을 과감하게 배제하고 값비싼 광고나 점포 장식을 최대한 자제해 디자인 비용을 제품 가격에 거의 반영하지 않은 것이 특징이다.

### 3) 디자인 혁신을 통한 서비스 브랜드 아이덴티티 개선

푸른색의 정사각형 테두리에 같은 굵기의 푸른색 선이 대각선으로 가로 질러 있는 모양의 도이취 은행(Deutsche Bank) 로고는, 성장을 상징하고 있다.

'정사각형 안의 빗금'이라는 이름이 붙은 이 로고의 디자인은 1970년대, 독일 그래픽 작가인 안톤 슈탄코브스키(Anton Stankowski)가 하였다.

베를린의 크바티어 110번지에 있는 큐110 지점은, 베를린을 상징하는 곰이 도이취 은행 로고색인 파란색으로 칠해져 있고, 간판에 도이취 은행 표시 외에 큐110 로고가 있다.

커다란 전면 유리문으로 된 입구를 들어서 내부로 들어가면, 소원의 갤러리, ATM 기계들이 있는 자동화 코너와 그 뒤로 트렌드 샵이 자리하고 있다. 트렌드 샵에서는 스타일베르크 디자인 제품이나 일본 무지(MUJI, 무인양품) 제품 그리고 월드컵 기간 중에는 축구용품과 기념품을, 크리스마스 시즌에는 런던의 해로드 백화점 크리스마스 용품 그리고 큐110의 자체 머천다이징 상품들이 판매된다. 소원의 갤러리는 여론 조사를 토대로, 독일인들이 꿈꾸는 미래 계획의 우선순위인 내 집 마련, 건강, 가족의 행복 등과 관련된 제품을 소개한다. 제품 소개와 함께, 이런 것을 소유하기 위한 금융 상품을 같이 권하는 것이다.

또 다른 사례로서 미국 오레곤주의 중소 지방은행 '움프쿠아(Umpqua) 은행'은 은행에 카페 개념을 도입, 인테리어와 조명을 업그레이드하여 고객이 머물고 싶은 공간을 창조해 고객으로부터 최우수 서비스 은행으로 평가를 받았다. 마치 호텔 로비 또는 고급 패션 부티크처럼 연출한 결과 고객의 체류 시간 및 거래가 증가하고 뜨내기 고객들을 점차 단골화한 것이다.

움프쿠아 뱅크의 서비스를 자주 체험하게 된 고객들은 은행에서 머무는 시간이 늘어남에 따라 점점 더 많은 거래를 하게 되었고, 직원들과 더 자주 접촉하면서 자연스럽게 '업 셀링'(Up-selling: 이전에 구입한 상품의 재구입을 유도하거나 상위의 상품으로 업그레이드를 권유하는 것)'의 기회를 갖게 된 것이다.

고객에게 신선하고 편안한 체험을 안겨주고 싶다는 감성적인 착상에서 시작된 시도가 점진적인 매출 증가로 이어지는 결과를 가져온 것이다.

은행을 '매장화'하는 이러한 디자인과 서비스의 아이덴티티 재창출 작업은 연간 1천 5백만 달러의 신규 계좌를 확보하겠다는 목표를 달성하기 위해서 시행되었다. 이 전략을 수행한 즉시 예금 유치는 폭발적으로 늘었다. 단 일주일 만에 1백만 달러를 달성, 9개월 간 무려 5천만 달러의 신규 계좌를 확보했던 것이다. 이것은 비슷한 지역의 경쟁사 지점과 비교하면 세 배에 가까운 수치였다.

영국의 디자인 카운슬이 발표한 디자인과 주식 가치의 연관 관계 분석을 보면 디자인은 기업의 경쟁력 강화에 크게 기여하는 것으로 나타난다. 영국 FTSE 100 지수 동향 추적 조사 결과 디자인 중심 기업의 주식 가치는 1994~2004년 동안 200% 상승하여 디자인의 투자 대비 회수 효과 및 미래 전망에서는 디자인이 기술보다 효과적인 투자 수단이다.

〈표 IV-1〉 디자인 개발 투자의 매출 증대 효과

| 구 분 | 디자인 투자액 | 증대 효과 | 효 과 |
|---|---|---|---|
| 전체 매출 증대 효과 | 16,956백만 원 | 699,957백만 원 | 41.3배 |
| 신상품 매출 증대 효과 | 14,658백만 원 | 410,130백만 원 | 30.0배 |
| 개선 상품 매출 증대 효과 | 2,298백만 원 | 289,826백만 원 | 126.1배 |
| 수출 증대 효과 | 12,682백만 원 | 164,924백만 원 | 13.0배 |

출처: 2005년 디자인혁신기술개발사업 성과분석, 2006. 3

기술 개발과 비교할 때 디자인 개발은 상대적으로 높은 상품화율(응답 업체의 74.9%)을 기록하고 있으며, 상품화율은 산업 기술 개발 사업 59%, 특허 기술 개발 사업 20%, 연구 기관과 대학의 개발 기술 10% 수준으로 나타난다. 디자인 혁신 기술 개발 사업에 참여한 기업의 평균 디자인 개발비는 3천 6백만 원 수준으로 기술 개발비보다 월등히 낮은 수준으로 나타나 투자 대비 효율성이 높은 것으로 나타난다.

기업에서의 디자인 혁신은 제품 디자인, 브랜드 아이덴티티 구축을 통한 이미지 제고, 디자인 혁신을 뒷받침할 수 있는 조직의 개편 등으로 구분된다.

## 2. 브랜드 개성(brand personality)

브랜드 개성(brand personality)은 '브랜드와 연관된 인간적 특징들의 집합'이라고 정의할 수 있다.

예를 들면 앱솔루트(Absolute) 보드카의 의인화된 특성은 멋진 히피 스타일의 25세가량 인물로서 브랜드 개성을 묘사할 수 있으며, 그에 비해서 스톨리츠나야(Stolichnaya 보드카)의 의인화 특성은 지적이고 보수적인 나이 지긋한 남성의 개성으로 묘사할 수 있다. 제품의 속성 차원은 소비자들에게 효용 중심적인 기능을 제공하게 되지만 브랜드 개성은 상징적 혹은 자기 표현적 기능을 제공하는 역할을 하게 된다.

브랜드 개성은 직접 또는 간접적인 경로를 통해서 형성된다(Plummer 1985). 우선 브랜드 개성은 브랜드 사용자 이미지, 즉 회사 직원이나 최고 경영자, 광고에 출현하는 모델 등 브랜드와 관련된 사람들을 통해 직접적으로 영향을 받는다. 즉, 브랜드와 관련된 사람의 개성이 직접적으로 브랜드에 전이되어 영향을 주는 것이다(MacCracken, 1989). 또한 제품 관련 속성, 제품 범주, 패키지, 브랜드 명 자체, 원산지, 심벌, 로고, 광고 스타일, 가격, 유통 등도 간접적인 방식으로 브랜드 개성에 영향을 준다(Betra, Lehmann, and Singh, 1993). 이렇듯 브랜드 개성의 형성에 영향을 주는 것에는 많은 직·간접적인 요인이 있지만 그중에서도 브랜드 개성의 형성에 장기적인 영향을 미치는 요인으로 광고 모델의 이미지를 들 수 있다.

소비자들이 어떤 브랜드에 대해 그것이 마치 유명 인사나 유명한 역사적 인물(Rook, 1985)인 것처럼 인식하기 쉽고, 자신의 자아와 뭔가 관련된 것(Fournier, 1994)으로서 인식하기 쉽다. 그 이유는 부분적으로 의인화(anthropmorphization, 가령 Jolly Green Giant) 및 사용자의 이미지 창조(user imagery) 등 브랜드에 특성 있는 개성들을 불어넣기 위해 광고에서 의도된 이미지를 바탕으로 형성되기 때문이다.

■ 브랜드 개성의 차원

브랜드 개성에 더하여, 브랜드 개성에 포함되는 것들로서 성별, 나이 및 계층(이를테면 밍크의 소유는 겨울을 포근하게 지키는 것 이상의 메시지가 내포되어 있음) 등 인구통계학적 속성들이 존재한다(Levy, 1959: 12).

인간의 개성을 개념화하고 측정하는 방식 중 하나는 특성(trait)론적 접근법인데, 이것이 말하는 것은 개성이 특색들의 집합이라는 것이다(Anderson & Rubin, 1986). 하나의 특색은 '타인과 구별되는 한 개인의 두드러진, 비교적 지속적인 어떤 방식'이라고 정의 내릴 수 있다(Guilford, 1973, p.23). 인간 개성의 특색들은 개인의 행위, 외모, 태도와 신조 및 인구통계학적 특징들 등의 다차원적인 요소들에 의해 결정된다.

이 같은 특성 이론을 바탕으로 Batra, Lehmann & Singh(1993)은 5개의 인간 개성의 차원들('Big Five' human personality dimensions)이 존재함을 증명하였다. 즉 외/내향적(extraversion / intra-version), 동조적(agreeableness), 성실성(sincerity), 감정적 안정(emotional stability), 교양적(culture) 등으로 나누어진다. 이 'Big Five' 의 관점에서 분류한 인간의 개성 차원은 외향성/내향성, 붙임성, 의식성, 정서적 안정성 및 교양성(문화성)으로 분류된다. 이들 개성의 차원들을 기반으로 하여 Jennifer Aaker(1997)는 브랜드의 'Big Five' 차원들을 추렸으며 세련됨(sincerity), 흥분성(excitement), 유능성(competence), 세련성(sophistication) 및 남성다움(Ruggedness)으로 구분하였다.[17]

**브랜드 개성**

| 브랜드 개성 | 활기참 | 유능함 | 세련됨 | 강함/억셈 |
|---|---|---|---|---|
| 현실적인 | 과감한 | 믿을만한 | 상류층의 | 남성적인 |
| 가정적인 | 첨단의 | 열심인 | 매혹적인 | 서구적인 |
| 소도시의 | 짜릿한 | 안전한 | 잘 생긴 | 거친 |
| 정직한 | 활기찬 | 현명한 | 매력있는여성적인 | 억센 |
| 성실한 | 침착한 | 기술적인 | 부드러운 | |
| 실제적인 | 젊은 | 조직의 일원인 | 야외를 좋아하는 | |
| 건강한 | 환상적인 | 성공적인 | | |
| 독창적인 | 독특한 | 선도적인 | | |
| 즐거운 | 최신의 | 자신있는 | | |
| 우수어린 | 독립적인 | | | |
| 친근한 | 현대적인 | | | |

[그림 Ⅳ-1] 브랜드 개성 차원

17) Jennifer Aaker (1997), "Dimensions of Brand Personality," *Journal of Marketing Research*, 43(August), pp.347-356.

브랜드 개성에 대한 조사는 Aaker의 변수들을 이용해서 조사할 수도 있겠지만 다음과 같은 질문의 체크리스트를 통해 적합한 브랜드 개성을 찾을 수 있다.

① 브랜드 X를 사용하는 사람은 어떤 사람들인가? (나이, 성별, 성격, 교육 수준, 수입 정도)

② 브랜드 X가 자동차라면 어떤 종류의 차인가, 그리고 그 이유는 무엇인가?

③ 브랜드 X가 어떤 장소라면 그곳은 어디이고, 왜 그런가? (대표적인 도시나 지역은 실리콘 밸리: 선두적 위치, 뉴욕: 대도시, 파리: 패션 도시, 오마하: 전통이다).

④ 브랜드 X가 백화점이라면 어느 곳이고 왜 그런가? (대표적인 점포는 Nordstrom: 최고의 서비스, Sears: 전통적인, Wal-Mart: 가격이 싼, Niman Marcus: 고급 시장이다).

⑤ 동물 가운데서는 어떤 종류가 이 브랜드를 가장 잘 나타내는가?

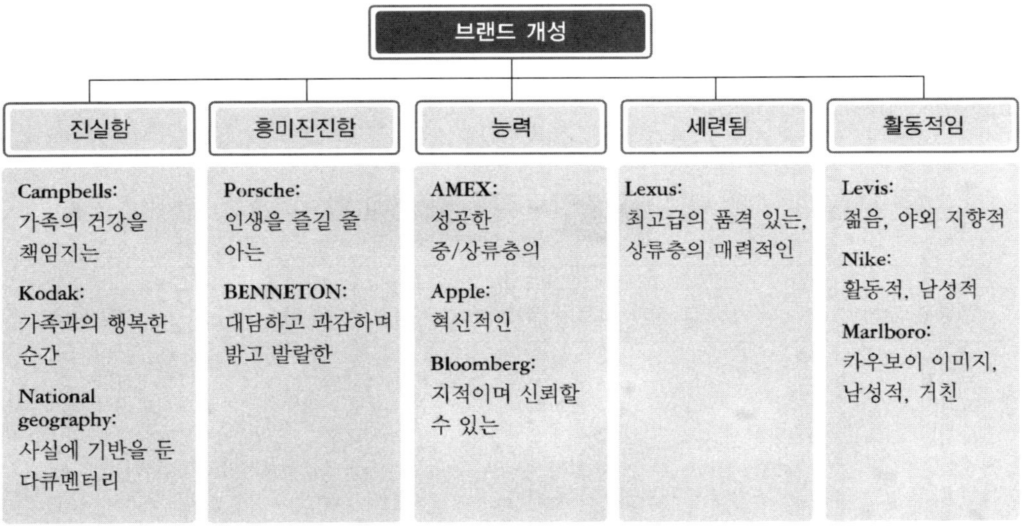


[그림 IV-2] 브랜드별 개성 사례

**따뜻한 개성을 지향하여 성공한 브랜드 캠페인들**

삼성전자의 '또 하나의 가족' 캠페인은 1997년 4월부터 현재까지 이어지는 우리나라 최장수 광고 캠페인이다. 이 광고 캠페인의 기본 콘셉트는 가족 간의 따뜻한 정과 사랑, 가족이 희로애락을 겪으면서 서로 의지하고, 격려하고, 사랑을 나누는 순간들을 담아, 그 순간에 삼성전자의 제품을 이입시킴으로써 삼성전자 제품이 늘 같이하며 구성원임을 부각시켰다. 이를 통해 삼성전자의 제품들도 가족과 희로애락을 함께하는 '또 하나의 가족'이라는 느낌이 들도록 한 것이다. 이러한 기획 의도는 과거엔 삼성전자의 이미지로 주로 '똑똑한 기업'을 추구했지만, 이 광고 캠페인을 통해 친근하고, 인간미가 느껴지는 따뜻한 기업이라는 쪽으로 이미지 전환을 모색해 왔고 성공한 결과라고 할 수 있다.

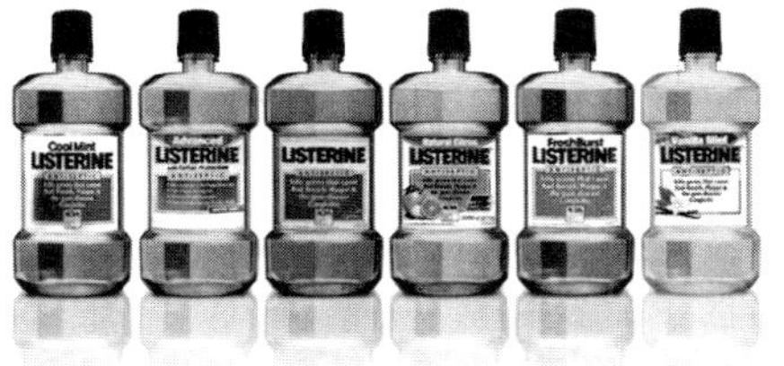

리스터린(LIsterin)의 가글 용액은 1914년부터 판매해 온 오래된 제품이다. 이 제품과 더불어 주로 소독용 약품을 생산해 온 리스터린사는 차가운 브랜드 개성을 탈피하고자 따뜻함을 주는 캠페인을 많이 진행하였다. 이 결과 기존의 소독약품을 생산하는 기업에서 구강용 위생용품을 생산하는 브랜드로, 나를 도와주는 브랜드로 브랜드에 대한 개성과 연상이 성공적으로 변화하였다.

## 3. 브랜드 플랫폼(brand platform)

브랜드 플랫폼이란 고객, 내부 직원, 투자자 및 이해관계자들이 공유해야 할 브랜드의 존재이유, 중장기적 선언, 약속 등의 표현을 말한다. 또한 브랜드 구조(brand architecture), 브랜드 개성(brand personality), 이를 바탕으로 한 brand communications와 그에 따른 조직 구성 등 모두 브랜드 플랫폼에 기초를 두고 있다. 즉, 제품, 슬로건, 디자인, 패키지 등은 물론 모든 브랜드 커뮤니케이션 활동은 브랜드 플랫폼에 근거하여 일관된 브랜딩이 이뤄져야 하는 것이다.

브랜드 플랫폼은 일반적으로 다음 4가지 항목으로 구성된다.

- brand vision: 특정 미래에 궁극적으로 달성하고자 하는 브랜드의 의지 및 존재 이유
- brand mission: 브랜드 비전을 실천하기 위한 능력과 수단
- brand personality: 그 브랜드만이 고유하게 지니고 있는 개성 또는 품격
- brand positioning: 목표 고객들의 인식 속에 가장 먼저 떠오를 수 있는 가치 제안의 일부, 경쟁 브랜드보다 뛰어난 자리매김하는 것

[그림 Ⅳ-3] 브랜드 플랫폼 구조

## 1) 브랜드 비전(brand vision)

### (1) 브랜드 비전의 필요성

브랜드 비전(brand vision)이란 특정한 미래에 브랜드가 궁극적으로 달성하고자 하는 이상적 모습이나 상태를 의미한다. 따라서 브랜드 비전은 모든 브랜드 활동의 출발점이 되므로, 명확하고 구체적이어야 하고 또한 일관성이 있어야 한다. 따라서 브랜드 비전은 브랜드 관리자들에게 방향성을 제시하는 청사진 역할을 하게 되고, 이해관계자들에게는 브랜드의 목표 제시와 브랜드 운용상의 책임을 인식시키는 역할을 한다.

그러므로 브랜드 비전은 브랜드가 달성할 목표를 설정해 줌으로써 그 자체가 목표로서의 역할을 하며 또한 관련된 전략 발상에도 도움을 주게 된다. 또한 브랜드 비전을 통해서 기업의 위기 시 위기 극복을 도모하는 과정에서 브랜드와 관련된 이해관계자들의 결속력을 높임으로써 브랜드가 당면할 잠재적 위기를 극복하고 성과를 향상시킨다. 즉, 이해관계자들과의 비전 공유를 통하여 브랜드 방향성을 명확하게 이해할 수 있게 해 주며 원활한 커뮤니케이션을 가능하게 해 주기 때문이다.

### (2) 브랜드 비전 설계를 위한 요소

브랜드의 비전을 구축하는 데 있어 브랜드 비전에는 ① 브랜드의 존재 이유와 ② 브랜드의 성장 방향, ③ 브랜드의 경쟁 우위의 원천 등과 같은 요소를 담는 것이 필요하다고 본다. 먼저 그 해당 기업 브랜드의 존재 이유 내지는 정당성에 대한 기술 부분이다. 예를 들면 '인간의 무병장수를 위해 존재하는 기업(Pfizer)', '인간 생활의 편리함을 최우선으로 하는 기업

(GM)', '인류에게 무한한 에너지원을 공급하는 기업(Chevron Texaco)' 등을 들 수 있다. 둘째로는 브랜드의 성장 방향으로서 비전에는 기업이 지향하고자 하는 미래의 모습과 함께 향후 나아갈 방향이 명확하게 나타나 있어야 한다. 어떤 사업을 핵심 사업 영역으로 설정할 것인지에 대한 명확한 가이드가 있어야 한다. 즉, 브랜드 비전은 어떤 사업을 현재의 주력 사업으로 할 것인가 향후 M&A를 하더라도 이러한 브랜드 비전의 가이드 아래 확장을 하게 되는 것이다. 셋째로는 브랜드의 경쟁 우위 원천이 된다. 새로운 비전 속에 기업들은 향후 자사가 무엇을 경쟁 우위의 원천으로 삼을 것인가를 명확히 할 필요가 있다.

**차병원의 미션과 비전**

- 미션: 인간 존중의 정신을 바탕으로 최상의 진료, 연구, 교육을 통해 인류의 행복을 추구한다.
- 비전:
  1. 최적의 진료 서비스로 가장 가고 싶은 병원
  2. 난치병 극복을 위해 끊임없이 연구하는 병원
  3. 최고의 의료인을 양성하는 병원
  4. 직원 모두가 자긍심을 가질 수 있는 병원

## 2) 브랜드 약속(brand promise)

브랜드 약속(brand promise)이란 브랜드 포지션을 설명해 내는 간단한 방식이라고 할 수 있다. 이를 통해서 진정한 브랜드를 창조하고 육성하고 강화하는 데 근본이 된다.

브랜드 약속이란 진정한 브랜드가 표방하는 슬로건이자 차별화의 핵심이다. 즉, 브랜드의 약속(promise)은 브랜드 설계에서 가장 중요한 부분이며, 브랜드는 목표 고객들에게 적절하고 매력적이며, 차별화된 편익을 가져다 줄 것이라는 약속을 해야 한다. 편익이란 기능적, 감성적, 경험적이거나 혹은 자기 표현적인 것을 포함한다.

소비자들에게 성공적으로 소구할 수 있는 가장 이상적인 편익은 다음 세 가지 특성을 유지하는 편익을 의미한다.

### (1) 중요성

우리가 강조하는 브랜드 편익이 목표 고객들에게 있어 매우 중요하다.

### (2) 적합성

현재 우리 브랜드만이 고객들이 필요한 편익을 주는 데 가장 적합하다.

### (3) 차별성과 경쟁적 우위의 지속 가능성

우리의 경쟁 브랜드들은 현재 그와 같은 편익을 제공할 수 없다.

스탠다드차티드(Standardcharted)는 아시아, 아프리카, 중동 지역에 진출한 주요 시장에서 긍정적인 영향력을 가지고자 하는 헌신을 나타내는 글로벌 브랜드 약속인 'Here for good' 을 발표했다. 스탠다드차타드는 새롭게 선보이는 'Here for good' 브랜드 약속을 통해 국제적인 은행으로서의 입지를 차별화하고 지속적인 성장을 위한 견고한 기반을 마련할 계획이다.

스탠다드차타드는 금융위기 상황 속에서도 지속적인 수익과 이익을 달성했으며 이를 통해 신규 고객을 유치하고 시장 점유율을 증대했다. 'Here for good'은 간결한 문구이지만 다양한 의미를 지니고 있다. 이는 고객과 심층적인 관계를 구축하고자 하는 스탠다드차타드의 의지와 헌신이자 가치이며, 지속 가능성에 대한 집중과 실행, 장기적인 영업, 유산 그리고 지속적인 견고한 실적을 나타내고 있다.

스탠다드차타드의 Peter Sands CEO는 '우리는 이를 통해 주주들을 위한 가치를 창출하고, 고객과 파트너들을 지원하고, 더 나아가 지역 사회에 긍정적으로 기여할 것'이라고 말했다.

브랜드 비전과 약속 그리고 포지셔닝의 관계는 다음의 표와 같다.

〈표 IV-2〉 브랜드 비전, 약속, 미션, 포지셔닝 관계

| 구 분 | 내적(internal) | 외적(external) |
|---|---|---|
| 고정적(fixed) | brand vision<br>우리 브랜드가 되고자 하는 모습은 무엇인가? | brand promise<br>고객에 대해서 꼭 이뤄줄 것은 무엇인가? |
| 변동적(variable) | brand mission<br>고객에게 약속을 수행하기 위해서 어떤 활동을 해야 하는가? | brand positioning<br>고객이 우리 브랜드를 어떻게 지각하기 원하는가 그리고 우리 브랜드의 경쟁 우위를 무엇이라고 생각해 주기를 원하는가? |

### 3) 브랜드 에센스(brand essence)

브랜드 에센스(brand essence)는 브랜드의 심장과 영혼과 같은 부분이다. 즉, 브랜드의 기본적인 성질과 품질을 의미하는 것이다. 또한 브랜드 에센스는 단순한 표현으로 이루어진 브랜드의 약속이다.

일반적으로 두 단어 내지 세 단어로 표현되는 브랜드 에센스는 제품의 범주와 관련 없이 일관적인 성격을 가진다. 에센스의 예를 다음 브랜드들을 통해서 볼 수 있다.

〈표 IV-3〉 각 브랜드들의 브랜드 에센스

| 브랜드 | 브랜드 에센스 |
|---|---|
| Nike | authentic athletic performance |
| Disney | fun family entertainment |
| Disneyworld | magical fun |
| Starbucks | rewarding everyday moment |
| Chrysler | nostalgic american cars |
| Hewlett-Packard | inventive technology |
| IKEA | cheap modular furniture |
| Kodak | families memories |
| Porsche | performance sports cars |
| Oil of Olay | younger skin |
| Wells fargo | historic bank |

특히 Volvo=safety; AA=Fourth Emergency Service 등과 같이 소비자들의 욕구에 바탕을 둔 브랜드 에센스가 가장 효과적인 표현이 된다.

홀마크(Hallmark)의 경우에는 "생활을 풍요롭게 해 주는(enriching lives)"이라는 브랜드 에센스를 사용하는데 이 문구에는 홀마크의 문화가 담겨 있다. 그러한 문구를 통해서 홀마크(Hallmark)는 그들이 고객들에게 그들의 제품이나 매장에서의 머천다이징 활동까지를 포함한 고객에 대한 보살핌의 의지를 담고 있다.

어떤 조직이든지 브랜드 에센스나 슬로건을 동일하게 사용하는 경우는 거의 없다. 나이키(Nike)의 경우에는 'authentic athletic performance'라는 것을 브랜드 슬로건화시킨 것이 "Just do it!"과 "I can"이라고 할 수 있다.

켈러는 이러한 브랜드의 핵심적인 요체를 'mantra'라는 개념으로 소개하고 있다. 그는 브랜드 만트라(brand mantra)를 통해서 사업 영역을 정의하고 브랜드의 윤곽을 정의할 수 있어야 한다고 지적하였다. 또한 만트라를 통해서 브랜드의 독특성을 정의할 수 있고 소비자들은 그 내용을 용이하게 기억할 수 있다고 하였다. 따라서 브랜드 에센스 내지는 만트라는 짧고 선명한 의미를 가지는 내용으로 이루어져야 한다.

[그림 IV-4]는 말리부 해변 휴양지의 브랜드 에센스를 정리해 놓은 것이다. 1사분면에서는 what the product does it for me로서 그 대상이 "소비자에게 어떤 것을 줄 것이냐"하는 질문으로 시작된다. 따라서 말리부의 경우에는 "일상생활에서 충전을 할 수 있게 해 준다"부터 "나 스스로를 통제할 수 있게 해 준다"까지 다양한 내용이 연상된다.

또한 내가 제품을 어떻게 묘사할 수 있는가에는 흰색 병, 코코넛, 쉽게 마실 수 있다와 같은 내용으로 설명되고 있으며, 그 제품은 나를 어떤 기분으로 만들어 주는가라는 질문에 친근하게 만들어 주고 웃게 만들어 주며 편안하게 만들어 준다고 연상되어 있다.

한편 그 브랜드를 사용하면 내가 어떻게 보일 것 같은가라는 질문에 젊고 걱정이 없을 것 같고 즐거움을 기꺼이 즐기려고 하는 사람처럼 보인다고 소비자들은 대답을 하고 있다. 또한 말리부의 세부 내용과 상징 그리고 아래 하단 부분에는 브랜드 개성이 묘사되어 있다.

이러한 내용을 바탕으로 브랜드의 에센스를 'exotic', 'easy going', 'fun'으로 정리할 수 있다.

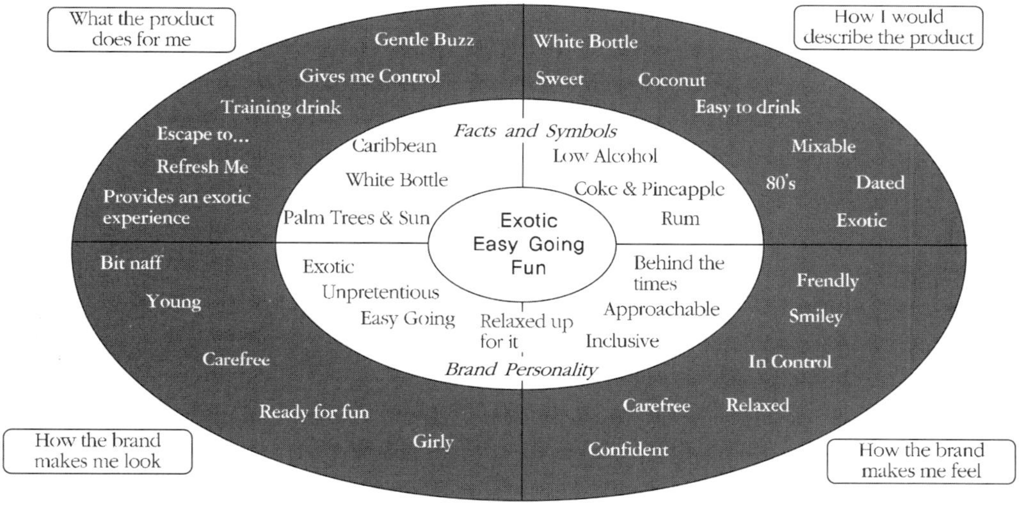


[그림 IV-4] 브랜드 에센스 사례

## 4) 브랜드 미션

브랜드 미션(brand mission)은 단어 그대로 조직이 비전을 달성하기 위해서 해야 할 업무와 조직적 방향에 대해서 내부 고객, 즉 조직을 구성하는 멤버들과 공유하는 가치와 활동을 포괄한다.

즉, 브랜드 미션은 회사의 비전을 이루기 위한 목표이자, 결속을 표현하는 것이다. 따라서 브랜드 임무인 미션은 브랜드 아이덴티티, 브랜드 비전에 대한 내부 구성원의 의지이며, 실천을 위한 상위의 선언과도 같다. 글로벌 광고 대행사인 레오버넷(Leo Burnett)의 미션은 '탁월한 광고를 제작하는 일'이다. 창업자인 레오 버넷은 "우리의 임무는 무엇보다도 세계 최고의 광고를 제작하는 일이다"라고 말했다. 최고의 광고란 특정 주제나 아이디어를 표현하는데 있어서 너무나 도발적이고 너무나 대담하며 너무나 신선하고 너무나 매력적이고 너무나 인간적이며 너무나 믿음이 가고 너무나 초점이 잘 잡혀 있어서 출시하자마자 즉각적으로 매출액이 증가하고 그와 동시에 오랫동안 명성이 사라지지 않는 광고를 말한다고 지적하였다.

### 다이렉트 보험회사인 Geico사의 임무와 비전

• **게이코의 임무**(mission)
양질의 개인보험 서비스를 합리적인 가격에 판매하고, 직접 판매 메커니즘을 활용하여 서비스 제공에서 경쟁우위를 확보한다.

• **비전 헌장**
이 헌장은 우리의 존재 이유와 우리의 바람을 선언한 것이다. 게이코가 존재하는 이유는 예기치 못한 불상사로부터 고객들의 자산과 수입을 보호하기 위해서다. 우리는 자동차 보험 가입자들에게 그들이 자동차 소유와 관련하여 주 정부가 규정하는 최소한의 재무상 책임과 법적 요건을 충족시키고 있다는 사실 증명 및 증빙 서류를 제공한다. 어떤 식으로든 게이코와 관계를 맺고 있는 모든 사람들은 우리가 양질의 보험 상품과 서비스를 제공하고 있다는 사실을 깨닫게 될 것이다.

## 4. 브랜드 포지셔닝(brand positioning)

### 어정쩡한 브랜드 포지셔닝으로 1위를 내준 크레스트 치약

P&G의 광고 책임자였던 존 스메일은 미국치과의사협회 ADA(American Dental Association)에 충치 예방 성분에 관한 크레스트의 재산권을 인정해달라는 탄원서를 제출했다. 몇 년 동안 관련 증거를 제출한 결과로 크레스트는 ADA로부터 마침내 재산권을 인정받았다. 그 후 이것은 크레스트 광고의 주요 내용이 되었다. "크레스트는 치아 위생 및 정기적인 치아 치료 프로그램에 이용될 경우 커다란 효과를 발휘할 수 있는 효과적인 치아 부식 방지 치약임이 증명되었다"라는 광고를 할 수 있었다.

결국 크레스트는 치약 시장의 3분의 1을 장악했고, 그 후 35년이 넘게 치약 시장에서 막강한 통제력을 발휘해 왔다.

지역 사회에서 식수에 불소를 첨가하기 시작하자 어린이들의 충치가 급격히 감소하기 시작했다. 1960년에는 열다섯 개에 달하던 평균 충치 수가 1987년에는 단 세 개로 줄었다. 이 문제를 해결하기 위해 각종 틈새시장을 겨냥한 제품들을 선보였다. 이를테면 과거에 대한 향수를 불러일으키는 베이킹 소다 치약을 비롯해 자연을 강조한 톰스 오브 메인, "담배로 누렇게 된 이를 하얗게"를 내세운 토폴, '민감성 치아'를 위한 센소다인 등을 출시했다.

그러나 이 모든 활동이 크레스트를 딜레마에 빠지게 했다. "모든 사람에게 호소하기" 위해 노력해야 할까? 구강청정제를 출시해야 할까? 베이킹 소다 크레스트, 민감성 치아를 위한 크레스트, 미백 효과가 있는 크레스트를 출시해야 할까?라고 하는 전방위 방어를 위한 고민이 시작된 것이다.

### 1) 포지셔닝은 무엇인가

포지셔닝(positioning)은 표현 그대로 소비자들의 인식 속에 브랜드로 자리매김하는 데 관련된 모든 활동을 의미한다. 이러한 포지셔닝의 개념은 크게 마케팅 전략 수립 관점에서의 포지셔닝과 광고를 중심으로 하는 커뮤니케이션 관점에서의 포지셔닝 개념으로 구분할 수 있다.

즉, 마케팅 전략에서의 포지셔닝은 제품 포지셔닝(product positioning)으로 불리며, 광고 커뮤니케이션의 관점에서는 브랜드 포지셔닝(brand positioning)으로 구분된다.

제품 포지셔닝은 주로 경쟁자들과 효과적으로 경쟁하기 위해서 마케팅의 주요한 도구인 4P의 효과적 구성을 위한 일종의 4P 믹스의 방향을 지시해 주는 개념이다. 이에 반해서 광고 커뮤니케이션 관점에서의 포지셔닝은 어떻게 소비자들에게 독특한 브랜드 연상(salient association of brand)을 전달시켜서 브랜드를 인식시킬 것인가에 대한 개념이라고 할 수 있다.

따라서 제품 포지셔닝이 주로 실체와 관련해서 포지셔닝을 결정한다면, 브랜드 포지셔닝은 브랜드 아이덴티티를 구성하는 연상(association)들 가운데 전략적인 우선 순위에 따라 현재 꼭 고객들에게 전달해야 할 요인을 추출하여 광고를 통해서 전달하게 되는 것이다.

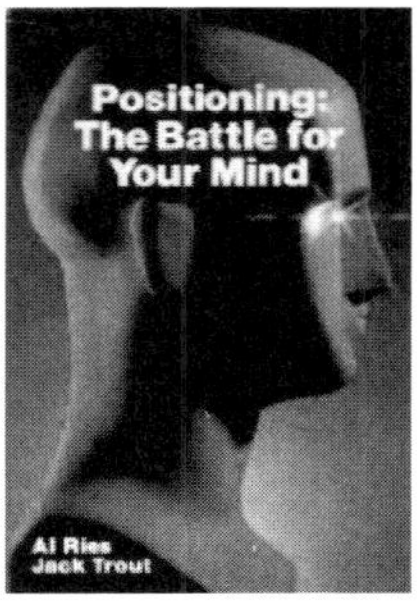


광고적 관점에서의 포지셔닝에서는 광고를 통해서 제시해야 할 브랜드 연상의 우선순위를 결정하는 것이 매우 중요하다. 왜냐하면 광고의 속성상 통상적으로 15초의 짧은 시간 동안 브랜드에 대한 모든 것을 보여 줄 수 없기 때문이다. 따라서 광고 제작 과정에서 단일 집약적 제안(SMP: Single Minded Proposition) 원칙을 강조하는 것도 이러한 이유 때문이다. 또한 소비자들의 기억 속에 브랜드와 관련된 다양한 연상을 저장할 수 없다는 한계점도 간과할 수 없는 이유이기도 하다. 따라서 광고적 관점에서의 포지셔닝을 결정하는 과정에서 마케팅 담당자나 광고 담당자들은 제품 포지셔닝과 관련된 특징들을 면밀하게 고려하고 이를 최종적으로 광고 표현의 관점에서 다듬게 된다.

### 2) 포지셔닝의 역할 및 필요성

포지셔닝은 기업의 마케팅 활동에서 전략적 방향을 설정하는 것이므로 이를 통해서 신제품 개발을 비롯한 제품 계획, 가격 설정, 유통 설계 그리고 촉진 활동을 결정하게 된다. 따라서 마케팅에서의 포지셔닝 개념의 역할은 마케팅의 주요도구인 4P에서 공통적으로 추출된 콘셉트를 바탕으로 그 브랜드만의 고유한 콘셉트를 소비자들에게 전달해 주는 역할을 한다.

이러한 배경에는 시장에서 경쟁이 점차 치열해 지면서 한국의 경우에 한달에 소비자들이 접하는 공중파 3개 방송국의 광고는 약 35,000개이며 하루에 소비자들이 접할 수 있는 공중파 광고는 약 1,166개로 매우 많은 광고에 노출되고 있다. 따라서 소비자들이 이 많은 광고를 기억할 수 없으며, 심지어는 광고 내용의 혼돈까지도 가져오게 된다. 자사의 상표나 제품을 차별화시킬 수 있는 방법은 복잡한 커뮤니케이션의 정글에서 한 가지 특징으로 집약하는 것만이 효율적이며 집중적인 마케팅 자원을 투자할 수 있다.

### 3) 광고에 있어 브랜드 포지셔닝의 중요성

광고를 통한 브랜드 포지셔닝에서는 "과연 소비자들에게 제품의 특징을 어떤 편익으로서 전달할 것인가?"를 결정하는 것이 매우 중요하다. 이 과정에서 포지셔닝은 커뮤니케이션 목표와 크리에이티브를 어떻게 도출할 것인가, 어떤 크리에이티브를 표현할 것인가와 밀접하게 관련되어 있다. 즉, 포지셔닝을 통해서 광고를 보는 청중 소비자들에게 무엇을 말할 것인가(what to say)를 결정하게 된다. 광고 기획 과정에서 캠페인의 목적이라고 하는 부분이 광고에서 무엇을 말할 것인지 구조(structure)를 제공해 주는 데 반해서, 포지셔닝은 그 안에 담을 수 있는 내용(contents)을 제공해 주는 것이다. 따라서 포지셔닝은 그 브랜드가 어떤 브랜드인지, 누구에게 적합한 것인지, 그리고 무엇을 소비자들에게 제시해 줄 수 있는 것인지를 포함하게 된다. 따라서 포지셔닝은 어떻게 말할 것인가 내지는 어떻게 하면 가장 잘 표현할 수 있을 것인가 이전의 단계에서 꼭 규명되어야 할 문제인 것이다.

### 4) 효과적인 포지셔닝을 위한 기준

포지셔닝이 효과적으로 수행되기 위해서는 1) 독특성(uniqueness), 2) 중요성/바람직함(importance/desirability), 3) 신뢰성(believability)과 같은 기준이 필요하다.

#### (1) 독특성(uniqueness)

포지셔닝의 가장 기본적인 방향은 다른 경쟁자들과 완전히 차별화되는 독특한 특징을 강조하는 것이다. 여기서 중요한 점은 제품에서 강조된 독특성이 소비자들에게도 역시 중요한 특징이어야 한다는 것이다. 포지셔닝에서 강조해야 하는 차원은 두 가지를 들 수 있다. 첫째로 경쟁 제품군에서 가장 중요하게 간주되는 하나의 차원이 자사의 제품은 더 개선된 것을 강조하거나 둘째로 기존에는 강조되지 않았던 잠재적인 차원을 부각시켜서 집중적으로 강조할 수 있다.

현재 각 제품군에는 최소 2~3개 이상의 경쟁 제품들이 시장에 진출하고 있는데, 제품이나 상표에 대한 메시지가 경쟁 광고 등에 의해서 묻히는 것(clutter)에서 벗어날 수 있는 유일한 방법이 바로 이와 같이 차별화된 독특성을 통해서 포지셔닝을 가지는 것이다.

#### (2) 중요성 / 바람직함(importance / desirability)

많은 기업들의 마케팅 담당자들은 자사의 상표나 제품을 소비자의 인식 속에서 경쟁 상표와 제품으로부터 차별화해야 한다는 것을 잘 알고 있다. 그러나 과연 마케터들이 강조하고자 하는 점이 소비자들에게도 중요한 것인가에 대해서는 흔히 점검하지 않고 지나치는 경우가 많다.

특히 마케팅 경험이 적을수록 "좋은 물건일수록 제품의 특징적인 면을 강조하고, 값이 싸면 잘 팔린다"는 기본적인 상식만으로 경쟁에 뛰어드는 경우가 많다. 과연 소비자들도 이와 같은 생각을 가지고 있는지가 포지셔닝에서는 매우 중요한 요소 중에 하나이다.

진공청소기의 경우에 제품의 특성으로만 보면 소음은 작을수록 좋은 제품으로 인식될 것이라고 판단하기 쉽지만 미국에서 저소음 진공청소기가 시장에 출시하여 실패한 예가 있다. 이유는 아이러니컬하게도 상당수의 주부들은 소음이 흡입력을 나타내는 것이라고 생각하고 소음이 작은 진공청소기는 성능이 떨어진다고 간주했기 때문이었다.

시장 지향적인 기업들은 이러한 포지셔닝의 대안을 발견하기 위해서 소비자의 입장에서 제품을 분석하게 된다. 주로 편익 분석(benefit analysis)를 통하여 이러한 대안들을 추출해 내게 된다.

한편 실제로 이와 같은 차원을 소비자들이 중요하게지 인식하지 못하는 경우에는 정보 전달형 광고를 통하여 중요한 차원임을 지속적으로 알려 포지셔닝을 설정할 수 있다. 또한 구체적인 속성에 의한 편익이 아니라 단순한 이미지를 전달하는 경험 광고(transformational advertising)를 이용하여 포지셔닝을 달성할 수도 있다.

### (3) 신뢰성(believability)

소비자들에게 특정 포지셔닝을 인식시켜려고 해도 만일 소비자들이 광고를 통한 내용들을 믿어주지 않는다면 전혀 쓸모없는 전략이 될 것이다. 만일 개인용 컴퓨터를 생산하는 기업이 PC 시장에서 후발로 뛰어들어서 선발주자인 IBM보다 훨씬 좋은 컴퓨터라고 광고를 한다면 소비자들은 대부분 그 내용에 대해서 회의적인 반응을 보일 것이다.

포지셔닝을 주장하기 위한 내용들은 소비자들에게 신뢰성을 줄 수 있는 내용으로 구성하는 것이 중요하다. 예를 들면 단순하게 "좋은" 이라는 내용보다는 구체적이며 객관적인 품질을 나타낼 수 있는 내용으로 주장을 한다면 소비자들로부터 더욱 호의적인 반응을 이끌어낼 수 있을 것이다. 즉, 미국의 FDA 검증, Q마크, 소비자보호단체의 검사 결과 등은 이러한 예라고 할 수 있다.

따라서 포지셔닝을 위해서 소비자들에게 주장하기에 앞서서 다음과 같은 내용을 점검해 보아야 한다.

① 다른 경쟁자들이 우리가 인지시키려고 하는 내용에 대해서 이미 소비자의 인식 속에서 자리 잡고 있지 않은가?

② 이러한 속성이나 편익이 목표 시장의 소비자들에게 정말로 중요하게 소구될 수 있는 것들인가?

③ 주장한 내용들을 뒷받침해 줄 수 있는 증거들은 어떤 것들이 있나?

④ 경쟁자의 주장과 반대적인 내용들을 전달할 수 있나?

⑤ 현재 소비자들과 잠재 소비자들은 우리가 전달하고자 하는 차원에 대해서 믿어줄 수 있는 내용들인가?

⑥ 우리의 주장을 더욱 믿을 수 있도록 만드는 데 필요한 것들은 어떤 것이 있나?

⑦ 목표 시장의 소비자들에게 포지셔닝을 확실하게 하기 위해서 필요한 촉진(promotion)은 어떤 것이 있나?

효과적인 포지셔닝은 많은 것을 소비자들에게 알리는 것이 아니라 하나의 차원을 다양한 방법과 표현을 통해서 지속적으로 알리는 것이다. 포지셔닝 설정에서 흔히 실패하는 이유는 의사 결정 과정에서 많은 내용들 혹은 산만한 내용을 광고의 USP로 설정하고 광고를 할 때마다 이를 변경시키기 때문에 발생하는 경우가 많다. 전략적인 의사 결정이란 무엇을 더 선택하는 것이 아니라 무엇을 버릴 것인가를 선택하는 것이므로 포지셔닝 전략에서도 단순화를 지향하여야 한다.

### 포지셔닝 시대의 도래

1971년 봄 어느 날 아침에 광고에서 통찰력 있는 오길비(David Ogilvy)는 "팔리는 광고"를 만들기 위한 38가지의 포인트를 제시하였다. 그는 "광고 캠페인의 결과는 광고를 어떻게 썼느냐보다는 그 제품의 포지션을 어떻게 잡았느냐에 달려 있다"고 지적하였다. 이렇게 오길비가 지적하면서 포지셔닝 시대는 시작된 것이다. 닷새 뒤에 *New York Times*와 *Advertising Age*에 또 다른 광고가 개재되었는데 이를 통해서 광고 산업 전체의 화두는 포지셔닝이라는 단어로 집약되었다.

Ron Rosenfeld, Len Sirowitz 그리고 Tom Dawson 세 명이 만든 광고 대행사의 광고에서는 "효과적인 판매에 있어서 가장 중요한 단계는 정확한 포지셔닝이다"라고 지적하였다. 이 후부터 이 포지셔닝이라는 단어와 개념은 모든 광고와 모든 사람의 입에 오르내리게 되었으며 *Advertising Age*의 매 호마다 언급되지 않는 일이 거의 없었다. 사진은 크리에이티브 명예의 전당에 오른 Len Sirowitz의 사진이다. 그는 이 후 DDB에 입사하여 크리에이티브 부문을 맡아서 근무하였다.

## 5) 브랜드 포지셔닝 진술문(brand positioning statement)

일반적으로 잘 만들어진 브랜드 포지셔닝에는 다음과 같은 세 가지 구성 요소가 포함되어 있다. 첫째로는 기업이 추구해 나갈 목표 시장 또는 목표 고객에 대한 정의하여야 하고, 둘째로는 기업이 활동하고 있는 영역 혹은 카테고리 안에서 자사가 하고 있는 일이 정의되어야 하고 셋째로는 경쟁 브랜드와의 차별점과 주요 사용 가치들이 서술되어야 한다.

그리고 또 잘 만들어진 브랜드 포지셔닝은 위의 세 가지 구성 요소를 종합하여 다음과 같은 형태의 포지셔닝 진술문(positioning statement)으로 표현될 수 있다.

> 우리의 고객인(목표 고객 Target consumer) ____________에게 브랜드 ______는 소비자들이 고려할 수 있는 경쟁 브랜드들 중에서 특히 ____________한 편익(Benefit)을 제공하는 (사업 부문/또는 제품의 카테고리 정의)____________이다

예를 들어 "컴퓨터 제조업체를 위하여, 인텔(Intel)은 컴퓨터를 많이 사용하는 소비자들에게 인텔은 가장 빠르고 가장 신뢰할 수 있는 마이크로프로세서를 제공해 주는 칩 제조업체이다." 또는 "주부를 위하여, 타이드(Tide)는 옷의 깨끗함에 관심이 많은 주부들에게 타이드(Tide)는 옷을 가장 깨끗하게 세탁해 주는 세제이다"와 같은 포지셔닝 진술문의 작성이 필요한 것이다.

## 6) 포지셔닝 조사(positioning research)

포지셔닝 조사에서는 분석 대상이 되는 제품과 브랜드의 속성을 비교 분석하여 제품 지각도(Product Perceptual Map: PPM), 포지셔닝도(positioning map)라고 불리는 2차원의 지도를 작성하여 일목요연하게 볼 수 있도록 하는 것이 목적이다.

포지셔닝을 위한 조사는 단순한 수작업으로 작성할 수도 있으며 컴퓨터 분석을 통하여 작성할 수도 있다. 컴퓨터를 이용하는 경우에는 주로 8개 이상의 비교 대상을 여러 개의 속성을 중심으로 분석이 가능하므로 복잡한 지각도(perceptual map)를 얻고자 할 때 효과적이다.

단순 포지셔닝 조사에서는 주로 수작업으로 가능한 내용과 과정을 거치게 되는데, 1) 제품/서비스 프로파일, 2) 4분 분석법(quadrant analysis), 3) 중요도/독특성 평가와 같은 유형의 분석이 있다.

### (1) 제품/서비스 프로파일(product service profile) 분석

포지셔닝 방법 중에서 간단하게 작성할 수 있는 제품/서비스 프로파일(product service profile)은 각각의 대상을 그림과 같이 속성들에 대해서 평가하여 평가한 점수를 연속선으로 연결한 형태의 지도를 의미한다.

이와 같은 유형의 분석은 매우 간단하다는 특성이 있지만 제품이나 브랜드를 평가할 수 있는 속성들의 중요도가 모두 같다는 가정을 바탕으로 작성되므로 만일 소비자들이 평가하는 속성들의 중요도가 다르면 가중치를 주어서 수정하여야 한다.

### (2) 중요성-성과(importance-performance) 분석법

이 방법은 응답자들에게 각 속성들의 중요성과 경쟁 브랜드들이 이러한 속성을 얼마나 잘 수행하는가 하는 것을 평가하는 데서부터 시작된다.

이러한 과정이 끝나면 각각의 브랜드들에 대해서 세로축에는 해당 속성이 상대적으로 중요할수록 위쪽으로 배열하게 된다. 한편 그 브랜드가 다른 브랜드에 비해서 그 속성을 잘 수행할수록 오른쪽 상향으로 해당 속성을 배열한다. 이와 같은 결과 그림과 같이 2차원으로 구성된 지도를 통해서 자사의 브랜드나 제품/서비스의 특성과 이러한 특성을 소비자들이 얼마나 중요하게 간주하는가 하는 것을 분석하는 방법이다.

어떤 패밀리 레스토랑에 대하여 패밀리 레스토랑을 자주 이용하는 빈번 이용자(heavy user)가 평가하는 이 패밀리 레스토랑 이용 시 중요하게 간주하는 특징과 다른 레스토랑 대비 특정한 레스토랑이 얼마나 이러한 속성을 잘 수행하는가에 따라서 좌우로 배열하게 되는 것이다.

[그림 IV-5] 오른쪽 상향 분면은 소비자들도 중요하게 간주하는 속성들의 집합으로 이루어져 있으며 분석 대상이 되는 패밀리 레스토랑도 상당히 이러한 속성을 잘 수행하고 있음을 보여 주는 분면이다. 따라서 이 분면의 속성들에 대해서는 광고를 비롯한 마케팅 촉진을 실시해야 하는 분면이다. 2사분면은 소비자들이 중요하게는 간주하는 속성들이지만 아직 상대적으로 소비자들에게 잘하고 있다는 평가를 받지 못하고 있기 때문에 나중에 어느 정도 준비된 후에 포지셔닝으로 사용할 수 있을 것이다. 3사분면의 경우에는 소비자들도 중요하게 생각하지 않고 있으며 이러한 속성들에 대해서 잘 수행하지도 못하는 상황이므로 무시해도 좋은 분면이라고 할 수 있다.

마지막으로 4사분면은 상대적으로 잘 수행한다는 평가를 받고는 있지만 소비자들이 중요한 차원이라고 간주하지 않거나 아직은 중요성을 느끼지 못하는 부분이다. 그러나 1사분면에 있는 속성들이 경쟁자들에게 선점된 경우이거나 기존에 이미 포지셔닝으로 사용한 경우에 촉진을 위해서 고려해 볼 수 있는 속성들이다.

또한 시장 세분화 변수에서 연령, 수입 등의 수준에 따라서 이 분석을 한 번씩 할 수도 있다.

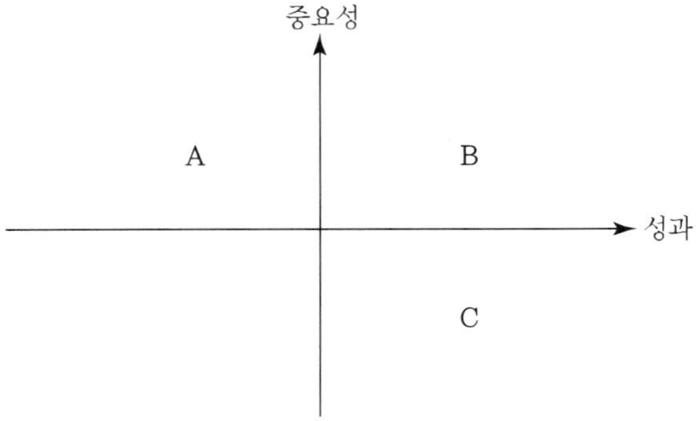


[그림 IV-5] 중요성-성과 분석법

### (3) 중요도/독특성 평가(importance/uniqueness ratings)

이 방법은 분석 대상이 되는 제품군을 중심으로 중요성과 독특성을 분석하여 각 브랜드에 대해서 이러한 속성의 수준을 평가함으로써 시장에서의 기회를 파악할 수 있는 방법이다.

바디오일에 대한 중요한 차원과 바디오일이 다른 제품군에 비해 독특한 속성에 대해서 조사한 결과를 보면 중요도가 높으면서 독특성으로 평가되는 차원은 "피부를 건조하지 않게 해 준다", "빛나는 피부로 가꾸어 준다" 등이며 그 다음으로는 "번질거리지 않게 해 준다"를 들 수 있다.

이러한 소비자들이 그 제품 범주에 대해 중요하게 여기면서 그 브랜드가 독특한 특성이나 기능을 제공해 준다는 점을 활용하여 두 축으로서 이러한 포지셔닝 지도를 그리게 된다.

한편 중요도/결핍도 평가(Importance/Deficiency Ratings)를 통해서 제품 속성과 기능 내지 편익이 어느 정도의 중요도를 가지는지 또한 그 속성과 기능 내지 편익이 어느 정도 결핍되어 있는지를 측정할 수 있다. 방식은 앞서 중요도/독특성 평가와 유사하지만 독특성은 긍정적인 차원이라고 하면 이 방식은 부정적인 차원을 측정한다는 데 차이점이 있다. 이 분석은 아래의 〈표 IV-4〉에서의 같이 4사분면을 통해서 전략적으로 어떤 방향으로 나가야 하는지를 분석할 수 있다.

〈표 IV-4〉 중요도 / 결핍도 평가(Importance/Deficiency Ratings)의 전략적 해석

<table>
<tr><th colspan="2" rowspan="2">구 분</th><th colspan="2">결핍도</th></tr>
<tr><th>high</th><th>low</th></tr>
<tr><td rowspan="2">중요도</td><td>high</td><td>잠재적인 큰 위험<br>(big penalty potential)</td><td>잠재적 큰 기회<br>(big opportunity potential)</td></tr>
<tr><td>low</td><td>잠재된 2차적 위험<br>(back burner)</td><td>2차적인 기회<br>(secondary opportunity)</td></tr>
</table>

## 5. 브랜드 자산(brand equity)

### 1) 브랜드 자산의 개념

1980년대부터 미국의 경기가 나빠져 산업계에서는 M & A가 한창일 무렵부터 기업들은 브랜드의 가치에 대해서 거래 대상으로 간주하기 시작하였다. 또한 이 무렵부터 학계에서도 기존의 소비자 행동을 브랜드의 관점에서 다시 재구성한 연구를 시작하여 많은 브랜드 관련 연구가 나타났다.

브랜드 자산의 개념이 이론적으로 정립된 것은 데이비드 애커(David A. Aaker)가 "Managing Brand Equity"라는 논문을 발표한 1990년부터였다. 그에 의하면 브랜드 자산이란 "A set of brand assets and liabilities linked to a brand, its name and symbol, that add to or subtract from the value provided by a product or service to a firm and/or to that firm's customers"로 정의하고 있으며, 이는 브랜드 자산과 부채는 특정 브랜드의 이름, 심벌과 관련된 그 브랜드의 자산과 부채를 의미하는 것으로, 이것은 해당 기업이 고객에게 제공하는 재화나 서비스의 가치를 증가시키거나 감소시키는 역할을 한다.

브랜드 자산은 브랜드가 가지고 있는 부가가치로서 브랜드에 대한 인지도, 이미지 태도 등 다양한 브랜드 지식으로 인하여 소비자가 그 브랜드의 제반 마케팅 활동에 호의적으로 반응할 수 있도록 이끌어주는 무형자산이라고 할 수 있다.

브랜드 자산에 대한 정의는 재무적인 접근법(Mahajan, Rao & Srivastava 1991; Simon & Sullivan 1992)과 마케팅 접근법으로 구분할 수 있다. 재무적 접근법은 주로 회계나 흡수 합

병 시의 브랜드 자산의 화폐 가치적인 평가를 위해서 사용되는 방식이며, 마케팅 접근법으로서는 브랜드가 기업의 마케팅 활동에 어떤 영향을 미치는지에 대한 평가를 위한 것이다.

브랜드 자산 가치에 대해 다양한 관점에서 연구가 진행되어 왔지만(Aaker, 1991; Farquhar, 1989; Srivastava and Shocker, 1991; Tauber, 1988), 본격적인 연구는 1990년대 초에 들어서야 이루어지기 시작하였으며 아직까지 이에 대한 합의된 정의는 도출되고 있지 않다.

Wells, Burnett, Moriarty(1992)는 브랜드 자산 가치를 '상품에 가치를 더해 주는 우수한 브랜드명의 이익'이라고 정의하였으며, Wilkie(1986)는 브랜드 자산 가치를 '상품명에 속한 추가적인 가치'로 기술하였다. 한편 Bovee & Arens(1982)는 브랜드 자산 가치를 '어떤 브랜드에 대해 일정기간 동안 경쟁 브랜드와 비교해서 소비자, 유통 업자, 판매원 등이 생각하고 느끼는 가치'라고 정의하였다.

Rajendra Srivastave & Allan D. Schocker(1991)에 의하면 브랜드 자산 가치는 '브랜드 파워와 브랜드 가치를 내포하고 있으며, 브랜드 파워는 브랜드 고객, 유통 채널의 구성원들 및 모기업 측면에서 연상과 행동의 집합체로서, 이를 통해 브랜드는 지속적이고 차별화된 경쟁적 우위를 누릴 수 있다'고 하였으며, 브랜드 가치는 '탁월한 현재 및 미래의 이윤과 감소된 위험 요소를 제공할 때 전술·전략적 행위를 통해 브랜드 파워를 강화할 수 있는 경영진의 능력에서 비롯되는 재정적 결과물'로 정의하고 있다. Wells, Burnett 그리고 Moriaty(1992)는 브랜드 자산을 제품의 가치를 부가시키는 우수한 브랜드명이 가져다주는 이익으로, Wilikie (1986)는 '브랜드명에 속한 추가적인 가치', Bovee와 Arens(1982)는 '어떤 브랜드에 대해서 일정 기간 동안 경쟁 브랜드와 상대적으로 비교하여 소비자, 유통 경로 구성원, 판매원들이 생각하고 느끼는 가치'라고 정의한다.

MacLachlan과 Mullhern(1990)은 브랜드 자산을 기업, 유통 경로 구성원, 소비자의 세가지 관점에서 규정하였는데, 우선 기업의 관점에서 볼 때 '브랜드 자산'은 브랜드의 사용으로 인하여 파생된 현금 유입의 증가분이며 재무적 성과의 선행지표라고 하였다. 또한 유통 경로 구성원의 관점에서 볼 때는 강력한 브랜드 자산은 시장 진입과 교섭력에 있어서의 파워 행사 수단으로 인식된다. 그리고 소비자의 관점에서는 유형의 제품 속성으로 설명되지 않는 효용 또는 가치를 나타내며 브랜드 애호도를 형성하는 원천이라고 설명하였다.

한편 Keller(1996)에 의하면 브랜드가 마케팅 활동의 효과성을 고객에 기초한 브랜드 자산은 해당 브랜드의 마케팅 활동을 통해서 형성된 브랜드 지식이 고객 반응을 창출하는 차별적 효과로 정의된다. 이러한 브랜드 정의에 주요한 요소는 첫째 차별적 효과, 둘째 브랜드 지식, 셋째 마케팅에 대한 소비자들의 반응 요소이다. 여기서 차별적 요소는 다른 브랜드나 본원 제품에 비해서 소비자들로 하여금 차별적인 인식을 갖도록 한다는 것이며, 이러한 소비자 반응의 차이는 브랜드에 대해서 소비자가 얻게 되는 지식의 결과이다. 따라서 브랜드 지식은 궁극적으로 소비자의 마음속에 존재하는 소비자들의 브랜드 지식에 의존하게 된다. 또한 소비자들의 차별적 반응은 브랜드의 모든 측면의 마케팅 활동과 관련된 인식, 선호, 행동 등으로 나타나게 된다.

## 2) Aaker의 브랜드 자산 구조

David Aaker는 브랜드 자산을 구성하는 요소들을 5가지 범주로 구분하였다.

### (1) 브랜드 인지도

소비자가 어떤 제품 범주에 속한 특정 브랜드를 재인(再認, recognition)하거나 회상(回想, recall)할 수 있는 능력을 말한다. '브랜드 재인'은 특정 브랜드에 대한 정보에 대해서 소비자들이 이전에 그 정보를 처리한 것을 알아채는 것을 의미한다. 한편 '브랜드 회상'은 단서(cue)가 주어졌을 때 기억 속에 있는 정보를 즉각 인출할 수 있는지를 의미한다.

즉, 다음과 같은 관계로 설명된다.

Brand Awareness=Brand Recognition+Brand Recall

### (2) 브랜드 애호도

브랜드 애호도는 특정 브랜드에 대한 애착의 정도 또는 지속적인 재구매 경험을 의미한다. 소비자 내지 고객들의 브랜드 애호도 수준이 높게 되면 기업의 입장에서는 브랜드의 마케팅과 관련된 활동 비용이 적게 소요된다. 그 배경에는 브랜드 애호도가 높은 고객들이 작은 비용의 광고비 지출에도 반응하게 되기 때문이다. 또한 유통점의 경우에도 프로모션에 작은 비용을 투입하는 경우에도 유통점에서 좋은 진열 위치를 확보하게 된다든지 하는 일종의 '지렛대 효과(leverage effect)'를 얻을 수 있기 때문이다.

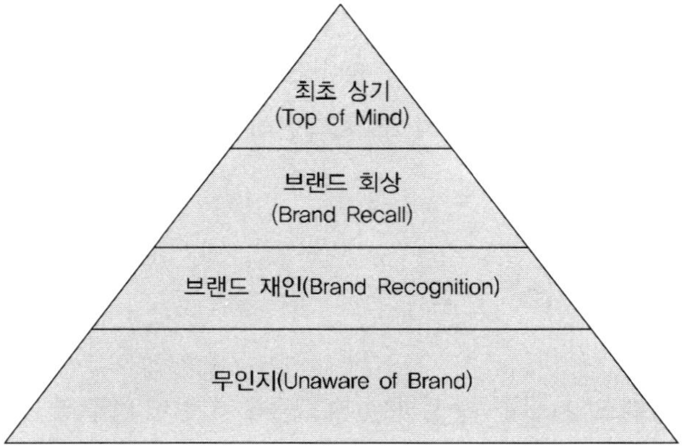


[그림 Ⅳ-6] 브랜드 인지 단계

### (3) 지각된 제품 · 서비스의 질

지각된 품질(perceived quality)은 제품의 우수성에 대한 소비자들의 전반적인 평가를 위미한다, 브랜드의 지각적 품질을 결정하는 차원은 내적인(intrinsic) 차원과 외적인(extrinsic) 차원으로 구분할 수 있으며 내적인 차원은 제품의 물리적인 구성을 의미하는 것으로서 향기, 색채 등과 같은 제품 내적인 차원을 의미하며 외적인 차원은 가격, 브랜드 명, 광고, 로고 등과 같은 차원을 의미한다. Garvin(1984)은 연구에서 품질의 구성 요소를 성능, 특징, 신뢰성과 요구 순응성, 서비스의 속도, 미학적 요소, 명성이나 무형 요인으로 구분하여 품질에 대한 관점을 지각적인 관점으로 구분하였다.

이러한 지각적 품질을 판단하는 경우에는 관여도(involvement)가 중요한 역할을 하게 되는데 내부적인 단서를 평가하는 데 보다 많은 시간과 노력이 소요되는 경우 또는 제품에 대한 관여도가 낮은 경우에는 외적인 단서를 중시하게 된다. 그러나 관여도가 높은 경우에는 내외적인 단서를 이용하여 평가하게 된다. 따라서 의료서비스와 같이 서비스에 대한 지각적 품질을 판단하기 어려운 경우에는 내외적이 단서를 이용하여 서비스의 지각적 품질을 판단하게 된다.

따라서 잘 디자인된 제품이나 결점이 없는 경우라고 할지라도 고객들은 다양한 단서를 통해서 품질을 평가하므로 고품질로 소구하는 데 실패하는 경우가 흔히 나타난다.

미국의 경우 1,300여 개의 기업 중 66%가 점차 제품의 품질이 나아진다고 대답했지만 7,000명이 응답한 조사에서 소비자들은 49%가 품질이 점차 나빠진다고 대답한 결과를 보면 알 수 있다.

### (4) 브랜드 연상

'브랜드와 관련하여 떠오르는 모든 기억'을 말한다. 가령 '나이키(Nike)'라는 단어를 들으면 나이키의 단어, 로고, 에어 조던(Air Jordan)과 같은 다양한 연상 등이 떠오를 것이다. 길거리나 TV 광고에서 나이키(Nike)를 많이 볼수록, 운동을 좋아할수록 강력한 브랜드 연상을 형성하며, 각 연상들 간의 연결 관계도 강해진다.

이와 같이 브랜드 연상 이미지는 제품 속성, 포지션, 광고, 브랜드 이름, 상징 등 해당 브랜드의 모든 것을 포함하고 있다. 고객들은 잘 알려진 기업이나 제품에 대해 긍정적이든 부정적이든 일정한 태도나 감정을 가지고 있다. 그것이 긍정적일 경우에는 구매 동기를 부여하고 구매 의욕을 제고시켜 주는 역할을 한다.

### (5) 이 외의 자산 요소들

이 외의 경쟁력을 가질 수 있는 다양한 요소들도 역시 브랜드 자산에 포함된다.

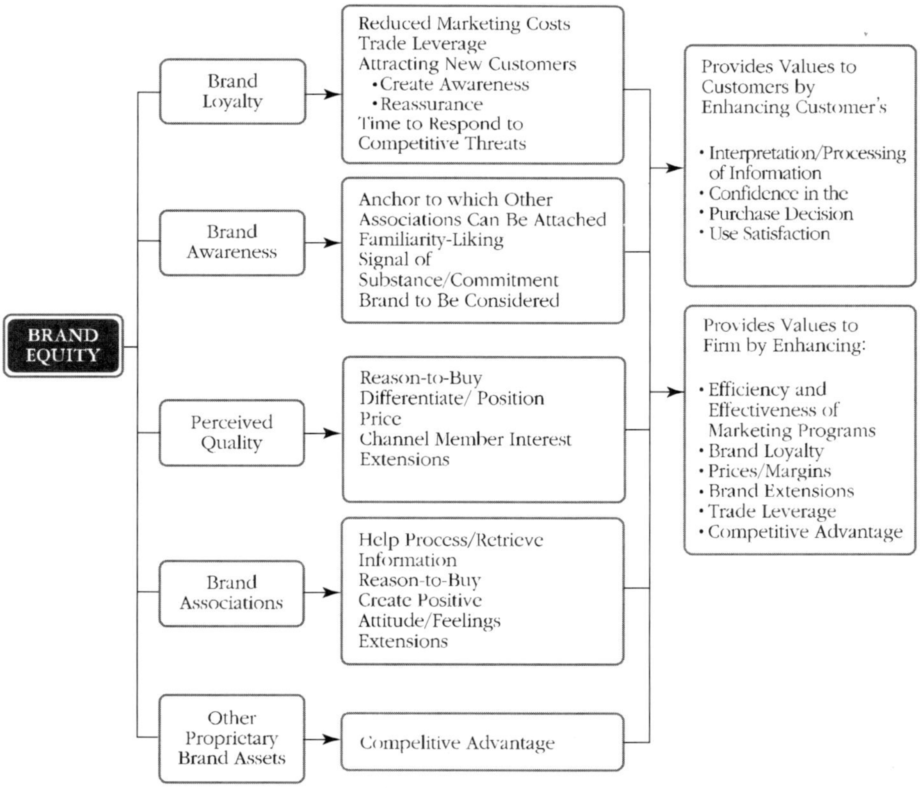


[그림 IV-7] Aaker의 브랜드 지식 구조

### 3) Keller의 브랜드 지식을 통한 브랜드 자산 구축 구조

한편 켈러(Keller)는 축척된 브랜드 지식(brand knowledge)을 통하여 브랜드의 마케팅 커뮤니케이션 활동에 대한 긍정적인 반응을 브랜드 자산으로 간주하였다. 즉, 브랜드와 관련된 정보는 지각을 통해서 종국에는 소비자들이 가지는 브랜드 지식으로 저장된다는 것이다.

이러한 저장된 브랜드 지식을 통해서 브랜드 자산은 형성되게 된다.

곧, 소비자가 가지고 있는 브랜드 지식(brand knowledge)이라고 말하며, 브랜드 지식을 크게 브랜드 인지(brand awareness)와 브랜드 이미지(brand image)의 두 가지 차원으로 분류하였다.

그리고 켈러는 브랜드 인지는 브랜드 비보조상기(brand recall)와 브랜드 보조인지(brand recognition)의 2가지로, 브랜드 이미지는 브랜드 연상의 유형과 브랜드 연상의 호감도, 브랜드 연상의 강도, 브랜드 연상의 독특성 4가지로 나누었다.

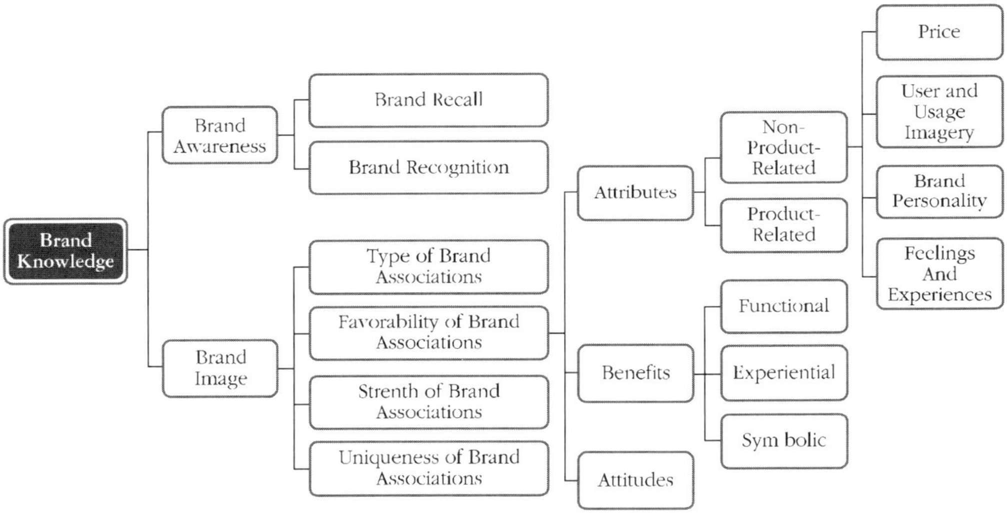


[그림 Ⅳ-8] Keller의 브랜드 지식 구조

#### (1) 브랜드 인지의 개념과 구성 요소

브랜드 인지는 브랜드 재인(recognition)과 브랜드 회상(recall)으로 구성되어 있다. 브랜드 재인은 브랜드가 단서로 주어졌을 때, 그 브랜드의 사전 노출을 소비자가 확인하는 능력과 관련이 있다. 다시 말해 소비자가 이전에 정보 처리를 했음을 '알아챔'을 의미한다. 예를 들어 소비자가 상점에 갔을 때 어떤 제품을 보고 그것을 이미 본 적 혹은 들은 적이 있는지 구별할 수 있는가 하는 것이 브랜드 재인이다.

이에 반해서 브랜드 회상(recall)은 브랜드가 아닌 제품, 구매 상황, 사용 상황 등이 단서(clue)로 주어진 경우, 소비자가 기억 속에서 어떤 특정 브랜드를 인출(retrieve)해 내는 능력과 관련된 것이다.

즉, 브랜드를 회상하기 위해서는 소비자들에게 어떤 관련성 높은 단서가 주어졌을 때 기억으로부터 그 브랜드를 올바르게 떠올릴 수 있어야 한다. 예를 들어 켈로그 콘플레이크는 소비자가 씨리얼 카테고리나 아침에 먹는 것, 토니 캐릭터 등을 생각할 때 그 브랜드를 떠올리는 능력에 따라 켈로그 브랜드 회상이 이루어지는 것이다.

### (2) 브랜드 이미지

이미지(image)는 "모방하다"라는 의미를 가지는 라틴어 imago와 imitari에서 그 어원을 찾을 수 있다. 즉, 이미지는 인상처럼 실제로는 존재하지 않는 사람이나 사물에 대한 정신적 그림을 뜻한다.

이미지의 연구에 대한 역사는 심리학에서 시작되었으며, 행태주의(Behaviorism)의 발전과 함께 이미지에 대한 관심이 퇴조하다가 게슈탈트(Gestalt)학파가 출현함으로써 다시금 이미지학적인 경향을 띠기 시작했다.

하지만 이 이미지라는 개념에 대한 통일적인 정의는 존재하지 않고, 이미지(image)란 용어에 대하여 학자들은 다양하게 정의하고 있다. Boulding(1956)은 이미지를 '어떤 대상이나 사물에 대한 불완전한 정보를 바탕으로 추론 과정에 의해 형성된 정신적 형상 내지는 심상'이라고 정의하였으며, "인간의 행동은 이미지에 의존한다"라고 주장하였다.

Dobni와 Zinkhan(1990)은 30여 년간의 제품과 브랜드 이미지에 대한 소비자 행동과 관련된 연구를 조사한 결과, 이미지는 인식, 상징적 효용성(symbolic utility), 심리적 의미, 태도 등과 동의어로 정의된다는 것을 밝혀냈다.

〈표 IV-5〉 이미지에 대한 정의

| 연구자 | 이미지의 정의 |
|---|---|
| Boulding(1956) | 어떤 대상이나 사물에 대한 정신적 형상 내지는 심상 |
| Crompton(1979) | 사람이 어떤 대상, 행위, 사건들에 대해 갖는 믿음, 인상, 아이디어와 인식의 총체 |
| Reynolds & Gutman(1984) | 사람의 기억 속에 저장하고 있는 의미 |
| Kotler(1988) | 한 대상에 대하여 사람이 가지고 있는 신념, 생각, 인상의 집합체 |
| Dobni와 Zinkhan(1990) | 소비자들의 이성적, 감성적 해석을 통해 형성된 인식상의 현상 |

브랜드 이미지의 중요성은 제품 수명 주기에서 성숙기 시장에 들어선 제품에 있어서 더욱 커진다. 기업들이 출시하는 제품이 비슷해짐에 따라 제품 자체의 일차적인 속성 혹은 특성에 의해 구매 의사를 결정하기보다 소비자 각자에게 형성되어 있는 이미지에 의해 구매 의사 결정을 내리기 때문이다(Simmoms & Lynch, 1991).

미국에서 콜라 회사 간의 마케팅 경쟁 상황을 의미하는 Cola Wars의 예를 살펴보면, 코카콜라와 펩시의 가장 큰 경쟁 수단은 브랜드의 차별적인 이미지를 구축하는 데 전략의 주안점이 있다. 코카콜라는 언제나 코카콜라를 강조하며 전통적인 미국적 가치를 표현하는 반면, 펩시는 새로운 세대의 선택임을 강조한다(Plummer, 1985). 따라서 각각의 브랜드에서 연상되는 이미지는 서로 다르며, 결과적으로 각기 다른 애호 고객을 가지게 되었다

브랜드 이미지는 브랜드 속성의 집합 내지 소비자들이 해당 브랜드 이름과 관련되어 떠올리는 연상(association)들을 의미한다. 긍정적인 브랜드 이미지는 우선적으로 고객의 기억 속에 강하고, 호의적이고, 독특한 브랜드 연상을 유도하고자 하는 마케팅 프로그램과의 연결에 의해 생성된다. 그러나 중요한 것은 고객이 브랜드에 대해 가지는 연상은 기업이 기획한 마케팅 프로그램에만 의존하지 않고 제품에 대한 고객의 직접 경험, 기업이나 혹은 미디어에 의한 홍보물, 광고, 구전, 유통 경로, 다른 사용자, 이벤트 등등의 다양한 방식에 의해서 형성된다.

따라서 브랜드 이미지를 관리하고자 한다면 고객의 브랜드 연상을 가능케 하는 다양한 정보 원천들에 대해 파악하고 관리하고자 해야만 한다.

잘 알려진 바와 같이 더바디샵(The Body Shop)의 경우 광고에 의존하지 않고 고객으로

하여금 더바디샵은 고객 이외에 환경에도 관심을 가지고 있다는 강력하고 호의적이며 독특한 연상을 구축하는 데 성공했다. 고객들의 그런 브랜드 연상을 가능케 한 것은 제품(자연 성분만 사용, 동물 실험 금지 등), 포장(단순하고 재사용이 가능하며, 재활용이 가능한 포장), 대외 협력 정책(전 세계의 소규모 지역 제조업체 활용), 사회 활동 프로그램(각 가맹점으로 하여금 지역 사회 공헌 프로그램을 운영하도록 요구) 등의 다양한 활동이었다.

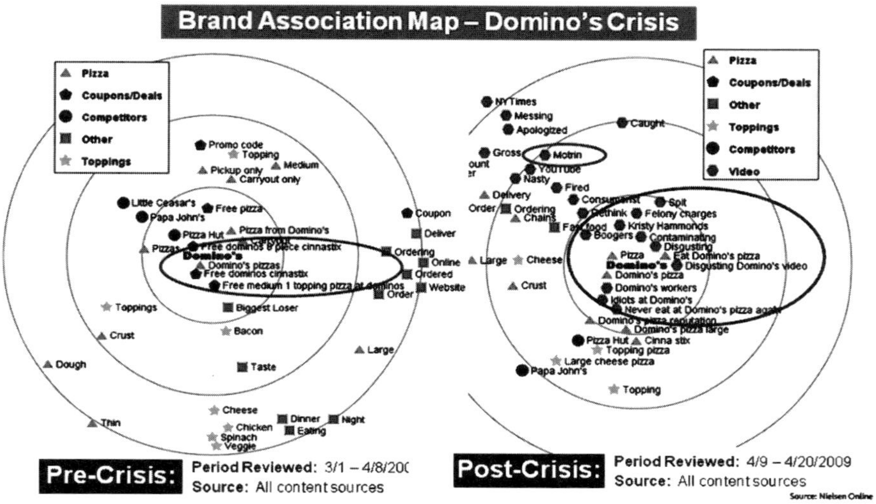


[그림 IV-9] 브랜드 이미지의 연상 구조

병원의 이미지 형성 과정에서 환자들은 병원에 대한 내외적인 정보를 바탕으로 이미지를 형성하는 과정에서 본인의 내적인 정보원인 병원 진료 경험과 외적인 정보원을 통해서 이미지를 형성하게 된다. 병원 이미지는 진료 서비스에 대한 소비자의 신뢰와 병원을 방문하려는 소비자의 선호 경향을 증대시켜 줄 수 있으며, 장기간에 걸쳐 형성되는 병원 이미지는 경쟁 병원이 모방하기 어려운 차별화 전략이며 잠재적인 병원 브랜드의 중요한 요소가 되기 때문에 중요하다.

## 4) 소비자 인식 기준의 브랜드 자산

소비자들의 인식을 바탕으로 하는 브랜드 자산은 해당 브랜드의 마케팅 활동을 통해서 형성된 브랜드 지식이 고객 반응을 창출하는 차별적 효과라고 정의하고 있다(Keller 1996).

Keller(1996)는 브랜드에 대한 지식을 크게 브랜드에 대한 인지(awareness)와 브랜드 이미지로 구분하고 있으며, 브랜드 이미지는 크게 브랜드에 대한 차별적이고 우호적이며 독특한 브랜드 연상 유형에 따라 달라지는 것으로 정의하고 있다. 따라서 브랜드 자산의 바탕이 되는 브랜드의 지식은 소비자들의 인식상에서 축적된 브랜드 연상이 중요한 역할을 하게 된다.

그러나 광고에서는 이같이 소비자들이 해석한 브랜드 지식뿐만 아니라 브랜드에 대한 의미를 적극적으로 부여해 가는 과정이라고 할 수 있다. 즉, 브랜드의 이미지를 창출해 나가는 것이 매우 중요하다. 따라서 브랜드 의도(brand meaning)가 소비자들의 인식에서 어떻게 특징화해 나갈 수 있는지, 의미하는 바가 무엇인지를 만들어 가는 것이 중요하다.

브랜드 연상과 브랜드 의도와의 차이점은 브랜드 연상이 단순한 기능적 내지 성과 수준의 내용이 특정 브랜드와 얼마나 관련이 있는지에 주안점을 둔다면, 브랜드 의도는 더욱 추상적인 단계인 이미지 관련성을 고려한다는 점이 중요한 차이라고 할 수 있다.

따라서 광고 활동과 이를 통한 브랜드 자산에 대한 영향을 파악하기 위해서는 소비자들이 지각하는 브랜드 연상 차원을 넘어 기업에서 의도하는 브랜드 의도까지를 포함하는 것이 바람직하다. Keller(2001)는 브랜드 의도를 성능, 판단, 감성, 이미지로 구분하였다.

### (1) 브랜드 성과(brand performance)

브랜드 성과는 주로 제품과 관련된 내재적인 특성을 의미하게 된다(Keller 2001). 즉, 소비자들의 기능적인 욕구를 충족시켜 주는 측면의 브랜드 자산을 의미하며, 소비자들의 브랜드를 평가할 때 효용적(utilitarian) 측면을 강조하는 평가를 의미한다. 따라서 브랜드 성과 차원은 먼저 그 브랜드가 경쟁 브랜드보다 뛰어난 물리적 특성을 포함하고 있는 측면, 둘째로는 차별적인 독특한 특징, 셋째로는 이를 뒷받침하는 강력한 연상으로 구성될 수 있다.

먼저 물리적인 특성으로 브랜드의 제품에 대한 지각적 품질을 들 수 있다. 지각적 품질은 제품의 우수성에 대한 소비자들의 전반적인 평가를 의미하게 된다. 브랜드의 지각적 품질을 결정하는 차원은 내적(intrinsic) 차원과 외적(extrinsic) 차원으로 구분할 수 있다. 내적 차원은 주로 제품의 작동과 관련된 부분을 의미하며 외적 차원은 제품 이외의 서비스를 중심으로 한 부분을 의미한다(Garvin 1984). 또한 우수한 품질이 지속적인지의 차원에서 브랜드 제품의 신뢰성(reliability)도 이에 해당된다.

두 번째로는 브랜드에서 평가되는 차별적인 독특한 해당 브랜드만의 고유한 특징을 의미한다. 차별점에 대한 연상은 USP와 밀접한 개념으로서 경쟁사들이 모방할 수 없는 그 브랜드만의 구매 이유를 의미한다(Keller, 2001). 이러한 차별점과 관련된 개념이 해당 브랜드만의 자산이며 이러한 자산이 오랜 기간 동안 소비자들의 인식 속에 자리 잡게 되면 지속적 경쟁우위(sustainable competitive advantage)로 인식하게 된다. 세 번째 요인으로는 브랜드로부터 연상되는 강력한 연상(association)의 존재이다.

### (2) 브랜드 심상(brand imagery)

심상은 사람들의 의식 상태에서 인식할 수 있는 감각적 또는 지각적 경험을 처리하는 정신 과정이며, 또는 이러한 감각적이거나 지각적인 자극이 없을 때는 임의로 이러한 경험에 상응하는 준 지각적 혹은 준 감각적 경험을 만들어 내어 원래의 감각적, 지각적 경험에 유사한 결과를 가져오도록 이들 준 경험을 처리하는 정신 과정이다.

Shepherd(1978)는 심상을 외부적 세계를 시각적으로 재구성한다는 관점으로 설명하고 있다. 즉, 각 사람의 기대 , 욕구, 기타 개인적 차이에 따라서 정신적 내부 과정이 다양할 수 있겠지만 심상 과정은 기본적으로 외부 세계의 대상이 마음 내부에서 영상적으로 재구성되는 정보를 포함하게 되는 것이라고 한다.

심상의 형태는 시각적인 것, 청각적인 것, 미각적인 것, 후각적인 것, 촉각적인 것으로 구분하며 심상에 관한 대부분의 연구들은 심상을 정신 내부에서의 영상화 과정으로 간주하고 있다(Bourne et al. 1979). 즉, 마음속에 시각적으로 어떤 대상을 기억하거나 상상하는 것과 마찬가지로 소리나 맛, 냄새 등도 일종의 심상으로 형성할 수 있다.

심상의 유형은 지각 심상(perception imagery), 상상 심상(imagination imagery) 그리고 기억 심상(memory imagery)으로 구분할 수 있다. 지각 심상은 외부의 어떤 대상을 눈을 통해서 지각함으로써 발생되는 심상이며, 상상 심상은 개인이 임의로 마음내부에서 어떤 대상이나 장면이나 사건을 상상할 때 발생하는 심상을 의미한다. 개인은 시각적 자극을 바탕으로 임의적 장면이나 상황을 상상할 수 있으며 이러한 일련의 과정을 통해서 상상 심상을 이루게 된다. 예를 들어서 오디오 광고를 보고 그 광고에 제시된 오디어 기기를 다시 인지 속에 떠올려보는 것은 지각 심상이며 그 오디오를 사용하고 있는 자신의 모습을 상상해 보는 것을 상상 심상으로 분류할 수 있으며, 이 광고를 통해서 자신이 이미 구입하여 사용하고 있는 오디오 기기에 대한 경험을 기억 심상으로 분류할 수 있다(Richardson 1983).

광고의 내용은 주로 시각적, 청각적인 자극물로 구성되므로 소비자들은 광고를 통해서 자극을 받아 심상을 형성하게 된다. 이 과정에서 소비자들은 브랜드의 사용 상황을 상상하게 되며 따라서 소비자들은 광고를 통한 브랜드 심상을 형성하게 되는 것이다.

광고에서 특히 소비자들이 수용하기를 원하는 심상과 광고 메시지에서의 심상을 일치시키게 되면 메시지의 전달 효과를 높일 수 있다.

Keller(2001)는 브랜드 의도의 구성 요인으로서 브랜드 이미지를 제시하면서 이 차원은 제품이나 서비스의 내적이나 외적인 특성을 포함하는 것으로 정의하였다. 본 연구에서는 크게 두 차원으로 구분하여, 먼저 사용자의 프로파일(user profile)과 사용 상황의 이미지를 중심으로 브랜드 이미지로 정의하였다. 사용자 프로파일은 사용자들이나 이상적인 사용자들의 프로파일 또는 지각적 이미지를 통해서 소비자들로 하여금 심상을 불러일으킬 수 있을 것이다. 이러한 사용자와 관련된 프로파일은 인구통계적 내지 심리 묘사적인 프로파일까지를 포함하게 된다. 광고에서는 이러한 사용자 프로파일이 광고 메시지를 소개하는 소개인(모델)에 의해서 전달된다. 또한 B 2 B 환경에서는 이러한 사용자에 대한 심상은 조직의 크기나 형태에 의해서 이루어지게 된다.

두 번째로는 사용 상황(usage situation)으로서 언제 어디에서 해당되는 것이다. 이러한 것은 하루의 시간대에서 언제 사용하는지, 어디서 사용하는지, 즉 예를 들면 가정 내에서 사용하는지 아니면 가정 밖에서 사용하는지 등과 관련된 내용이다.

### (3) 브랜드 감정(brand feeling)

브랜드 감정은 소비자들이 브랜드에 대해서 느끼는 감정을 의미한다. 이러한 브랜드 감정은 관련된 마케팅 프로그램 활동들이 불러일으킨다. 브랜드 감정의 차원은 브랜드를 사용하면서 느끼는 안전감(security), 브랜드를 사용하면서 얻게 되는 사회적 승인(social approval), 자아존중(self-respect) 등의 감정을 포함한다(Keller 2001).

이 외에도 브랜드 감정 차원에는 따뜻함(warmth), 재미있음(fun), 흥미진진함(exciting) 등이 있지만 Aaker(2001)의 브랜드 개성 연구 차원에서 대담함 차원의 요소로는 daring, trendy, exciting을 측정하고 있으며, 진지함 차원에서 즐거움(cheerful) 등을 포함하고 있다. 이러한 연구는 브랜드 개성의 다차원적인 특성으로 인하여 측정 과정에서 개별적으로 적용하기는 매우 어렵다. 따라서 본 연구에서는 브랜드 감정은 주로 사회적인 차원으로만, 브랜드 개성의 일치성의 정도만을 측정하는 것으로 보완하였다.

### (4) 브랜드 판단(brand judgement)

브랜드 판단은 브랜드 제품의 품질과 브랜드의 신뢰성(credibility) 그리고 구매 고려 시점에 구매 대상 브랜드로서 고려하는 고려 대상 브랜드로 간주할 수 있는지 그리고 경쟁 브랜드 대비 상대적인 우위점이 있는지를 중심으로 판단하게 되는 차원을 의미한다.

### (5) 브랜드 반향(brand resonance)

궁극적으로 소비자들은 브랜드의 감정이나 성능에 의해서 다른 브랜드 대비 경쟁적 우위를 느끼게 되어, 신뢰(trust)와 친근감(affinity)의 수준이 높아지게 된다. 이 결과, 소비자들은 다음 구매 기회에 접하게 되면, 다른 브랜드에 대한 적극적인 고려 없이 점차 브랜드에 집착하게 되는 상태로 접어들게 된다(Farr 1996). 그러나 이러한 상황에서도 소비자들은 신제품에 대한 시도를 전적으로 배제하는 상태는 아니며 단지 적극적인 활동을 자제하는 수준을 의미하다.

효과적인 광고 활동을 측정하기 위해서 Farr(1996)는 소비자들이 구매 시에 얼마나 적극적으로 소비자들의 구매 리스트에 속할 수 있는지를 측정하는 브랜드 친숙성(affinity)과 몰입성(commitment)의 중요성을 강조하였다. 친숙성과 몰입이 높아지면 소비자들은 브랜드와 높은 관계성(brand relationship)을 가지게 된다. 즉, 소비자들은 브랜드를 일종의 개인적인 정체성을 나타내는 수준의 상태로 간주하게 된다는 것이다. Farr(1996)는 이러한 상태를 브랜드 결합(brand bonding)이라고 정의하였으며, Keller(2001)는 이 단계를 브랜드 반향(brand resonance)으로 정의하였다. 이와 같이 브랜드 관계성은 소비자 인식을 바탕으로 한 브랜드 측정에서 가장 마지막 단계로 간주할 수 있다. 브랜드 반향은 소비자가 그가 가지고 있는 브랜드와의 관계적인 측면에서의 특성을 의미하는 것이며, 브랜드와 소비자가 완전한 일치를 이루고 있는 상태인지를 의미하게 된다. 이를 위해서는 먼저 브랜드의 태도적 애착(attitudinal attachment)과 그 브랜드 사용자들의 집단에 소속된 감정(sense of community)의 측면에서 구분해 볼 수 있다.

먼저 브랜드의 태도적 애착(attitudinal attachment)은 소비자들이 당장 필요하지 않더라도 그 브랜드가 지금 당장 구매할 수 있는 유일한 브랜드인 경우이거나 구매할 수 있는 유일한 브랜드라면 당장 필요하지 않더라도 구매하는 것을 의미한다. 이러한 브랜드 애착 상태를 만들기 위해서는 그 브랜드가 특별하다고 생각하도록 만들어야 한다. 예를 들면 소비자들은 높은 브랜드 애착을 가지게 되면 그 브랜드를 매우 좋아하며, 그 브랜드를 가지고 있는 소요물 중에 가장 좋아하는 것으로 간주한다.

또한 사용자들의 집단에 소속된 감정(sense of community) 측면을 의미한다. 즉, 브랜드 공동체(brand community)에 소속된 정체성은 그 브랜드를 사용하는 다른 소비자들과도 유대관계를 강화시키게 되어 관계성이 깊어지게 된다.

## 5) 브랜드 파워(brand power)

브랜드 파워는 브랜드 자산과는 달리 상당 부분이 실무에서 많이 사용되는 단어이다. 하지만 Na, Marshall, Keller(1997)가 제안한 브랜드 파워 모형이 학문적으로 소개되었다.

NMK(Na, Marshall, Keller) 모델에서의 브랜드 파워는 다음의 구조로 이루어져 있다.

먼저 '브랜드 인지'와 '브랜드 연상 이미지'로 구성된 이 모델은 브랜드 인지와 브랜드에 대한 높은 수준의 긍정적인 이미지는 브랜드 선호율과 만족율을 증가시키며, 이는 소비자 애호도를 강화시킨다는 Keller 이론에 근간하고 있다. 브랜드 파워의 측정은 '브랜드 인지'와 '브랜드 연상 이미지' 영역을 측정함으로써 통합적인 인덱스화를 했고, 브랜드 파워를 계량적으로 수치화하여 나타냄으로써 경쟁사와 자사 브랜드 간의 브랜드 파워 격차를 측정하는 진단 툴이다. 또한 향후 브랜드가 나아가야 갈 전략의 방향을 설정해 주며, 지속적인 추적 조사를 통하여 브랜드 자산의 변화를 살펴볼 수 있다.

이 모델에서 브랜드에 대한 인지(brand awareness)는 최초 상기도(TOM), 비보조상기도, 보조상기도를 고려하여 인덱스화하고, 브랜드 이미지(Brand Image) 부분은 Gutman Jonathan (1982)의 means-ends(수단-목적) 이론을 바탕으로 브랜드에 대한 소비자들의 인지 구조를 형상화 하여 속성(attribute)-편익(benefit)-가치(value)의 3가지 차원으로 구분하여 측정한다. Means-ends 이론은 제품에 존재하는 속성(attribute)과 그 속성에 의해서 소비자에게 제공되는 혜택(Benefit)과 이로써 강화되는 소비자의 개인적 가치(value) 사이의 연결 관계에 초점을 맞추어 소비자의 연상 구조를 형상화한 것이다. 소비자는 제품/서비스 속성으로부터 이 속성들이 지니고 있는 편익을 추론하거나 연상하고 이 편익과 가치를 연관지우는 인지 작용을 통해 제품과 서비스에 의미를 부여하고 가치를 달성한다는 이론이다.

Brand Power Model은 직접적으로 인지와 연상 두 축에서 브랜드가 어떤 위치에 있는가를 진단하고, 소비자가 생각하는 속성, 편익, 가치 각 단계별로 이상적인 방향 추출 및 이를 통합 관리할 수 있는 방안을 제시한다. 이를 통해 목표 소구 집단의 사고방식을 이해하고 브랜드에 대한 지배적인 지각 경향을 발견하여 브랜드 마케팅 커뮤니케이션의 기본 전략은 물론 크리에이티브 전략의 근간을 제공한다.

이 점을 쉽게 이해하기 위해 다음의 브랜드 가치 피라미드(Brand Value Pyramid)를 보자. 이 피라미드는 장 하단 부분이 고객에게 제품이나 서비스의 특성 또는 속성(attribute), 중간 부분이 고객에게 제공되는 기능적이거나 정서적인 편익(benefit), 맨 윗부분이 정서적이고 정신적이거나 문화적인 가치(value)로 이루어져 있다. 이 피라미드는 위쪽으로 갈수록, 다시 말해 value적 성격이 강한브랜드 파워모델도 바로 이 같은 브랜드 가치 피라미드의 위계구조를 바탕으로 이루어져 있다.

폴로는 속성(attribute) 측면에서 다양한 상품, 최고의 품질 등의 강점을 가지고 있다. 하지만 이 점은 경쟁 브랜드인 빈폴(Bean Pole)의 경우에도 비슷하다. 다시 말해 만약 폴로에 대한 고객들의 브랜드 연상 내용이 속성 차원에서 머물고 있다면 폴로는 빈폴에 대해 차별적인 브랜드 이미지를 획득하고 유지하는 것이 힘들 것이다.

하지만 폴로는 가치(value) 차원에서 고객들이 폴로를 소유함으로써 느끼는 '자부심, 자신감'과 같은 빈폴이 얻기에는 힘든 차별적인 브랜드 연상을 보유함으로써 차별적인 브랜드 이미지를 지닌 강력한 패션 브랜드로 존재할 수 있는 것이다.

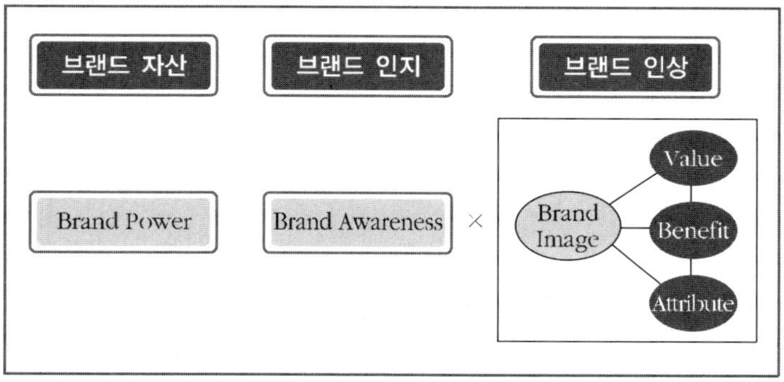


[그림 Ⅳ-10] 브랜드 파워 모델

## 6) 브랜드 인지가 왜 중요한가

그렇다면 브랜드 자산의 첫 출발점인 브랜드 인지를 높여서 얻는 이점은 무엇일까? 소비자 의사 결정에서 브랜드 인지는 다음과 같은 역할을 담당한다.

### (1) 브랜드 환기군(evoked set) 내지는 고려 대상군(consideration set)에 포함될 확률 증대

브랜드 인지도가 높을수록 소비자들은 특정 제품군을 구매 고려할 때 환기 브랜드 군(evoked set) 포함되거나 구매를 적극적으로 고려하게 되는 구매 고려 대상군(consideration set)에 포함될 가능성이 높아진다. 소비자들은 의사 결정 과정에서 최대한 7개의 'magic number'에 해당되는 대상을 기억하므로 브랜드 차원에서도 7개 정도의 브랜드만을 환기시키게 되고, 이 중에서 구매 대상으로 고려하기 때문이다. 브랜드 인지도가 높아지게 되면 7개 브랜드군 속에 자사 브랜드가 포함될 가능성이 매우 높게 된다.

### (2) 구매 고려 확률의 증대

이같이 형성된 브랜드 인지율이 높은 브랜드의 경우에는 결국 정보 비교 과정을 거쳐서 선택될 가능성이 높다. 특히 저 관여 구매 상황에서 최소한의 브랜드 인지도만 있어도 심지어 브랜드 태도가 잘 형성되지 않아도 단지 들어봤다는 것만으로도 구매 근거가 될 수가 있다.

### (3) 브랜드 연상

브랜드 이미지를 구성하는 연상의 형성과 그 연상의 강도에 브랜드 인지가 영향을 미치기 때문이다. 브랜드 이미지의 필요조건은 기억에 브랜드 노드가 형성되어 있어야 한다는 것이다. 브랜드 노드는 얼마나 쉽게 다른 종류의 정보가 기억 속의 브랜드와 연결될 수 있는가 하는 것에 영향을 미쳐야만 한다.

## 7) 브랜드 인지도가 높으면 과연 구매로 연결이 되는가

브랜드 인지(brand awareness)는 회상(recall)과 재인(recognition)으로 구분되는데, 브랜드 회상은 전통적으로 최초 회상도 측정에서 사용되는 것과 같은 카테고리 단서(예를 들어, 맥주 중에서 제일 먼저 떠오르는 브랜드는 무엇입니까?)를 이용해서 측정한다(Hutchinson, Raman and Mantrala 1994).

브랜드 인지가 소비자 의사 결정에 영향을 미치는 이유는 두 가지 측면에서 이론적으로 설명되고 있다. 첫째, 브랜드 인지도는 긍정적이고 강한, 그리고 독특한 브랜드 연상을 형성해서 소비자들이 그 브랜드를 구매하도록 한다는 주장이다(Keller 1993). 예를 들어 브랜드 인지가 제품 속성, 광고 캠페인, 혹은 과거의 제품 경험 등과 관련된 연상을 인출할 수 있다면 이는 구매에 긍정적으로 작용할 것으로 기대된다.

브랜드 인지는 특정 브랜드와 관련된 연상 효과가 없을 때도 제품 구매에 영향을 미친다고 주장하는 학자들도 있는데, 이들에 의하면 소비자들은 단지 친숙하거나 널리 인정되고 있는 브랜드를 채택하는 의사 결정 규칙을 보이는 경우가 많다고 한다(Jacoby et al. 1977; Roselius 1971). 이는 친숙한 자극이 긍정적인 감정과 연관되어 있기 때문이라고 할 수 있으며 이에 대한 연구는 오래 전부터 있어 왔다(Titchener 1912).

이와 비슷한 맥락에서 Zajonc(1980)와 그 동료들은 '단순 노출 효과(mere exposure)'를 주장했는데, 이는 비록 자극에 대한 인지가 되지 않은 상태에서도 사람들은 친숙하지 않은 자극보다는 친숙한 자극을 더 좋아한다는 것이다. 처음 접하는 자극은 대단히 자극적이고 불쾌한 반응을 보이지만 그 자극에 반복적으로 노출됨으로써 친숙해진 사람은 그 자극에 대해 긍정적인 감정을 가지게 되고 접근하려고 하는 경향을 보이게 된다(Berlyne 1970). 구매 의사 결정 상황에서는 소비자가 이전에 특정 브랜드에 노출되어 영향을 받았다는 사실을 인식하지 못한다고 하더라도 브랜드 선택이 이전의 노출에 암묵적으로 영향을 받을 수 있다는 연구도 있다(Chung and Szymanski 1997).

두 번째로, 브랜드 인지는 브랜드 태도와는 독립적으로, 단순히 브랜드 기억이나 고려 상품 집합(consideration set)의 내용을 변화시킴으로써 브랜드 선택 확률을 달라지게 할 수 있다는 것이다(Nedungadi 1990; Kardes et al. 1993). 소비자가 제품 구매를 고려할 때 먼저 생각하는 것이 브랜드라고 할 수 있는데, 기억에 기초한 대부분의 선택 모형들은 구매자가 일련의 대안 브랜드들을 회상하여 회상 상품조(retrieval set)가 구성되고 그중에서 구매를 고려하는 고려 상품 집합이 형성되면 그 내에서 하나의 대안이 최종적으로 선택된다고 한다(Hutchinson 1994). 브랜드 인지는 소비자들로 하여금 특정 브랜드를 환기시킴으로써 그 브랜드가 그들의 의식에 머물게 하여 고려 상품 조에 포함될 가능성을 높이고(Baker, Hutchinson, Moore and Nedungadi 1986) 그 결과 후의 구매 시점에는 그 브랜드를 선택할 가능성을 높여 준다는 것이다(Bogart 1986; Miller and Georgiou 1996).

고려 상품 집합의 구성, 즉 어떤 브랜드가 고려 상품 집합에 포함되는가 하는 문제는 당시의 브랜드 현저성(brand salience)이 좌우한다(Nedungadi 1990).

브랜드 현저성이라고 하는 것은 한 브랜드에 대한 기억이 두드러지거나 활성화되는 수준으로서 브랜드가 뇌리에 떠오르는 정도를 말한다(Alba and Chattopadhyay 1986). 마케팅 조사에서는 브랜드 현저성을 최초 회상도로 측정하는데 이는 어떤 도움 없이 특정 브랜드가 의식화되는 최초의 브랜드라고 할 수 있다(Miller and Berry 1998).

최초 회상 브랜드는 여러 형태로 소비자들의 눈에 많이 띄는 현저성으로 인해 소비자들은 이 브랜드가 인기 있는(popular) 브랜드로 생각하고 그 브랜드를 주로 구입, 사용하게 된다(Sutherland 1997; Sutherland & Galloway 1981). 브랜드 현저성은 다양한 마케팅 변인들에 의해서 영향을 받는데, 예를 들어 광고(Moran 1990), 점포 내의 POP, 브랜드의 구매와 사용 경험 등 여러 가지를 들 수 있다(Hutchinson 1983).

브랜드 현저성 효과와 관련하여 Hasher and Zacks(1984)는 '자동 빈도 계산 기제(automatic frequency counting mechanism)'라는 개념을 제시했는데 이는 각종 현상에 대한 상대적 노출 빈도를 기록하는 기제를 뜻한다. 이는 제품의 품질을 추론하는 근거로 사용하기도 하는데(Baker et al. 1986 참조), 예를 들어 소비자들의 머릿속에서 자동 빈도 계산 기제가 브랜드 a보다 b에 대해 훨씬 많은 커뮤니케이션을 접했다고 기록하면 브랜드 b는 잘 알려진 제품이고 따라서 인기 있고 더 나은 제품으로 추론한다는 것이다.

이처럼 브랜드 인지도에 대한 이론에서도 특히 브랜드 최초 회상도의 중요성이 강조되고 있는데 이것이 여러 마케팅 변인들과 어떤 관련성을 갖는가에 대한 연구가 다수 진행되었다. Axelrod(1968; 1986)는 브랜드의 최초 회상도가 브랜드 선택 행동을 예측하는 유용한 척도라고 주장했다. 그는 최초 회상도 척도와 총합 척도(Constant Sum Scale)가 브랜드 재구매와 브랜드 전환을 측정하는 도구로서 다른 척도, 예를 들면 광고 회상이나 광고 인지보다도 민감도(sensitivity), 신뢰도(reliability) 그리고 타당도(validity) 측면에서 우수하다는 연구 결과를 제시했다.

Wilson(1981)과 Burke & Schoeffler(1980)의 연구 등 몇몇 연구들은 회상도로 측정한 브랜드의 위치가 소비자 의식의 상층에 위치할수록 (먼저 회상될수록) 그 브랜드의 구매 의도와 상대적인 구매가 높다는 사실을 발견하고 최초 회상도의 중요성을 강조했다. 또한 Wilson(1981)은 구매의 90% 이상이 소비자들이 비보조로 회상한 3위 이내의 브랜드 중에서 이루어진다는 것을 확인하고 브랜드 회상 순위가 구매에 미치는 영향력을 실증적으로 제시했다.

Woodside와 Wilson(1985)도 위의 연구들과 동일한 주장을 하고 있는데, 그들에 의하면 비보조 회상으로 측정한 특정 브랜드가 소비자들 마음속에서 차지하는 위치(brand mind position)는 그 브랜드의 구매의도와 정(正)적인 관계를 가지고 있다는 것이다. 즉, 어떤 브랜드가 최초로 회상된 브랜드일 때는 동일 브랜드가 2위 혹은 3위로 회상되었을 때보다 그 브랜드에 대한 구매 의도가 높게 나타났다. 또한 어떤 브랜드가 최초로 회상된 브랜드일 때는 2위 혹은 3위로 회상되었을 때보다 그 브랜드를 훨씬 많이 구매한다는 것이 7개의 연구 대상브랜드 중 5개 브랜드에서 나타났다. 예를 들어 코카콜라를 최초로 회상한 소비자들 중 지난 일주일간 소프트드링크를 구입할 때 코카콜라를 구입한 사람은 55%인 데 반해 두 번째로 이 브랜드를 회상한 사람은 23%만이 구입을 했고, 세 번째로 회상한 사람 중에는 한 사람도 이 브랜드를 구입한 사람이 없다는 것을 발견하고 브랜드 회상 순위가 브랜드 선택에 미치는 중요성을 강조했다.

Woodside와 Trappey(1992)에 의하면 소비자들은 제품 구매의 결정적 속성 정보(예를 들어, 자동차의 경우 "가장 신뢰하는" 혹은 "가장 스타일이 뛰어난" 등과 같은 속성)가 제시되면 그와 관련성이 높은 소수의 브랜드를 자동적으로 장기 기억으로부터 떠올리게 되는데, 이때 최초로 회상하는 브랜드는 그들이 주로 선택하는 브랜드와 강한 상관관계가 있다는 것을 발견했다.

### 8) 브랜드 지식이 소비자의 기억 속에 어떻게 존재하는가

브랜드 지식이 소비자의 기억 속에 존재하는 형태를 규명하는 데 연상망 기억(associative network memory) 모델을 들 수가 있다. 기억 속에 저장된 정보 또는 지식은 네트워크 조직(network organization)을 가진다.

연상망 기억 모델(Anderson 1983; Wyer and Srull 1986)에서는 소비자가 특정 정보에 노출될 때, 그 정보는 이미 기억 속에 저장된 다른 개념들과 연상 관계(association)를 형성하며 이러한 연상 관계를 저장한다고 보고 있다. 여기서 관련 정보들 간의 연상 관계는 마디(nod: 저장된 정보, 개념)와 연결고리(link: 연상 강도)로 구성되어 있다고 본다. 따라서 네트워크 모델에서는 어떤 제품 정보를 새로이 이해한다는 것은 곧 관련 마디들 간에 새로운 연상 관계를 형성하는 과정으로 간주한다. 유입된 정보와 관련된 개념을 마디라고 하고, 개념들 간의 상호 연결 관계를 연결 고리라고 부른다. 특정의 마디가 다른 관련 마디들과 관련이 높을수록 개념들 간의 연결 관계가 강하게 된다.

소비자가 단기 기억 속에 유입된 새로운 정보를 처리하기 위해서는 장기 기억으로부터 관련 정보들이 활성화되어 이용 가능해야 한다. 여기서 마디(개념)들은 서로 그물처럼 연결되어 있으므로 하나의 마디(개념)가 먼저 활성화(activation)화시켜 단기 기억 속에서 새로운 정보를 처리하는 데 이용할 수 있다. 그림에서와 같이 나이키 브랜드의 연상망은 다음과 같이 다양한 노드로 구성되어 있음을 알 수 있다.

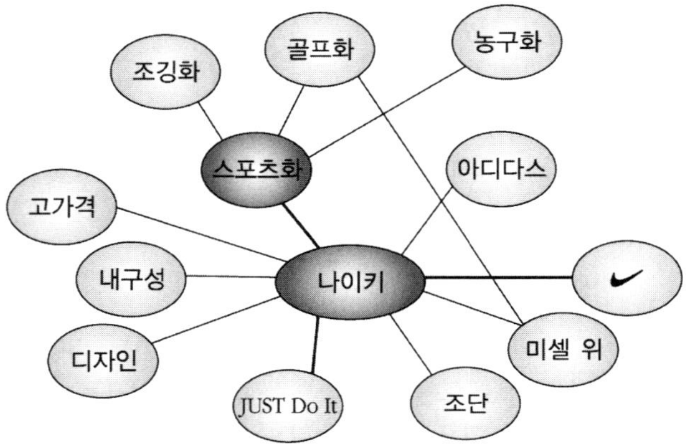


[그림 Ⅳ-11] 나이키의 연상도

## 6. 브랜드 구조(architecture)와 포트폴리오

브랜드 구조(architecture)는 기업에서 시장에 출시하는 제품에 공통적으로 영향을 미치는 공통적인 브랜드 구성 요소와 차별적인 브랜드 구성 요소를 명확하게 시각적으로 보여 주고, 이들 브랜드 간의 순위를 밝혀 줌으로써 브랜딩 전략을 할 수 있도록 하는 수단을 의미한다.

이러한 브랜드 구조는 흔히 우선순위가 정해지기 때문에 단계적인 구조를 가지는 경우가 대부분이기 때문에 위계적인 구조를 나타낸다. 따라서 브랜드 구조는 브랜드 위계 구조(brand hierarchy)라는 단어와 중복적으로 사용된다.

이러한 브랜드 구조의 형태는 흔히 상위 브랜드로부터 하위 브랜드로 연결되는 트리 모양의 브랜드 가계도 형태를 띠게 된다. 브랜드 구조가 중요한 이유는 하나의 제품에 브랜드를 부여할 때 기업이 보유한 브랜드 구성 요소 가운데 어떤 것을 부여하느냐에 따라서 고객이 브랜드에 대해서 지각하는 내용이 달라지고, 향후의 브랜드 구축에도 영향을 주기 때문이다

먼저 브랜드 구조를 구성하기 위해 사용되는 각 브랜드의 구성 요소와 단계를 정의하는 방법을 보자. 브랜드 구성 요소와 단계를 구분하는 방법에는 여러 가지가 있다.

예를 들어 Farquhar, Han, Herr, Ijiri(1992)는 기업 브랜드, 공동 브랜드, 개별 브랜드, 브랜드

수정자(brand modifier)의 4단계를 구분하고 있고, Aaker는 기업 브랜드, 계열 브랜드, 제품라인 브랜드, 하위 브랜드, 브랜드화된 특징과 부가적인 서비스 등의 5단계를 제시하고 있다.

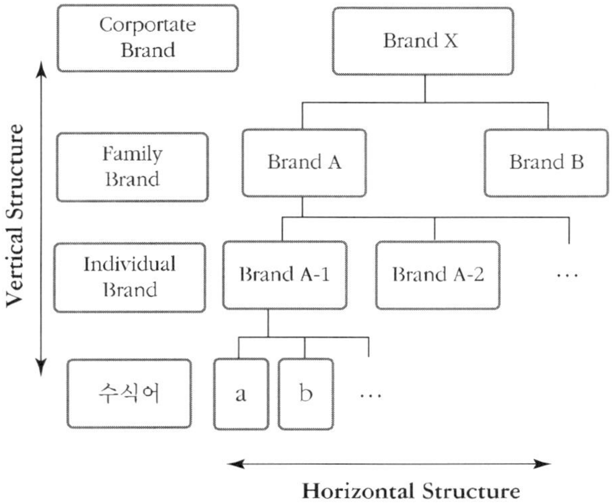


[그림 IV-12] 브랜드 위계 구조

이러한 브랜드 구조는 단순한 구조 이외에 각 단계의 브랜드가 하위 단계의 브랜드에 영향력을 행사하는 역할을 하게 되어 브랜드 전략적으로 중요한 역할을 한다. 예를 들어 자동차 구매 고객이 '현대 제네시스'를 구입할 때 현대라는 자동차 브랜드의 이미지가 주는 신뢰성 때문에 구입할 것인지, 아니면 제네시스라는 개별 브랜드의 이미지가 좋기 때문에 구입할 것인지가 다르기 때문이다.

따라서 기업 브랜드와 공동 브랜드는 하위 브랜드 내지는 상위 브랜드에게 신뢰성을 전달해 주는 보증 브랜드(endorse brand)의 역할을 수행하게 되는 것이다. 특정 브랜드가 보증 브랜드 역할을 한다면 브랜드 커뮤니케이션, 브랜드 표기 방법 등에서 보증 브랜드를 하는 브랜드가 구매에 더 큰 영향을 미치게 된다. 브랜드 구조에 따라서 개별 브랜드(individual brand)도 고객으로 하여금 구매 결정을 하게 만드는 구매 유도 브랜드(driver brand)의 역할을 담당해야 하게 된다.

이러한 브랜드 구조는 기업의 자원이나 전략에 따라서 달라지기 때문에 각 기업에 따라서 다양한 브랜드 전략을 구사하게 된다. 하지만 산업별로는 유사한 형태를 보일 수가 있다.

브랜드 수정자(modifier)는 개별 브랜드의 특성을 소비자들에게 전달하는 역할을 하며 소비자 입장에서는 개별 브랜드가 결정된 뒤에 제품의 등급을 결정하는 시기에 도움을 주게 될 수도 있다. 예를 들어 수정자를 통해서는 소비자들이 제품-가격의 정보를 획득하게 되므로, 고급형, 일반형, 저가형과 같은 정보를 주게 된다. 이처럼 기업이 보유한 여러 가지 브랜드는 위계를 지니며 그 위계에 따라 담당하는 역할이 다르다. 따라서 새로 선보이는 제품에 어떻게 브랜드를 부여할 것인가를 결정하는 것은 매우 중요한 문제이다.

상당수의 한국 기업들은 기존에 잘 알려지지 않은 제조 기업의 브랜드 명을 잘 알려진 제품 브랜드 명으로 대체시키는 경우가 많이 나타나고 있다. 태화섬유도 신사복 파크랜드로 브랜드 명을 대체하였으며, 쿠쿠 홈시스 역시 성광전자에서 잘 알려진 공동 브랜드로 브랜드를 변경하였다.

### 1) 브랜드 구조의 전략적 선택

포괄 브랜드 전략(Blanket brand)은 하나의 기업 브랜드를 마스터 브랜드로 구축하고 소비자로 하여금 구매 유도 브랜드로 확고하게 인식시키는 과정을 거치게 된다.

기업명으로서 하위 제품군에 신뢰성을 부여하고자 할 때 사용하게 된다. 또한 컴퓨터와 같이 한정된 제품 에 기업이 전문성을 가질 때 사용할 수 있다. 이러한 제품군의 특징은 산업의 급속한 발달로 인해서 제품 라인이 확장되고 이러한 많은 라인의 제품들에 대해서 광고로서 자세한 신제품에 대한 정보 전달이 불가능하거나 또는 필요하지 않은 경우에 사용하게 된다.

또한 이 포괄 브랜드로 사용된 마스터 브랜드는 향후에 브랜드 확장의 기초 자산으로 활용할 수 있다.

단순 브랜드 구조(simple brand structure)를 사용할 수 있는 대상은 극단적으로 광고 탄력성이 매우 낮거나 매우 높은 제품이 이에 해당된다. 즉, 제품의 수명이 짧고 광고 탄력성이 매우 높아 단기간에 성과가 나타나는 제품이 적합하다. 예를 들어서 개인 위생용품이나 과자와 같은 제품에 해당된다. 광고의 탄력성이 거의 없는 제품(예: 비행기, 대형 컴퓨터)이 적합하다.

또한 PLC(Product Life Cycle)상의 도입기 제품으로서 소비자들에게 제품군의 정보를 주는 브랜드의 형태가 바람직하다.

브랜드 확장 전략을 사용하는 경우도 기존 브랜드를 중심으로 브랜드 구조를 구성하기 때문에 이러한 구조를 가지게 된다.

복합 브랜드 구조(combination brand structure)로서는 제품의 수명이 길면서 어느 정도의 광고 탄력을 받는 제품(성장기 이후의 국내 가전제품, 승용차)이 이에 해당된다.

이러한 브랜드 구조에서 만들어진 하위 브랜드는 기업명과 동등한 비중으로서 활용하며 하나의 브랜드에 광고 투자를 지속하는 경우가 대부분이다. 곧, 성숙기에 접어들 제품에 대해서는 일종의 귀여운 의미의 팻네임(pet name)을 이용한 전략을 사용한다.

일반적인 경우 → corporate brand+(product category)+individual brand
삼성 (휴대폰) 옴니아

| corporate brand + | individual brand + | product category + | pet name |
|---|---|---|---|
| 삼성 | 왕발이 | 청소기 | 잠잠 |
| 대우 | 초간편 | VTR | 딱한번 |
| 삼성 | 바이오 | TV | 명품 |

〈표 IV-6〉 브랜드 전략 유형

| 브랜드 전략 | 적용 사례 | 각 유형별 장·단점 |
|---|---|---|
| 포괄 브랜드 (blanket brand) | IBM/SONY/ 베네통 | • 기업명=브랜드 명으로서 자세한 브랜드보다는 기업명으로서 하위 제품군에 대해서 신뢰성을 부여하고자 할 때 사용함.<br>• 한정된 분야에 전문성을 가질 때 사용됨.<br>• 제품 라인의 급속한 확장과 광고로서 자세한 신제품에 대한 정보 전달이 불가능하거나 또는 필요하지 않은 경우에 사용하게 됨.<br>• 향후에 브랜드 확장의 기초 자산이 됨 |
| 개별 브랜드 (individual brand) | P & G의 브랜드 전략, Ford(Tarus, Mercury Sable) | • 제품군에 대해서 각각 다른 상품명으로 출시함<br>• 유사한 제품을 동일한 시장에 대해서 다른 브랜드로 출시함<br>• 개별 제품에 대해서 각각의 브랜드를 운용하여 광고 커뮤니케이션을 실시함에 따라서 소비자들의 인지 속에 포지셔닝의 가능성이 높아짐.<br>• 자사 제품의 유통 취급률을 높이고 시장 세분화의 기능을 수행하는 장점이 있음 |

| | | |
|---|---|---|
| 브랜드 수정자를 이용한 브랜드 전략 (brand modifier as brand) | 대우 공기방울 세탁기 파워 Z<br>삼성 퍼팩트 세탁기 신바람 | • 개별 브랜드의 하위 브랜드로서 소비자들에게는 광고 커뮤니케이션이 뒷받침되지 않으면 긴 브랜드 명으로 인해서 소비자들의 기억 과정에 장애가 될 가능성이 높음<br>• 성숙기 제품 시장에서 획기적인 신제품이 아닌 개선 또는 다양화된 제품을 매년 새롭게 마케팅할 때 이용됨<br>• 기존 브랜드와 새로운 브랜드가 함께 쓰임으로써 제품 이미지의 동질성과 신제품의 차별성을 모두 충족시키고자 할 때 사용됨<br>• 장기적으로 브랜드 자산의 형성이 어렵고 소비자의 혼란을 초래할 가능성이 있음 |
| 등급이나 첨가, 사용 상황의 상징인 브랜드 수정자 (brand modifier as grade, addiction, usage situation) | Dial Plus / Schick ultra<br>Toyota Camry V6<br>매취 순/**골드 | • 기존의 개별 브랜드를 그대로 사용하지만 수정자를 통해서 변화를 줌. 주로 시장 상황에서 고객, 효익, 사용 상황 요인이 변경될 때 사용하게 됨<br>• 새로운 시장에 대한 대응이 아님에 주의<br>• 시장이 점차 진화함에 따라 고품질에 대한 고객의 욕구를 해결하기 위함<br>→ 기존 고객의 애호도(loyalty)를 유지 |

## 2) 브랜드 구조와 브랜드 포트폴리오(brand portfolio)

브랜드 포트폴리오는 브랜드에 대한 분산 투자라는 관점에서 기업이 관리하는 모든 브랜드를 의미한다. 그 구성은 기업 브랜드부터 패밀리 브랜드, 하위 브랜드, 독립 브랜드로 구성되어 있다. 또한 브랜드 포트폴리오 전략은 이러한 각 브랜드들의 구조와 범위, 각각의 역할 그리고 상호 관계를 구체화하는 것과 관련된 전략을 의미한다.

브랜드 포트폴리오를 구성하는 목적은 첫 번째로 브랜드의 시너지 효과를 극대화하기 위함이다. 이를 통해서 브랜드 팀을 지원하고 업무 과정을 효율화시키며, 브랜드 구축 자원을 최적화시킬 수 있다. 둘째로서는 브랜드의 레버리지를 확장할 수 있다는 점이다. 여기서 레버리지(leverage)란 지렛대를 의미하며, 브랜드 레버리지란 기존 브랜드의 가치를 확대하는 것을 의미한다. 확대하는 방법은 브랜드 확장을 비롯한 다양한 2차적인 연상(secondary association)을 이용하여 확대하게 된다. 셋째로는 브랜드 연관성을 진단하고 확장시킴으로써 시장의 역동성에 대한 적응력을 향상시킬 수 있다. 또한 새로운 제품 카테고리와 하위 카테고리를 창출함으로써 시장에서 브랜드의 전체적인 가치를 올릴 수 있게 된다. 마지막으로 강력한 브랜드의 명확성을 가져올 수 있다. 각각 명확하게 정의된 브랜드들을 통해서 차별화와 활력을 가져올 수 있기 때문이다.

현실적으로 많은 기업들은 자신들이 목표로 하는 상품 시장에 존재하는 다양한 고객을 상대하기 위해 여러 종류의 브랜드를 출시하게 되고, 기업은 보유하고 있는 각각의 브랜드가 서로 다른 목표 타깃과 차별적인 브랜드 특성 등을 가지도록 '조정'해 주어야만 중복 투자로 인한 브랜드 간의 '제살 깎아먹기(brand cannibalization)' 등의 문제점을 피할 수 있기 때문이다. 따라서 현재 기업이 보유하고 있는 브랜드의 현황을 파악하기 위해 브랜드 포트폴리오 맵(brand portfolio map)을 작성하고 각 브랜드 간의 역할과 상호 관계 등을 규정하고 조정하는 것이 매우 중요하다. 또한 이를 바탕으로 포트폴리오 전략을 수립할 수 있다.

하나의 사례를 들어보자. 미국의 Ford Motor사는 1978년에 영국의 고급 자동차 회사인 애스터 마틴(Aston Martin)을 합병하는 것을 시작으로 지난 20년 동안 랜드로버(Land Rover), 볼보(Volvo), 재규어(Jaguar) 등을 인수하여 고급 자동차 판매량으로는 세계에서 두 번째로 많이 판매하는 기업이 되었다.

[그림 IV-13] 포드 자동차의 보유 브랜드

이와 같은 인수를 통해 포드는 포드 전체 매출에서 19% 정도를 고급차 부문에서 달성하고 있는 것으로 알려져 있다(2000년 기준). 경쟁사인 렉서스, BMW, 벤츠가 단일 브랜드 하에서 다양한 범위의 자동차를 판매하는 것과는 대조적으로, 포드의 고급 브랜드 포트폴리오는 다양한 형태의 구매자 구미에 맞는 다양한 브랜드를 보유하고 있다. 볼보는 안전에 관심이 있는 구매자를 대상으로 하고, 랜드로버는 4륜구동의 SUV에 관심을 가진 구매자를 대상으로 하고 있으며, 재규어는 전통과 영국식의 우아함을 찾는 구매자를 대상으로 하고 있다.

즉, 방어용 브랜드와 실버블렛 브랜드 그리고 캐시카우 브랜드를 고루 갖추게 된 것이다.

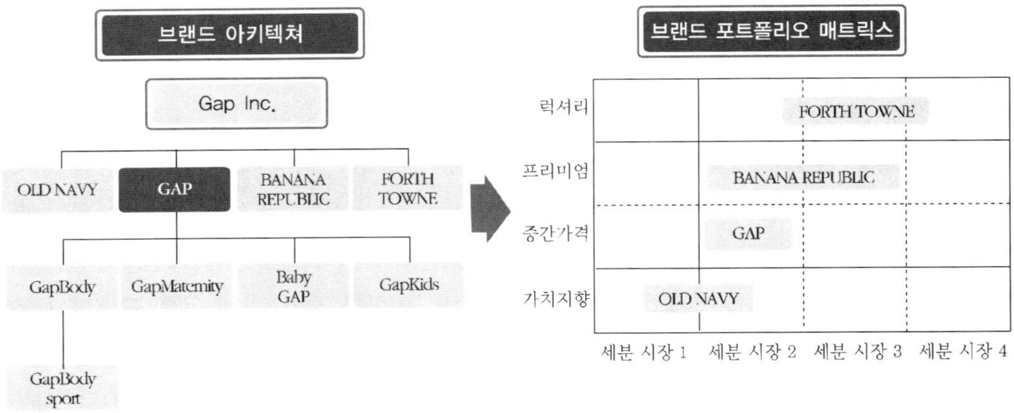


[그림 IV-14] 브랜드 구조와 포트폴리오

## 애플(Apple)

1976년 만우절인 4월 1일 미국의 실리콘 밸리. 당시 아타리(Atari)라는 회사에 다니던 21세의 스티브 잡스(Steven Jobs)는 자신의 차고에서 휴렛팩커드(Hewlett Packerd)의 스티브 워즈니악(Steve Wozniak)과 함께 회사를 차렸다.

단돈 700달러로 세운 회사의 이름이 된 '애플'은 당시 회사의 위치가 원래 사과밭이었기 때문에 붙여진 것이었다. 또한 이 회사의 유명한 로고인 한입 베어 먹은 모양의 사과는 돈이 없어 늘 사과만 먹던 이들이 어느 날 한입 먹은 사과를 책상에 두고 있던 것을 로고로 사용한 것이었다. 이 사과 로고에는 '벌레 먹은 사과'라는 애칭이 붙어 있다.

개인용 컴퓨터의 혁신으로 단숨에 시장을 장악한 이들은 IBM사의 등장으로 인한 타격에도 적극적인 광고 활용 등의 전략으로 굳건히 위치를 지켜왔으며 84년 '매킨토시'의 개발에 힘입어 현재 미국 3위의 PC 생산업체로 연매출 3백억 달러를 돌파하는 거대 기업이 되었다. 그들의 주력 상품인 '매킨토시' 역시 사과의 품종 이름이라고 한다.

**레고(Lego)**

1916년 Ole Kirk Christiansen은 덴마크 Billund에 목공소를 열었다.

그는 종종 아이들을 위해서 나무 장난감을 깎아주곤 했는데 이것이 목공일을 하는 것보다 더 즐겁고 수익성이 있다는 사실을 깨닫고 레고라는 이름의 회사를 설립하게 되었다.

레고라는 이름은 'Leg godt'라는 두 개의 덴마크 단어에서 따왔는데 이는 "재미있게 논다"는 뜻이다. 제2차 세계대전 이후 Christiansen은 장난감을 만드는 데 플라스틱을 쓰는 법을 발견해 내고 'Automatic Binding Bricks'라고 이름붙인 조립 벽돌을 만들어냈다.

이 제품은 전 세계적으로 날개 돋친 듯 팔려나갔는데 '레고'라는 이름으로 아이들이 그의 조립식 벽돌을 가지고 놀게 된 이후 우연히 'Lego'라는 말이 라틴어로 "나는 조립한다"는 뜻을 가지고 있음이 알려지게 되었다.

## 7. 기업 브랜드(corporate Brand)와 브랜드 재활성화(brand revitalization)

### 1) 브랜드 재활성화가 필요한 이유

근래에 들어서 기업 브랜드의 중요성에 대한 인식이 확산되고 있다. 그 이유로 생각해 볼 수 있는 것은 우선 기업 브랜드를 기반으로 한 개별 제품 브랜드들의 경쟁력 강화는 기업의 매출 증대에 높은 영향을 끼치기 때문이며, 다음으로는 기업의 사회적 책임에 대한 공중(公衆)의 요구 확대로 인해 우호적인 기업 브랜드 이미지 구축의 중요성이 증가하는 것을 들 수 있다.

하지만 그럼에도 불구하고 국내에서 대다수의 기업들은 기업 브랜드를 전략적으로 활용하는 경우가 많지 않은 편이다. 특히 많은 비용과 노력으로 구축된 기업 브랜드를 단순하게 CI(corporate identity)의 한 부분으로만 간주하여 기업 브랜드의 재활성화를 고객 접점(대리점, 제품 패키지 등)에서의 CI 변경과 같은 제한된 움직임만을 보이고는 한다. 하지만 기존 기업 브랜드에 대한 전략적인 재활성화는 보유하고 있는 제품 브랜드에 대한 강력한 지원 이외에 기업 브랜드에 대한 새로운 브랜드 이미지 형성과 이를 통한 우호적인 여론 형성 기반 마련, 기업의 신규 사업 부문 진출을 지원하는 등 수 많은 이점을 기업에게 제공할 것이다. 바로 이 점이 기업 브랜드의 재활성화가 중요하게 인식되어야 하는 이유이다.

또한 새로운 기업 브랜드의 도입(신규 개발)에 비해 기존 기업 브랜드의 재활성화가 더욱 효율적이고 안정적이다. 우선 기존에 많은 비용과 노력으로 구축된 기존의 기업 브랜드가 있음에도 불구하고 새로운 기업 브랜드를 개발하는 것은 자칫하면 이전보다 더 많은 비용을 들여야 할 가능성이 높다. 다음으로 새로운 기업 브랜드를 도입하는 경우 그 새로운 브랜드에 대한 인지도를 높이기 위해 브랜드 광고 등에 상당한 규모의 비용이 소요되어야만 하며, 마지막으로 고객의 마음속에 포지셔닝하기 위해서는 장기간의 시간이 요구되기 때문이다.

## 2) 기업 브랜드 재활성화의 3가지 전략 방향

기업 브랜드를 재활성화하기 위한 전략은 크게 보아 다음과 같이 3가지로 나뉜다.

우선 브랜드 리뉴얼은 기업 브랜드에 대한 시각적, 외형적 변화를 추구하는 것으로 기업을 대표하는 CI 체계의 전면적인 수정과 함께 새로운 기업 브랜드의 포지셔닝을 제시하는 것이다. 하지만 CI 체계의 전면적인 수정은 새로운 디자인을 의미하는 것이며 새로운 사명의 개발까지 의미하는 것은 아니다. 즉, 새로운 사명의 개발까지 포함하는 것은 신규 기업 브랜드 개발을 의미하는 것이다.

한편 브랜드 리포지셔닝은 기업 브랜드의 시각적, 외형적인 변화는 최소화하고 기업 브랜드가 지향하고자 하는 새로운 브랜드의 포지셔닝을 제시함으로써 기존의 기업 브랜드에 대한 고객의 인식 변화를 유도하는 것이다. 이에 적합한 사례는 미국의 켄우드(Kenwood), KFC, 제록스(Xerox) 등을 들 수 있다.

마지막으로 브랜드 확장은 기존의 기업 브랜드가 획득한 브랜드 자산(브랜드 이미지, 브랜드의 신뢰성 등)을 활용하여 신규 제품 브랜드나 신규 사업 영역으로 확장하여 기업 브랜드에 규모성, 역동성, 성장성, 새로움 등의 브랜드 이미지를 확보하는 것을 말한다. 이의 대표적인 사례는 풀무원, 던힐(Dunhill) 등을 들 수 있다.

기업 브랜드의 리뉴얼은 '브랜드 아이덴티티를 구성하는 요소들 중 하나 이상을 수정 또는 변경함으로써 기업 브랜드의 이미지를 개선하거나 새로운 이미지를 창출'하는 전략이다.

브랜드 리뉴얼 전략이 적합한 경우는 기업 브랜드 이미지가 노후화되어 현재의 시장 트렌드와 맞지 않는 경우 또는 신규 시장 진입을 위해 새로운 이미지 창출이 필요한 경우 등이다.

제일제당은 대표적인 종합식품회사에서 엔터테인먼트, 유통, 외식, 베이커리, 화장품 사업 등의 신규 사업에 진출하였으나 신규 사업 분야가 기존의 기업 브랜드인 '제일제당'과는 다소 거리가 있어 기업 브랜드의 후광 효과(halo effect)가 제대로 발휘되지 못하는 문제를 가지고 있었다. 이에 2002년 그룹명을 기존의 제일제당그룹에서 CJ로 변경한 것을 계기로 본격적인 브랜드 리뉴얼을 추진했다. 브랜드 리뉴얼에 따라 기업 브랜드의 비전을 '건강, 즐거움, 편리를 제공하는 종합생활문화기업'으로 설정하고 이를 적극적으로 커뮤니케이션함으로써 기업 브랜드의 재활성화에 성공하였다.

한편 기업 브랜드의 브랜드 리포지셔닝은 '기존 기업 브랜드의 브랜드 이미지가 약화되거나, 부정적으로 변하는 이유를 분석하여 기업 브랜드를 고객들의 마음속에 다시 포지셔닝하는 것'을 말한다.

브랜드 리포지셔닝 전략이 적합한 경우는 현재의 기업 브랜드 포지셔닝이 경쟁 브랜드나 시장 트렌드 변화에 의해 경쟁력 약화 또는 상실한 경우, 기업이 부정적인 사건으로 인해 기업 브랜드에 부정적 이미지가 형성된 경우, 사업 다각화로 인해 신규 시장에 진입할 경우 현재의 기업 브랜드가 신규 시장에서 유리한 이미지를 가지고 있지 않은 경우 등이다.

제록스(Xerox)의 경우에는 기존 기업 브랜드의 아이덴티티 범위를 새로운 비즈니스 환경에 맞추어 확대한 대표적인 사례이다. 제록스사는 1994년 PC의 보급으로 촉발된 정보화 사회의 형성을 자신들의 비즈니스 환경의 근본적인 변화로 인식하고 이에 대처하기 위해 기업 브랜드의 비전을 'The Document Company'로 변화시켰는데 이는 기존의 '단순 복사기 제조기업' 이미지에서 탈피하여 새로운 시대 조류에 맞는 '문서 관련 솔루션 제공 업체'라는 브랜드 이미지 리포지셔닝을 꾀한 것이다.

제록스는 1999년 이후 브랜드 커뮤니케이션에 있어 'The Document Company'의 의미를 여러 실례를 들어 전달한 "There's a new way to look at it" 캠페인을 지속적으로 전개하였다.

기업 브랜드의 재활성화를 위한 브랜드 확장 전략은 '기존에 확립된 기업 브랜드 이미지를 그 기업의 새로운 제품 브랜드에도 적용하는 것'을 말하는데 브랜드 확장 전략에는 두 가지의 유형이 있다.

먼저 브랜드 라인 확장(Brand Line Extension)은 기업 브랜드가 보유한 기존의 제품 군 내에서 새로운 세분 시장을 겨냥하여 개발된 신규 제품에 기업 브랜드의 이미지를 확장하여 적용하는 유형이다. 식품 산업군 내에서 지속적으로 신규 제품 브랜드를 추가하는 풀무원의 경우가 가장 대표적인 사례라고 할 수 있다. 브랜드 확장 전략이 적합한 경우는 기업 브랜드와 개별 제품 브랜드 간에 유사성이 존재하는 경우, 기업 브랜드 자산이 풍부한 경우 또는 제품 브랜드가 자체적으로 브랜드 아이덴티티를 형성하는 것보다 기업 브랜드의 확장을 통해 형성하는 것이 유리한 경우를 들 수 있다.

던힐 브랜드는 본래 영국인 창업자인 알프레드 던힐이 자동차 마니아였던 이유로 자동차 관련 용품의 제작에서 시작된 브랜드이다. 알프레드 던힐은 주행 중 담배를 필 수 있는 방법을 연구함에 따라 담배(Cigar)로부터 시작하여 점차 담배와 관련된 엑세서리(파이프, 라이터 등) 분야로 사업 영역을 확장하였으며, 이 후의 경영진들도 창업자와 마찬가지로 남성용 액세서리(벨트, 탁상 용품, 커프스링, 의류 등), 남성용 향수와 패션, 주류 품목으로 약 100여 년에 걸쳐 지속적인 카테고리(category) 확장을 통해 기업 브랜드(corporate brand)를 강화하였다.

이처럼 던힐의 기업 브랜드 확장이 가능했던 것은 ① 던힐은 항상 '남성'을 위한 브랜드를 지향했다는 점, ② 커스텀메이드(Custom Made)와 같은 던힐만의 핵심적인 브랜드 가치를 지속적으로 유지했기 때문이다.

## 8. 브랜드 자산 측정법

### 1) 마케팅적인 접근법

마케팅적인 접근법은 주로 고객들로부터 수집한 데이터를 분석함으로써 브랜드 자산을 측정한다. 마케팅적 접근법들은 다시 합성 접근법(compositional approach)과 분해 접근법(decompositional approach)의 두 가지로 분류될 수 있다.

#### (1) 합성 접근법(compositional approach)

compositional approach란 브랜드 자산을 구성하는 요소들, 예컨대 인지도나 연상 등을 개별적으로 측정한 다음, 이것을 결합해서 브랜드 자산 측정치를 도출하게 된다.

Young & Rubicam의 Brand Asset Valuator, Total Research의 EquiTrend (Aaker 1996) 등이 여기에 해당되며 다양한 조사 회사들도 이와 유사한 방법들을 제각기 개발해서 사용하고 있다. compositional approach를 이용하면 브랜드 자산의 구성 요소별로 자기 브랜드와 경쟁 브랜드의 강점 및 약점을 비교할 수 있고, 복잡한 분석 기법을 사용할 필요가 없다는 장점이 있다.

그러나 따로따로 측정된 구성 요소들을 결합하는 과정이 주먹구구식으로 이루어지고 있고, 그 결과로 얻어진 브랜드 자산 측정치는 대개 인덱스 형태로 표시되기 때문에 브랜드 자산의 증감이 기업의 수익성에 미치는 영향을 분석하기 어렵다는 단점이 있다.

#### (2) 분해 접근법(decompositional approach)

compositional approach의 이러한 문제점 때문에, 학계에서는 주로 decompositional approach를 개발하고 있다. decompositional approach란 대개 다음과 같은 네 단계로 이루어진다. 첫째, 어떤 고객(집단)이 어떤 브랜드에 대해서 보이는 선호도나 선택 확률을 측정한다.

둘째, 그 브랜드가 없을 때 (해당 상품은 그대로이고), 그 고객(집단)이 갖게 될 선호도나 선택 확률을 추정한다. 예를 들어 객관적으로는 죽염 치약과 동일하지만 단지 '죽염' 브랜드만 없는 치약에 대한 선호도나 선택 확률을 추정하는 것이다. 이를 위하여, 다속성 선호 모형(multiattribute preference model)이 이용된다. 즉, 주요 제품 속성별로 그 수준의 높낮이를 객관적으로 측정한다. 가령, 치약의 주요 속성이 플라그 제거, 충치 예방, 구취 제거, 치아 표백 그리고 가격이라면, 죽염 치약이 이러한 속성별로 어느 정도의 값을 갖고 있는지를 객관적으로 (가령, 실험실에서) 측정하는 것이다. 이러한 객관적 측정치들을 다속성 선호 모형에 대입하여 죽염 치약과 객관적으로 동일하지만 단지 브랜드만 없는 치약에 대한 선호도를 도출할 수 있다.

셋째, 둘째 단계에서 구한 선호도나 선택 확률을 첫째 단계에서 구한 선호도나 선택 확률에서 빼 줌으로써, 그 고객(집단)이 그 브랜드에 대해서 갖고 있는 브랜드 자산을 구한다.

넷째, 이렇게 구한 브랜드 자산을 다시 그 구성 요소별로 분해한다.

### 2) 인터브랜드(Interbrand)사의 브랜드 평가 모델

인터브랜드사의 평가 모델은 브랜드 강도(strength)에 브랜드 이익(earning)을 결합하여 산출하게 된다. 따라서 마케팅적인 접근법과 재무적인 접근법이 혼합된 방식이라고 할 수 있다.

브랜드 강도를 측정하는 요소로 리더십(leadership), 안정성(stability), 시장성(market), 국제화 수준(internationality), 추세(trend), 지원 능력(support), 법적 보호성(protection)의 7대 요인을 분석하여 산정되며, 각 요인별로 5에서 25까지의 가중치를 적용하게 된다.

#### (1) 브랜드 강도(brand strength)

Interbrand는 전 세계의 지사를 통해서 1,200개 기업의 리스트를 작성한 후에 이 중 500개 브랜드를 선정하여 7가지 평가 항목과 40개의 세부 항목을 통해서 브랜드 강도를 분석한다. 이를 구체적으로 살펴보면 다음과 같다.

① 리더십(leadership)

리더십은 기업이 현재 시장 영역에서의 지위에 대한 평가로서 매출과 시장 점유율 동향, 가격 결정력, 시장에 미치는 영향 정도 등을 세부 항목으로 하고 있으며, 그 가중치는 25%이다.

② 안전성(stability)

시장에서 안정정을 누리는 브랜드는 장기적으로 형성된 고객이 신뢰를 바탕으로 프리미엄 가격을 누리게 된다. 따라서 안정적인 브랜드는 시장에서의 미래 가치가 보장된다고 볼 수 있으며, 안전성의 평가 기준은 브랜드의 시장 투입 기간, 브랜드 특성, 브랜드 인지도, 브랜드 호감도, 매출액과 시장 점유율 변동으로 구성된다. 이들 변수의 가중치는 15%이다.

③ 시장성(market)

시장성은 현재의 제품 범주가 경기나 다른 외부적인 상황 변동과 무관하게 얼마나 지속적인 판매를 유지할 수 있는가 하는 것이다. 제품 유형이 필수 제품의 범주에 포함되게 되면 시장의 외부 변동에도 불구하고 판매가 지속적으로 이루어질 가능성이 높게 되는 것이다. 예를 들면 식품, 음료 업종은 불황일 경우에도 지속적인 판매를 통하여 시장 점유율을 유지할 수 있지만, 의류 업종은 식음료 업종에 비하여 시장성이 낮다고 볼 수 있다. 식음료 업종은 PLC(Product Life Cycle)가 비교적 긴 반면에, 컴퓨터와 같은 첨단 제품은 짧은 PLC를 보유하고 있어 업종마다 시장성에 대하여 상이한 가치를 지니고 있다. 시장성에서의 평가 기준은 시장 규모 추이(시장 동향), 주변/타 업종에서의 참여 현황/시장 진입의 용이성, PLC 등이며, 그 가중치는 10%를 차지한다.

〈표 IV-7〉 인터브랜드(Interbrand)사의 브랜드 평가 모델

| 강 도 | 최대값(%) |
|---|---|
| 리더십(leadership) | 25 |
| 안전성(stability) | 15 |
| 시장성(market) | 10 |
| 지역적 확산(geographic spread) | 25 |
| 추세(trend) | 10 |
| 지원 능력(support) | 10 |
| 법적 보호성(protection) | 5 |
| 전 체 | 100 |

④ 지역적 확산(geographic spread)

지역적 확산(geographic spread)이란 국제적으로 인종, 지역, 문화, 종교, 국가에 상관없이 높은 인지도와 선호도를 나타내는 브랜드를 의미한다. 이러한 국제성을 이루기 위해서는 막대한 투자가 오래 전부터 지속적으로 선행되어야 한다. 국제성은 마케팅 전략의 수준 또는 전략 가능성을 평가하는 척도로서 평가 기준은 지역별 매출액/시장 점유율 동향, 브랜드 이미지(인지도, 특성), 상품 특성의 적응성 등이며, 그 가중치는 25%를 차지한다.

⑤ 추세(trend)

추세란 브랜드를 통하여 미래의 사업 영역으로 확대할 수 있는 가능성을 말한다. 즉, 브랜드를 활용하여 미래 어떤 모습으로 적응 내지 확장할 수 있는지의 여부를 의미한다. 따라서 브랜드 전략 중에서 확장, 장기화 전략에 해당한다. 방향성의 평가 기준은 브랜드 이미지 적용 범위, 브랜드의 현대성, 브랜드 화제성, 브랜드 적용성 등이 있으며, 그 가중치는 10%를 차지한다.

⑥ 지원 능력(support)

지원 능력(support)이란 브랜드가 어떻게 관리되고, 지원하는지를 파악하여 경영 자원의 분배가 적절한지를 평가하는 척도이다. 이러한 변수를 통해서 기업이 과거 시점에 브랜드에 투입된 양적, 질적인 측면에서 살펴보는 것이다. 지원 능력(support)의 평가 기준은 경영 자원의 투입 정도, 투자 효율성, 광고 홍보, 투입 정도, 판촉 활동 능력, 유통 채널력, 개발 체계 수준 등이 있으며, 그 가중치는 10%를 차지한다.

⑦ 법적 보호성(protection)

법적 보호성(protection)이란 브랜드가 법률적으로 잘 보호를 받고 있는지에 관련된 변수이다. 이 변수는 기업이 브랜드를 등록함으로써 법률적으로 배타적 독점권을 확보함으로써 나타난다. 법률적 보호성의 평가 기준은 국제적 브랜드 등록 여부, 브랜드 관리 능력, 회사 내에 브랜드 담당 직원 수, 투입 비용 등이 있으며, 그 가중치는 5%를 차지한다.

이상의 변수를 통해서 얻어진 브랜드 강도(brand strength)는 업종별로 자사 브랜드와 경쟁 브랜드의 비교를 통하여 상대적인 평가가 이루어지는데 그 평가 수치는 평균적으로 4에서 20 정도의 값으로 나타난다.

### (2) 브랜드 파워 곡선

브랜드 파워 곡선에서 세로축은 브랜드 강도의 점수를 의미하며, 가로축은 브랜드 가치를 나타낸다. [그림 IV-15]에서와 같이 가로축의 점수는 0점에서 100점까지이며, S자의 형태를 갖게 된다.

이 그래프의 처음 부분은 서서히 증가하다가 중간 부분은 기울기가 가파르게 증가하며, 후반부에서는 완만하게 증가하는 형태를 나타내고 있다. 즉, 중간 부분에서 S곡선의 형태를 이루게 되면, 세로축의 증가가 가로축의 증가분보다 급격히 늘어나는데 이것은 브랜드가 성장기로 진입하는 단계에서는 작은 브랜드 가치의 증가분으로 높은 브랜드 강도를 얻을 수 있다는 것을 의미한다.

중간적인 범위에 놓여 있는 기업의 브랜드 경우는 브랜드 강도의 범위가 넓은 범위에 걸쳐 있다고 볼 수 있다. 따라서 일정수준의 브랜드 강도가 확보된 기업은 이에 대한 관리와 투자가 더욱더 중요하다고 볼 수 있다. 브랜드 파워 점수는 최저 20점에서 최고 80점 이상으로 나타나며 20점은 브랜드가 시장에 투입되어 6개월 또는 1년 이상이 경과하였으나 시장에서 성과를 나타내지 못한 브랜드를 의미한다. 30점은 제품이 구매될 때 아직까지는 브랜드 특성이 아닌 제품의 특성에 의해서 구매되고 있으며, 제품의 질이 브랜드보다 구매에 더 결정적인 영향을 미치는 범위라고 할 수 있다. 40점은 제품 구매 시 가격이 구매 의사 결정에 영향을 미치고 있으며, 브랜드에 따라서는 어느 정도의 가격 차이가 나타나게 된다. 따라서 서서히 브랜드로 인지되고 있는 수준에 도달하고 있다고 볼 수 있다.

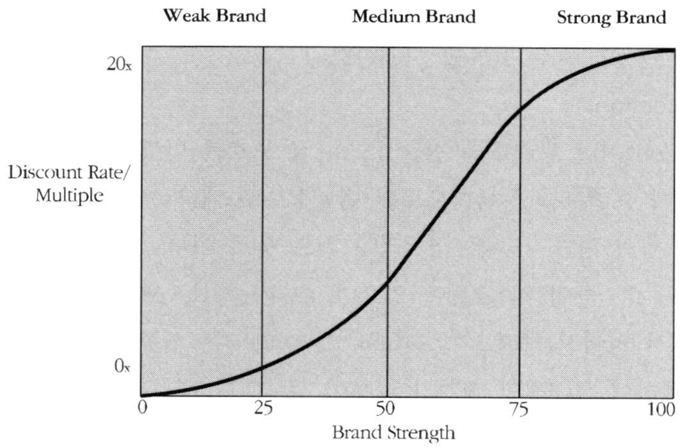


[그림 IV-15] 가치와 강도 관계

50점은 동종 업종 내에서 차선책으로 선택될 수 있는 브랜드로 조금씩 인식되기 시작하며, 2위 그룹의 브랜드로 받아들여진다. 그러나 이 시점에서는 2위 그룹에서 3위 그룹으로 전락하기는 쉬우나 1위 그룹으로 진입하기 위해서는 브랜드에 대한 지속적인 투자와 관리가 필요한 시점이라고 볼 수 있다. 60점은 해당 브랜드가 특정한 이미지를 가지고 고객들에게 인식되고 시장 내에서 영향력을 갖기 시작하면서, 기업 내에서는 이를 최대한 활용하여 브랜드 확장과 같은 전략을 수립하는 단계이다. 70점은 해당 브랜드가 시장에서 절대적인 영향력을 가짐에 따라 시장의 크기와 경쟁자의 진출 등 외부 영향을 적게 받는 단계이다. 즉, 불황인 경우에 타 브랜드의 제품은 매출이나 시장 점유율이 급격하게 감소하지만 이 범위에 있는 브랜드들은 가격 인하를 하지 않더라도 시장 점유율이나 매출이 급감하지 않는 상태로 브랜드 애호로 형성되어 있는 단계이다. 80점은 브랜드가 고객으로부터 명성과 신망을 얻는 단계로서 기업에서는 브랜드의 한계효용체감법칙이 적용되는 단계이다. 즉, 브랜드에 대한 투자에 비해 효과가 크게 나타나지 않는 단계로서 브랜드 투자 효율성이 매우 낮은 단계를 말한다. 80점 이상은 세계적인 초일류의 브랜드에 해당하며 문화, 지역, 종교의 경계를 초월하는 단계로서 국제적인 시장 충격에도 큰 영향이 없는 전 세계적으로 50위권 내에 있는 브랜드를 말한다. 〈표 IV-8〉은 브랜드 파워에 대한 내용을 정리한 것이다.

〈표 IV-8〉 브랜드 파워 곡선의 내용

| 내 용 | 점 수 |
|---|---|
| 브랜드가 시장에 투입되어 6개월 또는 1년 이상 경과하였으나 효과가 없는 경우로 철수해야 할 대상인 브랜드 | 20점 |
| 브랜드인지 또는 단순한 이름인지의 기로에 서 있음 | 30점 |
| 브랜드로 인지되고 있음 | 40점 |
| 해당 업계에서 2위 브랜드로 인지되고 있음 | 50점 |
| 시장에서 영향력을 보유 | 60점 |
| 브랜드의 애호적인 요소를 보유하고 있음 | 70점 |
| 브랜드의 명성을 보유하고 있음 | 80점 |
| 세계적인 초일류 브랜드로서 50위권 내의 브랜드 | 80점 초과 |

### (3) 브랜드 이익(brand earnings)

브랜드와 관련된 영업이익을 추정하여 선정되는 브랜드 이익은 무 브랜드 제품의 영업이익을 차감한 순수 브랜드 자산에 바탕을 둔 이익을 통해서 산출된다. 이러한 이익은 당해 연도의 이익에 크게 영향을 받을 수 있으므로 과거 3년간의 이익 가중치를 적용하여 평균화시킨다. 다음은 Interbrand에서 Gillette의 브랜드 자산을 평가한 실례를 살펴보기로 한다(FinancialWorld, 1996).

1995년에 Gillette사는 26억 달러의 매출액과 9억 61백만 달러의 영업이익을 달성하였다. 이를 근거로 하여 브랜드 이익을 창출하기 위해 활용된 자본이 얼마인가를 측정하게 된다. 이를 위해 각 산업의 회사 매출로 인해 발생된 자본의 중간비율을 결정한다. 예를 들어 동종 업종에서 100달러의 매출이 발생할 경우 자본이 38달러가 소요되므로 이를 역으로 응용하면 26억 달러의 매출을 달성하기 위해서 소요되는 자본이 9억 88백만 달러로 나타난다. 따라서 Gillette의 경우 브랜드 이익은 9억 88백만 달러(=26억 달러×0.38)가 산출된다. 일반적으로 산출되는 브랜드 이익의 평균은 제품을 생산하기 위해 사용된 자본에 대한 이익이 5% 이내이므로 이를 Gillette에 적용할 경우 49백만 달러에 달하게 된다. 여기서 9억 61백만 달러의 이익에서 49백만 달러를 공제한 후에 Gillette 브랜드에 귀속된 이익은 9억 12백만 달러이다. 여기서 브랜드에 귀속된 이익은 2년간 가중 평균한 이익을 적용한다. Gillette의 모 브랜드 회사는 2년간 평균 이익이 (미국 회사의 경우) 35%에 해당되므로 최대 법인세율을 적용해야 한다. Gillette의 경우 이를 적용하면 브랜드에 대한 순이익은 5억 75백만 달러이다.

다음 단계에서는 브랜드의 세후 이익에다 브랜드 강도를 곱한다. 1995년의 경우에는 그러한 승수의 범위가 4.4에서 19.3이었다. Personal-care 산업에서 가장 이름값을 하는 기업 중의 하나인 Gillette의 경우 17.9라는 영향력을 나타내고 있었다. 최종 브랜드의 가치는 103억 달러였다. 위에서 설명한 내용을 〈표 IV-9〉에서 제시하고 있다.

〈표 IV-9〉 인터브랜드사의 브랜드 측정 방식

| | | |
|---|---|---|
| 1 | 매출액 | 26억 달러 |
| 2 | 영업이익 | 9억 6천 1백만 달러 |
| 3 | 자본비율 | 매출 100달러당 0.38(Gillette가 속한 산업의 업종 평균 비율)=38달러 |
| 4 | 자본 소요액 | 매출액 26억 달러×0.38=9억 8천 8백만 달러 |
| 5 | 비브랜드 이익 | 9억 8천 8백만 달러×0.05(제품 생산을 위한 투입 비용 비율)=49.4백만 달러 |

| 6 | 브랜드로 인한 영업이익 | 영업이익(9억 6천 1백만 달러)－비 브랜드 이익(4천 9백만 달러)＝9억 1천 2백만 달러 |
|---|---|---|
| 7 | 법인세율을 고려한 브랜드의 순이익 | 9억 1천 2백만 달러× 법인세율 0.35 |
| 8 | 브랜드 가치 | 브랜드에 대한 순이익(5억 7천 5백만 달러)×브랜드 강도(17.9)=103억 달러 |

이러한 과정에서 도출된 각 브랜드들의 결과는 다음의 리스트와 같다.

〈표 IV-10〉 비즈니스위크-인터브랜드의 브랜드 가치 순위

| rank 2009 ▲ | rank 2008 | employer | 2009 brand value ($millions) | 2008 brand value ($millions) | percent change (%) | country of ownership |
|---|---|---|---|---|---|---|
| 1 | 1 | Coca-Cola | 68,734 | 66,667 | 3 | U.S. |
| 2 | 2 | IBM | 60,211 | 59,031 | 2 | U.S. |
| 3 | 3 | Microsoft | 56,647 | 59,007 | −4 | U.S. |
| 4 | 4 | GE | 47,777 | 53,086 | −10 | U.S. |
| 5 | 5 | Nokia | 34,864 | 35,942 | −3 | Finland |
| 6 | 8 | McDonald's | 32,275 | 31,049 | 4 | U.S. |
| 7 | 10 | Google | 31,980 | 25,590 | 25 | U.S. |
| 8 | 6 | Toyota | 31,330 | 34,050 | −8 | Japan |
| 9 | 7 | Intel | 30,636 | 31,261 | −2 | U.S. |
| 10 | 9 | Disney | 28,447 | 29,251 | −3 | U.S. |
| 11 | 12 | Hewlett-Packard | 24,096 | 23,509 | 2 | U.S. |
| 12 | 11 | Mercedes-Benz | 23,867 | 25,577 | −7 | Germany |
| 13 | 14 | Gillette | 22,841 | 22,069 | 4 | U.S. |
| 14 | 17 | Cisco | 22,030 | 21,306 | 3 | U.S. |
| 15 | 13 | BMW | 21,671 | 23,298 | −7 | Germany |
| 16 | 16 | Louis Vuitton | 21,120 | 21,6002 | 2 | France |
| 17 | 18 | Marlboro | 19,010 | 21,300 | −11 | U.S. |
| 18 | 20 | Honda | 17,803 | 19,079 | −7 | Japan |
| 19 | 21 | Samsung | 17,518 | 17,689 | −1 | S. Korea |
| 20 | 24 | Apple | 15,443 | 13,724 | 12 | U.S. |

### 3) Young & Rubicam 사의 브랜드 평가 모델

글로벌 광고 대행사인 Young & Rubicam사의 경우 브랜드를 측정하고 평가하기 위하여 독자적 시스템인 Brand Asset Valuator(BAV)를 사용한다. 이 시스템의 브랜드 평가 축은 Aaker(1996)의 브랜드 자산 구성 요소를 근거로 하고 있다. 즉, 인지도(knowledge), 관련성(relevance), 평가 수준(esteem), 차별성(difference)이라는 4가지 브랜드 평가 지표로 구성되어 있다. 이는 어디까지나 소비자의 이미지 지각력 상에서 브랜드 파워를 측정하는 데 주안점을 두고 행동 면에서의 평가 축은 제외하였다. 이 모델의 또 다른 특징은 현재의 브랜드 파워뿐만 아니라 장래의 성장 가능성까지 진단할 수 있다는 장점이 있다. 현재의 능력(stature)과 성장에 대한 활력(strength)이라는 두 가지 차원으로 구성된 파워 그리드(power grid)를 통해 그리드(grid) 상의 위치에 따라 브랜드 파워를 진단하는 것이다. 따라서 이 모델은 현재의 능력과 장래의 성장 활력을 측정하여 선행 지표에 의한 브랜드 관리가 가능하다는 점에서 의의가 있다. 다만, 행동 측면의 평가 항목이 제외되어 있다는 점과 실제 시장에서의 성과 간의 관련성은 아직 연구 진행 중으로 검증되지 않았다는 문제가 있다.

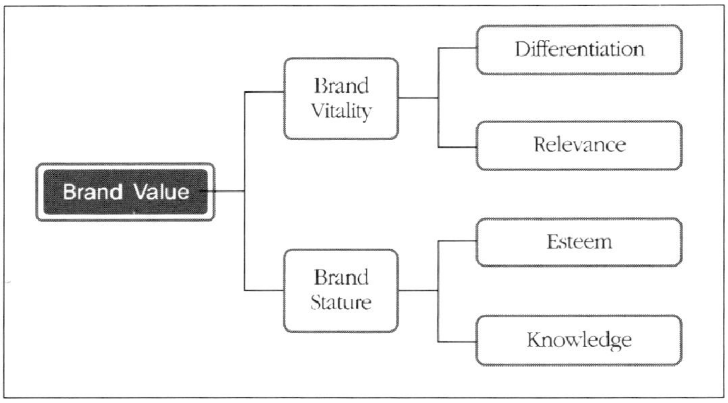


[그림 IV-16] Brand Asset Valuator(Y & R)

# V. 브랜드 포지셔닝 분석 프로그램

## 1. 다차원 척도법(Multi-Dimensional Scaling: MDS)

다차원 척도법(Multi-Dimensional Scaling: MDS)은 요인 분석이나 군집분석과 마찬가지로 원 자료에 대한 구조 분석을 통하여 복잡한 다차원으로 설명되는 자료를 사용자가 알기 쉽게 2차원의 지도로 표시해 준다는 특징이 있다. 여기서 자료는 응답자의 조사 대상에 대한 지각(perception)이나 선호(preference) 자료를 입력 자료로 이용하게 된다. MDS를 통하여 분석하면 분석 결과에서 브랜드나 제품 등 조사 대상에 대한 상호간의 관계를 2차원 지도에서의 위치로 표현해 주게 되는데 이를 제품 지각도(Product Perceptual Map: PPM) 또는 포지셔닝 지도(positioning map)라고 한다. 지각도는 요인 분석이나 회귀분석, 판별 분석 등을 이용해도 어느 정도의 결과는 얻을 수 있지만, MDS와 같이 주요한 분석 결과가 지각도가 아니므로 사용자가 결과를 이용해서 지각도를 작성해야 한다는 차이가 있다.

■ MDS 분석을 위한 프로그램

다차원 척도법을 수행할 수 있는 프로그램은 먼저 벨연구소의 프로그램으로서 컨조인트(Conjoint) 분석을 포함한 18가지를 분석할 수 있는 프로그램이 있으며 둘째로는 PC-MDS 프로그램이 있다. 셋째로는 많이 보급되어 있는 PASW 프로그램 내에 있는 MDS 분석이 있다. PASW의 프로그램은 기본적인 Alscal의 프로그램을 제공하고 있다. 실무적으로 다양하게 사용하기 위해서는 PC-MDS 프로그램이 나은 편이다.

PC-MDS 프로그램을 이용한 분석을 위해서 먼저 입력 자료가 준비되어야 하며 이에 맞추어서 프로그램의 옵션을 지정하여야 하고 실행 후에 분석 결과를 출력하여야 한다. PC MDS를 이용하는 경우에 응답자의 수, 평가 대상의 수, 차원의 수 등을 옵션을 선택하지 않고 입력 자료에서 수치로 바로 지정하는 방식과 입력 자료에서는 순수하게 자료만을 입력하고 나머지는 프로그램상의 옵션에서 하나씩 선택하여 지정하는 방식이 있다.

## 1) KYST(Kruskal, Young, Shephard, Torgerson)

KYST를 통하여 다차원 척도 분석을 하게 되면 소비자들의 인지에 있는 평가 대상을 비교적 쉽게 그릴 수 있다. 이를 위해서는 자료는 아래의 예와 같이 각 평가 대상 간의 유사성을 평가한 유사성 자료(similarity data)가 있어야 한다.

### (1) KYST분석을 위한 설문

KYST를 분석하기 위해서는 평가 대상이 되는 브랜드 간의 유사성이나 비유사성 자료를 입수하여야 한다.

아래의 설문에서와 같이 두 브랜드 간의 쌍대 비교(paired comparison)를 통하여 유사성이나 비유사성을 평가하게 된다. 척도는 7점이나 9점을 선택하여도 무방하지만 평가 대상이 되는 브랜드의 수가 많아질수록 9점 척도를 사용하게 되면 평가 값들이 겹치지 않아 분류하기가 쉽다. 각각의 결과가 얻어지게 되면 이를 9×9의 매트릭스로 만들어 각 유사성 값을 가장 유사하다고 평가되는 것을 1로 하고 가장 유사하지 않다고 평가되는 것을 36번의 순서로 평가하게 된다. 만일 비교하는 브랜드의 수가 적다면 바로 서열 척도(rank scale)로 해도 무방하다.

다음의 짝을 이루는 두 음료수를 잘 보십시오.

전체적으로 매우 유사하다고 생각하면 9점을, 전혀 유사하지 않다고 생각하시면 1번을 적으십시오.

본인들이 각자 생각하며 구분한 기준을 잘 생각하고 계십시오.

| 비교 | 브랜드 | 전혀 유사하지 않다 ← | | | | | | | | 매우 유사하다 → | 평가 |
|---|---|---|---|---|---|---|---|---|---|---|---|
| 코카콜라 | 칠성사이다 | 1 | 2 | 3 | 4 | 5 | 6 | 7 | 8 | 9 | |
| 코카콜라 | 펩시콜라 | 1 | 2 | 3 | 4 | 5 | 6 | 7 | 8 | 9 | |
| 코카콜라 | 데미소다 | 1 | 2 | 3 | 4 | 5 | 6 | 7 | 8 | 9 | |
| 코카콜라 | 게토레이 | 1 | 2 | 3 | 4 | 5 | 6 | 7 | 8 | 9 | |
| 코카콜라 | 사각사각배 | 1 | 2 | 3 | 4 | 5 | 6 | 7 | 8 | 9 | |
| 코카콜라 | 델몬트쥬스 | 1 | 2 | 3 | 4 | 5 | 6 | 7 | 8 | 9 | |
| 코카콜라 | 솔의 눈 | 1 | 2 | 3 | 4 | 5 | 6 | 7 | 8 | 9 | |
| 코카콜라 | 에너비트 | 1 | 2 | 3 | 4 | 5 | 6 | 7 | 8 | 9 | |
| 칠성사이다 | 펩시콜라 | 1 | 2 | 3 | 4 | 5 | 6 | 7 | 8 | 9 | |
| 칠성사이다 | 데미소다 | 1 | 2 | 3 | 4 | 5 | 6 | 7 | 8 | 9 | |
| 칠성사이다 | 게토레이 | 1 | 2 | 3 | 4 | 5 | 6 | 7 | 8 | 9 | |
| 칠성사이다 | 사각사각배 | 1 | 2 | 3 | 4 | 5 | 6 | 7 | 8 | 9 | |
| 칠성사이다 | 델몬트쥬스 | 1 | 2 | 3 | 4 | 5 | 6 | 7 | 8 | 9 | |
| 칠성사이다 | 솔의 눈 | 1 | 2 | 3 | 4 | 5 | 6 | 7 | 8 | 9 | |
| 칠성사이다 | 에너비트 | 1 | 2 | 3 | 4 | 5 | 6 | 7 | 8 | 9 | |
| 펩시콜라 | 데미소다 | 1 | 2 | 3 | 4 | 5 | 6 | 7 | 8 | 9 | |
| 펩시콜라 | 게토레이 | 1 | 2 | 3 | 4 | 5 | 6 | 7 | 8 | 9 | |
| 펩시콜라 | 사각사각배 | 1 | 2 | 3 | 4 | 5 | 6 | 7 | 8 | 9 | |
| 펩시콜라 | 델몬트쥬스 | 1 | 2 | 3 | 4 | 5 | 6 | 7 | 8 | 9 | |
| 펩시콜라 | 솔의 눈 | 1 | 2 | 3 | 4 | 5 | 6 | 7 | 8 | 9 | |
| 펩시콜라 | 에너비트 | 1 | 2 | 3 | 4 | 5 | 6 | 7 | 8 | 9 | |
| 데미소다 | 게토레이 | 1 | 2 | 3 | 4 | 5 | 6 | 7 | 8 | 9 | |
| 데미소다 | 사각사각배 | 1 | 2 | 3 | 4 | 5 | 6 | 7 | 8 | 9 | |
| 데미소다 | 델몬트쥬스 | 1 | 2 | 3 | 4 | 5 | 6 | 7 | 8 | 9 | |
| 데미소다 | 솔의 눈 | 1 | 2 | 3 | 4 | 5 | 6 | 7 | 8 | 9 | |
| 데미소다 | 에너비트 | 1 | 2 | 3 | 4 | 5 | 6 | 7 | 8 | 9 | |
| 게토레이 | 사각사각배 | 1 | 2 | 3 | 4 | 5 | 6 | 7 | 8 | 9 | |
| 게토레이 | 델몬트쥬스 | 1 | 2 | 3 | 4 | 5 | 6 | 7 | 8 | 9 | |

| | | | | | | | | | | |
|---|---|---|---|---|---|---|---|---|---|---|
| 게토레이 | 솔의 눈 | 1 | 2 | 3 | 4 | 5 | 6 | 7 | 8 | 9 |
| 게토레이 | 에너비트 | 1 | 2 | 3 | 4 | 5 | 6 | 7 | 8 | 9 |
| | | | | | | | | | | |
| 사각사각배 | 델몬트쥬스 | 1 | 2 | 3 | 4 | 5 | 6 | 7 | 8 | 9 |
| 사각사각배 | 솔의 눈 | 1 | 2 | 3 | 4 | 5 | 6 | 7 | 8 | 9 |
| 사각사각배 | 에너비트 | 1 | 2 | 3 | 4 | 5 | 6 | 7 | 8 | 9 |
| | | | | | | | | | | |
| 델몬트쥬스 | 솔의 눈 | 1 | 2 | 3 | 4 | 5 | 6 | 7 | 8 | 9 |
| 델몬트쥬스 | 에너비트 | 1 | 2 | 3 | 4 | 5 | 6 | 7 | 8 | 9 |
| | | | | | | | | | | |
| 솔의 눈 | 에너비트 | 1 | 2 | 3 | 4 | 5 | 6 | 7 | 8 | 9 |

이러한 설문 결과 나타난 각 브랜드의 유사성 순서를 정리하면 다음의 자료로 정리된다.

〈표 V-1〉

```
  9  1  1
(3X,9F3.0)
CHI   4
PEP   1 5
DEM  27  02  11
GET   9  13  14  27
SAK  35  32  33  31  24
DEL  36  30  34  29  28  8
SOL  25  21  26  14   6  15   9
ENE  19  17  19  17   3  22  10   7
```

### (2) KYST 분석을 위한 자료 입력

KYST 분석을 위해서는 정방형의 매트릭스 형식과 하삼각(low half) 형식의 매트릭스와 상삼각(upper half) 형식 매트릭스를 자료로 사용할 수 있다. 본서에서는 하삼각 형식의 매트릭스를 자료로 사용하였다.

〈표 V-2〉 KYST 분석을 위한 입력 자료

| 구 분 | 코카콜라 | 칠성<br>사이다 | 펩시콜라 | 데미소다 | 게토레이 | 사각<br>사각배 | 델몬트<br>쥬스 | 솔의눈 |
|---|---|---|---|---|---|---|---|---|
| 코카콜라 | | | | | | | | |
| 칠성사이다 | 4 | | | | | | | |
| 펩시콜라 | 1 | 5 | | | | | | |
| 데미소다 | 27 | 2 | 11 | | | | | |
| 게토레이 | 9 | 13 | 14 | 27 | | | | |
| 사각사각배 | 35 | 32 | 33 | 31 | 24 | | | |
| 델몬트쥬스 | 36 | 30 | 34 | 29 | 28 | 8 | | |
| 솔의 눈 | 25 | 21 | 26 | 15 | 6 | 15 | 9 | |
| 에너비트 | 19 | 17 | 19 | 18 | 3 | 23 | 10 | 7 |

이 자료는 앞의 질문에서 추출한 서열 척도에 의한 자료를 다음의 형식으로 입력하게 된다. 9는 평가 대상의 수가 9개 라는 의미이며, 1은 1명의 응답자가 한 번 응답을 하였다는 것이다.

3X는 Fortran 형식으로 3개의 문자가 들어간다는 의미이며, 9F3.0은 소수점 이상의 숫자가 3자리이며 소수점 이하의 수가 없는 숫자가 들어갈 수 있는 칸을 9개 지정하라는 의미이다.

### (3) KYST 분석 결과 해석

KYST의 결과는 다음의 표와 같다. 여기서 첫 번째 부분은 데이터의 입력과 관련된 파라미터들에 대한 설명이다. 임의로 지정된 최초의 차원에서 9개의 대상이 입력 자료와 비슷하게 만들어 가는 과정에서 적합도가 개선되는지를 계산해 낸다. Maximun iteration은 이러한 적합도를 개선하는 과정을 최대한 50번 한다는 의미이다.

한편 거리는 유클리디안 거리로 계산하였으며, 자료는 메트릭스에서 아래 부분의 삼각 자료를 이용하였다는 lower half matrix를 이용하였음을 보여 준다.

〈표 V-3〉 KYST 분석 결과

```
K Y S T   MULTIDIMENSIONAL  SCALING
WRITTEN BY  JOSEPH B. KRUSKAL, FOREST W. YOUNG, WITH JUDITH SEERY
PC-MDS  VERSION

ANALYSIS TITLE:
DATA IS READ FROM FILE: C:\MDS\K.DAT
OUTPUT FILE IS: C:K.OUT
INPUT PARAMETERS:
MAXIMUM DIMENSIONS                                  2
MINIMUM DIMENSIONS                                  2
DIMENSION DECREMENT                                 1
MINIMUM STRESS                                      .01000
SCALE FACTOR GRADIENT                               .00000
STRESS STEP RATIO                                   .99900
MAXIMUM ITERATIONS                                  50
COSINE OF ANGLE BETWEEN GRADIENTS          .66000
AVERAGE COSINE OF ANGLE                             .66000
NUMBER OF PRE-ITERATIONS                            1
THE NUMBER OF DATA POINTS TO BE FIXED IS:           0
EUCLIDEAN DISTANCE
STRESS FORMULA 1
TIES PRIMARY
LOWER HALF MATRIX
NOT BLOCK DIAGONAL
DIAGONAL ABSENT
SPLIT BY DECK
TORSCA INITIAL CONFIGURATION
----------------------------
DIST AND DHAT VERSES DATA FOR   2 DIMENSION(S)
STRESS = .1346
```

한편 원 자료와 2차원으로 표현된 자료와의 적합도를 나타내는 스트레스 값은 0.1346으로 좋은 편이다.

### (4) KYST로 작성된 다차원 분포도

KYST는 전체적으로 평균적인 지각도를 나타낸다. 만일 응답자 집단이 동질적이지 않은 상태에서는 이 결과로만 해석한다는 것은 오류를 범할 가능성이 높다.

```
          .*....*....*....*....*....*....*....*....*....*....*....*....*
   2.308**                              |                              ** 2.308
   2.077**                              |                              ** 2.077
   1.846**                              |                              ** 1.846
   1.615**                              |                              ** 1.615
   1.385**                              |                              ** 1.385
   1.154**                              |                              ** 1.154
    .923**                              |                              **  .923
    .692**                   7      8 9                                **  .692
    .462**                              |5                             **  .462
    .231**                   6          |                              **  .231
    .000**------------------------------0------------------------------**  .000
   -.231**                              |                              ** -.231
   -.462**                              |         3                    ** -.462
   -.692**                              4       1                      ** -.692
   -.923**                              |2                             ** -.923
  -1.154**                              |                              **-1.154
  -1.385**                              |                              **-1.385
  -1.615**                              |                              **-1.615
  -1.846**                              |                              **-1.846
  -2.077**                              |                              **-2.077
  -2.308**                              |                              **-2.308
          .*....*....*....*....*....*....*....*....*....*....*....*....*
          .   -3.3333.  -2.0000.   -.6667.    .6667.   2.0000.   3.3333.
       -4.0000    -2.6667   -1.3333     .0000     1.3333    2.6667    4.0000
```

1: 코카콜라 2: 칠성사이다 3: 펩시콜라 4: 데미소다 5: 게토레이 6: 사각사각배
7: 델몬트쥬스 8: 솔의 눈 9: 에너비트

[그림 V-1]

결과에서 나타난 다차원 분포도를 보면 코카콜라와 펩시콜라가 높은 유사성을 나타내 경쟁 제품군으로 볼 수 있으며, 오히려 데미소다와 칠성사이다가 또 다른 경쟁 제품군으로 형성되어 있음을 알 수 있다. 한편 솔의 눈은 에너비트와 게토레이와 함께 경쟁 제품군으로 인지되고 있다.

## 2) PREFMAP(Preference map)

PREFMAP는 개인이나 세분화된 집단의 선호도를 포지셔닝에 포함시켜서 개인이나 집단이 이상적으로 생각하고 있는 이상점(ideal point)을 도출하는 것이다. 따라서 이 기법은 이상점 모델(ideal point model)이라고 해서 가장 많이 사용되는 프로그램이다.

분석을 위한 데이터는 크게 2가지로 구분되는데, 이상점을 찾기 위해서는 평가 대상의 자료와 대상에 대한 선호도 데이터가 필요하다. 평가 대상의 좌표 데이터는 앞서 설명한 KYST나 INDSCAL을 이용하여 측정된 브랜드들의 좌표를 이용하는 것이 보통이며, 각 평가 대상들에 대한 선호 순서대로 측정한 서열 자료를 합하여 사용하게 된다.

이러한 자료들을 각 대상의 좌표와 선호 데이터가 주어진 상태에서 각 대상으로부터 개인의 이상점까지의 거리(squared Euclidean distances)가 각각의 대상에 대한 개인의 선호 순서와 부합되도록 각 개인의 이상점을 구하게 된다.

### (1) PREFMAP 분석을 위한 과정

PREFMAP 분석을 위해서는 먼저 INDSCAL 분석을 통하여 얻어진 평가 대상 10개 브랜드의 좌표 값이 함께 자료로 입력된다. 그리고 각각의 사용 상황에서 어떤 브랜드를 가장 선호하는지에 관한 자료가 두 번째 부분으로 입력된다. 한편 선호도는 서열 척도에 의한 순서 평가 이외에 5점이나 7점 내지 9점 척도를 이용한 평가 척도를 사용하는 것도 가능하다.

### (2) PREFMAP 분석을 위한 설문 형식

1. 건강을 생각하면서 음료를 고려할 때 가장 우선적으로 선택하게 되는 브랜드부터 순서대로 번호를 적어주십시오

| 코카콜라 | 칠성사이다 | 펩시콜라 | 데미소다 | 게토레이 | 사각사각 | 배 | 델몬트쥬스 | 솔의 눈 | 에너비트 |
|---|---|---|---|---|---|---|---|---|---|
| | | | | | | | | | |

2. 오후의 격렬한 운동 후에 음료를 마시려고 할 때 가장 우선적으로 선택하게 되는 브랜드부터 순서대로 번호를 적어주십시오

| 코카콜라 | 칠성사이다 | 펩시콜라 | 데미소다 | 게토레이 | 사각사각 | 배 | 델몬트쥬스 | 솔의 눈 | 에너비트 |
|---|---|---|---|---|---|---|---|---|---|
| | | | | | | | | | |

3. 축구장이나 야구장에 관람을 갔거나 혹은 야유회를 갔을 경우에 가장 우선적으로 선택하게 되는 브랜드부터 순서대로 번호를 적어주십시오

| 코카콜라 | 칠성사이다 | 펩시콜라 | 데미소다 | 게토레이 | 사각사각 | 배 | 델몬트쥬스 | 솔의 눈 | 에너비트 |
|---|---|---|---|---|---|---|---|---|---|
| | | | | | | | | | |

### (3) PREFMAP 분석을 위한 자료 입력

PREFMAP 분석을 위하서 PROFIT와 같이 KYSTSK INDSCAL에서 구해진 브랜드 좌표와 각각의 상황에 따른 이상점(Ideal point)을 알아보기 위해서 이상점 추출이 필요한 선호 데이터(preference data)를 입력하게 된다.

자료에서 보면 제일 첫 라인은 컨트롤라인이며 9는 좌표로 평가된 브랜드의 수를 의미하게 된다. 2는 최대한의 차원 수를 의미하는데 이 외의 지수는 동일하게 입력하여 사용하면 된다.

```
9   2   3   0   1   0   1   4   0   1   1  16   0   2   .001
(6X, 2F12.5)
1         -.30613      .43931
2         -.18969      .33587
3         -.22195      .39774
4         -.01914      .11888
5         -.32409     -.29982
6          .34764     -.39889
7          .38475     -.22628
8          .60745      .09444
9         -.27885     -.46124
(3X, 10F5.2)
001 9.00 6.67 8.00 6.33 4.67 2.67 1.67 1.67 4.33
002 5.67 4.67 5.33 6.67 1.33 6.67 7.00 6.00 1.67
003 3.00 2.67 3.00 5.33 4.67 7.00 5.33 8.00 6.00
```

[그림 V-2] PREFMAP의 입력 자료

### (4) PREFMAP 분석의 결과 해석

그림에서 건강을 생각하는 경우의 이상점과 가장 가까운 것은 사각사각배와 델몬트쥬스로 나타나고 있으며 격렬한 운동 후의 음료로서 이상점과 가까운 것은 게토레이와 에너비트로 나타나고 있다. 한편 코카콜라를 비롯한 콜라와 사이다는 축구장이나 야구장 혹은 야유회를 갔을 때 즐기면서 마시는 음료의 이상점과 가깝게 인식되고 있다. 한편 전체 평균적으로는 D가 이상점으로 나타난다.

```
     .*....*....*....*....*....*....*....*....*....*....*....*....*
    1.27**                         |                           **
    1.15**                         |                           **
    1.04**                         |                           **
     .92**                         |                           **
     .81**                   A     |                           **
     .69**                         |                           **
     .58**                         | 8                         **
     .46**                         |                           **
     .35**                     6 7 |                           **
     .23**                         |                           **
     .12**                         |                           **
     .00**-------------------------0-4-------------------------**
    -.12**                         |                           **
    -.23**                   9  5  |   231                     **
    -.35**                         |                           **
    -.46**                         |                           **
    -.58**                         |                           **
    -.69**                 D       |                           **
    -.81**                 B       |       C                   **
    -.92**                         |                           **
   -1.04**                         |                           **
   -1.15**                         |                           **
   -1.27**                         |                           **
        .*....*....*....*....*....*....*....*....*....*....*....*....*
        .   -1.6667.  -1.0000.   -.3333.    .3333.   1.0000.   1.6667.
      -2.0000   -1.3333    -.6667     .0000     .6667    1.3333    2.0000
```

1: 코카콜라 2: 칠성사이다 3: 펩시콜라 4: 데미소다 5: 게토레이 6: 사각사각배
7: 델몬트쥬스 8: 솔의 눈 9: 에너비트
A: 건강을 생각하는 경우의 이상점 B: 격렬한 운동 후의 음료로서의 이상점
C: 축구장이나 야구장 또는 야유회에서의 음료로서 이상점 D: 전체 이상점

[그림 V-3] PREFMAP 분석 결과 다차원 분포도

### 3) MDPREF(Multi-Dimensional analysis of Preference data)

MDPREF은 평가하려는 주제(예를 들면 소비자의 편익)에 대해서 평가 대상(제품이나 브랜드)들을 결합하여 분석할 수 있다. 이를 위해서 선호 자료를 이용하여 여러 응답자들의 선호도를 결합하여 평균적인 선호 평가 수치를 이용하게 된다.

자료의 구조는 평가하려는 주제(subject)와 평가하려는 대상(stimuli)의 메트릭스로 이루어진다.

한편 PREFMAP에서는 결과에 이상점(ideal point)을 표시해 주지만 이 방식에서는 결과에서 주제에 해당되는 것들이 같이 나타나게 되는데 이것은 이 방향으로 나갈수록 이러한 주제들의 값들이 커진다는 것을 의미한다. 따라서 이러한 모델을 벡터모델(vector model) 이라고 한다.

#### (1) MDPREF 분석을 위한 설문지

MDPREF 분석을 위해서는 다음과 같이 각 브랜드에 대해서 제시된 속성별로 소비자들의 신념이 어느 정도 수준인가를 질문하게 된다.

다음의 질문을 잘보고 대답하세요.

〈보기〉

| 전혀 그렇지 않다 | 그렇지 않다 | 그렇지 않은 편이다. | 보통이다 | 그런 편이다 | 그렇다 | 전적으로 그렇다 |
|---|---|---|---|---|---|---|
| 1 | 2 | 3 | 4 | 5 | 6 | 7 |

1. 코카콜라는 다음의 속성이 얼마나 강하다고 생각합니까
   보기에서처럼 가장 강하면 7번 전혀 없으면 1번을 적어주세요

   코카콜라는 과일향맛이 난다(　　　)
   코카콜라는 톡쏘는 맛이 강한다(　　　)
   코카콜라는 갈증을 빠르게 없애준다(　　　)
   코카콜라는 현재 일반적으로 많은 사람이 마신다(　　　)
   코카콜라는 단맛이 많이 난다(　　　)
   코카콜라는 마시고 난 뒤에도 입에 맛이 남는다(　　　)
   코카콜라는 마시면 몸이 상쾌해진다(　　　)

2. 칠성사이다는 다음의 속성이 얼마나 강하다고 생각합니까
보기에서처럼 가장 강하면 7번 전혀 없으면 1번을 적어주세요

칠성사이다는 과일향맛이 난다(　　　)
칠성사이다는 톡쏘는 맛이 강한다(　　　)
칠성사이다는 갈증을 빠르게 없애준다(　　　)
칠성사이다는 현재 일반적으로 많은 사람이 마신다(　　　)
칠성사이다는 단맛이 많이 난다(　　　)
칠성사이다는 마시고 난 뒤에도 입에 맛이 남는다(　　　)
칠성사이다는 마시면 몸이 상쾌해진다(　　　)

3. 펩시콜라는 다음의 속성이 얼마나 강하다고 생각합니까
보기에서처럼 가장 강하면 7번 전혀 없으면 1번을 적어주세요

펩시콜라는 과일향맛이 난다(　　　)
펩시콜라는 톡쏘는 맛이 강한다(　　　)
펩시콜라는 갈증을 빠르게 없애준다(　　　)
펩시콜라는 현재 일반적으로 많은 사람이 마신다(　　　)
펩시콜라는 단맛이 많이 난다(　　　)
펩시콜라는 마시고 난 뒤에도 입에 맛이 남는다(　　　)
펩시콜라는 마시면 몸이 상쾌해진다(　　　)

4. 데미소다는 다음의 속성이 얼마나 강하다고 생각합니까
보기에서처럼 가장 강하면 7번 전혀 없으면 1번을 적어주세요

데미소다는 과일향맛이 난다(　　　)
데미소다는 톡쏘는 맛이 강한다(　　　)
데미소다는 갈증을 빠르게 없애준다(　　　)
데미소다는 현재 일반적으로 많은 사람이 마신다(　　　)
데미소다는 단맛이 많이 난다(　　　)
데미소다는 마시고 난 뒤에도 입에 맛이 남는다(　　　)
데미소다는 마시면 몸이 상쾌해진다(　　　)

5. 게토레이는 다음의 속성이 얼마나 강하다고 생각합니까
보기에서처럼 가장 강하면 7번 전혀 없으면 1번을 적어주세요

게토레이는 과일향맛이 난다(　　　)
게토레이는 톡쏘는 맛이 강한다(　　　)
게토레이는 갈증을 빠르게 없애준다(　　　)
게토레이는 현재 일반적으로 많은 사람이 마신다(　　　)
게토레이는 단맛이 많이 난다(　　　)
게토레이는 마시고 난 뒤에도 입에 맛이 남는다(　　　)
게토레이는 마시면 몸이 상쾌해진다(　　　)

6. 사각사각배는 다음의 속성이 얼마나 강하다고 생각합니까
보기에서처럼 가장 강하면 7번 전혀 없으면 1번을 적어주세요

사각사각배는 과일향맛이 난다(　　　)
사각사각배는 톡쏘는 맛이 강한다(　　　)
사각사각배는 갈증을 빠르게 없애준다(　　　)
사각사각배는 현재 일반적으로 많은 사람이 마신다(　　　)
사각사각배는 단맛이 많이 난다(　　　)
사각사각배는 마시고 난 뒤에도 입에 맛이 남는다(　　　)
사각사각배는 마시면 몸이 상쾌해진다(　　　)

7. 델몬트쥬스는 다음의 속성이 얼마나 강하다고 생각합니까
보기에서처럼 가장 강하면 7번 전혀 없으면 1번을 적어주세요

델몬트쥬스는 과일향맛이 난다(　　　)
델몬트쥬스는 톡쏘는 맛이 강한다(　　　)
델몬트쥬스는 갈증을 빠르게 없애준다(　　　)
델몬트쥬스는 현재 일반적으로 많은 사람이 마신다(　　　)
델몬트쥬스는 단맛이 많이 난다(　　　)
델몬트쥬스는 마시고 난 뒤에도 입에 맛이 남는다(　　　)
델몬트쥬스는 마시면 몸이 상쾌해진다(　　　)

8. 솔의 눈은 다음의 속성이 얼마나 강하다고 생각합니까
보기에서처럼 가장 강하면 7번 전혀 없으면 1번을 적어주세요

솔의 눈은 과일향맛이 난다(　　　)
솔의 눈은 톡쏘는 맛이 강한다(　　　)
솔의 눈은 갈증을 빠르게 없애준다(　　　)
솔의 눈은 현재 일반적으로 많은 사람이 마신다(　　　)
솔의 눈은 단맛이 많이 난다(　　　)
솔의 눈은 마시고 난 뒤에도 입에 맛이 남는다(　　　)
솔의 눈은 마시면 몸이 상쾌해진다(　　　)

9. 에너비트는 다음의 속성이 얼마나 강하다고 생각합니까
보기에서처럼 가장 강하면 7번 전혀 없으면 1번을 적어주세요

에너비트는 과일향맛이 난다(　　　)
에너비트는 톡쏘는 맛이 강한다(　　　)
에너비트는 갈증을 빠르게 없애준다(　　　)
에너비트는 현재 일반적으로 많은 사람이 마신다(　　　)
에너비트는 단맛이 많이 난다(　　　)
에너비트는 마시고 난 뒤에도 입에 맛이 남는다(　　　)
에너비트는 마시면 몸이 상쾌해진다(　　　)

### (2) MDPREF 분석 자료

MDPREF 자료는 아래의 그림과 같이 가로는 각각 평가의 대상이 되는 브랜드를 두게 되며, 세로는 각 속성을 나열하게 된다. 여기서 첫 번째 라인은 프로그램의 사양을 지정하는 컨트롤라인으로서 7은 7개의 속성 차원인 1: 과일향, 2: 톡쏘는 맛, 3: 갈증 해소 4: 높은 애호도, 5: 단맛, 6: 잔맛, 7: 상쾌한 느낌을 의미한다. 그리고 9는 평가 대상이 되는 브랜드의 수를 의미한다. 그 뒤의 2는 축소될 차원의 수를 의미하며, 그 다음의 2는 점으로 표시될 차원의 수, 1은 계산 과정에서 첫 번째 행렬을 계산하는 방식 , 0은 대상이 되는 브랜드를 표준화하여 계산하는 것을 지정하는 것이다.

따라서 여기의 컨트롤 라인은 속성의 수와 브랜드만을 변경시키면 프로그램을 돌리는 데는 지장이 없다. 나머지 입력 자료 부분은 서열 척도로서 순서를 입력하여도 되고, 아래와 같이 7점 척도로 평가한 것을 입력하여도 무방하다.

```
7  9  2  2  1  0
(9F5.2)
1.66 3.33 3.33 6.00 4.66 7.00 6.33 5.66 3.66
5.66 5.66 4.00 5.00 2.66 2.66 2.33 4.00 2.66
3.00 4.33 3.66 3.33 5.66 3.66 3.33 4.33 5.00
6.33 5.66 5.66 3.66 5.66 5.66 5.00 3.66 4.00
6.00 4.66 4.33 4.66 5.00 6.00 5.00 3.33 4.00
5.00 4.66 5.00 4.66 5.33 6.00 5.66 6.00 4.33
3.00 4.66 3.00 3.66 5.00 3.66 4.33 6.00 5.33
```

[그림 V-4] MDPREF 입력 자료

### (3) MDPREF 분석 결과 해석

[그림 V-4]는 각 속성별 다차원 분포를 나타낸 것이며 [그림 V-5]는 각 브랜드별 다차원 분포를 나타낸 것이다. 한편 [그림 V-9]는 각 브랜드와 속성의 결합다차원 분포도이다.

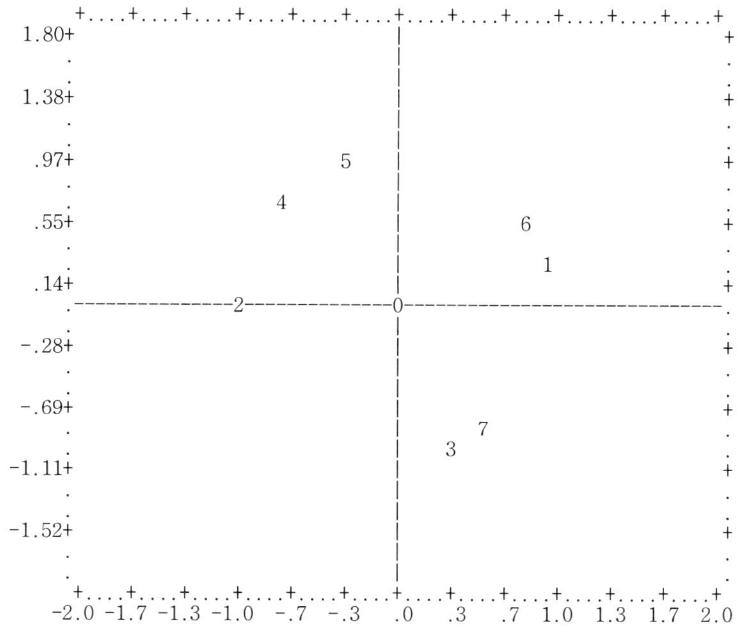


1: 과일향 2: 톡쏘는 맛 3: 갈증 해소 4: 높은 애호도 5: 단맛 6: 잔맛 7: 상쾌한 느낌

[그림 V-5] 각 속성별 다차원 분포

그림에서와 같이 상쾌한 느낌은 갈증 해소와 비슷한 차원으로 묶이며, 마신 뒤의 잔맛은 음료에서의 과일향을 느끼는 것과 유사한 차원의 것으로 응답자들이 인지하는 것으로 나타난다.

한편 음료수에 대한 높은 애호도는 단 맛과 톡 쏘는 맛이 상당한 관계가 있는 것으로 볼 수 있다.

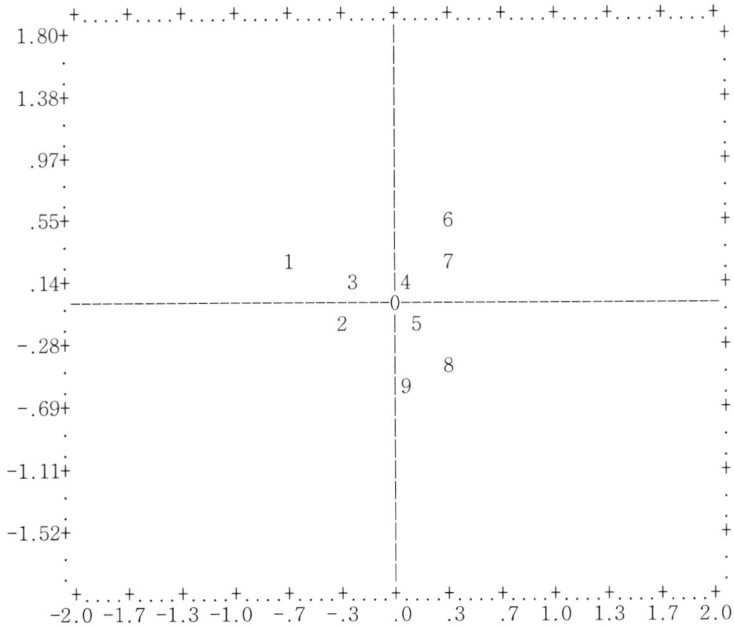


1: 코카콜라 2: 칠성사이다 3: 펩시콜라 4: 데미소다 5: 게토레이 6: 사각사각배 7: 델몬트쥬스
8: 솔의 눈 9: 에너비트

[그림 V-6] 각 브랜드별 다차원 분포

브랜드의 경우에는 사각사각 배와 델몬트쥬스가 자연적인 음료로서 유사한 집단을 형성하며 레몬맛이 나는 데미소다 역시 유사한 집단으로 볼 수 있다. 콜라의 경우에는 코카와 펩시콜라가 하나의 집단으로 형성되며 비슷하게 칠성사이다가 묶이고 있는 것을 알 수 있다. 한편 나머지 게토레이와 에너비트, 솔의 눈이 하나의 집단으로 묶이고 있다. 앞에서 설명한 각 브랜드의 속성을 브랜드의 차원과 결합시킨 것이 [그림 V-7]이다.

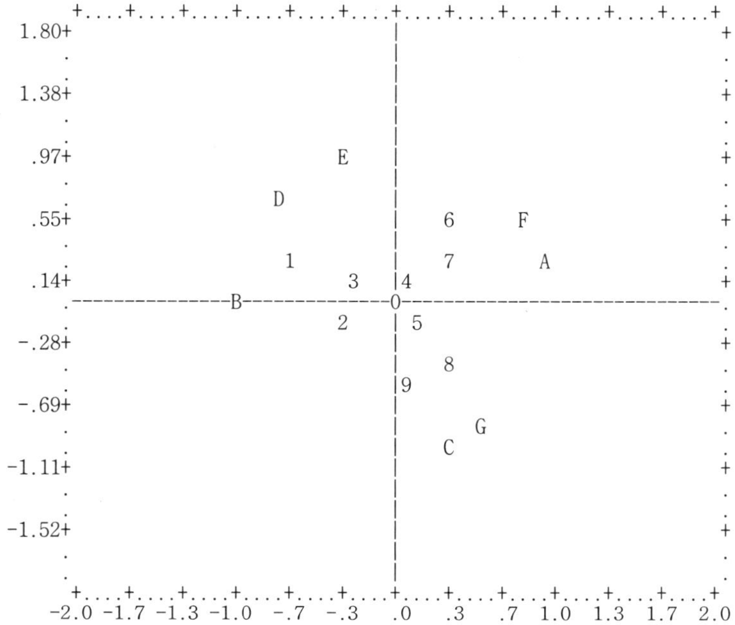


1: 코카콜라 2: 칠성사이다 3: 펩시콜라 4: 데미소다 5: 게토레이 6: 사각사각배 7: 델몬트쥬스
8: 솔의 눈 9:에너비트
A: 과일향 B: 톡쏘는 맛 C: 갈증해소 D: 높은 애호도 E: 단맛 F: 잔맛 G: 상쾌한 느낌

[그림 V-7] 각 브랜드와 속성별 다차원 분포

여기서 상쾌한 느낌과 갈증 해소의 백터에는 기존의 게토레이보다는 에너비트와 솔의 눈이 더 가깝게 인식되고 있다. 코카콜라는 톡 쏘는 맛과 광범위한 소비자에 의해서 소비되는 높은 애호도가 있는 브랜드로 인식되고 있음을 알 수 있다. 과일맛은 델몬트쥬스가 잔맛은 사각사각 배가 높은 것으로 나타난다. 이것은 배 음료 제품의 특징인 배 음료를 먹을 때 배 퓨레가 입에 남기 때문인 것으로 보인다.

이 다차원 분석에서 칠성사이다는 제시한 7개의 속성 중에서 어떤 속성에도 지배적으로 소비자들에게 인식되지 못하는 것이 문제점이라고 볼 수 있다.

### 4) PROFIT(Property Fitting analysis)

PROFIT는 평가한 브랜드의 다차원 분포에서의 위치와 평가 대상의 속성을 결합시킨 형태이다. 따라서 PROFIT 분석을 위해서는 KYST나 INDSCAL에서 얻어진 각 브랜드들의 다차원 분포도상의 좌표가 필요하게 된다. KYST나 INDSCAL에서 얻어진 지각도는 이를 해석해 줄 수 있는 속성이 없기 때문에 평가 대상인 브랜드만을 나타내므로 축의 해석이 어렵다. 그러나 속성과 브랜드의 결합이 된 PROFIT은 축의 해석이 매우 용이하다는 장점이 있다.

PROFIT 분석은 MDPREF와 같이 백터 분석을 하는 것이므로 결과는 MDPREF와 유사하게 나타난다. 본서에서의 예를 보면 PROFIT과 MDPREF의 응답자가 다르므로 결과는 약간 차이가 난다.

### (1) PROFIT 분석을 위한 입력 자료

PROFIT 분석을 위한 자료의 앞부분은 앞에서 언급한 바와 같이 평가 대상 브랜드의 좌표가 들어가게 된다. 두 번째 부분은 각각의 속성에 대해서 좌표 순서의 브랜드들이 얼마만큼 많이 가지고 있다고 생각하는지를 평가한 부분이다.

즉, 브랜드가 가지고 있는 속성에 대한 신념을 측정한 것이다. 첫 번째의 라인은 과일향이 얼마나 많이 나는가 하는 것이며, 두 번째는 탄산 맛이 얼마나 강하게 느껴지는가 하는 순서로 이루어져 있다.

자료의 첫 번째 라인에서 1은 자료 처리를 위해서 사용할 회귀 분석의 유형을 결정하는 것이다. 9는 평가하는 대상의 수, 즉 브랜드의 수를 의미한다. 2는 차원의 수를 의미하며, 나머지 파라미터들은 예와 같이 입력해도 분석하는 데는 무리가 없다.

**PROFIT의 입력 자료**

```
1   9   2   7   0   0   3 0.001
(6X, 2F12.5)
1         -.30613      .43931
2         -.18969      .33587
3         -.22195      .39774
4         -.01914      .11888
5         -.32409     -.29982
6          .34764     -.39889
7          .38475     -.22628
8          .60745      .09444
9         -.27885     -.46124
(3X, 9F5.2)
```

Friutiness
001 2.23 1.37 1.67 4.33 3.00 6.33 6.53 4.00 2.27
Carbonation
002 6.50 5.33 6.00 3.67 2.15 1.53 1.20 1.53 1.67
Thirst quenching
003 5.37 5.50 5.00 3.00 6.63 2.50 2.33 3.33 6.30
Popularity
004 6.30 5.83 6.17 3.00 4.33 4.33 4.67 3.33 4.67
Sweetness
005 6.00 5.00 6.53 3.33 2.67 2.67 3.33 1.30 2.27
After taste
006 5.33 4.67 5.00 4.00 3.40 6.33 6.00 5.67 3.00
Pick-me-up
007 6.00 5.60 6.00 4.67 6.67 3.00 3.33 4.67 5.67

### (2) PROFIT 분석 결과

다음의 PROFIT 분석 결과([그림 V-8])는 앞의 자료들과 다른 응답자들이 대답한 것이므로 약간의 차이가 있다. 그림에서 보면 코카콜라는 높은 애호도를 나타내고 있으며, 톡 쏘는 맛과 단맛의 백터에 가까이 있음을 알 수 있다. 또한 상쾌한 맛의 속성 백터도 역시 코카콜라가 가장 가까이 있음을 알 수 있다.

한편 사각사각 배와 델몬트쥬스는 과일향 속성을 그리고 솔의 눈은 잔맛의 속성을 강하게 나타내고 있다.

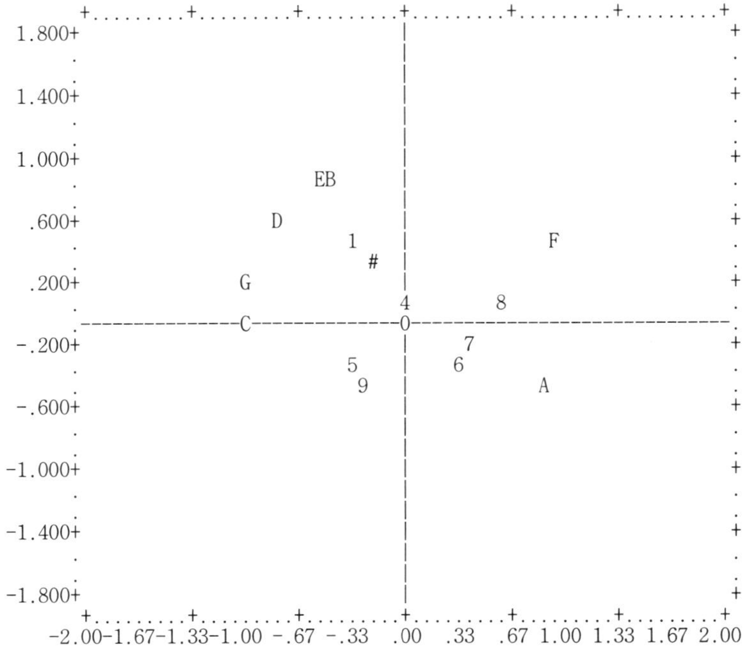


1: 코카콜라 2: 칠성사이다 3: 펩시콜라 4: 데미소다 5: 게토레이 6: 사각사각배 7: 델몬트쥬스
8: 솔의 눈 9:에너비트
A: 과일향 B: 톡쏘는 맛 C: 갈증해소 D: 높은 애호도 E: 단맛 F: 잔맛 G: 상쾌한 느낌

[그림 V-8] PROFIT 분석 결과 브랜드와 속성 백터의 다차원 분포도

## 5) INDSCAL(Individual Difference Scaling)

INDSCAL은 Carroll과 Chang에 의해서 개발된 다차원 척도법으로서 응답자의 개인적인 지각적 차이를 고려한 3차원의 다차원 분석법이다. KYST와 같은 2원 다차원 척도법의 경우에는 응답자들의 유사성에 대한 평가 구조가 서로 비슷하거나 동일하다는 가정 하에서 1개의 데이터만을 사용하게 되는 데 반해서 INDSCAL은 응답자 개개인의 자료를 이용하는 종합적인 지각도이다.

특히 시장 세분화와 같은 집단별의 차이를 검증하고자 하는 경우에는 INDSCAL이 유용하게 사용될 수 있다.

### (1) INDSCAL 분석을 위한 과정

INDSCAL의 분석을 위해서는 응답자 개인들의 자료가 필요하다. 아래의 그림([그림 V-9])과 같이 전체 3명의 응답자인 경우에는 3개의 유사성 자료를 입력시켜야 한다. 자료에서 제일 처음칸은 자료를 처리하기 위한 컨트롤라인이다. 따라서 연구자가 필요한 특별한 명령이 없는 한 그냥 사용하는 것이 무방하다. 2번째 라인은 3명의 응답자와 각각 9개씩의 매트릭스형식의 자료임을 의미한다.

3번째 라인은 Fortran 형식의 자리를 의미한다. 즉, 3칸은 띠고, 소수점 이상의 정수자리가 3개인 숫자를 8개를 만들라는 의미이다. 한편 자료에서 앞의 3개의 영어는 각 브랜드의 표시이다.

이와 같이 데이터에 컨트롤 라인을 포함시키는 경우에는 PC-MDS는 컴퓨터 운용상 한 번에 엔터키로 해결이 되지만, 첫 번째 라인이 없는 경우에는 일일이 다 넣어야 하는 번거로움이 생긴다.

```
3 3 2 2 25 1 0 1 0 0 '12345678' 0 0 1 1 .002
3 09 09
(3X,8F3.0)
CHI   1
PEP  12 07
DEM  13 04 16
GET  11 08 05 18
SAK  29 24 26 17 15
DEL  27 34 28 14 25 03
SOL  36 32 33 35 30 10 09
ENE  19 20 21 06 02 22 23 31
CHI   4
PEP   1 06
DEM  07 05 08
GET  13 14 15 16
SAK  23 24 26 25 27
DEL  29 28 30 31 35 03
SOL  32 09 33 10 34 11 12
ENE  17 18 20 19 02 21 22 36
CHI   7
PEP   1 2
DEM  21 30 20
GET  26 09 23 13
SAK  36 32 33 17 14
DEL  31 22 08 10 11 18
SOL  35 27 28 05 29 04 19
ENE  16 15 24 25 03 12 06 34
```

[그림 V-9] INDSCAL의 입력 자료

## (2) INDSCAL 분석 결과

INDSCAL 분석의 결과물은 [그림 V-10], [그림 V-11] 이외에도 복잡한 매트릭스가 나열되어 있지만. 자세한 것은 MDS 전문서적에서 참조하기로 하고, 간단하게 핵심적인 그림만을 설명하기로 한다.

[그림 V-10]의 경우에는 응답자의 평가 차원을 의미한다. 즉, 응답자들은 1차원과 2차원을 공통적으로 고려하여 평가 대상 브랜드를 분류하였다. 그중에서도 첫 번째와 두 번째의 응답자는 1차원으로 더 고려하여 평가하였음을 볼 수 있고, 세 번째의 응답자는 2차원을 더 고려하여 평가하였음을 볼 수 있다. 이러한 데이터와 시장 세분화를 결합하여 1차원과 2차원의 속성 중에서 어떤 집단의 소비자가 더 많이 고려하는지를 평가할 수 있다.

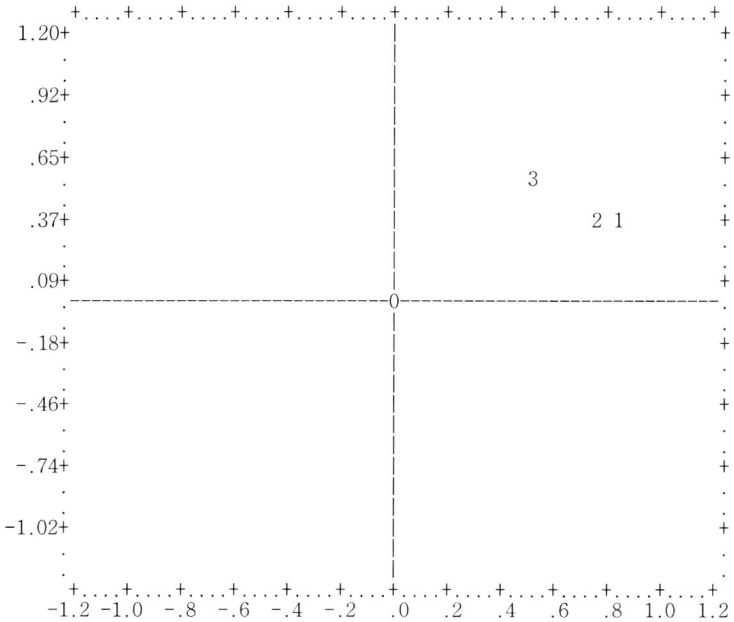


[그림 V-10] 응답자의 차원 분석

한편 응답자 전체 응답을 평균적으로 고려하여 만들어진 [그림 V-11]을 보면 코카콜라와 칠성사이다 그리고 펩시콜라가 하나의 집단을 이루고 있음을 볼 수 있다. 특히 칠성사이다와 펩시콜라는 하나의 하위 집단을 구성하고 있음을 알 수 있기 때문에 더 밀접한 위치에 있음을 알 수 있다.

한편 건강음료적인 차원에서 사각사각 배와 델몬트쥬스가 하나의 집단으로 구성되고 있다.

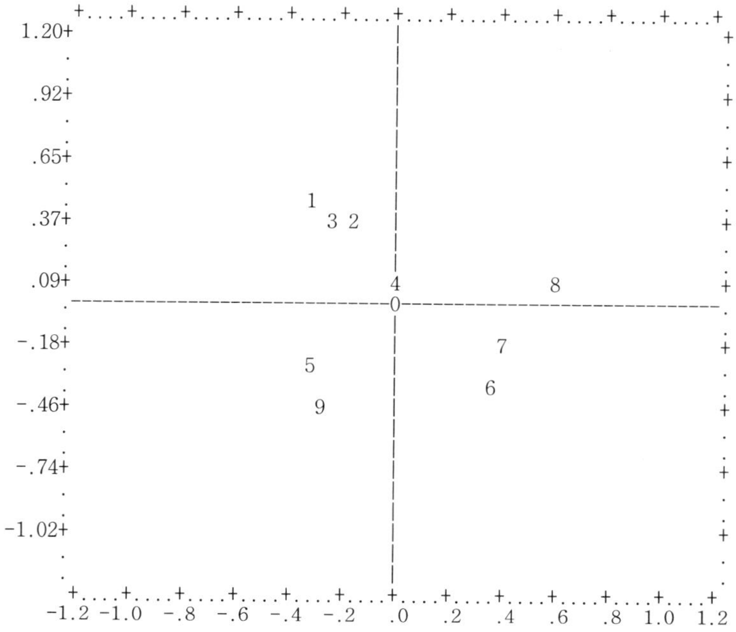

1: 코카콜라 2: 칠성사이다. 3: 펩시콜라 4: 데미소다 5: 게토레이 6: 사각사각배
7: 델몬트쥬스 8: 솔의 눈 9: 에너비트

[그림 V-11] INDSCAL을 이용한 전체 응답자의 평균 지각도

## 6) ALSCAL

PASW 프로그램에서는 기본적으로 ALSCAL 분석 방식을 제공하고 있다.

| cocacola | chilsung | pepsi | demisoda | gatolade | sakak | delmont | sol |
|---|---|---|---|---|---|---|---|
| 4.00 | . | . | . | . | . | . | . |
| 1.00 | 5.00 | . | . | . | . | . | . |
| 27.00 | 2.00 | 11.00 | . | . | . | . | . |
| 9.00 | 13.00 | 14.00 | 27.00 | . | . | . | . |
| 35.00 | 32.00 | 33.00 | 31.00 | 24.00 | . | . | . |
| 36.00 | 30.00 | 34.00 | 29.00 | 28.00 | 8.00 | . | . |
| 25.00 | 21.00 | 26.00 | 15.00 | 6.00 | 15.00 | 9.00 | . |
| 19.00 | 17.00 | 19.00 | 18.00 | 3.00 | 23.00 | 10.00 | 7.00 |

**Derived Stimulus Configuration**
**Euclidean distance model**

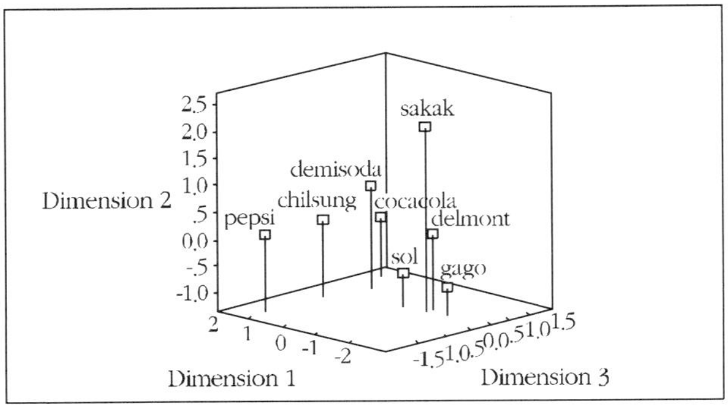


[그림 V-12] PASW로 분석한 결과

앞의 설명에서와 동일한 데이터 집합을 이용하여 분석하기 위해서 lower half matrix로 구성된 데이터를 입력한다. 입력 후 분석(analyze) 메뉴 → 척도(scale) → MDS를 선택하여 그림과 같이 창을 개방하게 된다. 서브메뉴에서 해당되는 변수들을 분석 변수로 지정하게 된다. 이 후 모델을 지정하고 옵션을 선택하게 된다. 변수가 서열, 등간, 비율 척도에 따라서 변수의 유형을 지정하게 되며 거리를 산정할 때 일반적으로 유클리디안 거리 방식을 사용하므로 유클리디안 거리를 선택하면 된다.

**Scatterplot of Linear Fit**
**Euclidean distance model**

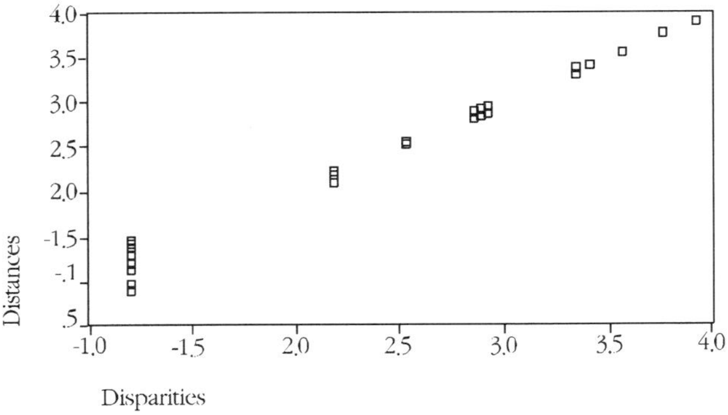


[그림 V-13]

또한 2차원 분석을 위해서는 차원(dimension)을 2차원으로 3차원 분석을 위해서는 3차원으로 지정한다. 2차원으로 지정한 결과는 [그림 V-14]와 같이 나타나 있으며 3차원은 [그림 V-12]에 나타나 있다. 모든 옵션은 디폴트로 지정된 것을 따르면 되므로 크게 수정하지 않아도 결과 산출은 문제가 없다. 모든 지정이 끝나면 ok 버튼을 클릭하면 다음의 결과를 도출하게 된다.

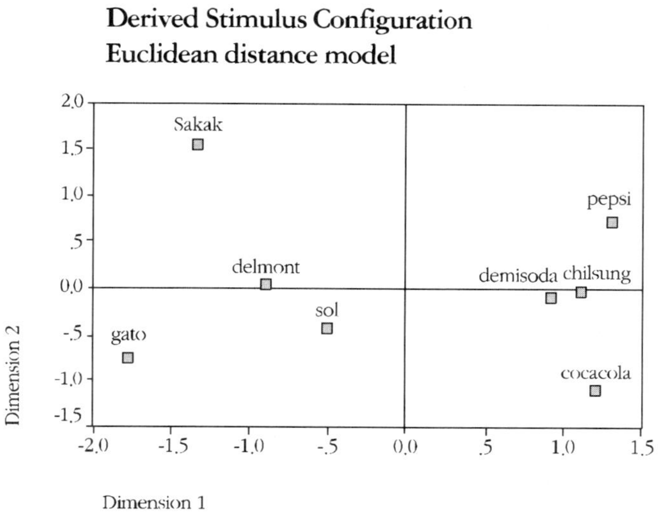


[그림 V-14] 2차원으로 분석한 결과

순서 도래 Group plot는 모델의 적합도를 나타내는 것으로서 산포도(scatter plot)를 결과로 제시해 주게 된다. individual subject polts는 개별 대상의 산포도를 제공한다. data matrix는 각 대상에 대한 입력된 행렬과 척도를 표시하며, model and options summary는 MDS를 수행하기 위해서 선택한 모델과 옵션을 표시한다.

아래의 중요한 결과 부분에서는 개괄적인 MDS 산출 과정과 관련된 내용부터 스트레스 값에 이르기까지 다양한 통계량을 보여 준다.

결과의 그림 부분은 3차원의 해를 얻기 위해서 반복적으로 계산된 과정을 보여 준다. 10번의 계산이 수행되었으며, 각 계산마다의 스트레스 값이 산출되어 있으며 이에 따른 개선 정도(improvement)도 보여 주고 있다. 스트레스 값은 0.037로 나타나고, 결정계수인 RSQ는 0.987로 약 99%를 설명하는 우수한 결과라고 할 수 있다.

```
Iteration history for the 3 dimensional solution (in squared distances)

              Young's S-stress formula 1 is used.

             Iteration     S-stress      Improvement

                 1           .13192
                 2           .10915          .02277
                 3           .10878          .00037

                   Iterations stopped because
             S-stress improvement is less than   .001000

         Stress and squared correlation (RSQ) in distances

RSQ values are the proportion of variance of the scaled data (disparities)
           in the partition (row, matrix, or entire data) which
            is accounted for by their corresponding distances.
             Stress values are Kruskal's stress formula 1.


             For  matrix
   Stress  =   .11348      RSQ =  .88724
```

스트레스(Stress) 값이 기준을 만족하는지를 점검하는 것이 중요하다. 스트레스 값은 0.05면 앞서 stress 기준 표에서와 같이 아주 좋은 편이라고 할 수 있다. 스트레스 값은 다차원의 메트릭스를 2차원으로 줄이는 과정에서 잘 표현되지 못한 부분을 의미하므로 0.5 이하인지를 파악하여야 한다. 그림과 같이 2차원의 경우에는 2차원 MDS 지도가 도출된다. 한편 전체 모델의 또 다른 적합도를 의미하는 선형 적합성은 유클리디안 선형 모형에 의해서 산출되는데 비교적 그림과 같이 선형을 이루고 있다.

2차원의 MDS 결과는 그림과 같이 도출되었다. 사각사각 배와 게토레이는 차별적 포지션을 차지하고 있는 데 반해서, 데미소다와 칠성사이다의 포지션이 상당히 겹쳐져 있는 것으로 나타나는데 이를 더 확인해 보기 위해서 3차원의 MDS를 도출하면 [그림 V-12]와 같다. 3차원 상에서는 다소 이들 브랜드 간의 차이를 확인할 수 있으며 확실히 확인하기 위해서는 3차원의 그림을 클릭하게 되면 다음과 같이 작은 작업창이 열리게 된다. 이 작업창에서 전체 지도를 돌려서 원하는 축을 자세히 관찰하고 출력할 수 있게 된다.

## 7) 광고에서의 다차원 척도법의 이용

광고 효과의 평가를 하는 데 이용할 수 있다. 즉, MDS를 이용하는 방법은 주로 광고 캠페인의 전후에 이를 이용한 조사를 실시하여서 광고 자극에 따른 효과를 인지 지도를 작성하여 평가해 볼 수 있다. 이를 위해서는 다음과 같은 4단계를 거치게 된다.[2)]

① 제품의 현재 인지적인 위치를 확인한다.
② 현재 위치 분석을 토대로 재포지셔닝을 위한 광고 캠페인을 수립 실행한다.
③ 광고 캠페인 후의 제품의 위치를 확인한다.
④ 제품의 위치가 원래 의도하였던 방향으로 움직였는지를 확인한다.

광고 캠페인 후에 일정 시간이 지난 뒤 광고 효과를 검증하기 위해서 포지셔닝 분석을 실시하게 된다. MDS는 포지셔닝 지도에서 이동을 원하는 지점까지의 투자해야 할 광고비의 산출도 가능하다.

한편 MDS를 분석하는 과정에서 PC-MDS를 사용하는 경우에는 자료 입력을 위해서 흔글 프로그램과 같은 워드프로세스 프로그램에서 작성하여 완성형으로 입력시키면 된다. 역시 출력 시에도 이 프로그램을 이용하여 편집하고 출력하면 된다. 한편 MDS 분석 프로그램은 아직 DOS가 상대적으로 많은 편이다. 이 버전의 문제점은 자리수를 정확하게 맞추어야 오차가 나지 않으므로 상당한 주의를 필요로 한다.

2) Smith, Robert · E, Robert · F. Lusch (1976), "How Advertising Can Position a Brand," *Journal of Advertising Research*, Vol.16,1, 37-43.

## 2. 상응 분석(Analysis of Correspondence: ANACOR)

ANACOR은 범주형 형태의 척도를 이용하여 수집한 자료를 분석하는 기법이며 일명 상응 분석(Analysis of Correspondence table)이라고 한다.

즉, 상응 분석이라고 하면 일반적으로 시간표 형태로 생긴 교차표(cross table)에서 행과 열의 범주와 관련하여 해당되는 빈도수만큼을 작성하게 되며, 이 관계를 분석하게 되는 것이다.

이러한 표는 보통 CROSSTABS 명령으로 쉽게 작성할 수 있다. 그러나 CROSSTABS는 두 변수들 간의 관계를 명확하게 나타내 주지 못하는 단점이 있으며 특히 변수에 포함되어 범주의 수가 많을 때는 표로 다 나타내 주지 못한다.

이 경우에 ANACOR는 두개의 명목 변수들 간의 관계를 다차원 공간에서 그래픽으로 나타내 주게 된다. 따라서 유사한 범주끼리 서로 그래픽으로 구분하여 변수들 간의 집단화를 손쉽게 할 수 있게 해 준다. ANACOR 결과의 해석은 표준화를 어떻게 하는가에 따라서 달라진다. 즉, 표준화 과정에 따라서 변수들 간의 차이 검증과 변수들을 구성하는 범주 간의 차이 검증을 하는 과정으로 구분된다.

### 1) 상응 분석의 배경

이 방법은 1935년 프랑스의 언어학자들에 의해 최초로 소개된 뒤 여러 나라에서 상이한 이름으로 발표된 분석 방법이다. 미국에서는 최적 척도법(optimal scaling), 캐나다에서는 이중 척도법(dual scaling) 등으로 불린다(Teenhaus & Toung, 1985). 이 방식은 지각도(perceptual map)를 결과로 도출해 주기 때문에 마케팅에서는 소비자의 인지 자료를 이용하여 포지셔닝 분석을 하는 경우에 흔히 사용된다.

### 2) 상응 분석을 적용할 수 있는 분야

상응 분석을 주로 사용할 수 있는 분야는 다음과 같다.

#### (1) 시장 세분화(market segmentation)

사전에 가정된 소비자 집단들을 설명할 수 있는 여러 가지 속성들을 중심으로 브랜드를 나타냄으로써 각 세분화 집단 간의 브랜드와 속성에 대한 차이를 나타낼 수 있다.

#### (2) 제품의 포지셔닝

소비자의 인식을 바탕으로 브랜드에 대한 속성을 나타낼 수 있다.

#### (3) 광고 캠페인의 효과 측정

광고 캠페인을 하기 전의 브랜드와 속성에 대한 지각도를 작성하고 광고 캠페인 후의 제품들과 속성들의 지각도를 가지고 광고 캠페인의 효과를 측정해 볼 수 있다.

#### (4) 신제품의 개발

제품이나 브랜드에 대해서 소비자들이 인식하고 있는 자료를 바탕으로 신제품 개발 시에 이러한 속성과 시장 경쟁 구조를 바탕으로 개발 전략을 수립할 수 있다.

#### (5) 제품의 개념에 대한 테스트

제품 개발 단계에서 여러 가지 제품의 개념에 대한 지각도를 파악하고 이들 중에 가장 좋다고 생각되는 개념을 새로운 제품 개발에 도입할 수 있다.

### 3) 상응 분석을 이용한 분석 사례

ANACOR의 목적은 행과 열의 관계가 상응 표에서 어떻게 이루어져 있는가를 보여주는 것이다. 구두에 대해서 다음과 같이 9가지의 속성을 중심으로 3개 회사에 대해서 조사하였으며 표 안의 숫자는 빈도수를 의미한다.

〈표 V-7〉

| 구 분 | 편안함 | 디자인 | 튼튼함 | 제품종류 | 색상 | 패션성 | 사후서비스 | 평판 | 친절 |
|---|---|---|---|---|---|---|---|---|---|
| 금강 | 597 | 481 | 653 | 487 | 445 | 462 | 550 | 628 | 517 |
| 엘칸토 | 519 | 502 | 509 | 463 | 461 | 503 | 543 | 527 | 523 |
| 에스콰이아 | 602 | 597 | 528 | 534 | 502 | 562 | 544 | 589 | 532 |

이 예에서 각각의 브랜드에 대해서 여러 속성의 값들이 나열되어 있다. 이러한 속성의 유형이 전체적으로 브랜드에 따라서 유의한 차이를 나타내는지 그리고 어떤 분포를 이루고 있는지를 2차원의 그림으로 알아보기 위한 방법이 바로 ANACOR이다.

## 4) 상응 분석의 분석 과정

상응 분석에서는 자료 자체가 메트릭스 형식을 띠기 때문에 컴퓨터가 자료를 메트릭스로 인식하도록 입력해야 한다. 따라서 아래의 그림과 같이 입력되어야 함을 주의해야 한다.

특히 자료에서 fre변수는 각 속성에 대해서 동의한 응답자들의 수를 의미하므로 이를 가중처리를 시켜야 컴퓨터가 이를 인식하게 된다. 따라서 다음과 같이 가중처리 과정을 거쳐야 한다.

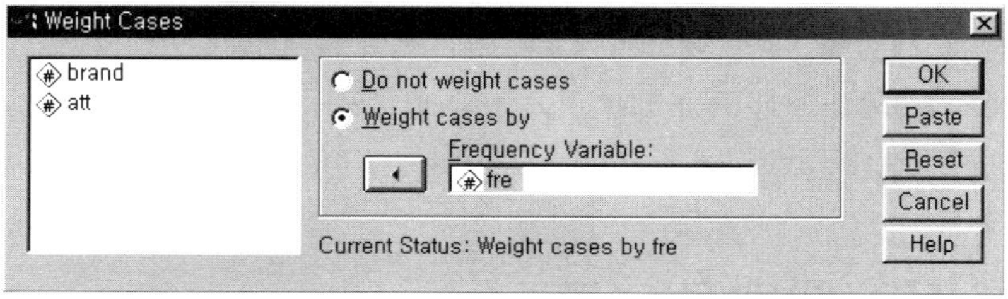


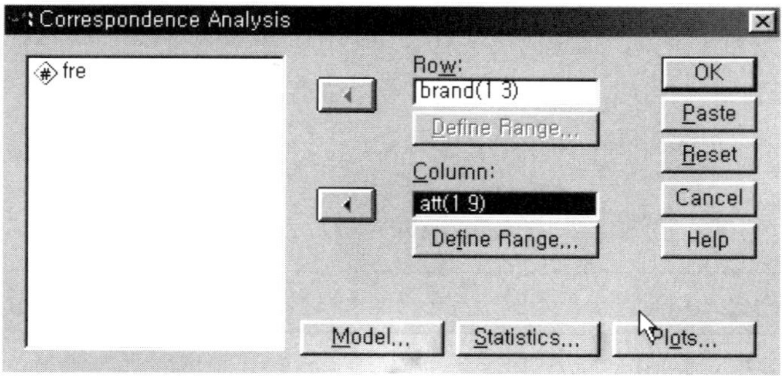


[그림 V-16] 가중치 계산을 위한 방식

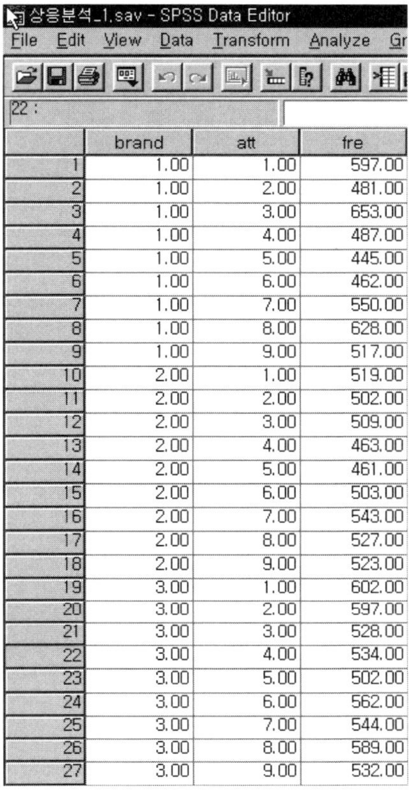

상용분석_1.sav - SPSS Data Editor

File Edit View Data Transform Analyze Gr

22 :

| | brand | att | fre |
|---|---|---|---|
| 1 | 1.00 | 1.00 | 597.00 |
| 2 | 1.00 | 2.00 | 481.00 |
| 3 | 1.00 | 3.00 | 653.00 |
| 4 | 1.00 | 4.00 | 487.00 |
| 5 | 1.00 | 5.00 | 445.00 |
| 6 | 1.00 | 6.00 | 462.00 |
| 7 | 1.00 | 7.00 | 550.00 |
| 8 | 1.00 | 8.00 | 628.00 |
| 9 | 1.00 | 9.00 | 517.00 |
| 10 | 2.00 | 1.00 | 519.00 |
| 11 | 2.00 | 2.00 | 502.00 |
| 12 | 2.00 | 3.00 | 509.00 |
| 13 | 2.00 | 4.00 | 463.00 |
| 14 | 2.00 | 5.00 | 461.00 |
| 15 | 2.00 | 6.00 | 503.00 |
| 16 | 2.00 | 7.00 | 543.00 |
| 17 | 2.00 | 8.00 | 527.00 |
| 18 | 2.00 | 9.00 | 523.00 |
| 19 | 3.00 | 1.00 | 602.00 |
| 20 | 3.00 | 2.00 | 597.00 |
| 21 | 3.00 | 3.00 | 528.00 |
| 22 | 3.00 | 4.00 | 534.00 |
| 23 | 3.00 | 5.00 | 502.00 |
| 24 | 3.00 | 6.00 | 562.00 |
| 25 | 3.00 | 7.00 | 544.00 |
| 26 | 3.00 | 8.00 | 589.00 |
| 27 | 3.00 | 9.00 | 532.00 |

[그림 V-17] 가중치를 산정한 결과

## 5) 행과 열의 프로파일과 거리 관계

열의 프로파일은 열의 한계값을 1로 고정하였을 경우에 대한 상대적인 값을 나타내며, 행의 경우에도 이와 같다. 프로파일을 분석하는 이유는 바로 ANACOR 분석의 목적이 행 값 간의 거리가 같은 것을 찾아내는 데 있기 때문이다.

〈표 V-8〉 열과 행의 프로파일

Overview Row Points

| BRAND | Mass | Score in Dimension | | Inertia | Contribution | | | | |
|---|---|---|---|---|---|---|---|---|---|
| | | 1 | 2 | | Of Point to Inertia of Dimension | | Of Dimension to Inertia of Point | | |
| | | | | | 1 | 2 | 1 | 2 | Total |
| 금강 | .336 | -.326 | .036 | .002 | .645 | .020 | .995 | .005 | 1.000 |
| 에스콰이아 | .317 | .113 | -.206 | .001 | .073 | .611 | .429 | .571 | 1.000 |
| 엘칸토 | 3.347 | .212 | .153 | .001 | .283 | .370 | .829 | .171 | 1.000 |
| Active Total | 1.000 | | | .004 | 1.000 | 1.000 | | | |

Overview Column Points

| ATT | Mass | Score in Dimension | | Inertia | Contribution | | | | |
|---|---|---|---|---|---|---|---|---|---|
| | | 1 | 2 | | Of Point to Inertia of Dimension | | Of Dimension to Inertia of Point | | |
| | | | | | 1 | 2 | 1 | 2 | Total |
| 편안함 | .120 | -0.089 | .178 | .000 | .017 | .172 | .385 | .615 | 1.000 |
| 디자인 | .110 | .302 | .152 | .001 | .182 | .115 | .909 | .091 | 1.000 |
| 튼튼함 | .118 | -.465 | -.104 | .001 | .461 | .001 | 1.000 | .000 | 1.000 |
| 제품 종류 | .103 | .082 | .199 | .000 | .012 | .067 | .541 | .459 | 1.000 |
| 색상 | .098 | .172 | -.068 | .000 | .052 | .021 | .941 | .059 | 1.000 |
| 패션성 | .106 | .299 | -.029 | .001 | .172 | 0.004 | .996 | .004 | 1.000 |
| A/S | .114 | -.030 | -.244 | .000 | .002 | .308 | .036 | .946 | 1.000 |
| 평판 | .121 | -.211 | 109 | .000 | .098 | .066 | .904 | .096 | 1.000 |
| 친절 | .109 | .037 | -.222 | .000 | .003 | .246 | .066 | .934 | 1.000 |
| Active Total | 1.000 | | | .004 | 1.000 | 1.000 | | | 1.000 |

a. Symmetrical normalization

ANACOR에서 사용되는 거리는 일반적인 거리가 아니라 가중치가 부여된 거리이다. 즉, MASS라는 개념에 의해서 거리가 결정된다. MASS는 한계빈도(marginal frequency)에 의한 개별 값의 영향 정도를 나타내며 이것은 중간치(centroid)에 영향을 미친다. 중간치는 행과 열 프로파일의 가중치를 부여한 값이다. 행의 중간치는 행 프로파일의 평균값을 의미한다.

## 6) 차원의 결정

이너시아(inertia)는 상응표 전체 셀 값의 합계로 개별 값에서 중간치를 뺀 것을 가중 합계한 것이다. 따라서 이너시아는 각 차원의 중요도를 의미하며 설명 정도를 나타낸다고 볼 수 있다. 이러한 이너시아는 차원을 구분하는 것과 밀접한 관계가 있다.

상응 분석에서 사용될 차원 수는 열의 수에서 1을 뺀 것과 행의 수에서 1을 뺀 것 중에서 작은 것이 차원수가 된다.  본 예에서는 min(3, 9) -1에서 2가 된다. 첫 번째의 차원으로 결정되는 축은 항상 높은 이너시아를 나타내게 되며 여기서는 86% 설명력을 갖는 것을 알 수 있다. 두 번째 축은 1%의 설명력을 나타낸다.

〈표 V-9〉 이너시아  유의도표

summary

| dimension | singular value | Inertia | Chi square | Sig | proporition of inertia | | confidence singular value | |
|---|---|---|---|---|---|---|---|---|
| | | | | | accounted for | cumulative | standard deviation | correlation 2 |
| 1 | .055 | .003 | | | .863 | .863 | .008 | |
| 2 | .022 | .000 | | | .137 | 1.000 | .008 | .004 |
| Total | | .004 | 50.846 | .000[a] | 1.000 | 1.000 | | |

a. 16 degrees of freedom

즉, 첫 번째 차원은 86%(0.0306/0.0048)이며 두 번째의 차원은 1%(0.0048/0.0354)의 이너시아를 나타낸다. 여기서 특이 값(Singular Value)은 피어슨 상관관계에서 상관계수와 같은 역할을 하며, 제곱을 하면 그 값이 바로 이너시아 값이 되므로 중요도를 나타내는 것이다.

## 7) 정규화(nomalization)

정규화는 이너시아 값을 행과 열의 점수에 어떻게 분배할 것인가를 결정하는 과정이다. ANACOR에서는 행에 대해서만 적용하는 방법과 열에 대해서 적용하는 방법 그리고 행과 열에 공통적으로 적용하는 3가지 방법의 정규화를 사용하게 된다.

본 예에서는 행에 대해서만 정규화를 적용하였다. 이 경우에는 행에 대해서 카이자승 거리를 산출하여 적용하게 되는 것이다.

이와는 반대로 열에 대해서만 정규화를 적용할 수 있으며 행과 열에 대해서 동시에 적용을 할 수 있다. 이 방법을 Cannocical이라고 부른다. 이 방법은 주로 두 변수들 간의 차이와 유사성을 검증하려고 할 때 사용된다. 이것은 방법을 선택하지 않으면 자동적으로 선택된다.

또 다른 방법으로 PRINCIPAL이라고 하는 방법이 있다. 이것은 행과 열의 값에 대해서 각각 독립적으로 이너시아를 전개하게 된다. 즉, 행과 열의 관계에 대해서 전혀 알지 못할 때 사용된다. 한편 행의 값이나 열의 값 그리고 둘 다에 대해서 한 번씩만 전개하는 방법을 RPRINCIPAL 이라고 한다.

한편 열과 행을 중심으로 정규화시킬 수 있다. 이것은 프로그램에서 지정한 행 변수를 중심으로 열 변수를 차별화시키려고 할 때 사용할 수 있다. 예를 들어 브랜드가 행에 있다면 브랜드별로 속성 유형 분포가 차이 있는지를 검증하기 위해서는 행 정규화를 사용해야 한다. 이 방법을 사용하면 행 값 간의 거리를 극대화시켜서 차이나 유사성을 확연하게 구분하게 해 주며, 열을 지정하면 속성별로 속성 유형이 차이가 나는지를 구분해 준다. [그림 V −18]에서와 같이 각각의 행과 열의 자료만을 중심으로 브랜드별, 속성별 좌표를 나타낼 수 있으며 이들을 결합한 좌표를 나타낼 수 있다.

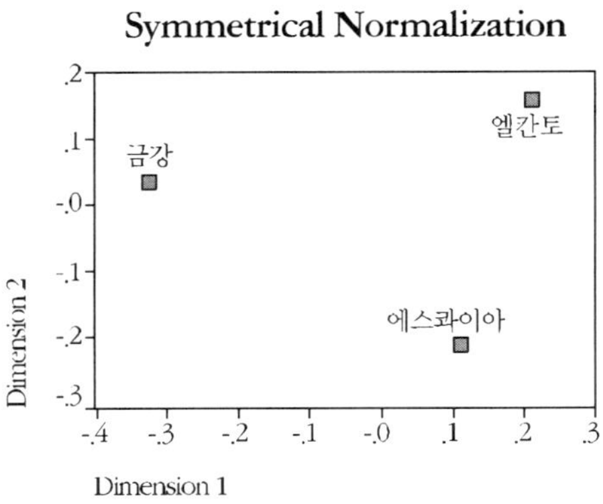


[그림 V–18]

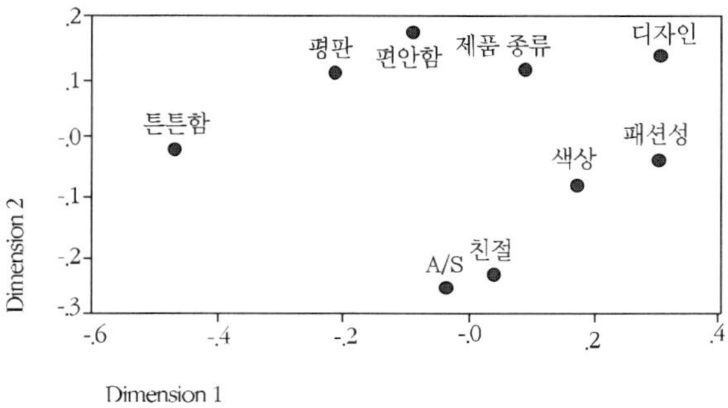


[그림 V-19] 각 행과 열별 자료를 바탕으로 한 도표

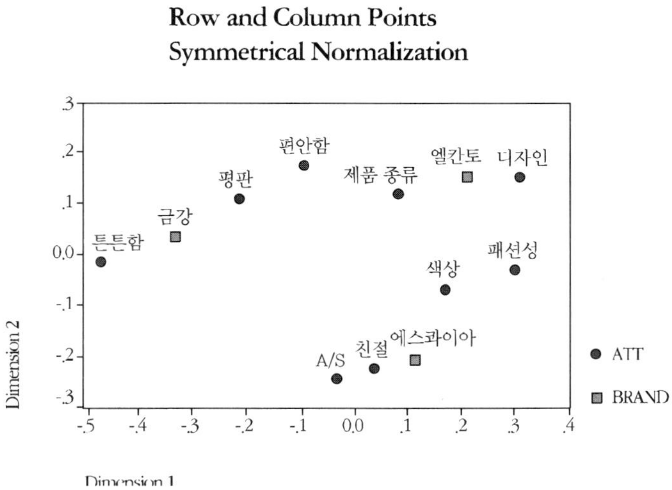


[그림 V-20] CANONICAL 정규화에 의한 JOINT PLOT 프로그램 결과

이 분석의 결과에서는 각각 행과 열의 값을 확대하여 분석한 결과로서 각 브랜드별로 해당되는 속성의 결과가 잘 나타나 있다. 금강의 경우 편암함, 주위의 평판, 튼튼함이 밀접하게 관련되어 있음을 알 수 있고, 에스콰이아는 제품 종류와 디자인 속성이 밀접하며, 엘칸토는 친절과 사후서비스가 밀접함을 알 수 있다.

또한 색상과 패션성은 에스콰이아와 엘칸토가 공통적으로 관련이 있는 속성임을 알 수 있다. 이와 같이 ANACOR는 교차표의 내용을 그래프로 표현함으로써 전체적인 자료의 분포를 알기 쉽게 해 준다.

## 3. 다중 상응 분석(multiple correspondence analysis)

### 1) 다중 상응 분석의 개념

다중 상응 분석은 앞에서 설명한 ANACOR의 연장으로 볼 수 있다. 즉, ANACOR와 HOMALS의 관계는 회귀 분석에서 단순 회귀 분석과 다중 회귀 분석의 차이로 간주할 수 있다.

즉, 자료에서 변수와 케이스의 동질성 분석을 위한 방법으로 PASW에서는 HOMALS라는 프로그램으로 분석이 가능하다. HOMALS는 HOMomogeniety analysis Alternating Least Squares의 약어로서 각각의 명목 척도에 대해서 비율을 부여하게 된다.

이와 같이 각각의 범주에 대해서 값을 부여하는 것을 목표 값(Object score)이라고 한다. 즉, 이러한 각각의 값을 범주 간에 최대한으로 분리하여 같은 것끼리는 같이 묶고 다른 집단끼리는 최대한 멀리 만드는 목표 값을 찾아내는 것이 HOMALS 분석의 목적이다.

반복적인 최소자승법(Alternating least square)은 회귀분석에서의 오차항 검증 과정에서 가장 최소의 오차 항을 발견하는 것과 같이 이와 같은 방법을 반복적으로 행하여 목표 값을 추정한다는 의미이다. 이러한 최적화 방법은 PRINCICAS와 OVERALS에서도 역시 같은 알고리즘을 사용한다. HOMALS 방법이 ANACOR 방법과 같은 점은 변수들 간의 이항적인 분포 관계를 검증하는 것이며 다른 점은 HOMALS는 변수의 수에 제한을 두지 않는다는 점이다.

## 2) 다중 상응 분석을 이용한 분석 사례

소비자들이 마시는 음료와 주당 용돈 그리고 스낵 간의 관계를 살펴보기 위해서 다음과 같은 가상적인 자료를 준비하였다. 전체 응답자들은 14명으로 구성되어 있으며 이들 응답은 해당 항목에 대한 명목 척도로 구성된다.

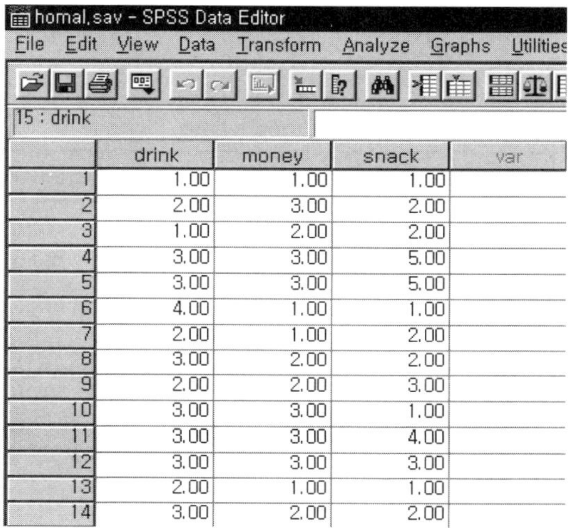


| | drink | money | snack | var |
|---|---|---|---|---|
| 1 | 1.00 | 1.00 | 1.00 | |
| 2 | 2.00 | 3.00 | 2.00 | |
| 3 | 1.00 | 2.00 | 2.00 | |
| 4 | 3.00 | 3.00 | 5.00 | |
| 5 | 3.00 | 3.00 | 5.00 | |
| 6 | 4.00 | 1.00 | 1.00 | |
| 7 | 2.00 | 1.00 | 2.00 | |
| 8 | 3.00 | 2.00 | 2.00 | |
| 9 | 2.00 | 2.00 | 3.00 | |
| 10 | 3.00 | 3.00 | 1.00 | |
| 11 | 3.00 | 3.00 | 4.00 | |
| 12 | 3.00 | 3.00 | 3.00 | |
| 13 | 2.00 | 1.00 | 1.00 | |
| 14 | 3.00 | 2.00 | 2.00 | |

[그림 V-21]

먼저 데이터를 입력하고 그림과 같이 각각의 변수의 범위를 최대 최소값을 지정하게 된다.

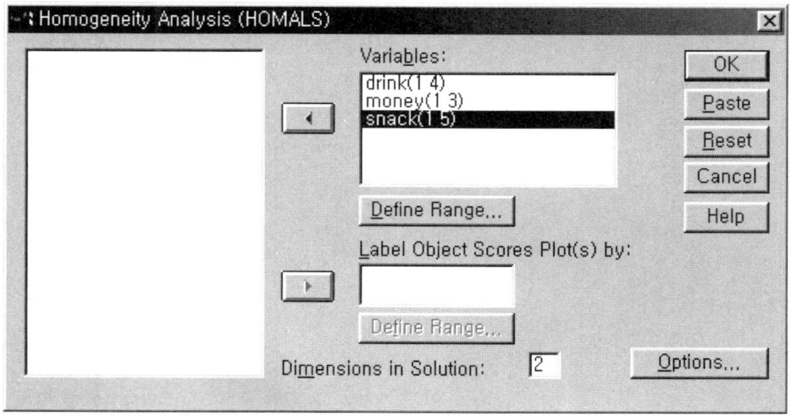


[그림 V-22]

이 분석 결과, 먼저 다차원의 검증 과정을 거치게 된다. 즉, HOMALS는 여러 차원을 통해서 최적해를 구하게 되며 최대의 차원 수는 범주의 수에서 변수의 수를 뺀 것과 같다. 그러나 이러한 차원 전부를 그래프로 나타낼 수 없기 때문에 보통 1차원이나 2차원, 3차원의 해를 사용한다.

Eigen value는 차원의 구성을 범주(category)가 얼마나 설명해 줄 수 있는가를 설명해 준다. 본 예에서는 20번의 반복적인 계산으로 1차원의 eigen값이 각각 70~60%를 설명하고 있음을 알 수 있다.

〈표 V-10〉

Eigen value

| Dimension | Eigen value |
|---|---|
| 1 | .770 |
| 2 | .604 |

Iteration history

| Iteration | fit | difference from the previous iteration |
|---|---|---|
| 1 | .52093 | .520903 |
| 2 | 1.045497 | .524594 |
| 3 | 1.110481 | .064984 |
| 4 | 1.136034 | .025554 |
| 5 | 1.163332 | .027298 |
| 6 | 1.202461 | .039129 |
| 7 | 1.253509 | .051048 |
| 8 | 1.303307 | .049798 |
| 9 | 1.338335 | .035028 |
| 10 | 1.357631 | .019297 |
| 11 | 1.366912 | .009281 |
| 12 | 1.371114 | .004202 |
| 13 | 1.372976 | .001861 |
| 14 | 1.373796 | .000820 |
| 15 | 1.374157 | .000361 |
| 16 | 1.374317 | .000160 |
| 17 | 1.374387 | .000071 |
| 18 | 1.374419 | .000031 |
| 19 | 1.374433 | .000014 |
| 20 | 1.374439 | .000006 |

a. The iteration was terminated because convergence criteria are satisfied.

다음으로 용돈과 음료 그리고 스낵의 경우에 각각 선택안에 대한 좌표를 산출하는 과정을 거치게 된다.

〈표 V-11〉

MONEY

| | marginal frequency | category quantification | |
|---|---|---|---|
| | | dimension | |
| | | 1 | 2 |
| 10,000원 이하 | 4 | -1.353 | -.473 |
| 10,001~2,000원 | 4 | 0.082 | 1.305 |
| 20,001원 이상 | 6 | 0.847 | -.555 |
| Missing | 0 | | |

DRINK

| | marginal frequency | category quantification | |
|---|---|---|---|
| | | dimension | |
| | | 1 | 2 |
| 코카콜라 | 2 | -.930 | .602 |
| 환타 | 4 | -.486 | .490 |
| 세븐업 | 7 | .809 | -.222 |
| 칠성사이다 | 1 | -1.859 | -1.607 |
| Missing | 0 | | |

SNACK

| | marginal frequency | category quantification | |
|---|---|---|---|
| | | dimension | |
| | | 1 | 2 |
| 새우깡 | 4 | -1.083 | -.834 |
| 땅콩 | 5 | -.083 | .989 |
| 초콜릿 | 2 | .478 | .632 |
| 포테이토칩 | 1 | 1.264 | -.957 |
| 치토스 | 2 | 1.264 | -.958 |
| Missing | 0 | | |

이러한 좌표들의 결합을 통해서 전체적으로 소비자들의 구매 행동에 대한 패턴을 추출하게 되는 것이다. 분석 결과를 보면 만 원 이하의 용돈을 쓰는 소비자의 경우에는 새우깡을 구매하며, 음료는 칠성사이다와 환타 그리고 코카콜라를 비슷하게 구매하는 것으로 나타난다. 또한 2만 원 이하의 경우에는 땅콩과 초콜릿, 환타와 코카콜라를, 2만 원 이상인 소비자들은 세븐업과 포테이토칩을 구매하는 것으로 나타나고 있다.

따라서 이들을 이용해 제품 구매를 바탕으로 시장 세분화 전략을 구성할 수 있을 것이다.

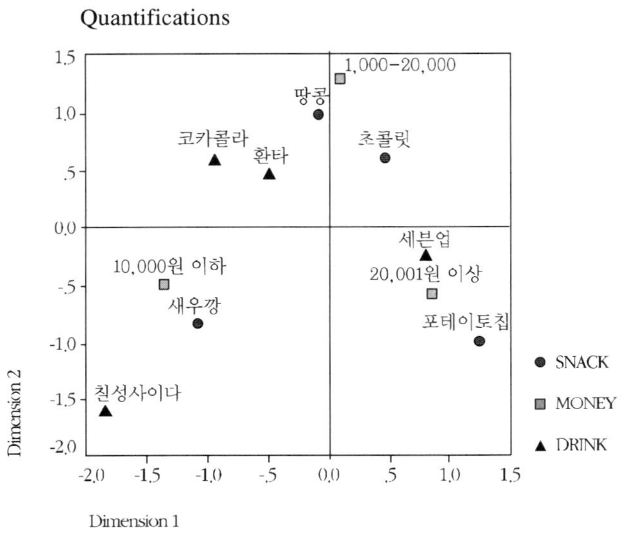


[그림 V-23]

# VI. 시장 세분화 분석 프로그램

## 1. 군집 분석(cluster analysis)

사후적인 시장 세분화 방법으로서 대표적으로 계층적 군집 분석(hierarchical clustering)을 들 수 있다. 이 방식은 기본 변수의 유사성을 중심으로 동질적인 집단으로 개개인을 묶어주는 방법이다. 분석 대상을 몇 개의 동질적인 집단으로 분류할 수 있기 때문에 세분화를 위한 분석 방법으로 적합하다. 즉, 군집 분석을 통해 유사한 구매 습관을 가지고 있는 소비자 집단을 확인할 수 있다. 또한 다음 단계에서 이들 소비자의 특징을 자세하게 분석함으로써 향후의 목표 집단을 설정하는 데 효율적으로 사용할 수 있다.

군집 분석은 동식물의 분류학(Sneath 와 Sokal 1973), 우울증의 분류를 위한 방식으로 의학에서도 사용되었으며(Andeson과 Grove 1982), 인류학에서도 사용되어 왔다. 이 장에서는 마케팅에서 군집 분석을 이용해서 시장 세분화 과정을 분석해 나가는 과정에 대해서 알아보기로 한다.

군집 분석을 위해서는 우선 결정해야 하는 사항이 다음과 같다. 우선 첫째 군집의 중심이 되는 변수로서 어떤 것을 선정할 것인지를 결정하여야 한다. 둘째로는 개개인의 케이스 간에 유사성은 어떻게 측정을 할 것인가? 셋째로 이러한 군집을 묶어가는 데 어떤 방식으로 묶어

나갈 것인가? 하는 것에 대한 결정을 하여야 한다.

### 1) 군집화시키기 위한 변수의 측정

군집 분석에 투입된 변수는 자료를 군집화시키는 데 모두 사용되므로 만일 중요한 변수가 빠졌다든지 중요하지 않은 변수가 포함되었다든지 하는 경우에는 군집 결과가 전혀 다르게 나타나므로 사전에 매우 선별하여 설정되어야 한다. 즉, 분석 대상과 관련된 변수들은 모두 사전에 고려하여 결정되어야 하는 것이다.

### 2) 대상 간의 거리 측정 방식

평가 대상이 되는 두 대상은 유사성과 거리로 측정이 된다. 유사성의 경우에는 클수록, 거리의 경우에는 작을수록 두 대상은 서로 동일한 군집으로 묶일 가능성이 높아진다.

거리와 유사성을 측정하는 데 있어서는 여러 가지 다양한 방식이 많이 있지만 PASW에서 변수의 속성별로 차이를 제곱한 유클리디안 제곱거리(Squared Euclidean distances) 방식으로 근접성을 측정하는 것이 기본 사양으로 되어 있다.

그러나 이 방식은 대상을 측정하는 데 측정 단위에서 오는 문제점들을 안고 있다. 즉, 두 핸드폰 간의 무게가 30g이 차이가 나고 가격이 50,000원이 차이가 난다면 가격의 차이가 거리를 결정하는 데 더 많은 기여를 하게 되는 결과를 가져 올 수 있다. 한편 동일한 차원을 측정하더라도 어떤 단위를 사용하였는지에 따라서 달라진다. 예를 들면 500g으로 측정한 경우와 0.5kg으로 측정한 경우에 군집의 차이가 발생하게 되는 것이다. 이와 같은 문제점을 해결하기 위한 한 가지 방법은 최선의 방법은 아니지만 표준화된 점수(Z −score)를 사용하는 것이다. 거리를 측정하는 방식으로는 다음과 같은 것들이 있다.

#### (1) 유클리디안 거리(Euclidean distances)

각 대상의 변수값의 차이를 합한 거리를 의미한다.

$$\text{Distances}(01,\ 02) = \sqrt{\sum_{i=1} (X_{1i} - X_{2i})^2}$$

$0_I$ = 측정 대상

$X_{ji}$ = 대상 j의 변수 i의 좌표

### (2) 유클리디안 제곱 거리(Squared Euclidean distances)

유클리디안 거리를 제곱한 것이며, 혹시 상쇄될 수 있는 변수의 값을 최대한으로 유지하여 분석하기 위한 방법이다.

$$\text{Distances}(01, 02) = \sum_{i=1} (X_{1i} - X_{2i})^2$$

### (3) 도시 블록 또는 맨해튼 거리(City-block or Manhattan distances)

변수들의 절대값을 합한 거리를 말한다.

$$\text{Distances}(01, 02) = \sum_{i=1} | X_{1i} - X_{2i} |$$

### (4) 체비세프 거리(Chebychev distances)

두 대상 간의 변수들 분석에서 변수들의 절대값 중에 최대한의 값을 거리로 설정하는 것을 의미한다.

$$\text{Distances}(01, 02) = (\sum_{i=1} (X_{1i} - X_{2i})^p)^{1/r}$$

## 3) 군집을 묶어 가는 방식

대상 간의 거리를 구하는 방식이 많은 것처럼 군집으로 묶어 나가는 방식도 다양하다. 그중에서 가장 흔히 사용되는 방식이 바로 계층적 군집 분석(hierarchical clustering methods)이다.

한편 이 방식에서 군집을 형성해 나가는 방식을 단일 군집 지향적(agglomerative clustering) 방식과 군집 분할 지향적인 방식(divisive)으로 구분할 수 있다.

단일 군집 지향적(agglomerative clustering) 방식은 군집 분석이 진행되어 가는 과정에서 더욱 큰 군집으로 묶어 나가는 방식을 의미하며, 군집 분할 지향적인 방식(divisive)은 처음에 모든 케이스를 하나의 덩어리로 간주하여 점차 분할해 나가는 방식을 의미한다.

[그림 VI－1]에서 단일 군집 지향적 과정이 설명되어 있다. 먼저 5개의 대상에서 가장 가까운 1과 2가 결합하게 되고 3과 4가 결합된다. 이제는 나머지 하나만 남았으므로 각 하부 군집의 중심 값과 거리를 계산하여 군집을 만드는데 5와 가까운 것은 3과 4의 중심 값이며 이에 따라서 3번째의 군집이 형성되게 된다. 4번째 단계로 모든 대상이 다 묶인 군집이 형성되어서 모든 대상이 하나의 군집으로 묶이게 되는 것이다. 이와 같이 묶인 군집은 유사성과 거리의 측정 단위에서 발생되는 문제점이 있으므로 [그림 VI－1]과 같이 0값을 중심으로 표준화 점수(Z －score)로 만들게 된다. 한편 단일 군집 지향적(agglomerative clustering) 방식에서는 군집을 묶어 나가는 방식을 다음과 같이 구분할 수 있다.

### (1) **단일 기준 결합 방식**(single linkage method; nearest linkage method)

이 방식은 가장 가까운 대상부터 군집으로 만들어 가는 방법이다. 그림에서 1과 2가 가장 가까우므로 하나의 군집으로 제일 먼저 묶이게 되고 다음에는 이들의 군집에 포함된 대상들의 값을 기준으로 가장 가까운 대상이 이 군집으로 묶이게 된다.

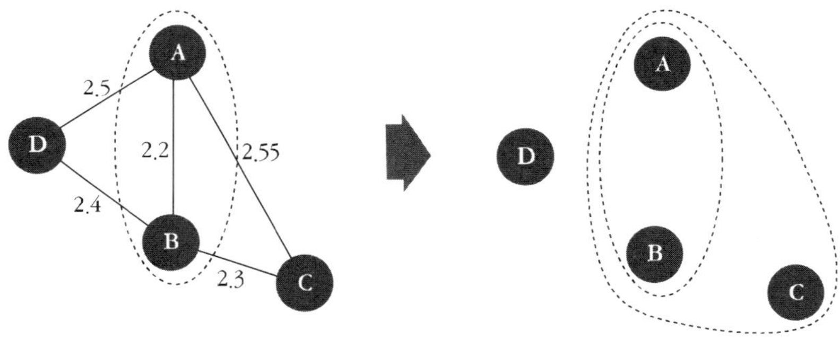


[그림 VI－1] 단일 기준 결합 방식

### (2) **완전 기준 결합 방식**(complete linkage method; furthest neighbor method)

이 방식은 가장 먼 대상을 기준으로 이 대상보다 가까운 대상부터를 군집으로 묶어나가는 방식이다.

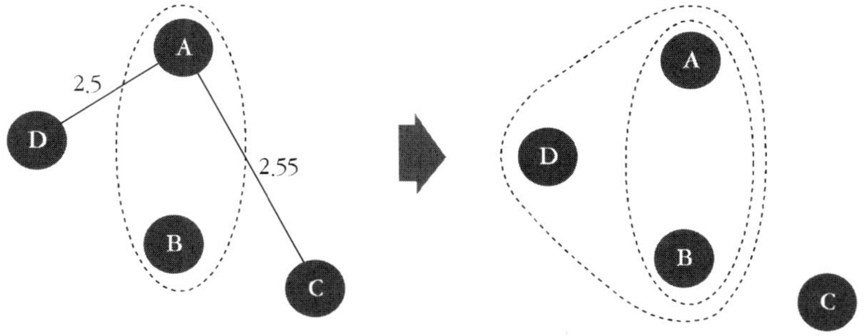


[그림 Ⅵ-2] 완전 기준 결합 방식

### (3) 평균 기준 결합 방식(average linkage method)

새로운 대상을 군집으로 포함시킬 때 기존 군집의 중심 값을 기준으로 가까운 대상부터 군집에 편입시키게 된다. 이 결합 방식은 PASW에서 기본 방식으로 채택되는 방식이다.

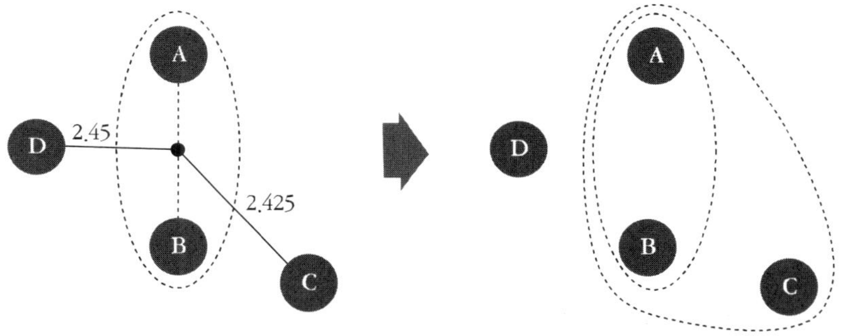


[그림 Ⅵ-3] 평균 기준 결합 방식

## 4) 계층적 군집 분석

계층적 군집 분석(hierarchical cluster analysis)은 앞서 설명한 각 대상 내지 집단별로 순차적인 군집으로 묶어나가는 방식을 사용하기 때문에 계층적이라는 표현을 사용하게 된다.

계층적 군집 분석을 위해서는 먼저 PASW 프로그램에서 분석(analyze) → 분류 분석(classify) → 계층적 군집(hierarchical cluster)을 수행하게 된다. 이해를 돕기 위해서 위의 자료를 이용하여 설명하기로 한다. 자료는 간단하게 소비자들의 거주 장소와 자동차의 크기 그리고 소득 수준으로 구분하였다.

계층적 군집 분석에서는 군집의 기준을 변수와 케이스로 분류할 수 있다. 변수의 기준은 변수 간의 거리 관계를 분석하여 변수를 중심으로 군집화를 하게 되며 케이스는 분류에 사용된 변수를 이용하여 케이스를 중심으로 군집으로 분류하게 된다.

케이스를 군집화하는 경우에는 최소한 1개 이상의 변수가 있어야 하며, 변수를 중심으로 군집화하는 경우에는 분석 과정상 최소한 3개 이상의 변수 자료가 필요하다.

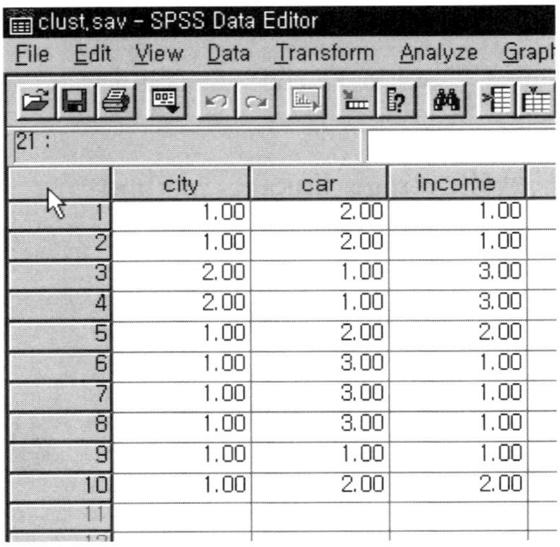


[그림 VI-4] 계층적 군집 분석

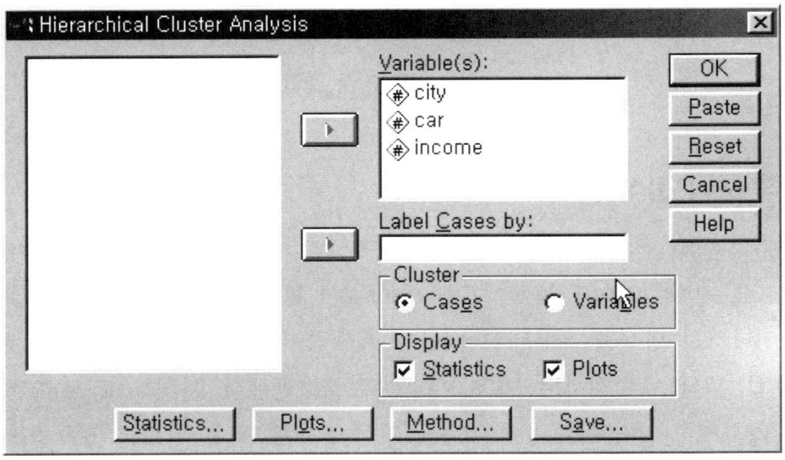


[그림 VI-5] 변수의 선택

분석을 위한 다이어로그 박스에서는 군집화가 이루어지는 과정을 보여 주는 군집화 일정(agglomeration schedule)을 지정할 수 있으며, 근접 행렬(proximity matrix)을 보여준다.

군집분석의 자세한 내용을 보기를 원하면 이들을 클릭하면 된다.

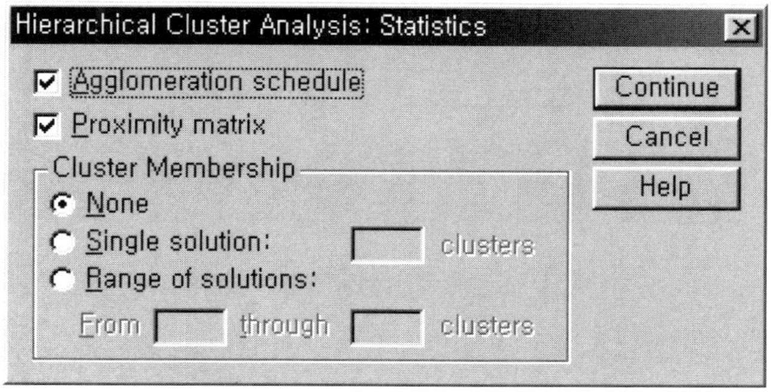


[그림 VI-6] 계층적 군집 분석

또한 도표(plot)의 선택항에서 덴드로그램(dendrogram)으로 표시하면 계층적 군집분석에서 군집이 형성되어 가는 상황을 볼 수 있다. 그래픽으로 쉽게 볼 수 있도록 고드름 형식으로 보여 주며 가로와 세로의 형태를 선택할 수 있다.

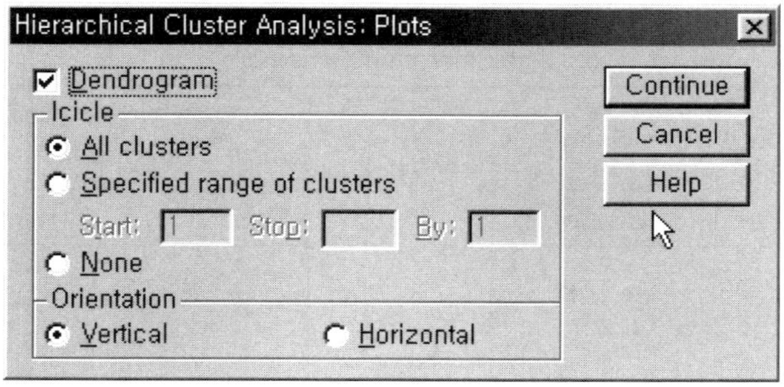


[그림 VI-7] 군집 결과의 제시 형태

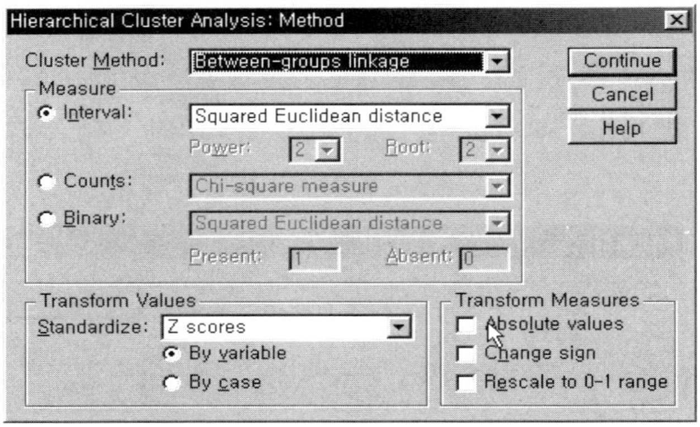


[그림 VI-8] 군집 방식의 선택

또한 방식에서 그룹 간 평균 거리 방식을 선택하거나 다른 방식을 선택할 수 있다. 한편 분석된 변수의 값들은 Z값으로 표준화시켜서 측정 단위의 영향을 벗어나게 할 수 있다.

이상의 분석 옵션을 선택하고 난 뒤 분석을 하게 되면 다음과 같은 결과를 얻게 된다. 먼저 평균 결합 방식에 의한 각 케이스별 결합이 되는 과정을 보여 주는 군집화 일정표를 보여 준다.

〈표 VI-1〉 군집 과정표

average linkage (between groups)

Agglomeration Schedule

| stage | cluster combined | | coefficients | sage cluster first aggerars | | next stage |
|---|---|---|---|---|---|---|
| | cluster 1 | cluster 2 | | cluster 1 | cluster 2 | |
| 1 | 5 | 10 | .000 | 0 | 0 | 6 |
| 2 | 7 | 8 | .000 | 0 | 0 | 3 |
| 3 | 6 | 7 | .000 | 0 | 2 | 8 |
| 4 | 3 | 4 | .000 | 0 | 0 | 9 |
| 5 | 1 | 2 | .000 | 0 | 0 | 6 |
| 6 | 1 | 5 | 1.406 | 5 | 1 | 7 |
| 7 | 1 | 9 | 2.203 | 6 | 0 | 8 |
| 8 | 1 | 6 | 2.962 | 7 | 3 | 9 |
| 9 | 1 | 3 | 13.195 | 8 | 4 | 0 |

1단계에서는 5와 10이 묶이며, 2단계에서는 2와 7이 묶이게 된다. 이러한 과정을 거쳐서 마지막으로 1과 3이 묶이게 되는 것을 보여 주며, 계수(coefficient)는 해당 군집 간의 이질성을 의미하는 수치이며 클수록 이질성이 큼을 의미한다. 따라서 1과 3은 가장 이질적인 케이스라고 할 수 있다.

### 5) 수직고드름표를 통한 군집분석 결과 도표

수직고드름표를 통한 군집분석 결과 도표는 고드름 형식으로 군집 수에 따라서 각각의 케이스들이 어떻게 연결되는 지를 보여 주는 도표이다. 예를 들면 전체 군집이 9개로 분류되고 1번째 군집으로는 모든 케이스가 다 포함됨을 볼 수 있다. 즉, X표로 연결되는 것이 같은 군을 의미한다.

〈표 VI-2〉 수직고드름 결과표

| number of clusters | case | | | | | | | | | | | | | | | | | | |
|---|---|---|---|---|---|---|---|---|---|---|---|---|---|---|---|---|---|---|---|
| | 4:case 4 | | 3:case 3 | | 8:case 8 | | 7:case 7 | | 6:case 6 | | 9:case 9 | | 10:case 10 | | 5:case 5 | | 2:case 2 | | 1:case 1 |
| 1 | × | | × | | × | × | × | | × | | × | | × | × | × | | × | | × |
| 2 | × | | × | | × | × | × | × | × | | × | | × | × | × | | × | | × |
| 3 | × | × | × | | × | × | × | × | × | | × | | × | × | × | | × | × | × |
| 4 | × | × | × | | × | × | × | × | × | | × | × | × | × | × | × | × | × | × |
| 5 | × | × | × | × | × | × | × | × | × | × | × | × | × | × | × | × | × | × | × |
| 6 | × | × | × | | × | × | × | × | × | × | × | × | × | × | × | × | × | × | × |
| 7 | × | × | × | | × | × | × | × | × | | × | | × | × | × | × | × | × | × |
| 8 | × | × | × | | × | × | × | × | × | | × | | × | × | × | | × | | × |
| 9 | × | | × | | × | | × | | × | | × | | × | × | × | | × | | × |

이에 반해서 덴드로그램은 상대적인 거리와 군집을 보여 주게 된다. [그림 VI-9]에서 가로축은 상대적인 거리를 나타내고 세로축은 케이스를 보여 준다. 즉, 가장 거리가 가까운 케이스는 먼저 5와 10, 1과 2, 7, 8, 6 그리고 3과 4로 구성된다. 또한 제일 마지막에는 3과 4로 이루어진 집단과 나머지 집단이 연결됨을 볼 수 있으며, 3과 4는 다른 집단 대비 독특한 집단임을 알 수 있다.

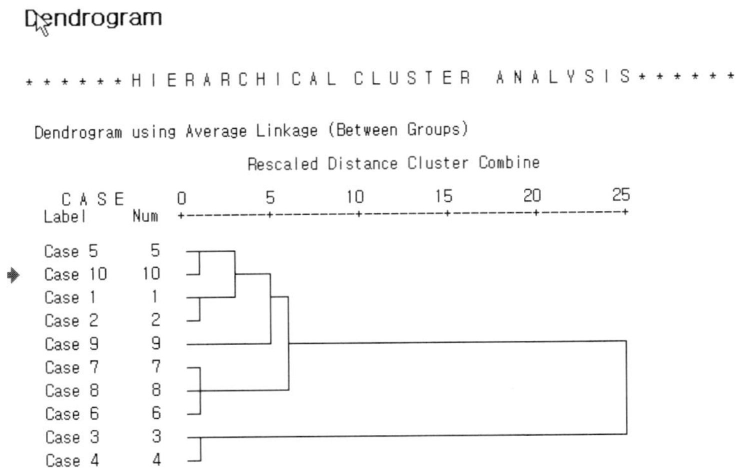


[그림 VI-9] 덴드로그램 분석 결과

마찬가지로 변수를 중심으로 한 덴드로그램에서는 도시와 소득 변수가 거리가 가깝고 자동차는 먼 것으로 나타난다. 즉, 거주지와 소득은 유사성인 높은 반면에 자동차의 배기량은 다소간 유사성이 떨어져 중소도시에 살지만 소득과 관계없이 중형 이상의 자동차를 소유함을 보여 준다.

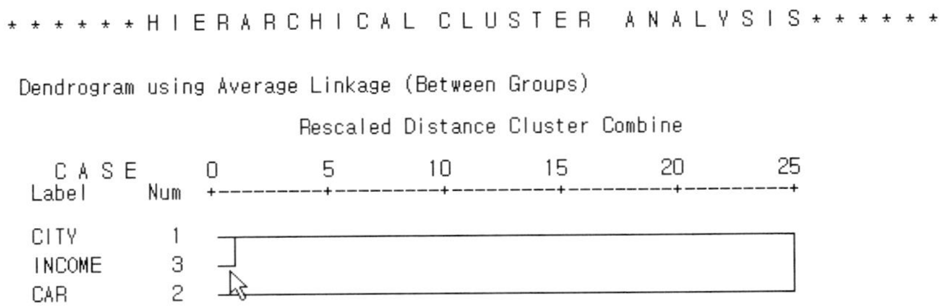


[그림 VI-10] 계층적 군집 분석 결과

### 6) 비계층적 군집 방식(non hierarchical cluster analysis)

흔히 군집분석을 실시하게 되는 경우에 대규모의 응답자들을 분류하는 경우가 대부분이며 이 경우에는 계층적 군집분석을 사용하기가 어려운 경우가 많다. 이 경우에는 비계층적인 군집 방식을 사용하게 된다. PASW 프로그램의 경우에도 군집분석은 응답자들이 3~400개 이상이 되면 연산을 할 수 없게 되므로 K-mean 군집 방식을 사용하게 된다. K-mean 군집 방식은 사전에 군집에 대한 정보를 알 수 있어야 사용할 수 있기 때문에 기존의 연구를 통해서 대략적인 윤곽을 가지고 있어야 한다. 또한 군집의 중심 값을 분석자가 사전에 지정하여 분석할 수도 있지만 이를 위해서 중심 값을 파악하기는 쉽지 않다.

먼저 앞의 사례를 이용해서 K-mean 방식으로 분석해 보자. 계층적 군집분석과 동일한 방식으로 PASW 프로그램에서 분석(analyze) → 분류 분석(classify) → K-mean 군집을 수행하게 된다. 수행한 결과는 아래와 같이 먼저 각 변수들의 초기 군집 중심(initial cluster center)을 도출할 수 있다.

〈표 VI-3〉 초기 군집 중심 도출

Initial Cluster Centers

| | cluster | |
|---|---|---|
| | 1 | 2 |
| CITY | 1.00 | 2.00 |
| CAR | 3.00 | 1.00 |
| INCOME | 1.00 | 3.00 |

반복 계산에 대한 정보는 군집화를 하는 과정에서 오류를 최소화하는 결과에 도달할 때까지의 과정을 보여 주게 된다. 이 사례에서는 케이스가 워낙 작으므로 2번의 반복 계산이 이루어졌음을 알 수 있다.

〈표 VI-4〉 반복계산 결과

Iteration History[a]

| iteration | change in cluster centers | |
|---|---|---|
| | 1 | 2 |
| 1 | .791 | .000 |
| 2 | .000 | .000 |

각 케이스가 어느 군집에 소속되어 있는지를 보여 주는 군집 소속(cluster membership)을 통해서 알 수 있다. 이 결과 3,4 케이스는 두 번째 군집에 소속되어 있음을 알 수 있다. 또한 얼마나 많이 떨어져 있는지를 거리(distance)를 통해서 보여 준다. 여기서 거리의 기준은 케이스의 중심점이다.

〈표 VI-5〉 군집 소속 결과표

Cluster Membership

| case number | cluster | distance |
|---|---|---|
| 1 | 1 | .354 |
| 2 | 1 | .354 |
| 3 | 2 | .000 |
| 4 | 2 | .000 |
| 5 | 1 | .791 |
| 6 | 1 | .791 |
| 7 | 1 | .791 |
| 8 | 1 | .791 |
| 9 | 1 | 1.275 |
| 10 | 1 | 791 |

최종 군집 중심은 분류한 결과 최종적인 소속을 보여 주는 표라고 할 수 있다. 여기서 각 군집의 중심점을 기준으로 해석하게 되며 〈표 VI-6〉에서는 도시와 소득이 하나의 군을 이루고, 자동차는 또 하나의 군을 이루고 있음을 볼 수 있다.

〈표 VI-6〉 최종 군집의 중심

Final Cluster Centers

| | cluster | |
|---|---|---|
| | 1 | 2 |
| CITY | 1.00 | 2.00 |
| CAR | 2.25 | 1.00 |
| INCOME | 1.25 | 3.00 |

최종 군집 간의 거리는 두 군집 간의 중심점 간의 거리를 나타내 주며 군집 1과 군집 2 사이의 거리는 2.372로 나타나고 있다.

〈표 VI-7〉 최종 군집 간 거리

Distances between Final Cluster Centers

| cluster | 1 | 2 |
|---|---|---|
| 1 | | 2.372 |
| 2 | 2.372 | |

K-mean 군집 분석을 시행하게 되면 부수적으로 분산 분석 결과를 제시해 준다. 그러나 이미 군집 분석을 하는 과정에서 각 케이스 간의 차이를 최대화할 수 있는 상태의 군집을 형성시켰기 때문에 여기에서 나타난 결과를 일반적인 분산 분석의 결과처럼 해석해서는 안 된다는 단점이 있기 때문에 만일 유의하지 않게 나타난다고 하더라도 귀무가설을 수용해야 한다는 등의 검증은 할 수 없다. 단지 기술적인 통계량으로만 사용해야 하는 것이다. 본 분석 결과에서는 군집 분석에 사용된 car 변수와 income 변수가 유의하게 군집을 구분해 내는 것으로 나타나고 있다.

〈표 VI-8〉 K-MEAN 분석을 이용한 분산 분석 검증 결과

ANOVA

| | cluster | | error | | F | Sig |
|---|---|---|---|---|---|---|
| | mean square | df | mean square | df | | |
| CITY | 1.600 | 1 | .000 | 8 | . | . |
| CAR | 2.500 | 1 | .438 | 8 | 5.714 | .044 |
| INCOM | 4.900 | 1 | .188 | 8 | 26.133 | .001 |

### 7) 세분화를 위한 군집 분석의 마케팅 응용

군집 분석은 단독으로 사용되기도 하지만 시장 세분화를 위해서는 일반적으로 라이프스타일을 바탕으로 요인 분석을 실시하여 각 케이스의 표준화된 요인 값을 이용하여 군집분석을 하면 세분화된 시장에 대한 프로파일을 분석할 수 있다. 우선 PASWWIN을 이용하여 군집분석을 해 나가는 과정을 살펴보기로 하자.

먼저 AIO(attitude, interest, opinion) 변수들을 이용하여 요인 분석을 실시한다. 요인 분석 결과를 바탕으로 요인 점수를 저장하고 이 점수를 이용하여 k-mean 군집 분석을 하게 된다. 군집 분석 과정에서 각 케이스를 각 군집별로 해당 그룹에 소속되도록 지정해 준다.

그 후 각 군집별 자료를 이용하여 각각 군집별로 빈도 분석이나 기술 분석을 이용하여 군집별 프로파일을 추출하고 설명한다. 이들 프로파일 변수들이 유의한 차이가 있는지는 교차분석을 통해서 유의도 분석을 하게 되는 것이다.

## 2. 컨조인트 분석(conjoint analysis)

### 1) 컨조인트 분석의 의미와 특징

소비자들이 어떤 대상에 대해서 평가를 할 때 전반적인 태도를 나타내게 된다. 그러나 이와 같은 경우에는 실무적으로 어떤 속성이 이와 같은 전반적인 태도에 영향을 미쳤는지 판단하기 힘들다. 따라서 전반적인 태도를 구성하는 속성이 어떤 것인가에 대한 분석이 필요하다.

보통 구체적인 속성에 의해서 판단할 수 있는 제품은 컨조인트 분석을 사용하지 않아도 분석이 가능하지만 서비스에 대한 태도와 같이 구체적인 속성으로 분해하기 힘든 경우에는 개개 요인을 평가하기 힘들다. 이러한 경우에 사용되는 것이 컨조인트 분석(conjoint analysis)이다.

즉, 컨조인트 분석이란 여러 가지 속성을 가진 제품 또는 서비스에 대한 소비자들의 전체적인 선호를 조사하여 구성 요소의 상대적인 기여도를 분석함으로써 개별 속성들이 소비자에게 주는 효용 및 상대적인 중요성을 파악하는 분석기법이다.

컨조인트 분석의 특징은 다음과 같다.

첫째, 컨조인트 분석은 다속성 모델이다. 즉, 하나의 제품 혹은 서비스에 관계된 속성이 여러 가지이며 이들 속성들의 각 수준이 서로 결합되어 나타나는 현상에 관심을 가지고 있는 것이다.

둘째, 컨조인트 분석은 소비자에게 개별 속성이나 수준에 대해서 묻는 것이 아니라 전체적인 선호도를 물어 그 대답을 가지고 자료로 이용하게 된다. 이와 같이 전체를 각각의 속성으로 나누어 가는 것을 분해적 접근법(decomposition approach)이라고 한다.

셋째, 개별 속성들의 각 수준이 주는 효용을 알 수 있기 때문에 각 속성들이 상대적으로 얼마나 중요한지 알 수 있다.

넷째, 컨조인트 분석의 결과로 개별 속성들의 중요도와 각 수준의 효용이 나오면 이를 통해 소비자의 선호를 추정해 볼 수 있다. 전체 선호를 분해하여 개별 속성과 수준별로 중요도와 효용이 나왔다면 이들 중요도와 효용을 다시 결합하면 전체 선호가 나오게 된다. 컨조인트 분석에서는 이들 개별 속성들이 전체 선호에 일정한 방식으로 영향을 준다고 가정하고 있다. 컨조인트 분석의 기본적인 합성 법칙은 다음의 식과 같다.

**컨조인트 분석의 합성 법칙**

**전체 선호도** = 속성 1이 전체 선호에 기여하는 정도+속성 2가 전체 선호에 기여하는 정도+속성 3이 전체 선호에 기여하는 정도

## 2) 컨조인트 분석과 관련된 용어

### (1) 속성(attribute): 소비자의 선택에 영향을 미치는 독립변수

예를 들어 운동화와 관련해서 디자인, 가격, 색상 등이 주요한 속성으로 간주할 수 있다.

### (2) 수준(level)

각 속성이 취하는 값을 의미하는 것으로 운동화의 경우에 가격이라는 속성의 수준은 10,000원, 20,000원, 30,000만 원으로 구분할 수 있다.

### (3) 자극(stimulus)

여러 가지 속성의 각 수준들이 결합되어 소비자에게 제시되는 것을 의미하는데 보통 제품을 의미한다.

#### (4) 효용(utility)

소비자의 선호에 끼치는 영향력을 의미한다. 따라서 어떤 자극이 효용이 높으면 소비자의 선호 순위도 높아지며 선택의 가능성이 높아진다.

예를 들면 운동화에 대한 선호도 = 재질이라는 속성이 전체 선호에 기여하는 정도 + 색상이라는 속성이 전체 선호에 기여하는 정도 + 가격이라는 속성이 전체 선호에 기여하는 정도를 의미한다.

식과 같은 법칙으로 가정하고 개별 속성들이 전체 선호에 미치는 영향의 정도를 분석해 내는 것이다. 그리고 이렇게 구해진 개별 속성들이 영향 정도(효용, 부분 가치라고 함)를 결합하여 전체 효용이나 선호도를 계산하고 추정할 수 있다. 이와 같은 합성 법칙을 이용하여 조사의 대상이 되지 않았던 자극물의 선호도까지도 알 수 있다.

컨조인트 분석은 선호도와 속성에 부여하는 효용이 개개인마다 모두 다르다고 가정하고 개개인별로 효용을 구해 낸다. 회귀 분석이나 판별 분석 등 다른 통계 분석 방법이 모두 총체적인 자료를 가지고 계산하지만 컨조인트 분석은 개개인별로도 효용 값을 추정해 낼 수 있는 것이다.

**자극 A 에 대한 선호도** = 자극 A의 속성 1이 전체 선호에 기여하는 정도
+ 자극 A의 속성 2가 전체 선호에 기여하는 정도
+ 자극 A의 속성 3이 전체 선호에 기여하는 정도

예를 들면

A브랜드 운동화에 대한 선호도 = 가죽 재질의 효용(1.5) + 하얀 색상(0.8) + 25,000원의 가격 수준의 효용(0.2) =2.5

### 3) 컨조인트 분석의 활용

〈표 VI-9〉에 나타나 있는 것처럼 현대 기업에서 가장 많이 사용하고 있는 분야는 신제품의 개념 확인과 경쟁 분석, 시장 세분화 등에 광범위하게 사용되고 있으며 광고 구성에서도 사용되고 있다. 또한 각종 시설의 건립이나 예산 제약 하에서 최적의 선택을 하는 것과 같은 공공 부문에서도 사용할 수 있다.

〈표 VI-9〉 컨조인트의 적용 사례 수

| 구 분 | 적용 사례 | |
|---|---|---|
| | 1971~1980 | 1981~1985 |
| 제품/서비스 분류 | | |
| 소비재 | 61 | 59 |
| 산업재 | 20 | 18 |
| 재무 서비스 | 8 | 9 |
| 기타 서비스 | 5 | 9 |
| 기 타 | 6 | 5 |
| | 100 | 100 |
| 목적/용도 | | |
| 신제품/개념의 확인 | 72 | 47 |
| 경쟁 분석 | – | 40 |
| 가격 결정 | 61 | 38 |
| 시장 세분화 | 48 | 33 |
| 재포지셔닝 | – | 33 |
| 광 고 | 39 | 18 |
| 유 통 | 7 | 5 |

## 4) 분석의 절차

컨조인트 분석의 수행을 위한 전체적인 절차는 [그림 VI-11]과 같다.

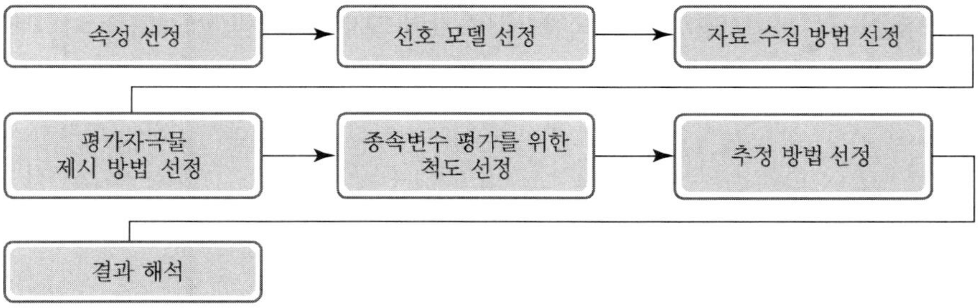


[그림 VI-11] 컨조인트 분석의 수행 절차

### (1) 속성의 선정

컨조인트 분석을 위해서 가장 먼저 해야 할 것은 평가하고자 하는 대상에 있어서 중요한 속성을 파악하는 일이다.

평가 대상의 선호도나 효용을 형성하는 데 필요한 속성들을 규명하기 위해서 주로 이용되는 방법으로는 전문가의 의견을 듣는다든지 포커스 그룹을 이용한 심층 면접이 있다.

즉, 제품이나 서비스를 구성하는 주요한 요인을 찾아내는 것이 이 단계의 목적이다.

### (2) 선호 모델의 선정

소비자들의 선호 방식이 어떤 형태를 띨 것인가에 따라서 선호 모델은 다음의 세 가지가 있다.

① 벡터 모델

어떤 속성이 수준이 증가할수록 또는 감소할수록 소비자의 선호는 증가한다는 가정을 가진 모델이다 예를 들면 가격이라는 변수는 수준이 낮을수록 좋은 것이다.

② 이상점 모델

벡터 모델과는 달리 계속 증가하거나 감소하는 것이 아니라 소비자가 가장 선호하는 특정의 이상점이 존재한다는 가정을 가지는 모델이다. 예를 들면 커피의 설탕 수준과 같이 너무 적어서도, 너무 많아서도 소비자들의 선호가 낮아지는 것을 의미한다.

③ 부분 가치 함수 모델

개별 속성의 각 수준별로 특정한 가정을 하지 않고 각 수준이 전체 선호에 미치는 영향력(부분 가치)을 구하는 모델이다. 이러한 세 가지의 모델을 [그림 VI-12]로 나타내면 다음과 같다.

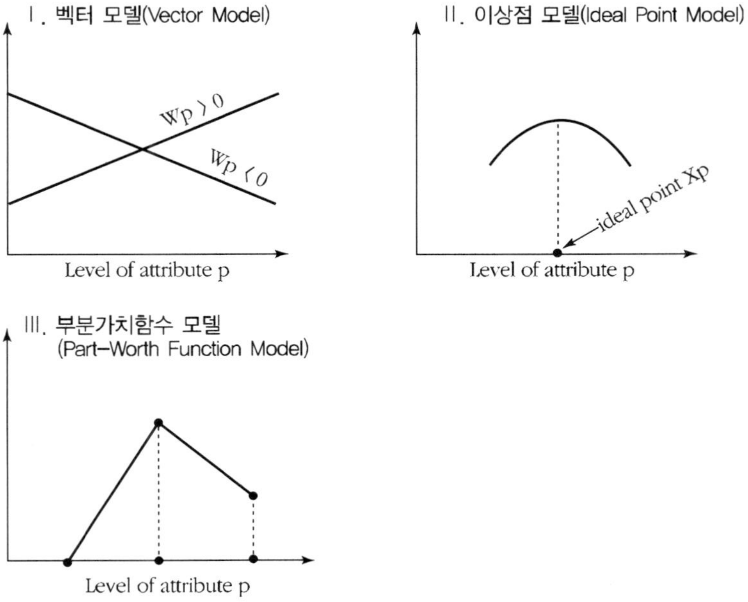


[그림 VI-12] 세 가지 선호 모델

이 세 가지의 모델 중에 어느 것을 선택하느냐 하는 것은 여러 가지 상황 요인 및 속성의 특징에 따라 다르고 각 모델이 지닌 장점과 단점도 서로 다르지만 가장 이용하기 쉽고 일반화하기 쉬운 모델은 부분 가치 함수 모델이다.

### (3) 자료 수집 방법

선호도 자료를 얻기 위해 응답자에게 제시할 자극을 구성하는 방법으로는 다음의 두 가지가 있다.

① 전체 자극을 제시하는 방법(full profile procedure)

조사하고자 하는 모든 속성을 동시에 고려하여 자극을 제시하는 방법.

이러한 자극을 제시받은 응답자는 각 자극에 대한 종합적인 선호도를 표시하게 된다. 예를 들어 아래와 같은 자극물에 대한 설명 카드가 20장이 있으면 각각의 자극을 순서대로 평가하게 된다. 그러나 응답자들은 이러한 전체적인 자극에 대해서 평가하기 곤란함을 느끼게 된다. 따라서 응답자들에게 제품이나 서비스를 평가하는 경우에 가장 중요하게 생각하는 속성을 중심으로 일단 2분법으로 구분하게 되고 그 뒤에 다시 2분한 것을 그 다음에 중요하게 생각하는 속성을 중심으로 구분하게 되나. 이러한 과정을 거친 뒤에 일련번호를 부여하게 되는 것이다.

그러나 이 방법은 가장 현실감이 있지만 속성 수가 늘어나면서 평가 대상이 소비자가 통제하기 어려울 정도로 많이 늘어나므로 비교 대상이 되는 수를 줄이는 방법이 있다. 이 방법은 각 속성 단계들 간의 상호 작용을 최소화하면서 추정에 필요한 자극의 수를 줄이는 방법으로 부분 인수 실험 계획(fractional factorial design) 또는 직교 배열(orthogonal array)이라고 한다.

② 두 속성 한 시점 처리 방법(two factor at a time procedure)

속성을 두 개씩 묶어서 제시하여 선호 순위를 조사하는 방법이다. 이러한 방식에서 응답자는 두 가지 속성의 각 수준으로 만들어진 빈칸에 자신의 선호 순위를 적어 넣으면 된다. 예를 들면 디자인과 가격의 두 속성 또는 디자인과 가격으로 만들어진 조합에 대해서 순위를 나타내면 된다. 이 같은 방법은 응답자에게 한 번에 처리해야 하는 정보의 양을 줄여 주는 장점이 있지만 전체적으로 평가하여야 하는 수가 많아지고, 하나의 자극을 한 번에 평가하지 않으므로 평가 결과 간에 모순이 생길 수 있다. 이 방법은 현재에서는 거의 사용되지 않는다.

③ 양적인 척도로 구하는 방법

이 방법은 앞의 두 가지 방법과 같이 서열 척도로 구하지 않고 리커트 형태의 척도로 구한 뒤에 서열 척도로 변화시키는 방법이다. 이 방법도 자주 사용하게 되지만 자극들 간에 같은 응답이 많이 나오기 때문에 자극의 수가 많아지면 사용하는 데 불편하다

### (4) 평가 자극물의 제시 방법

평가의 대상을 응답자들에게 제시하는 방법은 어구적 표현(verbal description), 산문적 표현 (paragraph description), 회화적 표현(pictorial representation)의 세 가지의 방법이 있다. 응답자는 연구자가 어떤 수단을 사용하여 대상을 제시하는가에 따라서 평가에 영향을 받게 된다. 그러므로 자극물에 대한 선정 방법 역시 중요하다.

어구적 표현은 간단하게 대상에 대한 표현을 카드와 같은 수단을 통해서 제시하게 된다. 선문적인 표현은 보다 현실감이 있고 자세한 설명이 가능하다는 것이다. 예를 들면 "디자인은 A와 같고 값은 10,000원이다"라는 식의 설명을 하게 된다. 그러나 이것은 평가 속성의 수가 작은 경우에만 가능하다.

셋째로 그림을 이용하는 회화적 표현은 시각을 통해서 일시에 속성들에 대한 정보를 파악할 수 있어서 구어적인 방법에 비해서 응답자에게 부담을 덜어주며 응답에 흥미를 주고 실제적인 느낌을 주며 응답자들 간에 자극에 대한 인지가 매우 동질적으로 받아들여지기 때문에 조사 신뢰도가 높다. 이 방법의 단점은 비용과 시간이 많이 들지만 가장 좋은 방법이라고 하는 연구 결과도 있다.

### (5) 종속변수 평가를 위한 척도의 선정

자극물이 선호도를 측정하기 위한 척도는 크게 순위 척도(rank order scale)와 평가 척도(ratio scale)로 구분할 수 있다. 비록 종속변수가 평가 척도가 아니라도 종속변수는 등간 척도 속성에 가까운 측정치를 가져야 한다.

평가 척도는 첫째, 많은 정보를 포함하고 있고 둘째, 추정의 오차를 줄여주는 장점이 있으나 비평가 척도(non metric scale)는 첫째 응답자가 자신의 선호도의 크기를 표현하는 것보다 순위에 의해서 표현하는 것이 보다 쉽기 때문에 응답상의 신뢰도가 높다.

둘째, 비평가 척도로 얻어진 자료를 이용하여 부분 가치 함수들을 가산 방식(addictive method)과 다중 결합 방식(multiplicative method)으로 결합할 수 있기 때문이다.

어떤 방법으로 자료를 수집하는가에 따라서 척도의 선택이 달라진다. 즉, 우편으로도 조사가 가능한 경우에는 평가 척도 방법을 이용하여 자료를 수집할 수 있으며, 순위 척도(order scale)인 경우에는 응답자에게 조사 과정에 대한 상세한 설명이 필요하기 때문에 인터뷰 방식에서 사용된다.

등간 척도를 이용한 평가 방식의 하나로서 달러 메트릭(dollar metric)이라는 방법이 있다. 이것은 A와 B 중에 어느 것을 더 선호하는지 묻고 만약 차이가 있다면 A의 또는 B의 가격을 어느 정도 올려야 하는지를 물음으로써 선호도를 측정하고 얻어진 자료를 종합하여 등간 척도의 값을 만들어 내게 된다. 그러나 이 방식은 돈의 가치(value of money)에 대한 개개인의 편기(bias)가 개입될 수 있고 시간적으로도 비효율적 방식이다.

이러한 속성에 대한 질문을 하는 경우에 가장 중요하게 영향을 미치는 요인이 가격과 상표이다. 이상과 같은 여러 평가 방법에서 어떤 방식으로 가격과 상표를 평가하는가에 따라서 이 두 가지 속성이 모든 속성을 지배하여 다른 속성들의 중요성을 잠식할 수 있기 때문이다.

〈표 VI-10〉 조사에서 사용되는 척도

| 구 분 | 사용 비율 |
|---|---|
| **응답 유형** | |
| 순위 척도 | 45% |
| 쌍대 비교 | 11% |
| 평가 척도 | 34% |
| 기타 | 10% |
| **변수 정의** | |
| 선호 정도 | 33% |
| 좋아하는 정도 | 10% |
| 구매 의도 | 54% |
| 기타 | 3% |

응답 유형에서 순위 척도가 가장 많이 이용된다. 이것은 관리하기가 쉽고 소비자의 쇼핑 행태와 비슷하기 때문이다. 평가 척도 역시 두 번째로 많이 사용되는데 시간이 적게 들며 인터뷰하는 연구자가 분석하기 편하기 때문에 다른 방법보다 선호되고 있다.

그러나 순위 척도에 의한 선호 정도를 평가하는 방법을 이용하는 경우에는 연구자들은 속성의 수에 따라서 실제적인 연구의 결과가 어떻게 영향을 받는지를 잘 검토하여야 한다. 표의 아래 부분은 종속변수에 대한 정의가 어떤 것이 이용되는가에 대한 조사이며 구입 의도가 가장 많이 사용되었다.

### 6) 추정 방법

컨조인트 분석에서는 파라미터를 추정하는 방법을 크게 3가지로 나눌 수 있다. 첫째 종속변수가 순위 척도로 측정된 경우에 이용되는 방법으로 MONANOVA(Krusakal 1965) PREMAP(Caroll 1972) Johnson's Nonmetric trade off procedure(John 1973), LINMAP(Srinivasan, Shocker 1973)이 있다. MONANOVA는 Kruskal의 단조 분석 과정에서 가산적인 컨조인트 분석을 수행하기 위해서 이용되는 방법이다. 이 방법은 종속변수의 측정이 순위 척도로 이루어지는 경우에 이용되는 알고리즘이며 부분 가치 함수 모델만이 적용되는 방법이다.

LINMAP은 이상점 모델에 가장 적합한 방법이며 다른 모델에 적용할 경우에는 가중치가 음의 부호로 나타나 해석상 어려움이 따른다. 이 방법은 선형 분석(Linear programming)을 이용하고 있다는 것이 장점이다. 메트릭 자료를 사용하는 OLS 방법은 추정치에 대한 표준오차를 산출한다는 점이 유용한 점이다 OLS 방법을 제외하고는 어떠한 방법도 표준오차를 산출하지 못한다. 한편 확률적 방법에 속하는 LOGIT 방법은 전체적인 최우도추정치(global maximum likelihood estimates)를 산출할 수 있다는 것이 장점이다.

## 3. 컨조인트 프로그램의 실제 적용

컨조인트 분석을 위해서 PASW 프로그램에서는 ORTHOPLAN, PLANCARD, CONJOINT 등 세 가지 프로그램의 연속적인 적용을 통해서 분석할 수 있다.

### 1) ORTHOPLAN

#### (1) ORTHOPLAN 의의

속성의 수가 4개이며 각 속성의 수준이 각각 4개이면 4 × 4 × 4 × 4 =256개의 제품에 대해서 응답자들이 비교를 하여야 한다. 실제적으로 이것을 비교한다는 것은 불가능에 가깝기 때문에 평가 대상의 수를 줄이는 방법으로 직교배열을 사용하며, PASW에서는 ORTHOPLAN 이라는 프로그램으로 이것을 만들 수 있다. 직교배열에서의 결과는 전체의 배열 중에서 부분적인 자료이며, 각 속성 간의 상호 작용을 없애는 범위 내에서 한 속성의 수준과 다른 속성의 수준이 발생할 확률을 동일하게 만든 것이다.

#### (2) ORTHOPLAN 수행 과정: 프로그램

이 결과는 한 번 ORTHOPLAN을 작동할 때마다 달라지므로 꼭 한 번만 작동하여야 한다. 결과에서는 카드로 만들어진 내용에서 STATUS 0번은 조사에서 직접 사용될 카드를 의미하며 1번은 타당성을 검증할 유보 표본을 의미하며 2번은 모의 제품(simulation product)을 의미한다. 시뮬레이션을 하기 위해서는 ORTHOPLAN으로 만들어진 데이터 파일에 해당 제품의 프로파일을 따로 입력시키면 된다. 그 결과는 ORTHOPLAN의 프로그램에서 display를 작동시키면 유보 프로파일(holdout profile) 이외에 simulation profile이라고 표현된 카드를 작성하게 된다.

그리고 그림에서와 같이 define value 아이콘을 클릭하여 각각의 변수의 value 값을 입력하게 된다. value 값은 각 변수의 수준을 지정하고 이름을 붙이는 과정이다.

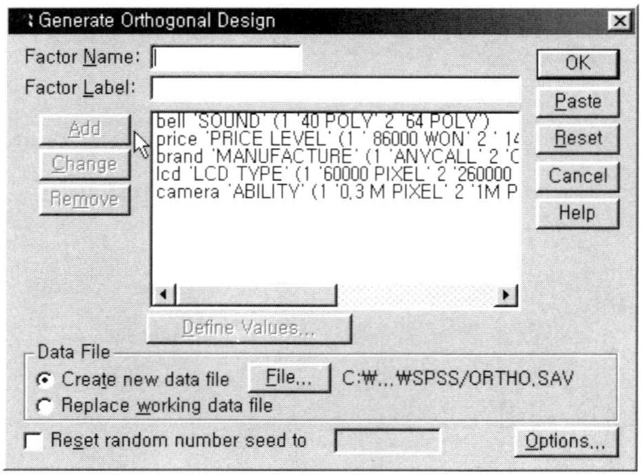


[그림 VI-13] orthoplan 변수 지정

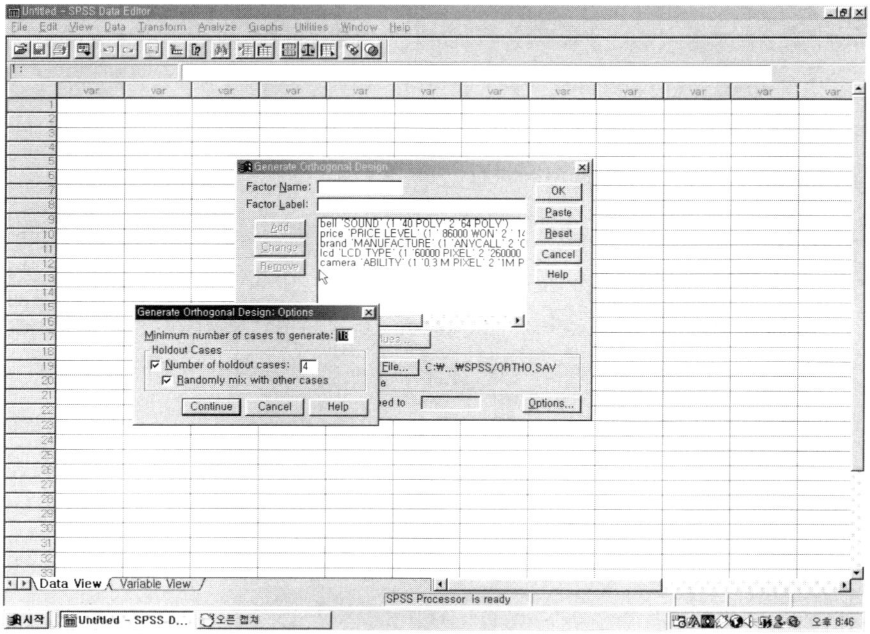


[그림 VI-14] orthoplan에서 유보 케이스 지정

일단 이 과정을 거치게 되면 그림과 같이 카드가 생성되면서 축약된 카드 프로파일을 볼 수 있다. 결과에서는 카드로 만들어진 내용에서 _STATUS_ 0번은 조사에서 직접 사용될 카드를 의미하며 1번은 타당성을 검증할 유보 표본을 의미하며 2번은 모의 제품(simulation product)을 의미한다.

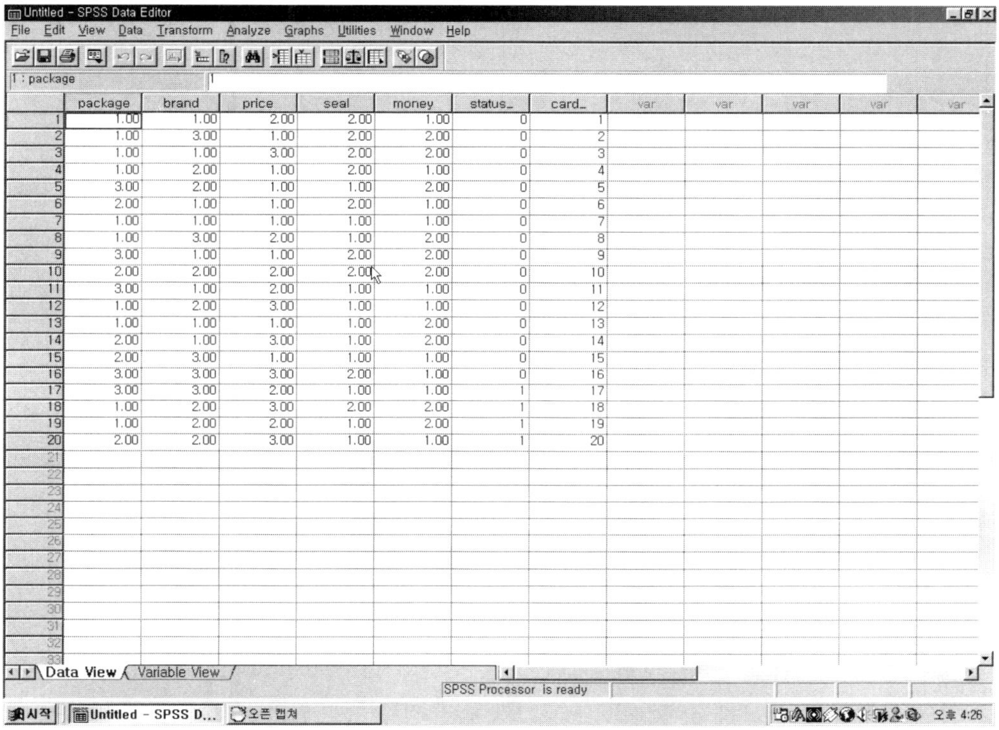

| | package | brand | price | seal | money | status_ | card_ |
|---|---|---|---|---|---|---|---|
| 1 | 1.00 | 1.00 | 2.00 | 2.00 | 1.00 | 0 | 1 |
| 2 | 1.00 | 3.00 | 1.00 | 2.00 | 2.00 | 0 | 2 |
| 3 | 1.00 | 1.00 | 3.00 | 2.00 | 2.00 | 0 | 3 |
| 4 | 1.00 | 2.00 | 1.00 | 2.00 | 1.00 | 0 | 4 |
| 5 | 3.00 | 2.00 | 1.00 | 1.00 | 2.00 | 0 | 5 |
| 6 | 2.00 | 1.00 | 1.00 | 2.00 | 1.00 | 0 | 6 |
| 7 | 1.00 | 1.00 | 1.00 | 1.00 | 1.00 | 0 | 7 |
| 8 | 1.00 | 3.00 | 2.00 | 1.00 | 2.00 | 0 | 8 |
| 9 | 3.00 | 1.00 | 1.00 | 2.00 | 2.00 | 0 | 9 |
| 10 | 2.00 | 2.00 | 2.00 | 2.00 | 2.00 | 0 | 10 |
| 11 | 3.00 | 1.00 | 2.00 | 1.00 | 1.00 | 0 | 11 |
| 12 | 1.00 | 2.00 | 3.00 | 1.00 | 1.00 | 0 | 12 |
| 13 | 1.00 | 1.00 | 1.00 | 1.00 | 2.00 | 0 | 13 |
| 14 | 2.00 | 1.00 | 3.00 | 1.00 | 2.00 | 0 | 14 |
| 15 | 2.00 | 3.00 | 1.00 | 1.00 | 1.00 | 0 | 15 |
| 16 | 3.00 | 3.00 | 3.00 | 2.00 | 1.00 | 0 | 16 |
| 17 | 3.00 | 3.00 | 2.00 | 1.00 | 1.00 | 1 | 17 |
| 18 | 1.00 | 2.00 | 3.00 | 2.00 | 2.00 | 1 | 18 |
| 19 | 1.00 | 2.00 | 2.00 | 1.00 | 2.00 | 1 | 19 |
| 20 | 2.00 | 2.00 | 3.00 | 1.00 | 1.00 | 1 | 20 |

[그림 VI-15] orthoplan에서 유보 케이스 지정 결과

### (3) PLANCARDS

PLANCARDS 프로그램은 응답자에게 제시할 카드를 만드는 프로그램이다. 이를 위해서 그림 과 같이 다시 메뉴바에서 Orthogonal Design으로 들어가서 Display를 클릭하게 되면, 만들어진 프로파일이 [그림 VI-14]와 같이 나타나게 된다.

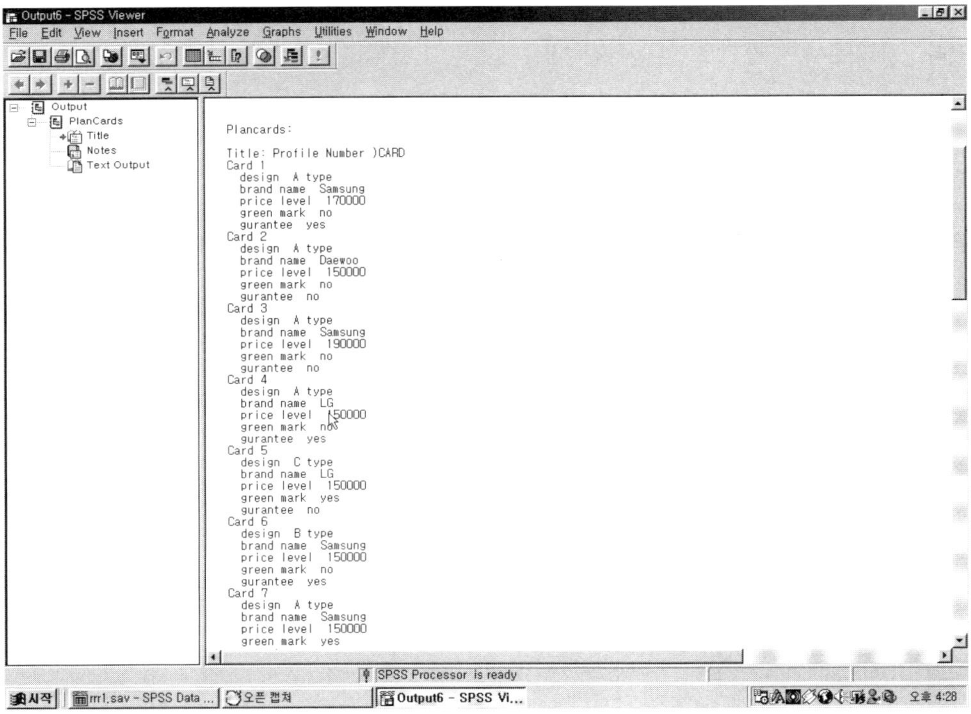


[그림 VI-16] 생성된 모의 카드

이러한 작업의 결과 그림과 같이 PLANCARD가 나타나게 되며, 앞에서 지정한 유보 카드를 지정해 준다. [그림 VI-16] 유보 카드는 이러한 Orthogonal array의 타당성을 검증하기 위한 카드로서 이를 이용해서 결과를 프로그램에서 검증하게 된다.

### (4) CONJOINT 분석

이러한 앞의 과정을 거친 뒤에 컨조인트 분석을 하게 된다. 컨조인트 분석의 가장 큰 단점은 결과에 대한 일반화가 어렵다는 것이다. 따라서 표본 설계에 가장 많은 주의를 기울여야 하며, 같은 조사를 여러 번 실시하는 것도 결과의 타당성을 점검하는 방법이다.

Cattin과 Wittink(1982)는 상업적인 조사에서는 100명에서 1,000명 정도가 가능하지만 300명에서 550명 사이가 적합하다고 한다. 그러나 이것에 대한 학문적인 연구는 거의 없는 편이다.

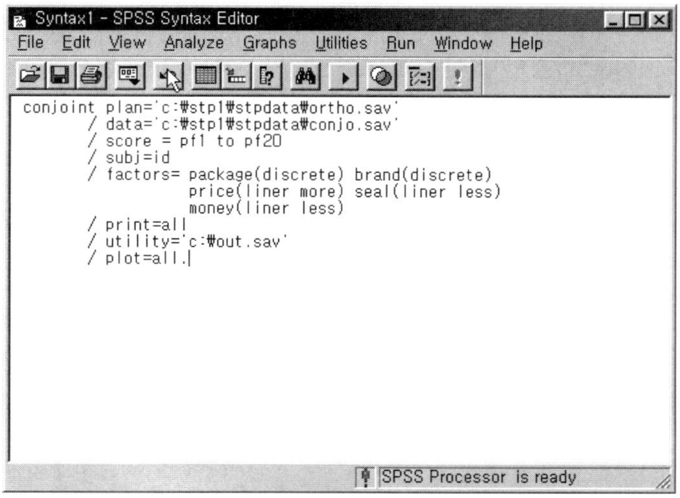


[그림 VI-17] 컨조인트 분석 프로그램

컨조인트 분석을 위해서 먼저 데이터를 입력하여야 한다. 데이터는 앞서 만들어 놓은 PLANCARD를 이용해서 각각의 카드에서 소비자들이 가장 선호하는 카드의 순서대로 번호를 입력하게 된다. 자료의 입력이 끝나면 컨조인트 프로그램을 작성해야 한다.

PASW 프로그램의 컨조인트 분석은 DOS 방식을 그대로 유지하고 있기 때문에 syntex를 이용하여 직접 명령문을 입력하여야 한다. 이때 이 명령문에는 다음 그림의 명령문과 같이 데이터 파일과 앞서 작성한 ORTHOPLAN에 의해서 생성된 SAV 파일을 같이 이용하여 분석하게 된다.

메뉴 바에서 syntex를 열기 위해서는 file → open → syntex 순서로 창을 열게 된다.

데이타 부분은 일반적인 PASW 프로그램과 동일하다. CONJOINT 명령어에서 PLAN은 앞의 ORTHOPLAN의 결과를 저장한 파일인 PLAN 파일을 불러들인다.

DATA=에서는 앞서 PLANCARD를 이용한 선호 순서대로 입력한 데이터 파일명을 지정하게 된다. SEQUENCE는 CONJOINT 분석에서 사용할 변수를 지정하며 SUBJECT는 개인적인 효용을 분석하는 데 사용되는 개인을 지정하는 변수를 의미한다. FACTOR 이하 부분에서는 CONJOINT에 사용되는 변수들을 지정하며 변수의 성격도 함께 지정하게 된다.

이 성격은 DISCRETE, LINEAR, IDEAL과 ANTIIDEAL의 4가지로 구분된다.

DISCRETE는 속성이 CATEGORICAL한 경우에 사용되며, 모델을 지정하지 않으면 컴퓨터는 이 모델을 지정하게 된다. LINEAR은 속성의 값이 선형적인 관계를 가지는 것을 의미한다. 즉, 속성의 값이 낮아지거나 높아질 때 효용이 선형적으로 낮아지거나 높아지는 것을 의미한다. IDEAL과 ANTIIDEAL은 속성의 수준과 효용의 값이 2차적인 관계를 가지는 경우에 해당된다. IDEAL 모델은 속성의 값이 IDEAL의 값을 가지는 경우가 있을 때 해당된다. 따라서 IDEAL 값에서 멀어질수록 효용이 떨어지는 것을 의미한다. 즉, 역 U형의 곡선을 가지게 된다. ANTIIDEAL도 이것과 유사하지만 효용과 속성의 수준 관계가 이 경우에는 U형의 곡선을 이루게 된다. 본 예에서 BRAND는 명목 변수이므로 DISCRETE라는 표현을 사용한다. PRICE 속성은 작을수록 소비자들의 효용이 높아지므로 LINEAR LESS라는 표현을 사용하게 된다.

전체 효용은 관찰된 자료와 밀접한 관계를 나타낸다. 즉, 서열 자료(RANK)나 순위 자료(SEQUENCE)에서는 1번이라고 할 때 가장 선호하는 것을 나타내며 높은 번호일수록 좋아하지 않는 것을 의미하며 낮은 효용을 나타낸다.

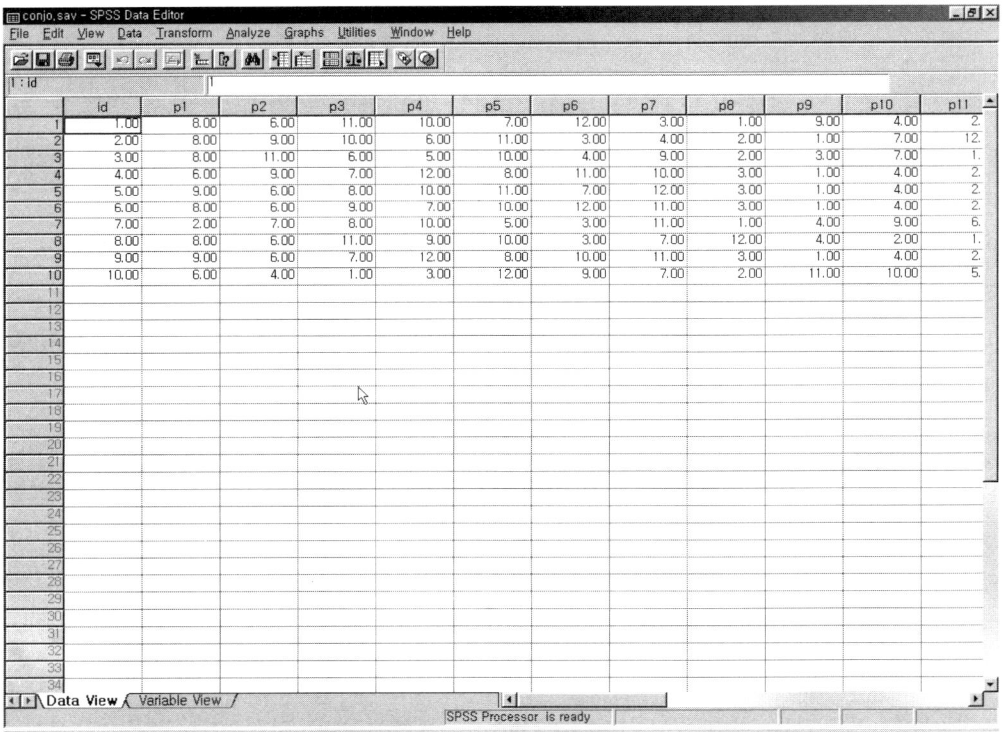


[그림 VI-18] 컨조인트 분석 입력 자료

## 2) 컨조인트 분석 결과

### (1) 개인별 OUTPUT의 해석

CONJOINT의 결과에서는 각 개인의 각 속성에 대해서 어떻게 평가를 하는가 하는 것을 나타내 준다. 즉, 포장, 상표 가격, 그린 마크 가격, 환불 등에 대해서 중요성을 얼마나 부여하는가 하는 것을 나타내 주는 것이다.

[그림 VI-19]에서는 부분 가치 함수에 의해서 각각의 가치와 각 요인의 표본 오차를 나타내었다. 앞에서 언급한 것과 같이 이 값들의 합에 의해서 전체 효용이 계산되는 것이다.

예를 들면 1번 응답자의 평가 대상은 갑 디자인에 대우의 상표, 가격이 17만 원, 그린 마크가 있는 경우 그리고 가격 환불이 있는 경우이다.

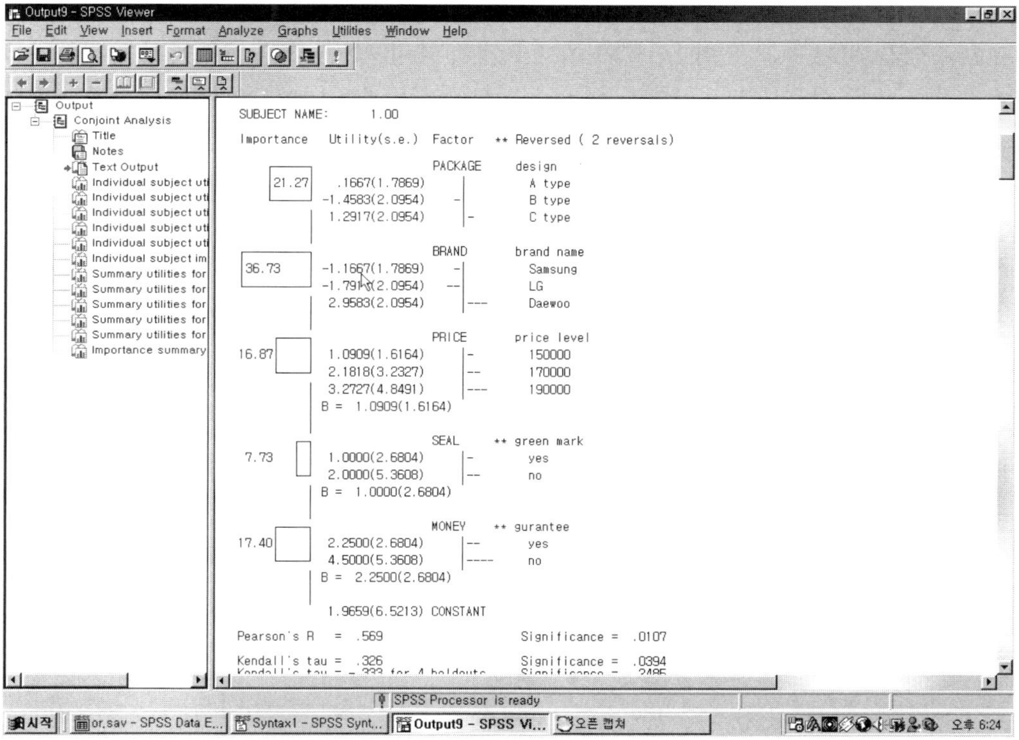


[그림 VI-19] 컨조인트 분석 결과

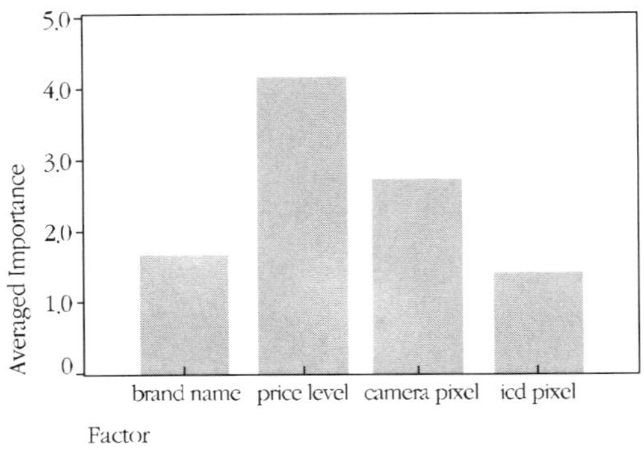


[그림 VI-20] 상대적 중요도

한편 응답자들의 전체 자료를 중심으로 각 속성별 부분 가치를 추출할 수 있으며, PASW 프로그램에서는 그래프로 결과를 나타내게 된다. [그림 VI-20]은 속성의 상대적인 중요도에 대한 요약을 보여 주고 있다. 이 그림에서 10명의 대학생들이 가장 중요하게 고려하는 것은 가격 수준이며, 다음으로는 핸드폰 기능 중의 하나인 디지털 카메라의 기능을 중요하게 고려하고 있으며 브랜드는 핸드폰 컬러 화면의 화소 수준으로 중요도가 낮은 것으로 나타난다.

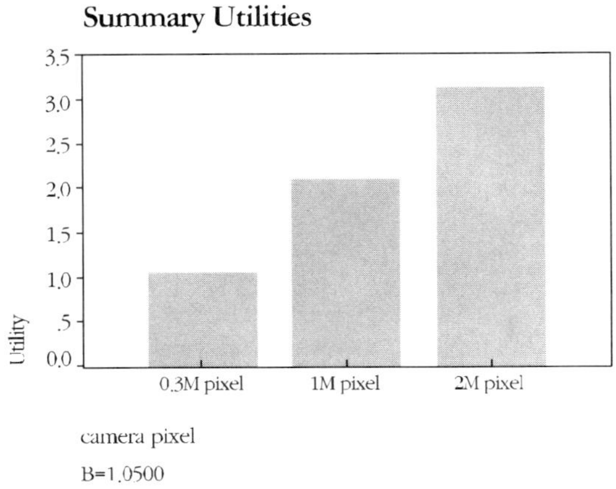

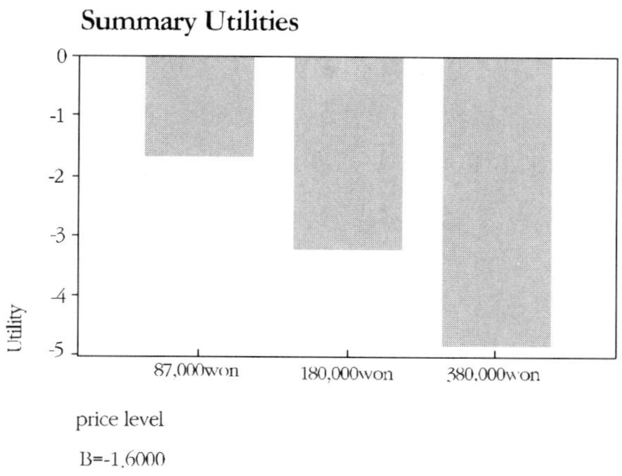


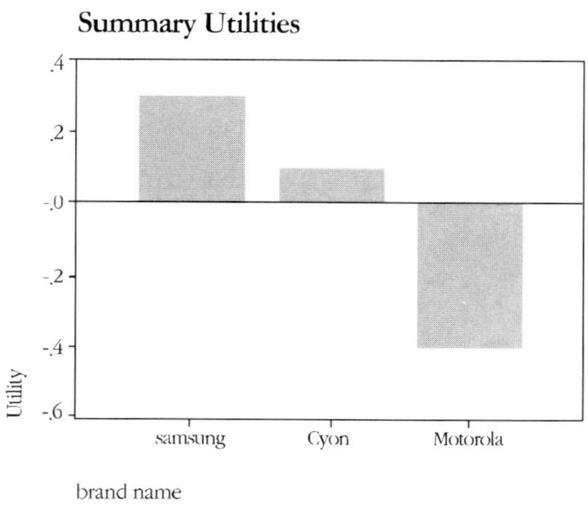


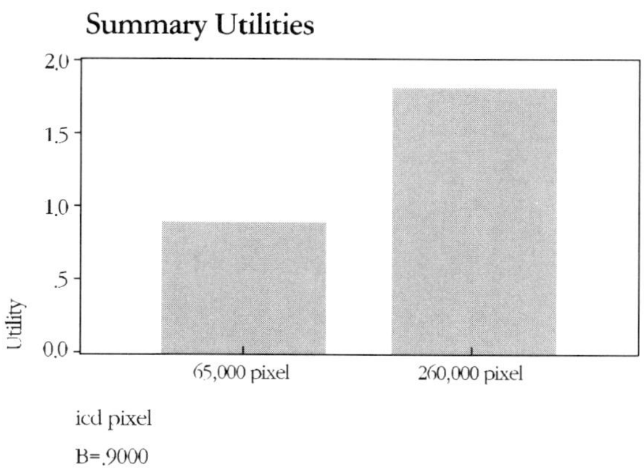


[그림 VI-21] 각 개인별 속성에 대한 상대적 비중

한편 자료의 입력 과정에서 모의 카드로 입력한 두 개의 가상적인 케이스에 대해서는 모의 요약을 통해서 검증할 수 있다는 것이 컨조인트의 장점이다. 아래의 결과와 같이 두 개의 선택안 중에서 14번의 케이스가 선택될 확률은 62.63%로 나타나고 13번의 카드가 선택될 확률은 37.37%로 나타난다. 따라서 신제품 시장 출시를 고려한다면 14번 카드의 프로파일을 제품화시키는 것이 바람직하다고 결론지을 수 있다.

Simulation Summary (10 subjects/ 10 subjects with non-negative scores)

| Card | Max Utility | BTL | Logit |
|---|---|---|---|
| 13 | 40.00% | 43.80% | 37.37% |
| 14 | 60.00 | 56.20 | 62.63 |

■ 컨조인트 결과의 문제점

컨조인트 분석 모델은 구매 의향을 물어본 것이지 실제의 행동과는 다를 수 있으며, 실제적으로 중요한 영향을 미치는 요소들을 다 포함하지 못할 경우가 있고 실제적으로 제품을 접하는 경우 소비자들의 의사 결정이 다를 수 있기 때문이다. 세분화 시장에 적용할 때는 개인의 수준에서 중요하게 여기는 것을 세분화 시장의 구성원에 따라서 가중치를 부여하여 계산한다.

결과의 유효성이 문제가 되며 특히 시장 점유율과 일치 정도가 낮다. 또한 결과를 신뢰할 수 있는 모수 추정에 필요한 표본의 수에 대한 문제점이 있으며, 8개 이상의 속성을 어떻게 측정할 것인가와 가족과 같은 공동 의사 결정의 경우에 어떤 가중치를 사용할 것인가 하는 문제점이 존재한다.

## 참고문헌


박찬수, 2010, 『마케팅 원리』(제4판), 법문사.

안광호, 하영원, 박흥수, 2007, 『마케팅 원론』(제4판), 학현사.

테오도르 레빗, 2007, 『마케팅 상상력』, 최윤희, 이상민 역, 21세기북스.

Aaker, David A., 1998, *Strategic Market Management*, 5th ed., John Wiley & Sons, Inc.

Bloom, Paul N., Kolter, Philip, 1978, "Strategies for High Market-Share Companies," *Harvard Business Review*, November-December, 63-72.

Buzzell, Robert D., Gale, Bradley T., Ralph G. M. Sultan, 1975, "Market Share--A Key Profitability," *Harvard Business Review,* January-February, 97-106.

Carpenter, G. S., Nakamoto, K., 1986, "Market pioneers, consumer learning, and product perceptions: A theory of persistent competitive advantage," Research Paper, Columbia University and University of California, November.

Foster, R. N., 1986, *Innovations: The Attacker's Advantage*, Summit Books, New York.

Golder, Peter N., Tellis, Gerard J., 1996, "First to market, first to fail? Real causes of enduring market leadership," *Sloan Management Review*, Winter, 65-75.

Hamermesh, R. G., Anderson Jr., M. J., Harris, J. E., 1978, "Strategies for Low Market-Share Companies," *Harvard Business Review*, May-June, 95-102.

Huber, Joel, Puto, Christopher, 1983, "Market Boundaries and Product Choice: Illustrating Attraction and Substitution Effects," *Journal of Consumer Research*, Vol.10, June, 31-44.

Mansfield, E., 1985, "How rapidly does new industrial technology leak out?," *Journal of Industrial Economics*, 34(December), 217-223.

Rao, Vithala R., Sabavala, Darius J., 1981, "Inference of Hierarchical Choice Processes from Panel Data," *Journal of Consumer Research*, 8(June), 85-96.

Robinson, W. T., Fornell, C., 1985, "The sources of market pioneer advantages in consumer goods industries," *Journal of Marketing Research*, 22(August), 297-304.

Robinson, W., 1988. "Sources of market pioneer advantages: The case of industrial goods industries," *Journal of Marketing Research*, 22, 305-317.

Majaro, Simon, 1977, "Market Share: Deception or Diagnosis," *Marketing*, March, 43-47.

Spence, M., 1981, "The learning curve and competition," *Bell Journal of Economics*, 12, 49-70.

Srivastava, Rajendra K., Leone, Robert P., Shocker, Allen D., 1981, "Market Structure Analysis: Hierarchical Clustering of Products Based on Substitution-in-Use," *Journal of Marketing*, 45 (Summer), 38-48.

Teece, D. J., 1986, "Firms boundaries, technological innovation, and strategic management," in L. G. Thomas(ed.), *The Economics of Strategic Planning*, Lexington Books, Lexington, MA.

Urban, G. L., Carter, R., Gaskin, S., Mucha, Z., 1986, "Market share rewards to pioneering brands: an empirical analysis and strategic implications," *Management Science*, 6(June), 645-659.

헬스케어 브랜드 관리론

초판발행 | 2010년 4월 30일

지은이 | 손영석 · 박상태
발행인 | 고화숙
발행처 | 도서출판 소화
등　록 | 제13-412호
주　소 | 서울시 영등포구 영등포동 7가 94-97
전　화 | 2677-5890
팩　스 | 2636-6393
홈페이지 | www.sowha.com

ISBN 978-89-8410-378-8　93320

값 20,000원